Baedeker
Allianz Reiseführer

Dresden

VERLAG KARL BAEDEKER

Hinweise zur Benutzung

Sternchen (Asterisken) als typographisches Mittel zur Hervorhebung bedeutender Bau- und Kunstwerke, Naturschönheiten und Aussichten, aber auch guter Unterkunfts- und Gaststätten hat Karl Baedeker im Jahre 1846 eingeführt; sie werden auch in diesem Reiseführer verwendet: Besonders Beachtenswertes ist durch * einen vorangestellten 'Baedeker-Stern', einzigartige Sehenswürdigkeiten sind durch ** zwei Sternchen gekennzeichnet.
Zur raschen Lokalisierung der Sehenswürdigkeiten von A bis Z auf dem beigegebenen Stadtplan sind die entsprechenden Koordinaten der Plannetzmaschen jeweils neben der Überschrift in Rotdruck hervorgehoben: Zwinger **J 16**.

Farbige Streifen an den rechten Seitenrändern erleichtern das Auffinden der Großkapitel des vorliegenden Reiseführers: Die Farbe Blau steht für die Einleitung (Natur, Kultur, Geschichte), die Farbe Rot für die Sehenswürdigkeiten, und die Farbe Gelb markiert die praktischen Informationen.

Wenn aus der Fülle von Unterkunfts-, Gast- und Einkaufsstätten nur eine wohlüberlegte Auswahl getroffen ist, so sei damit gegen andere Häuser kein Vorurteil erweckt.

Da die Angaben eines solchen Reiseführers in der heute so schnellebigen Zeit fast ständig Veränderungen unterworfen sind, kann der Verlag weder Gewähr für die absolute Richtigkeit leisten noch die Haftung oder Verantwortung für eventuelle inhaltliche Fehler übernehmen. Auch lehrt die Erfahrung, daß sich Irrtümer kaum gänzlich vermeiden lassen.

Baedeker ist ständig bemüht, die Qualität seiner Reiseführer noch zu steigern und ihren Inhalt weiter zu vervollkommnen. Hierbei können ganz besonders die Erfahrungen und Urteile aus dem Benutzerkreis als wertvolle Hilfe gar nicht hoch genug eingeschätzt werden. Vor allem **Ihre Kritik, Berichtigungen und Verbesserungsvorschläge sind uns stets willkommen.** Sie helfen damit, die nächste Auflage noch aktueller zu gestalten. Bitte schreiben Sie in jedem Falle an die

Baedeker-Redaktion
Karl Baedeker GmbH
Zeppelinstr. 41
Postfach 31 62
D-73751 Ostfildern
Telefax: 07 11/45 02-343; E-Mail: baedeker@mairs.de
www.baedeker.com

Der Verlag dankt Ihnen im voraus bestens für Ihre Mitteilungen. Jede Einsenderin und jeder Einsender nimmt an einer jeweils zum Jahresende unter Ausschluß des Rechtsweges stattfindenden Verlosung einer Städtekurzreise für drei Personen nach London teil. Falls Sie gewonnen haben, werden Sie benachrichtigt. Ihre Zuschrift sollte also neben der Angabe des Buchtitels und der Auflage, auf welche Sie sich beziehen, auch Ihren Namen und Ihre Anschrift enthalten. Die Informationen werden selbstredend vertraulich behandelt und die persönlichen Daten nicht gespeichert.

◀ *Nichts symbolisiert den Wiederaufbau Dresdens besser als die Frauenkirche.*

Vorwort

Dieser Reiseführer gehört zur neuen Baedeker-Generation. In Zusammenarbeit mit der Allianz Versicherungs-AG erscheinen bei Baedeker durchgehend farbig illustrierte Reiseführer in handlichem Format. Die Gestaltung entspricht den Gewohnheiten modernen Reisens: Nützliche Hinweise werden in der Randspalte neben den Beschreibungen herausgestellt. Diese Anordnung gestattet eine einfache und rasche Handhabung. Der vorliegende Band hat die sächsische Landeshauptstadt Dresden sowie einige Ausflugsziele wie die Sächsische Schweiz, Meißen oder das Erzgebirge zum Thema. Der Reiseführer gliedert sich in drei Hauptteile: Im ersten Teil wird über die Stadt im allgemeinen, Bevölkerung und Verwaltung, Wirtschaft, Verkehr, Kunst und Kultur, berühmte Persönlichkeiten und Stadtgeschichte berichtet. Eine kleine Sammlung von Literaturzitaten leitet über zum zweiten Teil des Reiseführers, in dem zunächst einige Vorschläge zur Stadtbesichtigung gemacht werden, um dann die Sehenswürdigkeiten Dresdens und die Ausflugsziele im einzelnen zu

Schloß Pillnitz ist nur eine der Perlen des Barock, die man in und um Dresden antrifft

beschreiben. Daran schließt ein dritter Teil mit reichhaltigen praktischen Informationen, die dem Besucher das Zurechtfinden vor Ort wesentlich erleichtern. Specials beschäftigen sich mit dem Bombenangriff auf Dresden, mit Karl August Lingner, mit dem Wiederaufbau der Frauenkirche, mit Meissner Porzellan, dem Dresdner Stollen und einigen empfehlenswerten Restaurants. Sowohl die Sehenswürdigkeiten als auch die Informationen sind in sich alphabetisch geordnet.

Baedeker Allianz Reiseführer zeichnen sich durch Konzentration auf das Wesentliche sowie Benutzerfreundlichkeit aus. Sie enthalten eine Vielzahl eigens entwickelter Pläne und zahlreiche farbige Abbildungen. Zu diesem Reiseführer gehört als integrierender Bestandteil ein ausführlicher Stadtplan, auf dem die im Text behandelten Sehenswürdigkeiten anhand der jeweils angegebenen Koordinaten zu lokalisieren sind. Wir wünschen Ihnen mit dem Baedeker Allianz Reiseführer viel Freude und einen erlebnisreichen Aufenthalt in Dresden!

Baedeker
Verlag Karl Baedeker

Inhalt

Baedeker Specials

Neuer Glanz für

Wer in jüngster Zeit die sächsische Landeshauptstadt besucht hat, dem wird nicht entgangen sein, daß das berühmte Elbflorenz-Panorama – von Canaletto auf die Leinwand gebannt – fast wieder komplett ist, aber auch nach wie vor von zahlreichen Kränen und Gerüsten geprägt wird: äußeres Zeichen für eine fast hektisch anmutende Bautätigkeit. Noch zu Vorwendezeiten begonnene Projekte wie die Restaurierung des Schlosses, dessen Turm nun wieder in das Stadtbild eingefügt ist, werden beschleunigt durchgeführt oder sind schon – wie die Renovierung der Sempergalerie – früher als einst geplant zum Abschluß gekommen. Auch das Taschenbergpalais hat seine glanzvolle Wiederauferstehung gefeiert. Viele andere Im Zweiten Weltkrieg zerstörte und seither in Ruinen liegende historische Bauten sollen ebenfalls neu errichtet werden, allen voran die Frauenkirche am Neumarkt, mit deren Riesenkuppel der 'Canaletto-Blick' wieder komplett sein wird, und gleich nebenan steht wieder das Coselpalais. Am Altmarkt, wird kräftig gebaut, auf der Prager Straße gibt es neue Kaufhäuser, am Großen Garten kann man an der Gläsernen Manufaktur zusehen, wie der neue Luxus-VW zusammengeschraubt wird. An der Elbe ist auf der Altstädter Seite entlang der Neuen Terrasse im Anschluß an die Semperoper der Sächsische Landtag entstanden; aus der Königstraße in der Neustadt ist wieder die herrliche Barockstraße geworden, wie sie es zu August des Starken Zeiten war. Neue Hotels und Restaurants haben eröffnet oder einen neuen Namen und vor allem neuen Schwung bekommen, und allmählich hat sich auch die Spreu vom Weizen getrennt. Vor allem in der äußeren Neu-

Die Elbe

lernt man bei einer Fahrt mit dem Raddampfer kennen

Der Zwinger

Dresdens weltberühmtes Barockbauwerk im Herzen der Stadt

Die Augustusbrücke

verbindet Altstadt und Neustadt

Elbflorenz

stadt hat sich einiges getan – hier brummt die Szene, hier muß man abends einfach hin. Dennoch wird man sich in Dresden nicht verlaufen oder von einer Baustelle zur anderen stolpern – die herrliche Kunststadt ist schöner denn je seit Kriegsende, und man kann sich nun lebhaft vorstellen, wie glanzvoll die Stadt wieder sein wird, sind erst alle ehrgeizigen Vorhaben zur Wiederherstellung der alten Stadtsilhouette vollendet. Wo sonst kann man den Wiederaufbau einer Stadt nach historischen Vorbildern in einem solchen Umfang und so greifbar miterleben?

Dresden ist wesentlich vielseitiger geworden. Nicht nur Kunstfreunde können sich in den Räumen der Sempergalerie und des Albertinums – dort vor allem an den Prätiosen Augusts aus dem Grünen Gewölbe – ergehen oder die überbordende Phantasie des Zwingers genießen – wer Erleben und Vergnügen sucht, findet beides in einer lebendigen Kulturszene, die von der glanzvollen Opernaufführung bis zur Kleinkunst in den Kneipen der Neustadt reicht. Doch nur wenige Kilometer außerhalb spürt man nichts mehr von der Großstadt – um die Hänge von Loschwitz, die idyllischen Gärten von Pillnitz, die weitläufigen Jagdreviere von Moritzburg, die Weinberge von Meißen oder die majestätische Landschaft der Sächsischen Schweiz wird manch andere Stadt Dresden beneiden.

August der Starke

– ihm zuallererst verdankt Dresden seine Schönheit

Balkon Europas

Die Brühlsche Terrasse lädt zur Pause und zum Flanieren ein

Kaffee und Blaues Wunder

genießt man in Blasewitz

Natur, Kultur Geschichte

Zahlen und Fakten

Wappen der sächsischen Landeshauptstadt Dresden

Allgemeines

Sächsische Landeshauptstadt

Dresden ist die Hauptstadt des Freistaates Sachsen und nach Leipzig dessen zweitgrößte Stadt. Sie ist Amtssitz des Ministerpräsidenten, der sächsischen Staatskanzlei und der Staatsministerien sowie des sächsischen Landtages. Als Zentrum von Kunst, Kultur und Wissenschaft und Mittelpunkt des Ballungsraums Oberes Elbtal zwischen Riesa und der tschechischen Grenze, in dem 1 Million Menschen leben, besitzt Dresden eine weit über die Landesgrenzen hinausreichende Ausstrahlung.

Dresden
Hauptstadt des Freistaats Sachsen

Lage: 51°02' nördliche Breite
13°44' östliche Länge

Fläche: 328,5 km²

Einwohnerzahl: 472 000

Geographische Lage

Die sächsische Metropole liegt landschaftlich sehr reizvoll in einer buchtartigen Weitung des Elbtales beiderseits des hier bis zu 150 m breiten Flusses. Das Stadtgebiet umfaßt im Norden das Waldgebiet der Dresdner Heide und die an die Elbe herantretenden aussichtsreichen Höhen von Loschwitz, im Süden steigt es sanft zu den Ausläufern des östlichen Erzgebirges hinauf. Im Osten grüßen die markanten Erhebungen des Elbsandsteingebirges. Der tiefste Punkt der Stadt liegt 101 m ü.d.M. im Nordwesten des Stadtgebietes (Cossebaude), der höchste Punkt 315 m ü.d.M. im Osten (Bühlau). Die City um den Altmarkt liegt 113 m ü.d.M.

◀ *Nur die Frauenkirche fehlt, und der 'Canaletto-Blick' ist wieder komplett*

Die Prager Straße ist Dresdens Haupteinkaufsmeile

Dresdner Elbtalweitung

Dresden nimmt das Zentrum der rund 45 km langen und bis maximal 7 km breiten Elbtalweitung ein, die von Pirna im Südosten (Eingang zum Elbsandsteingebirge) bis Meißen im Nordwesten reicht. Der inzwischen dichtbevölkerte Talkessel entstand durch den Einbruch einer Sandsteintafel und durch die Heraushebung des Meißner Syenit-Granit-Gebirgsstocks. Unterhalb von Pirna durchmißt die Elbe eine von jüngeren, sandigen Ablagerungen aufgefüllte Ebene, nordöstlich von Dresden wird die Elbtalniederung durch den markanten Steilabfall der Lausitzer Granitplatte begrenzt. Bei Meißen umfließt die Elbe das kleine Spaargebirge, um unterhalb der Porzellanstadt das Meißner Syenit-Granit-Massiv in einem sehr reizvollen, ca. 80 m tiefen Durchbruchstal hinter sich zu lassen, an dessen sonnenbeschienen Hängen Weinreben gedeihen.

Topographie und Landschaftsbild

Linkes Elbufer

Die durchschnittlich 115 m breite Elbe durchmißt das Stadtgebiet von Dresden auf einer Länge von 30 km in drei weiten Bögen. Topographische Kontraste prägen das Bild. Am siedlungsfreundlichen linken Flußufer, das allmählich zu den Vorhöhen des östlichen Erzgebirges emporsteigt, baut sich die Dresdner Altstadt mit ihrer weltberühmten Silhouette auf. Einige dicht besiedelte und langgezogene Täler münden von Südwesten her ins Elbtal ein. Besonders markant ist der Plauensche Grund zwischen dem Elbtalkessel und dem Döhlener Becken. Das Durchbruchstal der Weißeritz, das heute ganz von der Industriestadt Freital eingenommen wird, ist in einem Syenit-Felsriegel angelegt, dessen Steinkohlevorkommen das rasche Aufblühen der Industrie im Raum Dresden ermöglicht haben.

Rechtes Elbufer

Rechts der Elbe erstrecken sich die Dresdner Neustadt, die Albertstadt sowie einige andere dicht besiedelte Wohnquartiere und Gewerbezonen im Bereich der Elbaue bzw. auf den Sand- und Schotterterrassen des Flusses. In die teilweise bewaldeten, das Elbtal begrenzenden Steilhänge sind kleine Täler eingekerbt, die wie der Lössnitz- und der Lochwitzgrund als Naherholungsgebiete geschätzt werden. Nordöstlich oberhalb der Neustadt dehnt sich die Dresdner Heide aus, ein knapp 60 km² großes Wald-

Dresden ist eine lebenswerte Stadt: Biergarten am Blauen Wunder

Rechtes Elbufer (Fortsetzung)

gebiet, das ebenfalls gern zur Erholung aufgesucht wird. Der nach Süden exponierte Elbtalhang bietet schöne Aussichtspunkte und war und ist als Wohngebiet Wohlhabender beliebt, wie manch mondäne Villa beweist.

Klima

In Dresden herrscht feuchtgemäßigtes Klima, das sich jedoch stark gegensätzlich zu dem des benachbarten Osterzgebirges darstellt. Kennzeichnend für das Wetter im Dresdner Elbtal ist das milde Mikroklima, das einen erfolgreichen Weinbau zuläßt. Die mittlere Jahrestemperatur liegt bei 8,4°C, die mittlere Jahresniederschlagsmenge bei 660 mm. Die meisten Niederschläge fallen in den Monaten Juni, Juli und August. Juni und Juli sind die wärmsten Monate, der kälteste ist der Januar. Nebel herrscht kaum, Winde werden durch die Tallage gemildert.

Bevölkerung und Verwaltung

Bevölkerungsentwicklung

Die Lage im Elbtalkessel bot günstige Voraussetzungen für die Besiedlung des Dresdner Gebiets; so wurde Dresden im Verlauf der Jahrhunderte zum bedeutendsten Siedlungszentrum im sächsischen Elbstromland. In der zweiten Hälfte des 19. Jh.s entwickelte es sich zur Großstadt, die 1905 etwa 517 000 Einwohner zählte. Vor Beginn des Zweiten Weltkriegs betrug die Bevölkerungszahl reichlich 625 000, 1945 war sie auf 375 000 abgesunken. Seit Ende des Krieges steigt die Bevölkerungszahl ständig an. Einige außerhalb der Stadtgrenze liegende Städte und Gemeinden sind räumlich bereits mit Dresden zusammengewachsen, darunter Radebeul mit 40 000, Heidenau mit 20 000 und Freital mit 74 000 Einwohnern.

Fläche und Einwohner

Nach der zu Jahresbeginn 1999 vollzogenen Eingemeindung von Mobschatz, Gompitz, Langebrück, Schönfeld-Weißig, Weixdorf und Kauscha nimmt Dresden eine Fläche von 328,5 km² ein. Innerhalb der Stadtgrenzen

Dresden
Ortsämter und Ortschaften

ORTSAMT ALTSTADT

Innere Altstadt, Pirnaische Vorstadt, Seevorstadt-Ost/Großer Garten, Wilsdruffer Vorstadt/Seevorstadt-West, Friedrichstadt, Johannstadt-Nord, Johannstadt-Süd

ORTSAMT NEUSTADT

Äußere Neustadt, Radeberger Vorstadt, Innere Neustadt, Leipziger Vorstadt, Albertstadt

ORTSAMT PIESCHEN

Pieschen-Süd, Mickten, Kaditz, Trachau, Pieschen-Nord/Trachtenberge

ORTSAMT KLOTZSCHE

Klotzsche, Hellerau/Wilschdorf, Flughafen/Industriegebiet Klotzsche, Hellerberge

ORTSAMT LOSCHWITZ

Loschwitz/Wachwitz, Bühlau/Weißer Hirsch, Hosterwitz/Pillnitz, Dresdner Heide

ORTSAMT BLASEWITZ

Blasewitz, Striesen-Ost, Striesen-Süd, Striesen-West, Tolkewitz/Seidnitz-Nord, Seidnitz/Dobritz, Gruna

ORTSAMT LEUBEN

Leuben, Laubegast, Kleinzschachwitz, Großzschachwitz

ORTSAMT PROHLIS

Prohlis-Nord, Prohlis-Süd, Niedersedlitz, Lockwitz, Leubnitz/Neuostra, Strehlen, Reick

ORTSAMT SÜDVORSTADT

Südvorstadt-West, Südvorstadt-Ost, Räcknitz/Zschertnitz, Kleinpestitz/Mockritz, Coschütz/Gittersee, Plauen

ORTSAMT COTTA

Cotta, Löbtau-Nord, Löbtau-Süd, Naußlitz, Gorbitz-Süd, Gorbitz-Ost, Gorbitz-Nord/Neu-Omsewitz, Briesnitz

Fläche und Einwohner (Fortsetzung)

leben nun 472 000 Menschen. Damit steht Dresden an 14. Stelle im Bevölkerungsvergleich deutscher Städte. Im Verhältnis zu anderen Großstädten ist die Bevölkerungsdichte aufgrund des hohen Anteils an Grünflächen, Parkanlagen und Waldgebieten mit 1437 je km² gering. Am dichtesten besiedelt sind die Stadtteile Johannstadt-Süd, Striesen-West, Gorbitz-Süd, Gorbitz-Ost und und Gorbitz-Nord/Neu-Omsewitz, die wenigsten Einwohner leben in den Stadtteilen Hellerberge und Dresdner Heide.

Religion

17,5 % der Dresdner Bevölkerung sind getaufte Angehörige der evangelisch-lutherischen Kirche; 4,7 % gehören der römisch-katholischen Kirche an, 1 – 1,5 % sind jüdischen Glaubens oder Mitglieder anderer Religionsgemeinschaften.
Dresden ist Sitz mehrerer hoher landeskirchlicher Einrichtungen, u. a. Bischofssitz der evangelisch-lutherischen Kirche, der römisch-katholischen Kirche sowie Sitz der Verbandsleitung der jüdischen Gemeinden in Sachsen und Thüringen.

Verwaltung

Für die Geschicke der Stadt Dresden zeichnet die in acht Dezernate unterteilte Stadtverwaltung mit ihrem Dienstherrn, dem Oberbürgermeister, verantwortlich. Die von der Bevölkerung gewählte Stadtverordnetenversammlung wählt ihrerseits den Oberbürgermeister und die Dezernenten.

Ortsämter

Das Stadtgebiet ist in zehn Ortsämter eingeteilt, in denen jeweils eine Anzahl der insgesamt 57 Stadtteile zusammengefaßt ist. Größtes Ortsamt ist Loschwitz mit einem Anteil von 21 % an der Gesamtfläche, gefolgt von Cotta mit 9,4 %; die kleinsten Ortsämter sind Neustadt, Blasewitz (je 4,5 %) und Leuben (4 %).

Städtepartnerschaften

Dresden unterhält mit zwölf Städten Partnerschaften: Coventry, St. Petersburg, Breslau, Skopje, Ostrava, Brazzaville, Florenz, Hamburg, Rotterdam, Straßburg, Salzburg und Columbus/Ohio.

Wirtschaft

Wirtschaftsstandort Dresden

Als Regierungssitz, geistiges und kulturelles Zentrum von Sachsen sowie Mittelpunkt des Ballungsgebiets Oberes Elbtal, dank ihrer verkehrsgünstigen Lage am Schnittpunkt zweier europäischer Hauptverkehrsachsen mit moderaten Entfernungen zu wichtigen Zentren in West- und Osteuropa und guten Verkehrsanbindungen sowie einem sehr guten Angebot auf den Gebieten von Kultur, Freizeit, Bildung und Gesundheitsfürsorge ist Dresden ein sehr günstiger Wirtschaftsstandort.

Entwicklung

Die Entwicklung Dresdens zur Industriestadt setzte in der ersten Hälfte des 19. Jh.s ein und führte die Stadt am Ende dieses Jahrhunderts auf den vierten Rang in Deutschland hinsichtlich der in der Industrie Beschäftigten. Diesen Erfolg verdankte Dresden dabei nicht krisenanfälliger Großindustrie wie Stahl, Kohle und Großchemie, vielmehr rührte Dresdens Ruf als Industriestadt vom Präzisionsmaschinenbau, der Feinmechanik und Feinoptik und der Elektrotechnik her. So wurden in Dresden u. a. eine Zigarettenmaschine und die erste Spiegelreflexkamera entwickelt. Dieses Profil behielt Dresden auch nach 1945 in der DDR bei, wobei verstärkt auf die Zusammenarbeit mit Forschungseinrichtungen gesetzt wurde. Kurz vor der Wende arbeiteten 38 % aller Dresdner Beschäftigten in der industriellen Fertigung in zehn Kombinaten wie Robotron (Computer, elektronische Bauelemente), Pentacon (Kameras, optische Geräte, Bürotechnik), Nagema (Maschinen für die Nahrungsmittelindustrie, Verpackungsmaschinen), Luft- und Kältetechnik, Elektromaschinenbau, Germed-Arzneimittel und die Flugzeugwerke Dresden. Mit der Währungsunion und dem Herauslösen aus dem RGW/Comecon brach der Absatzmarkt dieser Betriebe fast völlig weg. Eine Phase der Strukturanpassung setzte ein, die sich für den Einzelnen in erster Linie als Angst um seinen Arbeitsplatz oder dessen Verlust zeigte. Gleichzeitig wurde die Verwaltung reformiert, so daß es zu erheblichen Verzögerungen kam, so u.a. bei der Bearbeitung privater wie geschäftlicher Anliegen. Dieser Umstand, die darniederliegende Infrastruktur, Unsicherheit im Umgang mit der neuen Rechtsordnung und Ansprüche von Alteigentümern erschwerten zwar den Neuanfang der Dresdner Wirtschaft, doch mit einer Verdreifachung der Gewerbebetriebe seit 1990 auf heute 36 500 ist er als erfolgreich zu werten.

Beschäftigtenstruktur

Der nach der Beschäftigtenzahl überragende Wirtschaftssektor ist heute der Bereich Dienstleistungen/Handel/Verkehr/öffentlicher Dienst mit einem Anteil von 72,1 %. Es folgen die Industrie mit nur noch 13,9 %, das Baugewerbe mit 10,9 %, die Energiewirtschaft mit 1,7 % und die Land- und Forstwirtschaft mit 1,3 %. Nach wie vor bleiben die Löhne und Gehälter in Ostdeutschland hinter denen in Westdeutschland zurück bei gleichzeitig an das Westniveau angepaßten Lebenshaltungskosten. Auch die ehedem billigen Mieten haben gewaltig angezogen.

Arbeitslosigkeit

Im Dezember 2000 waren 14,2 % aller Erwerbsfähigen in Dresden arbeitslos gemeldet, das ist immerhin die niedrigste Rate in einer Großstadt der neuen Bundesländer. Der Anteil der Frauen an dieser Quote ist mit 50 % allerdings sehr hoch.

Dienstleistungen

Der Dienstleistungsbereich hat sich in Dresden drastisch verändert. War er in der DDR kaum ausdifferenziert, haben heute z. B. über 100 Banken und 300 Versicherungen ihren Sitz in Dresden, sind mehr als 27 000 Groß-, Einzelhandels- und Dienstleistungsbetriebe registriert und zahlreiche neue Hotels, Pensionen, Restaurants und Kneipen entstanden. An der Ammonstraße ist das Dresdner World Trade Center einschließlich 240-Betten-Hotel eröffnet worden, das größte seiner Art in Deutschland; an der Revitalisierung der Innenstadt beteiligen sich z. B. alle großen deutschen Kaufhausketten mit Neubauten, insbesondere an der Prager Straße und am Altmarkt. Der Dienstleistungssektor hat sich als wirtschaftliches Zugpferd für Dresden erwiesen.

Industrie

Dresden zählt heute etwas mehr als 800 Industrieunternehmen mit über zwanzig Beschäftigten. Im wesentlichen sind sie in den Branchen Elektronik/Informations- und Kommunikationstechnik, Elektrotechnik, Maschinen- und Anlagenbau/Umwelttechnik, Foto/Optik/Feinmechanik, Pharmazeutika/Kosmetik, Druck- und Verlagswesen, Nahrungs- und Genußmittel und Baustoffe tätig. Besonders die Mikroelektronik hat in Dresden – traditionell bedingt – ein neues und wichtiges Standbein gefunden und die Stadt zu einem der bevorzugten deutschen High-Tech-Standorte werden lassen. So betreibt die Siemens AG eine hochmoderne Fabrikationsstätte für 16-Megabit-Chips und plant zusammen mit Motorola ein Joint-Venture für neue Technologien der Chipherstellung; auch der US-Konzern Advanced Micro Devices unterhält eine Chip-Fabrik. Weitere namhafte Firmen in Dresden sind die ABB Energiebau Dresden, führender ostdeutscher Kabelhersteller, Asta Medica (ehemals Arzneimittelwerke Dresden), größter Pharmahersteller in den neuen Bundesländern, Gruner & Jahr mit der modernsten Illustrationsdruckerei Europas, Philipp Morris, die die Vereinigten Zigarettenfabriken übernommen haben und dort die immer noch sehr beliebten ostdeutschen Marken F 6 und Karo herstellen sowie Deutsche Aerospace Airbus und AEG-Starkstromanlagen. Auch Kameras werden, wenn auch in bescheidenerem Umfang, aber erneut von Pentacon-Leuten, durch die Kamerawerke Dresden wieder hergestellt. Die Volkswagen AG betreibt im Zentrum beim Großen Garten ein spektakuläres Objekt: die 'Gläserne Fabrik', in der das neue VW-Spitzenmodell in Handarbeit hergestellt wird.

Bauhauptgewerbe

Seit 1990 wurden fast 10 Mrd. DM in Bauvorhaben investiert, nicht nur in Großbaustellen wie das Residenzschloß, sondern u. a. auch in den Bau von 70 000 neuen Wohnungen. Die Krise des Baugewerbes in den neuen Bundesländern hat allerdings mittlerweile auch manch Dresdener Handwerksunternehmen zu spüren bekommen.

Handwerk

Die Zahl der Handwerksbetriebe ist mittlerweile auf über 5 500 mit durchschnittlich acht Mitarbeitern gestiegen, wobei vor allem die Bauausstatter (Installateure, Maler etc.), aber auch z. B. Friseure zulegen konnten. Speziell das Handwerk jedoch hatte mit Rückgabeansprüchen von Alteigentümern auf die Werkstatträume zu kämpfen, und manch alteingesessener Betrieb mußte gar um seine Existenz bangen.

Eine der feinsten Adressen für Dresden-Touristen: Hotel Bülow Residenz in der Neustadt

Wirtschaft (Fortsetzung) Tourismus

Große Hoffnungen setzt Dresden in den Tourismus, und die Zahlen der vergangenen Jahre bestätigen dies: Dresden ist eine der ersten Destinationen des deutschen Städtetourismus. 2000 kamen 7,1 Mio. Besucher nach Dresden, die meisten von ihnen aus den alten Bundesländern. Jeder siebte Besucher kam aus dem Ausland, wobei Amerikaner an der Spitze lagen, gefolgt von Schweizern und Briten. Ihnen standen 13000 Betten in 82 Hotels zur Verfügung (zu DDR-Zeiten noch 5300 Betten in zehn Häusern).

Verkehr

Nahverkehr

Das gesamte Stadtgebiet Dresdens und seine Umgebung sind verkehrstechnisch gut erschlossen. Die wichtigsten öffentlichen Verkehrsmittel sind die von den Dresdner Verkehrsbetrieben unterhaltenen Straßenbahnen und Omnibusse und die im Stadt- und Vorortbereich verkehrende S-Bahn der Deutschen Bahn AG. Sie werden ergänzt durch vier Elbfähren und die beiden Bergbahnen in Loschwitz.

Autobahnen und Fernstraßen

Dresden ist Knotenpunkt wichtiger Verkehrsverbindungen zwischen Skandinavien und Südeuropa und der Ost-West-Verbindung nach Polen und der Tschechischen Republik. Um diese Achse zu stärken, wurde 1998 der Neubau der Autobahn E 55/A 17 von Dresden nach Prag in Angriff genommen.

Autobahnen (Fortsetzung)

Die Autobahn (E 40/A 4) Eisenach – Görlitz tangiert Dresden im Nordwesten; über sie sind folgende Verbindungen möglich:
Richtung Westen: nach Chemnitz und über Abzweig Chemnitz nach Zwickau und Plauen (E 441/A 72) mit Anschluß an die E 51/A 9; nach Erfurt und Eisenach; über Hermsdorfer Kreuz Anschluß an die Autobahn Berlin – Nürnberg (E 51/A 9); über Abzweig Nossen nach Leipzig und Halle (Saale).
Richtung Osten: über Bautzen nach Görlitz und Polen.
Richtung Norden: nach Berlin (E 55/A 13), Rostock (E 55/A 19) und Hamburg (E 26/A 24); von Rostock Anschluß an die Fähren nach Dänemark und Schweden; über Abzweig Lübbenau nach Cottbus.

Wichtige Straßenverbindungen sind:
B 170 (E 55) durch das Osterzgebirge über Altenberg-Zinnwald in die Tschechische Republik (Ausbau zur Autobahn begonnen);
B 172 durch das Elbtal über Bad Schandau nach Böhmen in der Tschechischen Republik;
B 6 elbabwärts nach Meißen.

Eisenbahn

Dresden ist der südlichst gelegene Kreuzungspunkt des Eisenbahnverkehrs in Ostdeutschland. Der Fernverkehr läuft über die beiden Bahnhöfe Dresden-Hauptbahnhof und Dresden-Neustadt. Mit vielen europäischen Haupt- und Großstädten bestehen Direktverbindungen. Der Rangierbahnhof Dresden-Friedrichstadt spielt im internationalen Güterverkehr eine wichtige Rolle.

Flughafen

Der am nördlichen Stadtrand in Dresden-Klotzsche 9 km von der Stadtmitte entfernt gelegene Flughafen Dresdens ist ein internationaler Verkehrsflughafen. Verbindungen bestehen mit allen Großstädten in Deutschland und mit wichtigen europäischen Städten. Mit der Eröffnung des neuen Terminals im Frühjahr 2001 will man für 5 Mio. Passagiere jährlich gewappnet sein.

Elbschiffahrt

Die Elbe wird seit jeher als günstiger Transportweg zwischen Böhmen und der Nordsee genutzt. Ihre mittlere Breite beträgt im Stadtgebiet 115 Meter, die Fahrrinne ist bei Mittelwasser 1,90 m tief. 1837 wurden die ersten in Dresden gebauten Dampfschiffe auf dem Fluß eingesetzt.
Der 42 ha große, 1895 eingeweihte Hafen Dresden-Friedrichstadt (Alberthafen) ist neben Torgau und Riesa Sachsens bedeutendster Binnenhafen. Tschechische Reedereien wickeln einen großen Teil ihrer Frachtschiffahrt über die Elbe ab. Eine Werft existiert in Laubegast.

Kunst und Kultur

Kunststadt Dresden

Seit dem 16. Jh. entwickelte sich Dresden zu einem europäischen Zentrum von Kunst und Kultur. Zu ihrer vollen Schönheit entfaltete sich die Stadt im 18. Jh., als mit dem Zwinger ein Edelstein der Barockarchitektur entstand, die Katholische Hofkirche und die Frauenkirche sowie zahlreiche Palais gebaut und prachtvolle Straßenzüge angelegt wurden. Dresden, das 'Elb-Florenz', war zu einem Sammelpunkt der Künste und einem Eldorado für Künstler geworden. Nicht allein die hervorragenden Werke der Baukunst, eingebunden in die reizvolle Elbtallandschaft, und die zum Teil in der Welt einzigartigen Kunstsammlungen begründeten den Ruhm der Stadt; gleichermaßen entfalteten sich in dieser Atmosphäre Musik, Theater, Literatur, Malerei, Bildhauerei und Kunsthandwerk. In dieser Tradition stehend ist Dresden heute mit den wiedererbauten historischen Baudenkmälern, den Gemäldegalerien, Kunstsammlungen und überaus zahlreichen Museen, den Theatern und Orchestern, die seit 1985 mit der Semperoper wieder über eine großartige Aufführungsstätte verfügen, eine Stadt lebendiger Kunstpflege. Dazu tragen auch die hier beheimateten Kunsthoch- und -fachschulen, die in der Stadt ansässigen bildenden Künstler, Film- und Theaterschaffenden, Schriftsteller und Komponisten bei. Die traditionell stattfindenden Kunstausstellungen, internationalen Musikfestspiele und Musikfestivals bereichern das kulturelle Leben.

Architektur, Kunstgeschichte und Geistesleben

Vorgeschichte und Mittelalter

Neue Funde bringen neue Erkenntnisse

Während einerseits viele Zeichen und kulturgeschichtliche Zeugnisse aus Dresdens jüngster (DDR-)Vergangenheit verschwanden, tauchten im Gegenzug verstärkt die Reste der ältesten Geschichte der Stadt auf. Der Bauboom machte es möglich: Der gesamte Innenstadtbereich wurde seit den Vorbereitungen zum Wiederaufbau des Residenzschlosses 1982 Grundstück für Grundstück umgegraben und entpuppte sich als ein Eldorado für Ur- und Frühgeschichtler. So ist das Wissen um die Anfänge Dresdens um viele neue Details bereichert, bisweilen auch korrigiert worden; vor allem aber füllten sich die Magazine des Landesmuseums für Vorgeschichte im Japanischen Palais mit genügend Material für interessante Ausstellungen.

Nisani

In erster Linie bezeugt der Untergrund, daß bereits in frühgeschichtlicher Zeit Dresden ein bedeutendes Siedlungszentrum war. Zahlreiche Grabbeigaben waren überwiegend Gebrauchsgegenstände, haben aber auch kultur- und kunstgeschichtlichen Wert. Noch bevor die eigentliche Stadt Dresden gegründet wird, entsteht am Elbufer die Hafensiedlung 'Nisani', die 1174 erstmals erwähnt wird. Im Zentrum dieser Siedlung steht seit Mitte des 12. Jh.s die Kirche St. Maria, die spätere Frauenkirche. Während des Aufbaus des Hotelkomplexes rund um die Münzgasse wurden 1987 erstmals Reste dieser Kirche freigelegt und dokumentiert; weitere Erkenntnisse brachten die Grabungen im Zuge des Wiederaufbaus der Frauenkirche. Wahrscheinlich war der ursprüngliche Bau eine 30 m lange, dreischiffige romanische Basilika. Vom sicherlich noch bescheidenen Kunstschaffen aus dieser Zeit ist nichts mehr erhalten; auch vom einstigen romanischen Königshof, Vorgänger des Schlosses im damaligen Drezdany, und vom gegenüberliegenden Dorf Altendresden existieren keine Zeugnisse des frühen Mittelalters mehr.

Älteste Ansicht der Stadt Dresden: Stich von Heinrich van Cleef, 1565

Vorgeschichte und Mittelalter (Fortsetzung)
Hausmannsturm

Ältester, noch heute sichtbarer Rest des mittelalterlichen Dresdens ist der Unterbau des Hausmannsturms des Schlosses aus der Zeit um 1400. Knapp 100 Jahre später stehen in Dresden bedeutende gotische Kirchen: die Frauenkirche, die Nikolaikirche (Vorgängerin der Kreuzkirche) und die Franziskanerkirche. Diese, evangelische Hofkirche und seit 1602 Sophienkirche genannt, erlebte als einzige in ihrer mittelalterlichen Gestalt noch das 20. Jh. und überdauerte, wenngleich als Ruine, auch die Bombennacht 1945. Erst von 1962 bis 1963 wurde sie auf ausdrücklichen Wunsch Walther Ulbrichts abgerissen, doch immerhin sind im Dresdner Stadtmuseum einige Konsolenbüsten aus ihrer Busmannskapelle vom Anfang des 16. Jh.s erhalten, die als früheste plastische Bildwerke Dresdens deutlichen Einfluß der Parler-Schule in Prag zeigen. An bürgerliche Architektur erinnerte allein die Marienapotheke bis 1945 an das Dresdner Mittelalter. Insgesamt aber war Dresden bis in das 16. Jh. hinein in seiner Gesamterscheinung noch wenig beeindruckend. Ein Spruch von 1520 sagt: "Leipzig, die Beste, Freiberg, die Größte, Chemnitz, die Feste, Annaberg, die Liebste" – von Dresden ist erst gar nicht die Rede.

Sophienkirche

Renaissance

Dresden wird Residenzstadt

Der politische Aufschwung Dresdens beginnt mit der Teilung der sächsischen Lande, als Herzog Albrecht 1485 seine ständige Residenz in Dresden einrichtet. Doch erst nachdem Herzog Moritz 1547 nach der Schlacht bei Mühlberg und der Wittenberger Kapitulation die Kurwürde erwirbt, folgt auch ein künstlerischer Aufschwung. Erst jetzt läßt sich auch von einer eigenständigen Dresdner Kunst sprechen.

Residenzschloß

1530 bis 1535 läßt Herzog Georg das Dresdner Schloß erweitern. Aus dieser Zeit stammt das über 12 m lange Sandsteinrelief mit dem Totentanz, das heute in der Dreikönigskirche zu sehen ist. 1548 bis 1556 baut Kurfürst Moritz es zu einer prachtvollen Renaissance-Residenz aus. Die Innenhofgestaltung nach dem Wiederaufbau läßt diese Zeit wieder in neuem Glanz erstrahlen und gibt einen Eindruck von der künstlerisch äußerst bedeutsamen schwarz-grauen Fassadenbemalung in Sgraffito-Technik.

Renaissance, Residenzschloß (Fortsetzung)

Mit den Brüdern Gabriel und Benedikt Tola und Francesco Ricchino aus Brescia wirken hier von 1548 bis 1561 erstmals bedeutende italienische Künstler an der Elbe. Die Malereien wurden auch von nachfolgenden Generationen als wertvoll erachtet und aufgrund ihrer schlechten Erhaltbarkeit immer wieder fachmännisch restauriert – bis sie im Zuge des barocken Wiederaufbaus übertüncht wurden. Auch in den anderen Teilen, Treppentürmen und Eingangsportalen zeigt das Dresdner Schloß das hohe Niveau der Architektur und Bauplastik der Zeit.
Mit dem Wiederaufbau des Schlosses wird auch der Riesensaal, zwischen 1548 und 1553 als bedeutendes Zeugnis der Innenraumgestaltung der Renaissance entstanden, in seiner historischen Gestalt, in der er nur bis 1627 bzw. 1701 bestand, wiedererstehen.

Kunstkammer

Im Jahr 1560 wird im Dachgeschoß des Dresdner Schlosses die nach derjenigen von Wien früheste Kunstkammer im Heiligen Römischen Reich gegründet und damit der Grundstein zu Dresdens Ruf als Kunststadt gelegt. Schon 1587 werden im Inventar 10 000 Objekte genannt, die später in die Rüstkammer, die Skulpturensammlung, die Gemäldegalerie, das Kupferstichkabinett und das Grüne Gewölbe, vor allem aber in den mathematisch-physikalischen Salon gelangten. Mit Recht kann man die Kunstkammer als erstes großes naturwissenschaftlich-technisches Museum überhaupt bezeichnen. Erst 1832 wurde die Sammlung als Gesamtheit aufgelöst, teilweise sogar versteigert – ein unersetzlicher Verlust für die sächsische Kulturgeschichte.

Moritzmonument

Aus der Renaissance stammt auch das erste Denkmal Dresdens, das Moritzmonument, das 1553 errichtet wurde und seit 1896 an der Jungfernbastei gegenüber der Carolabrücke angebracht ist.

Malerei

Auch eine eigenständige Malerei beginnt in Dresden erst nach 1500. Im Stadtmuseum wird mit den "Zehn Geboten" von Hans dem Maler ein Tafelbild von 1529 aufbewahrt. Die Gemälde aus der Renaissance von Lucas Cranach, Albrecht Dürer, Hans Holbein u. v. a., die die Galerie Alter Meister auf internationalen Rang heben, sind allerdings eher Zeugnisse der Dresdner Museums- und Kunstgeschichte, gelangten sie doch fast alle erst nach 1700 in die Kurfürstliche Sammlung. Eine bedeutende sächsische Hofmalertradition beginnt erst im Barock. August der Starke und sein Sohn sammeln nicht nur, sondern fördern auch die Kunst vor Ort.

Das Augusteische Zeitalter

Barockstadt Dresden

Seinen Ruf als Barockstadt verdankt Dresden der regen Bautätigkeit unter den sächsischen Kurfürsten Friedrich August I. genannt August der Starke (Regierungszeit 1696 – 1733) und dessen Sohn Friedrich August II. (reg. 1733 – 1763). Wenngleich auch eine Vielzahl der barocken Bauwerke durch die Bomben von 1945 und den Wiederaufbau der Stadt unter sozialistischen Vorzeichen unwiederbringlich verloren ist, so sind doch die Museen und Sammlungen der Stadt reich an Erbe dieser Epoche. Matthäus Daniel Pöppelmann (1662 – 1736) erbaut den Zwinger, das Japanische Palais, Schloß Pillnitz sowie zahlreiche weitere Palais und Kirchen und gestaltet Schloß Moritzburg um. Balthasar Permoser (1651 – 1732)

Ein Wunderwerk: Johann Melchior Dinglingers "Hofstaat zu Delhi am Geburtstag des Großmoguls Aureng-Zeb" (1701 – 1708)

Das Augusteische Zeitalter (Fortsetzung)

versieht den Zwinger und den Großen Garten mit eindrucksvollen Skulpturen. George Bähr (1666 – 1738) errichtet mit der Frauenkirche den größten protestantischen Kuppelbau. Johann Melchior Dinglinger (1634 – 1731) führt die Goldschmiedekunst mit seinem "Hofstaat zu Delhi am Geburtstag des Großmoguls Aureng-Zeb" zu ihrem Höhepunkt.

Malerei

Die Dresdner Malerei ist kaum weniger bedeutend, auch wenn sie in den Alten Meistern neben den italienischen, niederländischen, französischen und spanischen Meisterwerken gerne übersehen wird. Ismael Mengs (1688 – 1764) ist seit 1714 in Dresden als Hofminiaturenmaler tätig und hat sein Selbstbildnis in den Alten Meistern hinterlassen. Sein Sohn Anton Raphael Mengs (1728 – 1779) schlägt ebenfalls die künstlerische Laufbahn ein, bevor er nach Rom geht und dort die deutsch-italienische klassizistische Malerei prägt. Von ihm stammt das Bild der Sopranistin Caterina Regina Mingotti in den Alten Meistern, die 1747 in Pillnitz die Titelpartie von Glucks Oper "Le nozze d'Ercole e d'Hebe" sang. Nach Dresden kehrt Mengs öfters zurück und malt u. a. das Altarbild für die Hofkirche. Auch seine Schwester Theresa Concordia Maron (1725 – 1806) wirkt zunächst als Pastellzeichnerin in Dresden und zieht später nach Rom.

Landschaftsmalerei

Im 18. Jh. wirkt auch Johannes Alexander Thiele (1685 – 1752), seit 1738 Hofmaler Augusts III., begründet die eigenständige sächsische Landschaftsmalerei. Sein Schüler Christian Wilhelm Ernst Dietrich (1712 bis 1774) wird als vielbestauntes Wunderkind von August dem Starken 1731 zum Hofmaler ernannt und gilt als bedeutendster Meister des Spätbarock; nicht zuletzt führt er die Tradition der sächsischen Landschaftsmalerei fort, die im 19. Jh. große Bedeutung erlangt.

Das Augusteische Zeitalter (Forts.)
Canaletto

Bernardo Bellotto, genannt Canaletto (1721 – 1780), ist seit 1748 Hofmaler Augusts III. Seine Kunst ist ein bedeutender Schritt hin zur realistischen Landschaftsdarstellung, wie an den zahlreichen porträtgenauen Gemälden des barocken Dresden deutlich wird.

19. Jahrhundert

Dresdner Frühromantik

In der Napoleonzeit läßt sich 1795 der Küstriner Daniel Caffè (1756 – 1815) in Dresden nieder und wird zum beliebten Porträtmaler des Dresdner Bürgertums. Schon 1788 ist Anton Graff (1737 – 1813) zum Professor für Porträtmalerei erhoben worden. Mit ihm beginnt auch die Dresdner Frühromantik. Er gehört zu dem Kreis, in dem sich Dichter wie Ludwig Tieck (1773 – 1853), Friedrich Schlegel (1772 – 1829), Novalis (1772 – 1801), Heinrich von Kleist (1777 – 1811), Theodor Körner (1791 – 1813) und E.T.A. Hoffmann (1776 – 1822), Maler wie Johannn Christian Klengel (1751 – 1824), Philipp Otto Runge (1777 – 1810), Caspar David Friedrich (1774 – 1840) mit seinen Schülern Georg Friedrich Kersting (1785 – 1847) und Johann Christian Claussen Dahl (1788 – 1857), Adrian Ludwig Richter (1803 – 1884) und das Universalgenie Carl Gustav Carus (1789 – 1869) oder der Schauspieler Eduard Devrient (1801 – 1877) direkt oder indirekt inspirieren. Nicht zuletzt spielt auch das Musikleben eine Rolle (s. S.26 ff.), und Gottfried Semper (1803 – 1879) schafft mit seiner Galerie am Zwinger, die heute die Alten Meister beherbergt, seinen ersten großen Bau. Dieser fruchtbaren Zeit zwischen Klassizismus und Biedermeier, zwischen Romantik und dem Beginn der industriellen Revolution widmet sich das Museum der Dresdner Frühromantik im ehemaligen Wohnhaus des Malers und Akademieprofessors Gerhard von Kügelgen (1772 – 1820).

Bildhauer

Im Jahr 1832 wird der Bildhauer Ernst Rietschel (1804 – 1861) Professor an der Kunstakademie. Von ihm stammen u. a. der Kopf des Lutherdenkmals

Canaletto: "Der Neumarkt in Dresden vom Jüdenhofe aus"

Das Rietschel-Denkmal auf der Brühlschen Terrasse

Bildhauer im 19. Jahrhundert (Fortsetzung)

an der Frauenkirche, die Statuen Schillers und Goethes an der Semperoper und das Denkmal Carl Maria von Webers an der Sempergalerie. Sein Schüler Johannes Schilling (1828–1910) setzte ihm auf der Brühlschen Terrasse ein Denkmal. Von Schilling stammen aber auch die "Vier Tageszeiten" und das Denkmal Sempers auf der Brühlschen Terrasse, das Reiterstandbild König Johanns auf dem Theaterplatz und die Pantherquadriga auf der Semperoper.

Von der Jahrhundertwende bis zum Dritten Reich

Industrialisierung

Seine letzte große kulturelle Blüte erlebt Dresden um die Jahrhundertwende. Es verdankt seinen Aufschwung in erster Linie der industriellen Revolution, die in der zweiten Hälfte des 19. Jh.s voll zum Tragen kommt, insbesondere auch durch die Schaffung neuer Verkehrswege.

Stadtentwicklung

Mit dem Ausbau des Verkehrsnetzes entwickeln sich auch die ersten großen Industriegebiete, vor allem entlang der Leipziger Straße (Villeroy & Boch) und der Blumenstraße. Es entsteht die Waldschlößchenbrauerei an der Bautzner Straße (die 1994 zum Hotel umgebaut wurde), eines der ältesten Fabrikgebäude. Mustergültig für die Stadtentwicklung sind die Bebauungspläne von 1863 und 1874, die Industriegebiete deutlich von Wohngebieten trennen und häßliche Schornsteine gänzlich aus der Innenstadt verbannen. Sie werden als Minarett (Yenidze), Leuchtturm (ehem. Fernheizwerk hinter der Semperoper, 1945 zerstört) oder Barockkuppel (Schlachthof im Ostragehege) kaschiert. Ganze Stadtviertel werden ab den 1860er Jahren aus dem Boden gestampft: Cotta, Löbau, Seevorstadt, Johannstadt, Striesen und Strehlen südlich der Elbe, Pieschen, Mickten, Albertstadt und Antonstadt nördlich der Elbe. Typisch wird das einzeln stehende Mehrfamilienhaus ('Dresdner Kaffeemühle') und bei Eckhäusern eine hervorgehobene dreigieblige Eckgestaltung.

Jahrhundertwende, Stadtentwicklung (Forts.)

Auch im Stadtzentrum selbst entstehen repräsentative Gebäude entlang des Rings (Rathaus), an der Prager Straße, am nördlichen Elbufer (Ministerien), am Sachsenplatz (Landgericht) und nicht zuletzt auch an der Brühlschen Terrasse mit Albertinum und Kunstakademie sowie die Semperoper am Theaterplatz. Da 1945 zwar das relativ kleine barocke Stadtzentrum zerstört wurde, die Bauten des 19.Jh.s in den Vorstädten dagegen größtenteils aber erhalten sind, ist das heutige Dresden neben den sozialistischen Plattenbauten hauptsächlich von dieser Zeit um 1900 geprägt.

Villen in Blasewitz

Die kunstvollste bürgerliche Architektur ist im Ortsteil Blasewitz erhalten, der erst 1921 gegen den Widerstand seiner reichen Bürger eingemeindet wurde. Zahlreiche Villen spiegeln die Stilvielfalt, aber auch den weltläufigen Geschmack der Besitzer: sächsischer Heimatstil und süddeutscher Landhausstil, Schweizerhäuser, italienische und französische Villen, südenglische Cottages und floraler Jugendstil – hier ist alles vertreten.

'Ära Erlwein'

Bedeutend ist die Zeit zwischen 1905 und 1914 unter Stadtbaurat Johann (Hans) Jakob Erlwein (1872–1914). Seine Bauwerke – meist Schulen und technische Anlagen – sind größtenteils noch heute erhalten. Mit dem Städtischen Speicher (Erlweinspeicher) errichtet er erstmals in Dresden eine vollständige Stahlbaukonstruktion; ebenso stammt das Gaswerk in Reick von ihm. In seiner Amtszeit entstehen weitere wichtige Bauten: der enorme Rundbau von Heilmann und Littmann (1912) für den in Radebeul gegründeten Zirkus Sarrasani, das Schauspielhaus und von 1907 an nach den Reformideen des Heimatbunds die Siedlung Hellerau.

Malerei

Auch die Bildende Kunst erreicht um 1900 nochmals einen Höhepunkt. Impressionismus und Jugendstil bestimmen die Kunstszene. Robert Sterl (1867–1932), Otto Gussmann (1869–1927) Ludwig von Hofmann (1861 bis 1945) und Oskar Zwintscher (1870–1916) bestimmen den Jugendstil ebenso wie der Freund Karl Mays, Sascha Schneider (1870–1927), der mit dem "Sonnenanbeter" auf Schloß Eckberg seiner Kunstauffassung auch ein figürliches Denkmal gesetzt hat. Maßgeblichen Einfluß auf die europäische Kunstentwicklung hat die 1905 in Dresden entstandene Künstlervereinigung "Die Brücke". Ihre Gründer sind Karl Schmidt-Rottluff (1884–1976), Ernst Ludwig Kirchner (1880–1938), Erich Heckel (1883 bis 1970) und Fritz Bleyl; später kommen u.a. Emil Nolde (1867–1956) und Kees van Dongen (1877–1968) hinzu.

Literatur

Wie bereits im frühen 19. Jh. wählen auch um die Jahrhundertwende zahlreiche Schriftsteller Dresden zu ihrem zeitweiligen Aufenthalt. Ignacy Kraszewski (1812–1887) hält sich von 1873 bis 1879 an der Elbe auf und schreibt seine "Sachsen-Trilogie" über das Augusteische Zeitalter. Gerhart Hauptmann wohnt einige Jahre in Blasewitz. Die bedeutendste literarische Gestalt aber ist Karl May (1842–1912), der sich in Radebeul niederläßt. Gebürtiger Dresdner ist Erich Kästner (1899–1974), der seiner Heimatstadt in seiner Autobiographie "Als ich ein kleiner Junge war" ein literarisches Denkmal gesetzt hat.

Republik und Diktatur

Nach der Revolution von 1918 erlebt auch Dresden den kulturellen Neubeginn der 'Goldenen Zwanziger'. Neben den Veristen und Expressionisten der "Brücke" tritt die "Sezession Gruppe 1919" mit Konrad Felixmüller (1897–1977), Eugen Hoffmann, Oskar Kokoschka (1886–1980) und Otto Dix (1891–1969) auf. Letztere beiden lehren an der Kunstakademie. Die Musik wird durch Erwin Schulhoff (1894–1942) und Paul Aaron (1886 bis 1955) der Moderne zugeführt. Mary Wigman (1886–1973) und Gret Palucca (1902–1993) gründen Ballettschulen, die richtungsweisend für die Entwicklung des modernen Tanzes wurden.

Die Architekten Hans Poelzig (1869–1936), Paul Wolf (1879–1957) und Heinrich Tessenow (1876–1950) bestimmen zwar schon vor dem Ersten Weltkrieg das moderne Dresdner Baugeschehen, wirken aber erst nach dem Krieg als Lehrer an der Sächsischen Kunstakademie. Neben den Planungen für Hellerau machte sich Tessenow vor allem durch die Gesamtplanung der Internationalen Kunstausstellung von 1926 einen Namen.

Englisches Cottage in Blasewitz: Villa Goetheallee 18 von Karl Emil Scherz (1901/1902)

Dresdens erster selbsttragender Stahlbau: der Stadtspeicher von Hans Erlwein (1912)

Architektur, Kunstgeschichte und Geistesleben (Fortsetzung)
Drittes Reich

Im Dritten Reich erstarb in Dresden jegliche kulturelle Vielfalt. Bedeutende Künstler wurden mit Berufsverbot belegt, flüchteten ins Exil oder wurden wie Schulhoff im KZ ermordet. Die Stadt und die Universität waren sehr rasch gleichgeschaltet, nur wenig Widerstand regte sich. Die bedeutendste Persönlichkeit des Dresdner Antifaschismus ist Viktor Klemperer (1881 – 1960), der 1947 mit seinem Buch "LTI" ("Lingua Tertii Imperii – Die Sprache des Dritten Reichs") eine entlarvende linguistische und soziologische Studie der NS-Zeit in Dresden entwarf.

Von 1945 bis heute

Wiederaufbau

Fast ebenso schmerzlich wie die Zerstörung Dresdens gestaltete sich der Wiederaufbau. Gegner des Ausbaus zur 'sozialistischen Großstadt' wie Stadtbaudirektor Rummrich und Denkmalpfleger Bachmann verloren schnell Ämter und Einfluß, so daß von 1949 an mit der großflächigen Enttrümmerung begonnen wurde. Viele wertvolle ausbaufähige Ruinen wurden gesprengt, darunter die Ausstellungsgebäude und das Alte Rathaus (1949), das Neustädter Rathaus, die Große Meißner Straße, Alberttheater und Narrenhäusel (1950), Fernheizwerk, Hotel Bellevue und Bürgerhäuser der Altstadt (1951), viele öffentliche Großbauten des 19. Jh.s (1952), Orangerie und Villen an der Wiener Straße (1953), Rampische Straße (1956), Sophienkirche (1963) und 17 andere Kirchenbauten. Als letzte bedeutende Barockbauten sind 1969 die Torhäuser am Großen Garten und das südliche Torhaus am Palaisplatz abgerissen worden. Einige wichtige Baudenkmale der Jahrhundertwende wie das Ballhaus Aktiv und der Wolfsche Speicher mußten nach 1989/1990 dem rasanten Wiederaufbau oder dem Stadtdesign weichen. Neben viel konventioneller Architektur brachte dieser auch einige Highlights: den Landtag von Peter Kulka, das Benno-Gymnasium von Behnisch & Partner oder den neuen UFA-Palast von Coop Himmelb(l)au. Neue Akzente werden auch die 'Gläserne Manufaktur' von VW und Friedensreich Hundertwassers Projekt 'Hohe Haine' setzen.

Bildende Kunst

Auch die Bildende Kunst machte den tiefen Einschnitt in der Dresdner Geschichte zu ihrem Thema. Die wichtigsten Werke sind in der Galerie Neue Meister zu sehen, darunter als eines der eindrucksvollsten Beispiele Wilhelm Lachnits "Tod von Dresden". Der sozialistischen Kunstbewegung hin zum Realismus schlossen sich mehr oder weniger die Maler Bernd Kretzschmar, Karl Kröner, Paul Wilhelm, Theodor Rosenhauer, Albert Wiegand und Helmut Schmidt-Kristein an. Eher der abstrakten Richtung neigten Hans Jüchser, Hans Christoph und Joachim Heuer zu. Hans Uhlig, Hans Grundig, Willy Wollf und A. R. Penck (eigentlich Ralf Winkler) sind weitere bedeutende Vertreter der Nachkriegskunst; nicht vergessen werden dürfen auch die Graphiker Joseph Hegenbarth und Hermann Glöckner sowie als Vertreter der jüngeren Generation Jürgen Schieferdecker.

Musikstadt Dresden

"Preise dein Glück, gesegnetes Sachsen,
Weil Gott den Thron deines Königs erhält.
Fröhliches Land,
Danke dem Himmel und küsse die Hand,
Die deine Wohlfahrt noch täglich läßt wachsen
Und deine Bürger in Sicherheit stellt."

So preist Johann Sebastian Bach in seiner Kantate 215 das Sächsische Herrscherhaus musikalisch – mit Pauken, Trompeten und Doppelchor. Besungen wird August III., Kurfürst von Sachsen und König von Polen, und das nicht zu Unrecht, denn unter seiner Regierung und der seines Vaters August des Starken erfuhr Dresdens Musikleben seine höchste Blüte.

Kreuzchor

Geistliche Musik

Aus der Zeit des Mittelalters ist in Dresden nur wenig Musikalisches überliefert; der musikalische Alltag ist vom Gregorianischen Choral geprägt. Als Besonderheit werden geistliche Spiele zum Johannistag (seit Ende des 15. Jh.s) und am Tag der heiligen Dorothea (1525) urkundlich erwähnt. Auch an der Kreuzkirche singen wohl schon Knaben der Kreuzschule, deren erster Schulmeister für das Jahr 1300 bezeugt ist. 1370 erscheinen dann in einer Rechnung schon ein 'magister scholae' und ein 'orgilmeister'. Seit dieser Zeit tritt der Kreuzchor fest in Erscheinung und singt auch beim ersten evangelischen Gottesdienst in der Kreuzkirche am 6. Juli 1539.

Kantoren prägen den Chor

Danach beginnt die große Zeit des Chores. Johannes Baumann wird 1540 zum ersten Kreuzkantor berufen und soll laut damaliger Verordnung mit seinem Chor vorzugsweise "christliche deutsche Lieder aus dem Gesangsbuch Dr. Luthers singen und figurieren". Eine erste Blüte erlebt der Kreuzchor unter den Kantoren Christoph Neander (1615–1625) und Michael Lohr (1625–1654), die beide vor allem das geistliche Werk des zeitgleich am Dresdner Hofe wirkenden Heinrich Schütz (⟶ Berühmte Persönlichkeiten) uraufführen. Ab 1651 sind die Kreuzkantoren auch für die Kirchenmusik an der Frauen- und Sophienkirche verantwortlich. Theodor Christian Reinhold (1720–1755) holt sich den Bach-Sohn Wilhelm Friedemann als Organisten nach Dresden und tut sich – wie sein Nachfolger Gottfried August Homilius (1755–1785) – auch als Komponist hervor. Einer der berühmtesten Kreuzschüler, Richard Wagner (⟶ Berühmte Persönlichkeiten), hat es in seiner von 1822 bis 1827 währenden Schulzeit allerdings nicht zum aktiven Sänger gebracht. Erst Ende des 19. Jh. s wird das Werk Johann Sebastian Bachs wieder regelmäßig gepflegt. Im 20. Jh. macht Rudolf Mauersberger als Kreuzkantor (1930–1971) den Chor durch viele Tourneen in der ganzen Welt berühmt; 1971 bis 1993 wird der Chor von Martin Flämig geleitet, dem Gothart Stier nachfolgte.

Konzert des Kreuzchors und der Staatskapelle in der Kreuzkirche

A Ballhaus: 1589 – 1756
B Kurfürstliches Opernhaus am Taschenberg: 1664/1667 – 1707 (1889 abgebrochen)
C Kleines Schauspielhaus am Zwingerwall: 1696/1697 – 1709 (abgebrochen)
D Großes Opernhaus am Zwinger: 1718/1719 – 1849
(nach Umbau 1782 Redoutensaal; beim Maiaufstand 1849 abgebrannt)
E Kleines Opernhaus im Zwinger (Mingotti-Theater): 1746 – 1748 (abgebrannt)
F Komödienhaus (Moretti-Theater): 1754/1755 – 1841 (abgebrochen)
G Königliches Hoftheater (Erster Semperbau): 1838/1841 – 1869 (abgebrannt)
H Interimstheater ('Bretterbude'): 1869 – 1878 (abgebrochen)
I Königliches Hoftheater (Zweiter Semperbau) · Staatsoper: 1871/1878 – 1945
(Renovierung 1909–1912)
K Staatsoper: 1939 Umbau begonnen, im Zweiten Weltkrieg unterbrochen;
am 13.2.1945 beim Luftbombardement schwer beschädigt;
1977 – 1984 als 'Semperoper' wiederaufgebaut (Eröffnung am 13.2.1985)
L Staatliches Schauspielhaus: 1911/1913 – 1945 (durch Kriegseinwirkung zerstört);
bis 1948 wiederaufgebaut und bis 1984 Großes Haus der Staatstheater für Oper und Schauspiel; seither Schauspielhaus Dresden

Von der Hofkapelle zur Staatskapelle

Hofkantorei

Der Ursprung der berühmten Staatskapelle Dresden ist ein Chor: Kurfürst Moritz unterzeichnet am 22. September 1548 die Stiftungsurkunde der Dresdner Hofkantorei, deren eigentliche Aufgabe, die Gottesdienste in der Schloßkapelle zu gestalten, schon bald auf weltliche Musik erweitert wird. 1555 werden Instrumentalisten bezeugt, und 1568 begründet Kapellmeister Antonio Scandelli den engen, Jahrhunderte währenden Kontakt zwischen der Dresdner Hofkapelle und der italienischen Musiktradition.

Heinrich Schütz

Nachdem Kurfürst Johann Georg I. den Komponisten Michael Praetorius nur von 1613 bis 1617 halten konnte, wirbt er unter spektakulären Umständen daraufhin Heinrich Schütz aus Kassel ab, der 56 Jahre lang, bis zu seinem Tod 1672, in Dresden wirkt und in Christoph Bernhard einen Nachfolger findet, der die Tradition auf hohem Niveau fortführt. Berühmt ist das Bild Schützens mit seinen Sängern in der Schloßkapelle, die anhand dieser Überlieferung beim Wiederaufbau des Schlosses nun wieder in den alten

Uraufführungen in Dresden

OPERN	KOMPONISTEN	DATUM
"Il Paride"	Giovanni Andrea Bontempi	3.11.1662
"Apollo und Dafne"	Marco Giuseppe Peranda und Giovanni Andrea Bontempi	3.9.1671
"Cleofide"	Johann Adolf Hasse	13.9.1731
"Le Nozze d' Ercole e d' Ebe"	Christoph Willibald Gluck	29.6.1747
"La Clemenza di Tito"	Johann Gottlieb Naumann	1.2.1769
"Sargino"	Ferdinando Paer	26.5.1803
"Leonora"	Ferdinando Paer	3.10.1804
"Rienzi"	Richard Wagner	20.10.1842
"Der fliegende Holländer"	Richard Wagner	2.1.1843
"Tannhäuser"	Richard Wagner	19.10.1845
"Feuersnot"	Richard Strauss	21.11.1901
"Salome"	Richard Strauss	9.12.1905
"Elektra"	Richard Strauss	25.1.1909
"Der Rosenkavalier"	Richard Strauss	26.1.1911
"Intermezzo"	Richard Strauss	4.11.1924
"Doktor Faust"	Ferruccio Busoni (postum Philipp Jarnach)	21.5.1925
"Der Protagonist"	Kurt Weill	1926
"Penthesilea"	Othmar Schoeck	8.1.1927
"Cardillac"	Paul Hindemith	9.11.1927
"Hanneles Himmelfahrt"	Paul Graener	1927
"Die ägyptische Helena"	Richard Strauss	6.6.1928
"Vom Fischer un syner Fru"	Othmar Schoeck	1930
"Spiel oder Ernst"	Emil Nikolaus von Rezniček	1930
"Dagmar"	Kurt Striegler	1932
"Mister Wu"	Eugen d' Albert	1932
"Arabella"	Richard Strauss	1.7.1933
"Der Günstling"	Rudolf Wagner-Régeny	20.2.1935
"Die schweigsame Frau"	Richard Strauss	24.6.1935
"Daphne"	Richard Strauss	15.10.1938
"Die Wirtin von Pinsk"	Richard Mohaupt	1938
"Romeo und Julia"	Heinrich Sutermeister	13.4.1940
"Orfeo"	Carl Orff (nach Monteverdi)	1940
"Prinzessin Turandot"	Gottfried von Einem	5.2.1944
"Die Hochzeit des Jobs"	Joseph Haas	2.7.1944
"Die Weise von Liebe und Tod des Cornets Christoph Rilke"	Siegfried Matthus	16.2.1985
"Der goldene Topf"	Eckehard Mayer	24.5.1989

Von der Hofkapelle zur Staatskapelle (Fortsetzung)

Zustand zurückversetzt wird. 1641 wird mit der kurprinzlichen Kapelle ein weiterer Klangkörper gebildet, an dessen Spitze Giovanni Andrea Bontempi steht, der erste Kastrat in Dresden. Beide Kapellen werden 1666 zusammengelegt und sind fest in italienischer Hand, bis Kurfürst Johann Georg III. alle Italiener entläßt.

Über 300 Jahre Opernorchester

Von 1664 an wird die Hofkapelle bis heute regelmäßig als Opernorchester eingesetzt. Besondere Bedeutung hatte sie auch bei der Ausgestaltung der prunkvollen Hoffeste, die zunächst im Stallhof, später im Zwinger und auf Schloß Pillnitz abgehalten wurden.

Hofkapelle und Oper

"Daphne"

Die erste deutsche Oper, "Daphne" von Heinrich Schütz, wird 1627 in Torgau uraufgeführt. 1664 wird am Taschenberg das erste Dresdner Opernhaus eröffnet, und es beginnt recht früh Dresdens Ruf als Opernstadt, in der vor allem italienische Komponisten – entsprechend der damaligen Mode – aufgeführt werden. Einen Höhepunkt erlebt die Dresdner Oper

Hofkapelle und Oper (Forts.)
Johann Adolf Hasse

mit Johann Adolf Hasse, dessen Opern derzeit wieder neue Wertschätzung erfahren. Er übernimmt 1731 die Leitung der Hofkapelle, und mit seiner "Cleofilde" wird das neue Opernhaus am Zwinger am 13. September 1731 eröffnet. Er muß allerdings auch erleben, wie bei der Beschießung Dresdens durch die Preußen 1760 unermeßliche musikalische Schätze verbrennen, darunter alle weltlichen Werke von Heinrich Schütz. Bedeutendster musikalischer Zeitgenosse Hasses ist Jan Dismas Zelenka, seit 1710 in Dresden und 1735 zum Kirchencompositeur ernannt, der als der herausragende tschechische Meister des Barock gilt. Auch der Komponist Johann Georg Pisendel (1687–1755) hat einen großen Anteil daran, daß das Orchester zu seiner Zeit als "das vollendetste und am besten zusammengesetzte Ensemble" (Rousseau) in Europa gilt. So schreibt Pisendels berühmter Lehrer Antonio Vivaldi seine anspruchsvollen Concerti "per l'orchestra di Dresda". Georg Philipp Telemann (1681–1767), Johann David Heinichen (1683–1729), Johann Friedrich Fasch (1688–1758), Johann Gottlieb Graun (1702–1771) und Christoph Willibald Gluck (1714–1787) sind weitere Größen des Musiklebens im 18. Jh., die durch ihr zeitweiliges Engagement an der Hofkapelle Dresden zu seinem goldenen Zeitalter der Musik verhelfen. Von 1776 bis zu seinem Tod 1801 wird Johann Gottlieb Naumann Hofkapellmeister. Er betreut Mozart, der 1789 vom Sächsischen Hof empfangen wird, und fördert erstmals wieder deutsche Opern.

Carl Maria von Weber

E.T.A. Hoffmann greift dies 1813 bis 1814 als Leiter einer Operntruppe in Dresden wieder auf. Carl Maria von Weber, seit 1816 in Dresden engagiert, schafft hier schließlich die deutsche Nationaloper: Sein "Freischütz", 1821 in Berlin uraufgeführt, erlebt ein halbes Jahr später in Dresden den Durchbruch. 1832 schließlich endet die italienische Operntradition in Dresden.

Richard Wagner

Auf dem heutigen Theaterplatz wird 1841 der erste Semperbau eingeweiht, an den zwei Jahre später Richard Wagner als Kapellmeister verpflichtet wird, der alsbald die Staatskapelle als "Wunderharfe" rühmt. Von

Auch in bescheidenem Rahmen wird in Dresden noch musiziert

seinen Werken erfahren "Der Fliegende Holländer" (1843) und "Tannhäuser" (1845) ihre Aufführungen auf dieser Bühne. Nachdem ein Brand den ersten Semperbau zerstört hat, wird 1878 das zweite Theater, wiederum von Gottfried Semper, errichtet. In diesem Haus sieht das Publikum unter der Leitung von Ernst von Schuch und Fritz Busch (ab 1922) von 1901 an insgesamt neun Uraufführungen von Opern von Richard Strauss (1863 bis 1949) – der die Oper als "Dorado für Uraufführungen" ansah – sowie deutsche Erstaufführungen wie Dvořáks "Der Bauer ein Schelm" und Puccinis "Tosca". Hoftheater und Hofkapelle waren bereits 1919 in Sächsisches Staatstheater bzw. Staatskapelle umbenannt worden.

Hofkapelle und Oper, Richard Wagner (Forts.)

Richard Strauss

Die Bomben des 13./14. Februar 1945 zerstören sämtliche Theaterspielstätten in Dresden. Staatskapelle und Opernensemble gastieren bis zur Wiedereröffnung der Semperoper 1985 im 1948 wiederaufgebauten Schauspielhaus. Christine Mielitz' Inszenierung von Beethovens "Fidelio" bringt im Oktober 1989 die deutsche Revolution auf die Bühne – zeitgleich zu den ersten Demonstrationen auf dem Theaterplatz.

Neuaufbau nach Zerstörung

Bürgerliche Musikkultur

Städtische Musikkultur gibt es schon seit dem späten Mittelalter in Dresden, als Stadtpfeifer festliche Anlässe der Ratsherren musikalisch begleiten, doch erst im 19. Jh. entsteht mit dem aufstrebenden Bürgertum eine bürgerliche Musikkultur. 1854 wird der 'Tonkünstlerverein Dresden' gegründet, mit dem Anspruch, daß hier Instrumentalmusik "aller, auch der neuesten Zeit Pflege und Ausführung finden sollten". Zwei Jahre später folgt die Gründung des Dresdner Konservatoriums (heute: Staatliche Hochschule für Musik Carl-Maria-von-Weber). Viele bedeutende Komponisten kommen nach Dresden wie Nicolo Paganini, Hector Berlioz, Franz Liszt, um ihre Werke zu verbreiten, oder wie Robert Schumann, der 1850 mit seiner Frau Clara, der Pianistin und Komponistin, in Dresden wohnte. Im Hause seines Schwiegervaters Friedrich Wieck in Loschwitz hielt er sich allerdings nur selten auf, hatte er doch gegen ihn einen Prozeß angestrengt, um Clara heiraten zu dürfen. 1870 schlägt mit der Eröffnung des Gewerbehaussaales die Geburtsstunde der Dresdner Philharmonie, die seit 1924 unter diesem Namen firmiert und vor allem in jüngster Zeit durch viele Tourneen auch im Ausland bekannt geworden ist. Internationalen Ruf besitzt auch das Dresdner Zentrum für zeitgenössische Musik, das unter der künstlerischen Leitung des Komponisten Udo Zimmermann seit 1986 regelmäßig im Herbst die allseits geschätzten Tage für zeitgenössische Musik veranstaltet.

Dresdner Konservatorium

Dresdner Philharmonie

Andere bedeutende Musikeinrichtungen

Die Staatsoperette ist das einzige Repertoiretheater in Deutschland, das sich ausschließlich Operette und Musical verschrieben hat. Sie entstand nach dem Zweiten Weltkrieg als Zusammenschluß mehrerer Bühnen in einem ehemaligen Ballhaus im Stadtteil Leuben.

Staatsoperette

Die Landesbühne Sachsen, in Radebeul vor den Toren Dresdens, hat sich ebenfalls in einem ehemaligen Ballhaus aus den Ensembles der kriegszerstörten Theater als eine Vierspartenbühne gebildet. Künstlerisch anspruchsvolle Produktionen und Unterhaltung werden gleichermaßen gepflegt, im Sommer regelmäßig auf der Felsenbühne in Rathen.

Landesbühne Sachsen

Die Dresdner Musikfestspiele sind zu einem bedeutsamen Faktor nicht nur im Dresdner Musikleben, sondern auch des internationalen Festspielkalenders geworden. Alljährlich um Pfingsten präsentieren sich zwei Wochen lang Dresdner und internationale Spitzenkünstler jeweils unter einem bestimmten Motto.

Dresdner Musikfestspiele

Musik (Forts.)
Neues Musiktheater

Das Neue Musiktheater bietet seit 1994 einmal jährlich im August historische Opern als Freiluftaufführung.

Hochschule für Kirchenmusik

Die Hochschule für Kirchenmusik bildet im Auftrag der evangelischen Landeskirche Musiker aus und veranstaltet Konzerte.

Freiluftkonzerte

Zahlreiche weitere Veranstalter bereichern heute das Dresdner Musikleben mit Konzertreihen an den unterschiedlichsten Spielstätten. Dabei werden im Sommer vielfach Freiluftkonzerte gegeben (Zwinger, Großer Garten, Schloß Albrechtsberg, Schloß Pillnitz), eine Tradition, die sich bereits im 19. Jh. größter Beliebtheit erfreute. So fanden bis in unser Jahrhundert auf den Elbwiesen große Sängerfeste statt.

Jazz und Country

Regelmäßige Festivals machen aus Dresden – zumindest zeitweise – die Hauptstadt des Dixieland (Mai) und der Country-Musik (Juli). Jazz wird vor allem im Jazzklub Tonne und im Bärenzwinger, aber auch in den vielen Zentren der Stadtteilkultur, vor allem in der Dresdner Neustadt, gepflegt.

Bildung und Wissenschaft

Zentrum von Wissenschaft und Forschung

Dresden hat sich seit jeher durch die enge Verknüpfung von Industrie und Forschung ausgezeichnet. So liegt auch heutzutage der Schwerpunkt auf der technologieorientierten Forschung (Werkstoffe, Oberflächenveredelung, Informations- und Kommunikationstechnik), die von staatlichen, öffentlich-rechtlichen und privaten Stellen getragen wird.

Hochschulen

Technische Universität

Von den über 21 000 Studenten in Dresden studiert der größte Teil an der Technischen Universität (Sächsische Landesuniversität). Sie ist 1961 aus der 1890 gegründeten Technischen Hochschule hervorgegangen, die ihren Ursprung wiederum in der Technischen Bildungsanstalt hatte. Das Lehrprogramm der Universität umfaßt über 60 Fachrichtungen; der Ausbau zur Volluniversität schreitet voran.

Hochschule für Bildende Künste

Im Jahr 1950 wurde die 1764 gegründete Kunstakademie, der bereits eine Malerakademie vorausgegangen war, mit der seit 1875 bestehenden Kunstgewerbeakademie zur Hochschule für Bildende Künste zusammengeschlossen. Sie steht in der Tradition solch bekannter Künstler wie Bellotto (Canaletto), Schnorr von Carolsfeld, Richter, Graff, Kügelgen, Claussen Dahl, Kuehl, Gußmann, Sterl, Kokoschka, Dix, Grundig, Griebel, Hegenbarth, Knöffler, Rietschel, Hähnel, Dietz, Wrba, Albiker und Hoffmann. Gelehrt haben hier auch die Architekten Krubsacius, Semper, Tessenow und Kreis. Die Hochschule für Bildende Künste bildet in einem fünfjährigen Studium Maler, Grafiker, Bildhauer und Restauratoren aus und in einer dreijährigen Fachschulausbildung Masken-, Kostüm- und Bühnenbildner sowie Theatermaler.

Hochschule für Musik

An der Hochschule für Musik "Carl Maria von Weber", 1952 gegründet, werden Sänger, Instrumentalmusiker, Komponisten und Musiktheoretiker ausgebildet.

Weitere Hochschulen

Weitere Hochschulen in Dresden sind die Hochschule für Technik und Wirtschaft, die Hochschule für Kirchenmusik und die Evangelische Fachhochschule für Sozialarbeit.

Fachschulen

Palucca-Schule

Von den Fachschulen sei nur die Palucca-Schule (Akademie für künstlerischen Tanz) erwähnt, die als Fachschule für modernen künstlerischen Ausdruckstanz internationalen Ruf genießt und an deren alljährlichen Sommerkursen Tänzer, Choreographen und Tanzpädagogen aus aller Welt teilnehmen.

Museen
Staatliche Kunstsammlungen

Die bedeutendsten Dresdner Museen sind aus kunsthistorischer Sicht die Gemäldegalerie Alte Meister, das Grüne Gewölbe im Albertinum und die Porzellansammlung im Zwinger. Auf ihnen gründet sich der Weltruhm der

Eine Rarität in der europäischen Museumslandschaft: das Deutsche Hygiene-Museum

Museen (Fortsetzung)

Staatlichen Kunstsammlungen, die insgesamt elf Museen umfassen, außer den genannten die Gemäldegalerie Neue Meister, die 1931 als selbständige Sammlung aus dem Bestand der Gemäldegalerie Dresden gegründet wurde, die Skulpturensammlung, deren Grundstock die Antikensammlung bildet, die Rüstkammer (Historisches Museum), eine der wenigen Prunkwaffensammlungen der Welt, das Museum für Kunsthandwerk im Schloß Pillnitz, das Münzkabinett mit einer Sammlung sämtlicher sächsischer Münzen, das Museum für Volkskunst, das überwiegend Exponate aus dem sächsischen Raum zeigt, das Kupferstichkabinett, eine der reichsten graphischen Sammlungen der Welt, und die Staatliche Puppentheatersammlung in Radebeul bei Dresden. Ist der Wiederaufbau des Schlosses vollendet, werden einige der genannten Museen, darunter vor allem die Sammlungen des Grünen Gewölbes, dorthin umziehen.

Deutsches Hygiene-Museum

Von den weiteren Dresdner Museen verdient vor allem das Deutsche Hygiene-Museum erwähnt zu werden, eines der wenigen in Europa, das sich auf anschauliche Weise mit der Prävention von Krankheiten befaßt und durch sehenswerte, teilweise spektakuläre Sonderausstellungen von sich reden macht. Sehenswert sind auch das Stadtmuseum, das Verkehrsmuseum und das Militärhistorische Museum. Liebhaber historischer wissenschaftlicher Instrumente sollten den Mathematisch-Physikalischen Salon im Zwinger besuchen.

Berühmte Persönlichkeiten

Hinweis

Die nachstehende, namensalphabetische Liste vereinigt Persönlichkeiten, die durch Geburt, Aufenthalt, Wirken oder Tod mit Dresden verbunden sind und überregionale, oft sogar weltweite Bedeutung erlangt haben.

Manfred von Ardenne (20.1.1907 bis 26.5.1997)

Der aus Hamburg gebürtige Baron Manfred von Ardenne gründete bereits 1923 in Berlin-Lichterfelde ein eigenes Versuchslaboratorium für Hochfrequenztechnik, machte zahlreiche Erfindungen auf den Gebieten von Elektronenoptik (Rasterelektronenmikroskop), Funk- und Fernsehtechnik (u.a. eine TV-Apparatur, 1930), lieferte seit 1940 Arbeiten zur angewandten Kernphysik, war von 1945 bis 1955 am Institut für elektronische Physik bei Suchumi (UdSSR) tätig und leitete seither das Forschungsinstitut "Manfred von Ardenne" im vornehmen Dresdner Stadtteil Weißer Hirsch, das nunmehr im Rahmen des Fraunhofer-Instituts in drei Teilbereiche gegliedert wurde. Seit 1965 war von Ardenne, der mit allen politischen Systemen in Deutschland von den zwanziger Jahren bis in die jüngste Gegenwart gut zurecht kam, auch mit aufsehenerregenden medizinischen Forschungen (u.a. Ozontherapie) weithin bekannt geworden.

August der Starke, eigentlich Kurfürst Friedrich August I., als König von Polen August II. (12.5.1670 bis 1.2.1733)

Nachdem sein älterer Bruder mit 26 Jahren ohne Erben verstarb, trat Friedrich August 1694, 24jährig, die Regentschaft an. Nach Übertritt zum katholischen Glauben konnte er 1697 mit Hilfe immenser Bestechungsgelder die polnische Königskrone erringen, die er während des Nordischen Krieges 1706 verlor und 1709 mit russischer Hilfe zurückgewann. Jedoch erfüllte sich sein Streben, Polen in eine Erbmonarchie zu verwandeln, nicht. In seiner Regentschaftszeit wurde der prachtvolle Dresdner Hof, größtenteils finanziert durch der Bevölkerung immer wieder neu auferlegte Steuerlasten, zu einem Zentrum der Kunst und Kultur in Europa, und die Stadt Dresden erhielt zahlreiche berühmte Bauwerke. August der Starke starb 1733 in Warschau und wurde im Dom zu Krakau beigesetzt. Auf seinen Wunsch wird sein Herz in der Gruft der Dresdner Hofkirche aufbewahrt.

George Bähr (15.3.1666 bis 16.3.1738)

George Bähr, Hauptmeister des protestantischen Kirchenbaus in Sachsen, stammte aus Fürstenwalde im Erzgebirge, war gelernter Zimmermann und wurde 1705 vom Dresdner Rat zum Ratszimmermeister berufen. Nachdem er für die Entwürfe und die Bauleitung mehrerer Kirchen außerhalb Dresdens verantwortlich gezeichnet hatte, erhielt Bähr 1722 den Auftrag zum Bau der neuen Frauenkirche. Nach mehrjährigen Planungs- und Entwurfsarbeiten fand 1726 die Grundsteinlegung für den Kirchenbau statt, der zu einem der Hauptwerke des Barock in Europa gedieh. Bähr hat die Fertigstellung seines gelungensten Bauwerks (1743) jedoch nicht mehr erlebt. Erst im Sommer 1738, wenige Monate nach seinem Tod, war der Streit um die Kuppel der Frauenkirche ausgetragen, die dann – nach seinen Plänen in Stein ausgeführt – zwei Jahrhunderte das Wahrzeichen Dresdens war. George Bähr, zusammen mit Matthäus Daniel Pöppelmann und Johann Gottfried Fehre auch Erbauer der Dreikönigskirche (1732–1739), mit G. Hase des Palais Hôtel de Saxe und British Hotel u.a., starb in Dresden und wurde auf dem Johannis-Friedhof (1861 aufgelassen) beigesetzt. Sein von Johann Christian Feige d.Ä. gestaltetes Grabmal wurde 1994 bei der Enttrümmerung der Frauenkirche freigelegt.

Heinrich Barkhausen (2.12.1881 bis 20.2.1956)

Barkhausen, in Bremen gebürtig und seit 1911 Professor in Dresden, richtete an der Technischen Hochschule das erste Schwachstrominstitut einer deutschen Hochschule überhaupt ein und trug damit wesentlich zur Ent-

August der Starke

Heinrich Barkhausen

Erich Kästner

Heinrich Barkhausen (Fortsetzung)

wicklung der Schwachstromtechnik (Barkhauseneffekt, Barkhausen-Kurzschwingungen) und zur Theorie der Akustik (Einführung der Phon-Bezeichnung) bei. In den fünf Jahrzehnten seines Wirkens an der Technischen Hochschule Dresden gehörte er zu deren profiliertesten und herausragendsten Hochschullehrern. Nach seinem Tod erhielt der Barkhausen-Bau der TU in der Helmholtzstraße seinen Namen.

Bernardo Bellotto genannt Canaletto (30.1.1721 bis 17.10.1780)

Der Maler und Kupferstecher Bernardo Bellotto, genannt Canaletto, gebürtig in Venedig, war Schüler seines Onkels, des venezianischen Vedutenmalers Giovanni Antonio Canaletto. Zunächst malte er Ansichten verschiedener Städte Italiens und trat 1745 in den Dienst Karl Emanuels III. 1747 folgte er dem Ruf Friedrich Augusts II. (August III.), der ihn 1748 zum Hofmaler ernannte und für den er Veduten von Dresden und Warschau, Pirna und der Festung Königstein malte. Nach dreijähriger Abwesenheit, während der er im Dienst Maria Theresias in Wien und Maximilians II. in München stand, kehrte er 1761 nach Dresden zurück. Nach dem Tod Friedrich Augusts II. (1763) fand er 1764 eine Anstellung als Lehrer für Perspektive an der neugegründeten Kunstakademie. 1767 ging er als Hofmaler nach Warschau. Die Gemälde und Kupferstiche Canalettos gehören zu den Anziehungspunkten der Dresdner Kunstsammlungen. Seine Veduten bestechen durch die hochentwickelte Malkultur und waren ein bedeutender Schritt bei der Entwicklung der realistischen Landschaftsdarstellung. Vielfach ermöglichen nur die Stadtansichten Canalettos – zwischen 1747 und 1765 entstanden – auch heute noch die Schönheit der vollendeten Barockstadt Dresden und die Einmaligkeit ihrer Bauwerke nachzuvollziehen. Vor allem nach der Zerstörung Dresdens 1945 sind sie von unschätzbarem dokumentarischem Wert für Restaurations- und Rekonstruktionsvorhaben geworden.

Fritz Busch (13.3.1890 bis 14.9.1951)

In den zwanziger Jahren war der im rheinischen Siegen geborene Fritz Busch die überragende Dirigentenpersönlichkeit in Dresden. Erst zweiunddreißigjährig, wurde der als Pianist und Dirigent bereits bekannte Busch Generalmusikdirektor der Dresdner Staatskapelle. Sich dem Erbe des Österreichers Ernst von Schuch (1882 bis 1914 in Dresden) verpflichtet fühlend, führte er die bestehenden engen Verbindungen zu Richard Strauss weiter (1928 Uraufführung der "Ägyptischen Helena"). Unter Busch kam es zu einer Verdi-Renaissance; seine glanzvollen Verdi-Aufführungen lockten selbst Arturo Toscanini nach Dresden. Die Ära Busch endete für Dresden abrupt am 7. März 1933. Als 'Judenfreund' verschrien, holten Nazis den Dirigenten während einer "Rigoletto"-Aufführung vom Pult. Busch verließ Deutschland und ging über Buenos Aires und Stockholm nach England, wo er bis zu seinem Tod 1951 musikalischer Leiter der Festspiele in Glyndebourne war.

Carl Gustav Carus (3.1.1789 bis 28.7.1869)

Der in Leipzig geborene Carus tat sich auf mehreren Gebieten hervor. Seit 1814 in Dresden, wurde er 1827 königlicher Leibarzt. Als Mediziner veröffentlichte er grundlegende Erkenntnisse zur Gynäkologie, Anatomie und Physiologie; als Naturphilosoph und Psychologe erkannte er die Bedeutung des unbewußten Seelenlebens und dessen Ausdruck in Traum und Gefühlswelt und befaßte sich als einer der ersten mit vergleichender Psychologie; als Maler schließlich wandte er sich unter dem Einfluß seines Freundes C. D. Friedrich der romantischen Malerei zu und verfaßte 1815 bis 1824 "Neun Briefe über Landschaftsmalerei". In Dresden trägt heute das Universitätsklinikum der TU Dresden seinen Namen.

Johann Melchior Dinglinger (26.12.1664 bis 6.3.1731)

Die schönsten und originellsten Präziosen im Grünen Gewölbe stammen aus der Hand des Goldschmiedemeisters Johann Melchior Dinglinger, geboren im oberschwäbischen Biberach. Er war seit 1698 Hofgoldschmied August des Starken und verstand es meisterhaft, des Fürsten Laune durch ständig neue Kleinodien zu heben. Besonders in der Zusammenarbeit mit Permoser, der manches Stück entworfen hatte, gelangen ihm wahre Meisterwerke filigraner Goldschmiedekunst, für die er als erster Schmuckelemente fremder Kulturen – ägyptisch, ostasiatisch, antik – freimütig aufnahm und verarbeitete.

Hans Erlwein (13.6.1872 bis Okt.1914)

Johann (Hans) Jakob Erlwein aus Gmain bei Bad Reichenhall war von 1905 bis 1914 Stadtbaurat in Dresden, nachdem er seine erste Stelle in Bamberg im Unfrieden verlassen hatte. Dresden verdankt ihm seinen technischen und sozialen Ausbau zur Großstadt des 20. Jahrhunderts. In seiner Amtszeit entstanden unter seiner Leitung etwa fünfzig Gebäude, von denen noch ein Großteil erhalten ist, darunter der Stadtspeicher beim neuen Landtag, die Gaststätte Italienisches Dörfchen, der Vieh- und Schlachthof, der Gasbehälter in Reick und die Chirurgische Klinik. Erlwein war Vorsitzender des 1906 gegründeten Künstlerbundes 'Zunft' und Leiter des Bauwesens im 1908 gegründeten Landesverein 'Sächischer Heimatsschutz'. Er starb bei einem Verkehrsunfall in Frankreich.

Caspar David Friedrich (5.9.1774 bis 7.5.1840)

Der bedeutendste Maler der deutschen Romantik lebte von 1798 an bis zu seinem Tode in Dresden. Er verstand die Kunst als "Mittlerin zwischen der Natur und den Menschen", als Möglichkeit, die Seelenzustände der Menschen darzustellen, die in seinen Gemälden als Herbststimmung, Dämmerung, Mondschein oder Nebel zum Ausdruck kommen. Das für die romantische Malerei richtungweisende Gemälde "Das Kreuz im Gebirge" (1808; Abb. S. 106) ist in der Gemäldegalerie Neue Meister zu sehen.

Erich Kästner (23.2.1899 bis 29.7.1974)

Der in Dresden-Neustadt geborene Schriftsteller Erich Kästner war der Sohn eines Sattlermeisters. Er besuchte zunächst ein Lehrerseminar, wurde aber 1917 zum Militärdienst eingezogen. Nach vorübergehender Tätigkeit als Bankbeamter und Redakteur studierte Kästner Germanistik, promovierte 1925 zum Dr. phil. und ging 1927 als freier Schriftsteller nach Berlin. Nach der Machtergreifung durch die Nationalsozialisten wurden seine Bücher verboten und verbrannt; er publizierte fortan im Ausland, z.T. unter verschiedenen Pseudonymen. Nach dem Zweiten Weltkrieg ließ er sich in München nieder, wo er 1974 verstarb. Erich Kästner schrieb ironisch-sarkastische Gedichte gegen Spießermoral und Militarismus ("Herz auf Taille", 1928), war besonders erfolgreich mit unterhaltenden Romanen ("Fabian", 1931; "Drei Männer im Schnee", 1934) sowie mit phantasievoll spannenden Kinder- und Jugendbüchern ("Emil und die Detektive", 1929; "Pünktchen und Anton", 1931; "Das doppelte Lottchen", 1949) und arbeitete auch als Dramatiker und Drehbuchautor (als solcher schrieb er auch unter Pseudonym im Dritten Reich). Kästners Sprache ist geprägt von treffsicherem Humor und zeitkritischem Scharfsinn.

Wilhelm Külz (18.2.1875 bis 10.4.1948)

Der Jurist Wilhelm Külz war von 1920 bis 1932 Abgeordneter der Deutschen Demokratischen Partei (DDP) im Deutschen Reichstag. 1922 war er an der Abfassung des Rapallovertrages beteiligt, wurde 1926 Reichs-

Wilhelm Külz (Fortsetzung)

innenminister und 1929 Vorsitzender der DDP. 1930 wurde Külz Oberbürgermeister von Dresden, nachdem er bereits in den Jahren von 1923 bis 1926 als zweiter Bürgermeister von Dresden gewirkt hatte. 1933, nach dem Machtantritt der Nationalsozialisten beurlaubt und anschließend seines Amtes enthoben, setzte er sich nach 1945 für den Neuaufbau ein, wurde Gründungsmitglied der Liberal-Demokratischen Partei Deutschlands (LDPD), ihr Vorsitzender und Mitglied des Präsidiums des Deutschen Volksrates, dem Vorläufer der Volkskammer der DDR.

Karl August Lingner

→ *Baedeker Special* S. 74

Fritz Löffler (12.9.1899 bis 15.5.1988)

Der Dresdner Kunstwissenschaftler Fritz Löffler war nach seiner Promotion in München 1927 Mitarbeiter beim Dresdner Stadmuseum, doch mußte er 1937 seine Tätigkeit dort aufgeben. Nach 1945 wurde er zum kämpferischen Denkmalpfleger, der nicht zuletzt mit seinem Buch "Das alte Dresden" (Erstauflage 1955; Neuauflagen des Standardwerks bis heute) einen deutlichen Appell gegen die endgültige Zerstörung noch rettbarer Kriegsruinen richtete, doch konnte er sich nur teilweise durchsetzen. Sein Buch ist heute eine der wertvollsten Quellen zum Aussehen des untergegangenen Dresden.

Karl May (25.2.1842 bis 30.3.1912)

Karl May, als fünftes von vierzehn Kindern einer Weberfamilie in Hohenstein-Ernstthal geboren, war zunächst Volksschullehrer und schlug sich danach für einige Zeit auf recht zweifelhafte Weise, die ihm auch eine Haftstrafe eintrug, durchs Leben. Seit 1890 gehört er mit seinen literarischen Helden Old Shatterhand, Old Surehand, Winnetou, Kara Ben Nemsi u.a. zu den meistgelesenen deutschen Schriftstellern. Im April 1883 siedelte Karl May nach Dresden über, 1896 schuf er sich mit der 'Villa Shatterhand' in Radebeul sein endgültiges Heim. Seine in 28 Sprachen übersetzten Bücher – allein die deutschsprachigen Ausgaben nähern sich einer Auflagenhöhe von 80 Millionen – wurden Vorlagen für zahlreiche Verfilmungen, Dramatisierungen, Hörspiele u.a. Zum Zeitpunkt des Entstehens kannte er die meisten seiner Romanschauplätze nur aus Büchern, um so erstaunlicher seine präzisen Beschreibungen; nachdem er zu Ruhm und Reichtum gelangt war, holte er einige Reisen nach.

Johann Georg Palitzsch (11.6.1723 bis 22.2.1788)

Für den geistigen und ökonomischen Aufschwung Sachsens im 18. Jh. steht auch der Name des im heutigen Dresden-Prohlis geborenen und dort gestorbenen Bauernastronomen Johann Georg Palitzsch. Zeit seines Lebens Bauer, beschäftigte er sich als Autodidakt mit Astronomie. 1758 gelang ihm die Wiederentdeckung des Halley-Kometen und 1782 unabhängig von anderen die Entdeckung des periodischen Lichtwechsels des Algol im Sternbild Perseus. Die Akademien von Paris, London und St. Petersburg wählten ihn für diese Leistungen zum Korrespondierenden Mitglied. Palitzsch beschäftigte sich auch mit vielen anderen Wissenschaftszweigen. So baute er als erster im oberen Elbtal die Kartoffel an und installierte u.a. auf dem Dresdner Residenzschloß die ersten Blitzableiter. An J. G. Palitzsch erinnert heute das Heimatmuseum in Prohlis, Gamigstr. 24.

Gret Palucca (8.1.1902 bis 24.3.1993)

Der Ruhm von Gret Palucca gründete sich auf den von ihr entwickelten Neuen Künstlerischen Tanz, ihre fast schon legendär zu nennenden Solotanzabende und ihre Arbeitsmethoden als Tanzpädagogin. In München geboren, war Gret Palucca zunächst dort Schülerin von Heinrich Kröller; ab 1921 setzte sie in Dresden ihre Ausbildung bei Mary Wigman fort und war Mitglied in deren Tanzgruppe. Mit ihren aufsehenerregenden Solotanzabenden feierte sie bereits 1923 im In- und Ausland große Erfolge. Die 1925 von Gret Palucca gegründete Tanzschule, 1939 bis 1945 von den Nationalsozialisten geschlossen, gehörte seit Jahrzehnten zu den in der Welt meist geachteten Ausbildungsstätten für Tänzer (seit 1949 Staatliche Fachschule für Künstlerischen Tanz). Die hier von ihr initiierten, jährlich stattfindenden Sommerkurse brachten der Schule Weltruf als Zentrum der Weiterbildung von Tänzern und Tanzpädagogen.

Balthasar Permoser (getauft 13.8.1651, gest. 20.2.1732)

Der Bauernsohn Balthasar Permoser aus Kammer bei Otting kam über Salzburg, Wien, Venedig, Rom und Florenz 1689 als Hofbildhauer nach Dresden. Neben den monumentalen Herkulesfiguren für den Großen Garten brachten ihm besonders seine künstlerisch meisterhaften Elfenbeinschnitzereien und kleinplastischen Arbeiten große Anerkennung. Die künstlerischen Mittel Permosers reichten vom Dekorativen bis zu expressiv gesteigertem Ausdruck, von tiefem Schmerz bis zu heiterster Lebenslust. Er erreichte als Leiter der Bildhauerwerkstatt beim Zwingerbau, in enger Zusammenarbeit mit Matthäus Daniel Pöppelmann, jene einzigartige Verschmelzung der Bildhauerkunst mit der Architektur, die den Zwinger zur größten bauplastischen Leistung Deutschlands werden ließ. Permosers Hauptwerke im Zwinger sind die mittleren Hermengruppen am Wallpavillon, vier Nymphen im Nymphenbad, Ceres und Vulkan und Venus am Kronentor. Für die Hofkapelle schuf er die überlebensgroßen Plastiken des Augustinus und Ambrosius (heute in der ehem. Hofkirche). Seine Tätigkeit in Dresden wurde durch mehrere Reisen in seine Heimat, nach Italien und innerhalb Deutschlands beeinflußt.
Permoser starb in Dresden und wurde auf dem Alten Katholischen Friedhof beigesetzt.

Matthäus Daniel Pöppelmann (3.5.1662 bis 17.1.1736)

Der in Herford geborene Baumeister trat nach Ausbildung und Wanderjahren 1680 in das Dresdner Bauamt ein. 1686 fest angestellt, 1705 zum Landbaumeister und 1718 zum Oberlandbaumeister ernannt, ordnet er sich in die Reihe barocker Baumeister am Dresdner Hof ein. Die vielseitige Tätigkeit Pöppelmanns, die nur in dem Zusammenwirken mit weiteren Baumeistern zu verstehen ist, reichte vom Straßen- und Brückenbau über den Bau von Bürgerhäusern bis zum Kirchen- und Palastbau in Dresden und der weiteren Umgebung. Als Landbaumeister August des Starken entstanden seine Hauptleistungen. Dabei wurde es ihm als erstem bedeutenden deutschen Architekten, der aus einem Bauamt hervorging, möglich, umfangreiche Aufträge auszuführen. Viele seiner Pläne konnten nicht verwirklicht werden. Nach seinem Tode wurde er in der Gruft der von ihm erbauten Matthäuskirche beigesetzt. Pöppelmanns Hauptwerk, der Dresdner Zwinger, eines der wichtigsten Zeugnisse des Spätbarock in Deutschland, entstand in enger Zusammenarbeit mit Permoser. Voran gingen Arbeiten am Großen Garten sowie Pläne für den Schloßneubau. Weitere wichtige Bauten, an denen er maßgeblich beteiligt war, sind das Taschenbergpalais, das Japanische Palais, die Weinbergkirche in Pillnitz, das Wasser- und das Bergpalais des Schlosses Pillnitz, das Schloß Moritzburg, die Dreikönigskirche, die barocke Elbbrücke (Vorläufer der heutigen Augustusbrücke) und Bauten des Barockgartens Großsedlitz.

Adrian Ludwig Richter (28.9.1803 bis 19.6.41884)

Der in Dresden geborene Zeichner und Maler Adrian Ludwig Richter fertigte zunächst gemeinsam mit seinem Vater, dem Kupferstecher Karl August Richter (1770–1848), Landschaftsradierungen mit Motiven aus der Umgebung seiner Vaterstadt, bildete sich von 1823 bis 1826 in Italien weiter zum Maler aus und schloß sich den Nazarenern an. Nach Dresden zurückgekehrt, wurde er vor allem durch von Phantasie und Frömmigkeit erfüllte Buchillustrationen im Biedermeierstil populär. In den Jahren 1828 bis 1835 arbeitete Richter als Zeichenlehrer an der Meißner Porzellanmanufaktur und wurde 1836 Professor an der Dresdner Kunstakademie. Eines seiner bekanntesten Gemälde zeigt "Die Überfahrt über die Elbe am Schreckenstein bei Aussig", das man heute in der Dresdner Gemäldegalerie Neue Meister betrachten kann. Richters Aquarelle gelten als seine wertvollsten künstlerischen Leistungen.
Sein Grab befindet sich auf dem Äußeren Katholischen Friedhof an der Bremer Straße.

Helmut Schön (15.9.1915 bis 23.2.1996)

Helmut Schön, der 'Lange', ist der bislang erfolgreichste Trainer einer deutschen Fußballnationalmannschaft. Er spielte von 1930 bis 1945 beim SC Dresden, danach bis 1950 bei Dresden-Friedrichstadt und schließlich bei Hertha BSC Berlin. Als Nationalspieler kam er – bedingt durch den

Gret Palucca

Adrian Ludwig Richter

Gottfried Semper

Helmut Schön (Fortsetzung)

Krieg – nur wenig zum Zug; um so erfolgreicher war er seit 1964 als Bundestrainer: Vizeweltmeister 1966, WM-Dritter 1970, Europameister 1972, Weltmeister 1974 und Vize-Europameister 1976. Das Ende seiner Laufbahn kam mit dem Ausscheiden gegen Österreich bei der WM 1978 in Argentinien, nach der er seine berühmte Schiebermütze enttäuscht an den Nagel hängte. Helmut Schön starb in Wiesbaden.

Johann Andreas Schubert (19.3.1808 bis 6.10.1870)

Johann Andreas Schubert, ein äußerst vielseitig begabter Ingenieur, war Hochschullehrer, Erfinder, Konstrukteur und Unternehmer und gehört zu den Pionieren der industriellen Revolution in Deutschland. Aus Wernesgrün im Vogtland stammend, wurde Schubert bereits mit zwanzig Jahren an die eben gegründete Königliche Technische Bildungsanstalt nach Dresden berufen, wo er den praktischen Maschinenbau als Ausbildungsschwerpunkt durchsetzte. 1833 gründete er den Dresdner Gewerbeverein und übernahm dessen Leitung. In dem von ihm 1836 errichteten Aktien-Maschinenbau-Verein Dresden-Übigau, der damals zweitgrößten Maschinenbaufabrik Sachsens, wurden unter seiner Leitung und nach seinen Plänen 1836/1837 die ersten Elbe-Personendampfschiffe "Königin Maria" und "Prinz Albert" gebaut sowie 1836 bis 1839 die "Saxonia", die erste deutsche Lokomotive. Die "Saxonia" befuhr die Eisenbahnstrecke Leipzig – Dresden seit deren Eröffnung im Jahr 1839 und war 18 Jahre im Einsatz. Im Verkehrsmuseum Dresden steht ein Modell von ihr.
Schubert, der in Dresden verstarb, wohnte in der Friedrichstraße 46. Seine Grabstätte befindet sich auf dem Matthäus-Friedhof.

Peter Schreier (geb. 29.7.1935)

Der weltbekannte Tenor Peter Schreier wurde in Gauernitz, zwischen Dresden und Meißen gelegen, geboren. Als Knabenalt des Dresdner Kreuzchors wurde er frühzeitig mit solistischen Aufgaben betraut und schon bald als Oratorien- und Passionssänger bekannt. Nach dem Studium an der Musikhochschule in Dresden begann 1959 seine glänzende Entwicklung als Opernsänger an der Dresdner Staatsoper. Im Jahr 1963 wurde er an die Staatsoper Berlin verpflichtet. Mit überragendem Erfolg gastierte er an allen großen Opern- und Konzerthäusern der Welt. Sein kräftiger, lyrischer Tenor, der sich besonders in seinen Mozart- und Wagnerpartien und im Lied- und Oratoriengesang entfaltet, ist von außergewöhnlicher Ausstrahlung. Peter Schreier fand in jüngster Zeit auch zu einer beispielhaften Interpretation Bachscher und Händelscher Werke. Als herausragend gilt die Matthäuspassion, die er als sowohl als Evangelist als auch als Dirigent gestaltet.

Heinrich Schütz (Henricus Sagittarius)

Landgraf Moritz von Hessen schickte den in Köstritz geborenen Schütz 1609 für drei Jahre nach Venedig zu Giovanni Gabrieli, um ihn zum Musiker ausbilden zu lassen. Nach seiner Rückkehr war Schütz zunächst Hoforga-

Heinrich Schütz (14.10.1585 bis 6.11.1672) (Fortsetzung)

nist in Kassel, bis er 1617 als Hofkapellmeister nach Dresden ging und diesen Posten, abgesehen von einigen Unterbrechungen, darunter einem weiteren Studienaufenthalt in Italien, bis zu seinem Tode auch behielt. Heinrich Schütz verband in seinen Kompositionen als erster die neuen Formen der italienischen Musik des 16. Jh.s mit der deutschen kompositorischen Tradition und führte die deutsche Musik vor allem in der Kirchenmusik zu neuer Größe. Aus seiner Feder stammt auch die erste deutsche Oper, "Daphne" (1627), deren Musik jedoch nicht erhalten ist.

Gottfried Semper (29.11.1803 bis 15.5.1879)

Der in Hamburg geborene Gottfried Semper wurde nach dem Studium der Jura, Mathematik und Architektur in Rom, München und Paris mit anschließenden Reisen nach Frankreich, Griechenland und Italien 1834 Professor für Baukunst und Vorsteher der Bauschule an der Kunstakademie in Dresden. Wegen aktiver Teilnahme am Maiaufstand als Kommandant der Barrikade Nr. 6 in der Waisenhausstraße floh er 1849 über Paris nach London. Er lehrte in Zürich und war maßgeblich an bedeutenden Bauten Wiens beteiligt. Er verstarb in Rom.

Sempers Anwendung historischer Formen, besonders deutlich in seinen Dresdner Hauptwerken, den Opernhäusern und dem Galeriebau, geschah immer unter dem Aspekt der Schaffung eines funktionierenden städtebaulichen Gesamtkunstwerkes. Wichtige Werke Sempers in Dresden sind: 1836 die Antikensäule im Japanischen Palais; 1837/1838 Maternihospital (1945 zerstört, nach 1950 zum Teil verändert als Feierabendheim wiederhergestellt); 1838 bis 1841 I. Hoftheater (1869 ausgebrannt); 1839 Villa Rosa (1945 zerstört); 1838 bis 1840 Synagoge (1938 in Brand gesteckt und abgerissen); 1843 Cholerabrunnen; 1843 Grabmal Rumohr (Neustädter Friedhof); 1844 Grabmal Carl Maria von Weber (Alter Katholischer Friedhof); 1845 bis 1855 Gemäldegalerie; 1871 bis 1878 II. Hoftheater und die Semperoper – Ausführung allerdings durch seinen Sohn Manfred Semper, so daß beiden die Baumeisterehre gilt – die 1945 zerstört, 1979 bis 1985 rekonstruiert wurde.

Johann Gottfried Silbermann (14.1.1683 bis 4.8.1753)

Der in Kleinbobritzsch bei Frauenstein in einer sächsischen Orgel- und Klavierbauerfamilie geborene Johann Gottfried Silbermann ging bei seinem Bruder Andreas in Straßburg in die Lehre. Es gelang ihm, Orgeln von ungewöhnlicher Klangreinheit, Klarheit und Klangfülle zu bauen. 1740 erfand er das Cembal d'amour und trug durch die Verbesserung der Hammermechanik des von Christofori erfundenen Pianoforte wesentlich zu dessen Verbreitung bei. Zu den 50 von J. G. Silbermann gebauten Orgeln gehörten in Dresden diejenigen in der alten Hofkirche (1720), in der Sophienkirche (1720–1721) und in der Frauenkirche (1730–1736). Seine letzte und größte Orgel in der Hofkirche blieb als einzige in Dresden unzerstört. Deren Bau (1750–1755) wurde von seinem Neffen Johann Daniel Silbermann und seinem Schüler Zacharias Hildebrandt vollendet.

Richard Wagner (22.5.1813 bis 13.2.1883)

Ein Teil von Wagners Leben und Schaffen ist wesentlich mit Dresden verbunden. In Leipzig geboren, wuchs Richard Wagner in Dresden auf und besuchte bis 1827 die Kreuzschule. Nach Gymnasium, Studium und Tätigkeiten als Kapellmeister, Chor- und Musikdirektor kehrte er 1843 nach Dresden zurück und wurde Hofkapellmeister auf Lebenszeit. Wegen seiner Teilnahme am Maiaufstand mußte er 1849 aus Dresden fliehen. In seiner Dresdner Zeit fanden in der ersten Semperoper die Uraufführungen von "Rienzi" (1842), dem "Fliegenden Holländer" (1843) und von "Tannhäuser" (1845) statt. Ebenfalls in dieser Zeit begründete Wagner seine bahnbrechenden kunsttheoretischen Schriften und erarbeitete den Plan der "Organisation eines Nationaltheaters für das Königreich Sachsen", der aber scheiterte. Seit 1878 waren Wagner-Erstaufführungen in der neuen Semperoper abermals Höhepunkte des Dresdner Musiklebens.

Carl Maria von Weber (18.11.1786 bis 5.6.1826)

Der aus Eutin gebürtige Carl Maria von Weber, geprägt durch das Herumreisen mit einer Schauspielgesellschaft seines Vaters und Unterricht in Salzburg, Wien und Darmstadt, wurde zunächst Operndirektor in Prag und 1816 Musikdirektor der neugegründeten Deutschen Oper in Dresden.

Richard Wagner

Carl Maria von Weber

Mary Wigman

Carl Maria von Weber (Fortsetzung)

Nach seinen ersten Werken des Musiktheaters im Stil des Singspiels begründete er seinen Ruf mit der Schaffung der romantischen deutschen National- und Volksoper, die im "Freischütz" (Uraufführung 1821 in Berlin) ihre klassische Ausprägung fand. Sein kompositorisches Schaffen und seine leidenschaftlichen theoretischen Auseinandersetzungen, getragen von der patriotischen Begeisterung unter dem Eindruck der Befreiungskriege, beeinflußten Chopin, Liszt, Wagner und andere. Carl Maria von Weber schuf in Dresden u.a. wesentliche Teile vom "Freischütz", von "Euryanthe", "Oberon" und der "Aufforderung zum Tanz". Bald nach der Uraufführung von "Oberon" (1826) starb der schwerkranke Weber in London. Seine Gebeine wurden auf Veranlassung Richard Wagners 1844 nach Dresden überführt und auf dem Alten Katholischen Friedhof beigesetzt. Heute trägt die Musikhochschule seinen Namen.

Mary Wigman (13.11.1886 bis 18.9.1973)

Die Tänzerin, Choreographin und Pädagogin des modernen Ausdruckstanzes, gebürtig aus Hannover, studierte von 1910 bis 1913 an der Tanzschule von Émile Dalcroze im heutigen Dresden-Hellerau. In Dresden feierte sie ihre ersten großen Erfolge. 1920 gründete sie hier die Wigman-Schule, mit Zweigstellen in München, Berlin, Hamburg und New York, und 1924 die Wigman-Gruppe, in der auch Gret Palucca mitwirkte, ihre berühmteste Schülerin. Nachdem die Tanzschule Mary Wigman von den nationalsozialistischen Machthabern geschlossen worden war, verließ sie Dresden und emigrierte aus Deutschland. Nach 1947 erlangten ihre Choreographien vor allem zu Werken Glucks, Orffs und Strawinskys weltweite Beachtung. Mary Wigman starb 1973 in West-Berlin.

Stadtgeschichte

Steinzeit	Beginn der Besiedlung des Elbtalkessels zwischen Meißen und Pirna in der Altsteinzeit. Etwa seit 4000 v. Chr. erste feste Niederlassungen.
Bronzezeit	In der Zeit der Lausitzer Kultur (ab 1400 v. Chr.) starke Zunahme der Siedlungen, nunmehr an beiden Seiten der Elbe. Die Burgwälle bei Omsewitz und Coschütz (Heidenschanze) entstehen.
um die Zeitenwende	Der germanische Stamm der Hermunduren besiedelt das Gebiet.
um 600	Slawische Stämme nehmen das Land um die Elbe und weiter westlich bis zur Saale in Besitz.
10. Jahrhundert	König Heinrich I. unterwirft die Slawen.
nach 1100	Gründung der Marienkirche, der späteren Frauenkirche in der linkselbischen Siedlung 'Nisani'.
1144	Der Gau Nisan, in dessen Zentrum sich das heutige Dresden befindet, fällt an die von den Wettinern beherrschte Mark Meißen.
1168	Silberfunde im Gebiet des heutigen Freiberg.
um 1200	Bau einer Markgrafenburg auf dem Taschenberg.
1206	Der an der linken Elbseite gelegene Ort Drezdany wird urkundlich als 'Dresdene' erwähnt.
1216	Dresden wird als Stadt bezeugt.
1234	Erste Erwähnung der Nikolaikirche (um 1170 errichtet) anläßlich des Baus der Kreuzkapelle zur Aufbewahrung der Kreuzreliquie. Seit dem 14. Jh. trägt die Kirche dann den Namen Kreuzkirche.
1265	Gründung des Franziskanerklosters, erste Erwähnung der Franziskanerkirche, aus der Ende 16./Anfang 17. Jh. die Sophienkirche hervorgeht.
1271	Erwerb des Marktzolls durch die Stadt.
1287	Die Elbbrücke, 1275 zerstört und dann in Holz ausgeführt, ist mit steinernem Unterbau bezeugt.
1292	Bestätigung des Stadtrechts; es erfolgt die Wahl eines Bürgermeisters und der Schöffen.
1295	Das Kaufhaus auf dem Stadtmarkt (später Altmarkt), zugleich Rathaus, wird urkundlich erwähnt.
1299	Erste Erwähnung der Stadtmauer, die in der zweiten Hälfte des 14. Jh.s wesentlich verstärkt wird.
1309	Ältestes überliefertes Stadtsiegel.
1349	Judenverfolgung und Vertreibung der Geißler aus der Stadt.
1349/1350	Altendresden, der Kern von Neustadt, wird erstmals urkundlich erwähnt.

Erste Zunftordnung der Tuchmacher, der größten Handwerkerzunft Dresdens im 13./14. Jahrhundert.	um 1380
Markgraf Wilhelm I. baut Dresden zu seiner Residenz aus. Das seit 1285 bezeugte Schloß wird wesentlich vergrößert.	nach 1382
Erlaß der 'Dresdner Willkür' (Rechtssatzungen der Stadt).	vor 1400
Altendresden erhält Stadtrecht.	1403
Gründung des Augustinerklosters in Altendresden.	1404
Dresden erhält Stapelrecht für den Elbhandel und Niederlagerecht für Waren nach Böhmen.	1455
Dresden wird ständige Residenz der Wettiner. Vor allem ab 1470 residieren Kurfürst Ernst und dessen Bruder Albrecht, Markgraf von Meißen, in der Stadt. Weiterer Ausbau des Schlosses.	1464
Neue Ratsordnung mit größeren Rechten für die Handwerker.	1470
Erste Dresdner Münze.	1477
Die hohe Gerichtsbarkeit geht an den Rat über.	1484
Mit der Leipziger Teilung der Wettiner Besitzungen wird Dresden Residenz der albertinischen Linie. Die Hofhaltung fördert Handwerk und Handel.	1485
Beim großen Stadtbrand wird die Hälfte der Stadt vernichtet. Einführung einer neuen Bauordnung: Steinbau der Eckhäuser und der Fronten bis zum ersten Stock sowie Ziegeldächer werden Vorschrift.	1491
Einweihung der erneuerten Kreuzkirche.	1499
Gründung der Dresdner Bauhütte.	1513
Luther predigt in Dresden in der Schloßkapelle; Herzog Georg der Bärtige unterdrückt jedoch alle Reformationsbestrebungen.	1518
Neubau der Festungswerke, Einbeziehung des Dorfes um die Frauenkirche in die Stadt.	1519–1529
Der erste namentlich bekannte Buchdrucker, Wolfgang Stöckel, läßt sich nieder. Zwei Jahre zuvor begann schon der Buchdruck in Dresden.	1526
Neubau des Schlosses.	1530–1535
Einführung der Reformation durch Herzog Heinrich den Frommen. In der Folgezeit Auflösung der Klöster und Übernahme ihrer Güter durch die Räte von Dresden und Altendresden.	1539
Erlaß einer Bauordnung, welche die Erneuerung der Befestigungsanlagen beinhaltet, feste Preise für Löhne und Materialien vorschreibt sowie die Viehhaltung in der inneren Stadt verbietet. Dresden hat etwa 6500 Einwohner und 490 Häuser.	1545
Herzog Moritz erwirbt für das albertinische Sachsen die Kurwürde. Durch den Vertrag von Passau (1552) wird Sachsen zum führenden protestantischen Staat Deutschlands, Dresden zur protestantischen Metropole. Die Renaissanceperiode in der Baukunst, die unter Georg dem Bärtigen (reg. 1500–1539) eingesetzt hat, wird zur Blüte geführt. Abriß der alten Stadtmauern, Erneuerung der Befestigungsanlagen, Errichtung neuer Stadttore	1547

Der Fürstenzug

Otto der Reiche (1156–1190), Markgraf von Meißen, Förderer des Silberbergbaus ▽

Sachsens Herrscher auf dem 102 m langen Porzellanbild am Langen Gang des Schlosses (in Klammern die Regierungszeit)

△ Herolde und Bannerträger

△ Konrad der Große (1123–1156), von Kaiser Heinrich VI. 1125 bestätigter Markgraf von Meißen

1547 (Fortsetzung) (1546–1556); Anlage neuer Straßen: Moritzstraße, Neumarkt, Neue Elbgasse, spätere Augustusstraße (1548); bemerkenswerte Erweiterung und künstlerische Ausgestaltung des Schlosses – u. a. Moritzbau, Turnierhof, Pretiosensaal, Schloßkapelle (1547–1556), Stallhof mit langer Galerie (1586–1588); Bau des Zeughauses mit Geschützgießerei (1565–1567), des Jägerhofs (1568), des Gewandhauses am Neumarkt (um 1590).

1548 Stiftung der Dresdner Musikalischen Kapelle (später Staatskapelle).

1549 Dresden hat 47 Handwerkerinnungen mit 707 Meistern.

1550 Eingliederung Altendresdens.

1553 Verlegung des Münzmeisteramtes nach Dresden; Leiter wird der Rechenmeister Adam Riese (Ries).

1560 Einrichtung der kurfürstlichen Kunstkammer im Schloß.

1576 Erste Pulvermühle Sachsens am Weißeritz-Mühlgraben in Betrieb.

1586–1588 Bau des Stallhofes. Erstes Ringrennen.

1606 Verlegung des Konsistoriums von Dresden nach Meißen.

1632/1633 Eine Pestepidemie dezimiert die Bevölkerung erheblich.

1649 Nach dem Westfälischen Frieden (1648), der Sachsen den Besitz der beiden Lausitzen bestätigt, wird auf dem Neumarkt der Friedensbrunnen aufgestellt (ab 1683 Türkenbrunnen; heute vor dem Johanneum).

1660 Einführung einer neuen Bauordnung "Nicht der Stadtzierde zuwider oder dem Nachbar zum Schaden": Verbot von Bauten mit Giebel zur Straße, Einhalten der Baufluchten; Holzhäuser sind verpönt.

1670 Gründung der Neustadt Ostra (spätere Friedrichstadt)

Dietrich der Bedrängte (1197–1221), Markgraf von Meißen, mußte gegen Heinrich VI. und seinen Bruder Albrecht Krieg führen ▽

Friedrich der Gebissene (1307–1323), Markgraf von Meißen, den seine Mutter im Abschiedsschmerz in die Wange gebissen hatte ▽

△ recht der Stolze 90–1195), arkgraf von Meißen

△ Heinrich der Erlauchte (1221–1288), prachtliebender Markgraf von Meißen, u.a. Bau der ersten Elbbrücke in Dresden

△ Albrecht II. (1288–1307), Markgraf von Meißen, von der Familie wenig gelitten

△ Friedrich II. der Ernsthafte (1324–1349), Markgraf von Meißen

Fortsetzung auf S. 46

Anlage des Großen Gartens (Palais 1678–1683). 1676

Die erste gedruckte Chronik Dresdens (von Anton Weck) erscheint. 1679

Brand in Altendresden: von 390 Wohnhäusern werden 331 vernichtet. 1685
Noch im gleichen Jahr entsteht ein Bebauungsplan, der die Grundlage bildet für den unter August dem Starken Ende des 17./Anfang des 18. Jh.s vorgenommenen Neuaufbau Altendresdens zur "Neuen Stadt bey Dresden" (später vereinfacht zu 'Neustadt').

Balthasar Permoser beginnt seine Tätigkeit in Dresden. 1689

Regierungsantritt Augusts des Starken (Friedrich August I.), der 1697 nach 1694
seinem Übertritt zum Katholizismus die polnische Königskrone (August II.) erwirbt, wodurch Dresden zur Residenzstadt von europäischer Bedeutung wird. In den folgenden sechs Jahrzehnten erlangt die Stadt ihren Weltruf als Kunstmetropole. Die nunmehr einsetzende Blütezeit des Dresdner Barock verleiht der Stadt den Beinamen 'Elb-Florenz'. Wesentlichen Anteil daran haben die zahlreich entstehenden Kunstmanufakturen.

Dresden hat 21300 Einwohner, ein Drittel mehr als zum Jahrhundertbeginn. 1699

Gründung der Glashütte in Neustadt-Ostra (Friedrichstadt). 1700

Der Schloßbrand vernichtet den Georgenbau und den Riesensaal. Wieder- 1701
aufbau des Georgenbaus ab 1717.

Gründung des Ingenieurkorps, ab 1742 Ingenieurakademie. 1702

Gründung der Malerakademie, aus der 1764 die Dresdner Kunstakademie 1705
hervorgeht.

Im Verlauf des Nordischen Krieges (1700–1721) Frieden von Altranstädt. 1706
August der Starke muß der polnischen Krone entsagen, Sachsen hat hohe Kriegskontributionen an Schweden zu zahlen.

Friedrich der Streitbare
(1381–1428),
seit 1423 Herzog und
Kurfürst von Sachsen
▽

Friedrich II. der Sanftmütige
(1428–1464),
Kurfürst von Sachsen
▽

△
Friedrich III.
der Strenge
(1349–1381)

△ △
Ernst und Albrecht
der Beherzte,
1464–1485 gemeinsam Herrscher,
1485 Teilung in ernestinische
und albertinische Linie:
Albrecht bis 1500
Herzog zu Sachsen in Dresden

1707	Einrichtung des Laboratoriums auf der Jungfernbastei (Brühlsche Terrasse) für Johann Friedrich Böttger, der 1708 das Böttger-Steinzeug erfindet und 1709 das weiße europäische Porzellan herstellt.
1710	Gründung der Porzellanmanufaktur in Dresden, die noch im gleichen Jahr auf die Albrechtsburg (Meißen) verlegt wird.
1711	August der Starke wird nach dem Tod des Kaisers Josef I. Reichsvikar und befindet sich auf dem Höhepunkt seiner äußeren Macht. Wichtigstes Baujahr des Zwingers, dessen gesamte Bauzeit von 1710 bis 1732 währt. Einweihung des Taschenbergpalais (damals Türkisches Haus), das neben Pillnitz bis zu deren Verbannung Gräfin Cosel, der Mätresse August des Starken, gehört.
1715	Errichtung des Holländischen Palais für den Grafen Flemming, nach mehreren Umbauten ab 1732 Japanisches Palais.
1718	Matthäus Daniel Pöppelmann, seit 1680 in Dresden tätig, wird Oberlandbaumeister und Leiter des neugegründeten Oberlandbauamtes.
1719	Vermählung des Kurprinzen mit der Tochter des Kaisers, Maria Josepha. Anläßlich der Hochzeitsfeierlichkeiten Einweihung des großen Opernhauses am Zwinger mit 2000 Plätzen.
1720–1723	Wasserpalais und Bergpalais in Pillnitz erbaut.
1723–1726	Grundlegende Veränderung der Moritzburg.
1726	Grundsteinlegung für die neue Frauenkirche (1743 vollendet).
1727–1728	Erneuerung der Elbbrücke als Augustusbrücke.
1728	Der Zwinger wird Sammlungsgebäude. Durch den Ankauf der Sammlungen Chigi und Albani wird die Antikensammlung begründet.

Johann der Beständige (1525–1532), Ernestiner, Kurfürst von Sachsen, Haupt des Schmalkaldischen Bundes ▽

Georg der Bärtige (1500–1539), Albertiner, Herzog zu Sachsen in Dresden ▽

Moritz (1541–1553), Albertiner, seit 1548 wieder Kurfürst von Sachsen als Dank für seinen Kampf gegen den Schmalkaldischen Bund ▽

Christian I. (1586–1591), Kurfürst von Sachsen ▽

△ Friedrich III. der Weise (1486–1525), Ernestiner, Kurfürst von Sachsen, Förderer der Reformation

△ Johann Friedrich der Großmütige (1532–1547), Ernestiner, verlor die Kurwürde

△ Heinrich der Fromme (1539–1541), Albertiner, Herzog zu Sachsen, trat zur Reformation über

△ August (1553–1586), Kurfürst von Sachsen, Begründer der Dresdner Kunstsammlungen

Fortsetzung auf S. 48

Baubeginn von Matthäuskirche und Kurländer Palais.	1728 (Fortsetzung)
Dresden hat 46572 Einwohner.	1729
Die erste Zeitung Dresdens erscheint.	1730
Fertigstellung der 240 m langen und 30 m breiten Königstraße in der Neustadt. Beginn des Neubaus der Dreikönigskirche.	1732
Tod Augusts des Starken. Seine Nachfolge tritt Friedrich August II. (August III. von Polen) an, dessen engster Vertrauter Graf Heinrich von Brühl ist. Dieser wird 1733 Generaldirektor der Kunstsammlungen und ab 1738 Minister des Auswärtigen und steigt 1746 zum Premierminister auf.	1733
Bau der katholischen Hofkirche.	1739–1755
Käuflicher Erwerb der "Sixtinischen Madonna", noch heute das Glanzstück der Gemäldegalerie.	1754
Am 19. und 20. September läßt der Preußenkönig Friedrich II. durch seine Artillerie die Altstadt Dresdens beschießen. Über 500 Gebäude (u.a. die Kreuzkirche) werden zerstört. Nach dem verlorenen Siebenjährigen Krieg muß Sachsen hohe Kontributionen an Preußen zahlen.	1760
Bau des Landhauses, des ersten bedeutenden Verwaltungsgebäudes.	1770–1776
Schiller beendet in Loschwitz bei Dresden den "Don Carlos".	1785–1787
Erster Eisenhammer in Potschappel in Betrieb.	1792
Sachsen wird nach Beitritt zum Rheinbund Königreich und bleibt bis 1813 im Bündnis mit Napoleon.	1806
Napoleon hält sich in Dresden auf.	1807

Johann Georg I. (1611–1656), Kurfürst von Sachsen, Taktierer im Dreißigjährigen Krieg ▽

Johann Georg III. (1680–1691), Kurfürst von Sachsen, zog gegen die Türken vor Wien ▽

Friedrich August I. der Starke (1694–1733), Kurfürst von Sachsen, seit 1697 als August II. König von Polen, führte Dresden zu barocker Pracht ▽

Friedrich Christiar (1763), Kurfürst von Sach ▽

△ Christian II. (1591–1611), Kurfürst von Sachsen

△ Johann Georg II. (1656–1680), Kurfürst von Sachsen, beginnt die absolutistische Hofhaltung in Dresden

△ Johann Georg IV. (1691–1694) Kurfürst von Sachsen

△ Friedrich August II. (1733–1763), Kurfürst von Sachsen und als August III. König von Polen, erwarb die "Sixtinische Madonna"

△ Friedrich Augus der Gerechte (1763–1827), seit 1806 König, in der Völkerschlacht 1813 a Napoleons Seite

1809–1829	Die Festungsanlagen werden abgebrochen.
1813	In der Schlacht bei Dresden erringt Napoleon seinen letzten Sieg.
1815	Nach den Festlegungen des Wiener Kongresses muß Sachsen zwei Drittel seines Territoriums an Preußen abtreten und verliert wesentlich an politischer Bedeutung. Gründung der Chirurgisch-medizinischen Akademie und Aufschwung von Kunst, Gewerbe, Industrie und Wissenschaft.
1817	Carl Maria von Weber wird zum Hofkapellmeister berufen.
1828	Gründung der Technischen Bildungsanstalt.
1830	Der Druck des Volkes erzwingt die Annahme einer ersten Verfassung und bürgerlicher Reformen in Sachsen.
1834–1849	Gottfried Semper wirkt als Architekt und ab 1839 als Professor an der Kunstakademie in Dresden.
1835	Einführung der allgemeinen Schulpflicht.
1837	Gründung der Sächsisch-böhmischen Dampfschiffahrtsgesellschaft. Andreas Schubert baut die erste deutsche Dampflokomotive "Saxonia".
1838–1841	Bau des Hoftheaters (erste Semperoper), das 1869 abbrennt.
1839	Eröffnung der ersten deutschen Eisenbahnfernverbindung zwischen Dresden und Leipzig.
1842–1849	Richard Wagner lebt in Dresden und bekleidet ab 1843 den Posten des Hofkapellmeisters.
1846–1852	Bau der Marienbrücke als Straßen- und Eisenbahnbrücke.
1847–1854	Bau des Galeriegebäudes (Sempergalerie).

ı der Gütige
ʼ–1836),
ȷ von Sachsen
831 erster konsti-
ıeller Monarch

Johann
(1854–1873),
König von Sachsen,
als "Philaletes"
Dante-Übersetzer
▽

Georg
(1902–1904)
König von Sachsen
▽

Wissenschaftler
und Künstler,
darunter Ludwig Richter
(1803–1884),
Zeichner und Maler
▽

△
iedrich August II.
836–1854),
önig von Sachsen

△
Albert
(1873–1902),
König von Sachsen

△
Friedrich August III.
(1904–1918),
letzter König
von Sachsen

Dresdner Maiaufstand (3.–9. Mai), letzter großer Aufstand der bürgerlich- 1849
demokratischen Revolution von 1848/1849, wird durch sächsisches und
preußisches Militär niedergeschlagen. Gottfried Semper, Richard Wagner
u. a. müssen wegen Beteiligung am Maiaufstand fliehen.

Der Tiergarten, ab 1861 Zoologischer Garten, wird gegründet. 1859

Zunehmend prägt die Industrie die Wirtschaft Dresdens. Als neue Indu- ab 1862
striezweige entstehen in der zweiten Hälfte des 19. Jahrhunderts die
Tabakwarenindustrie, die chemisch-pharmazeutische Industrie, die fein-
mechanisch-optische und die Nahrungs- und Genußmittelindustrie mit
verstärktem Mühlenbau. Wichtige Fabriken werden gegründet:
1862 Zigarettenfabrik "Laferme" (1880 gibt es bereits 21 Zigarettenfabri-
ken in Dresden); 1874 pharmazeutische Firma Heyden, 1869 Näh- und
(später) Schreibmaschinenfabrik Seidel & Naumann, 1888 Lingnerwerk,
1889 Firma Ernemann (Kamerabau).

Beginn der Sanatorien- und Kurtätigkeit auf dem Weißen Hirsch. 1867

Gründung des Sozialdemokratischen Arbeitervereins. 1869

Anerkennung der Technischen Bildungsanstalt als "Königlich-Sächsi- 1871
sches Polytechnikum".

Neubau des 1869 abgebrannten Opernhauses (zweite Semperoper). 1871–1878

Gründung der Dresdner Bank. 1872

Wilhelm Walther fertigt den Fürstenzug. 1872–1876

Bau von Albertinum (1884–1887), Kunstakademie (1891–1894), Sekun- ab 1884
dogenitur (1897–1899), Landtagsgebäude (1901–1907).

Das Polytechnikum wird in eine Technische Hochschule umgewandelt. ab 1890
Der Entwicklung Dresdens zur Großstadt wird mit dem Ausbau des Ver-

ab 1890 (Fortsetzung) kehrsnetzes mit zahlreichen Verkehrsbauten Rechnung getragen: Bau mehrerer Elbbrücken, u. a. der Blasewitz-Loschwitzer Brücke (Blaues Wunder) 1891 bis 1893; 1893 Inbetriebnahme der elektrischen Straßenbahn; 1890 bis 1898 Umbau der beiden großen Bahnhöfe in der Alt- und Neustadt; 1895 Bau des Elbhafens; 1898 bis 1900 Bau der ersten Bergschwebebahn der Welt in Loschwitz.

1898 Einweihung des Dresdner Hauptbahnhofes.

1905 Gründung der Künstlervereinigung "Brücke".

1908 Gründung der Gartenstadt Hellerau mit den Deutschen Werkstätten.

1910 Einweihung des Neuen Rathauses.
Vor allem durch die Eingemeindung zahlreicher Vororte seit der zweiten Hälfte des 19. Jahrhunderts ist die Bevölkerung Dresdens nun auf 548 300 Einwohner angewachsen (1852: 104 199).

Belastungsprobe auf dem Blauen Wunder am 11. Juli 1893

In Dresden findet die erste Internationale Hygiene-Ausstellung statt. 1911

Bau des ersten Dresdner Flugplatzes in Kaditz. 1913

Am 9. November erfolgt im Verlauf der Novemberrevolution die Absetzung der sächsischen Regierung, der König muß abdanken ("Macht doch euern Dreck alleene!"), die Republik wird ausgerufen. 1918

März: Die Reichsregierung flieht im März 1920 nach Dresden, Generalstreik gegen den Kapp-Putsch, die Reichswehr erschießt 59 Demonstranten auf dem Postplatz. 1920
November: Annahme der Verfassung des Freistaates Sachsen.

21. März: Linke Sozialdemokraten unter Erich Zeigner bilden ein Kabinett. 1923
10. Oktober: Neubildung des Kabinetts Zeigner durch Eintritt der Kommunisten in die Regierung. 29. Oktober: Die Regierung Zeigner wird mit Hilfe der Reichswehr abgesetzt, ihre Mitglieder werden verhaftet.

Gründung der Palucca-Schule. 1925
Der erste Rundfunksender Dresdens nimmt den Betrieb auf.

Eröffnung des Deutschen Hygiene-Museums anläßlich der II. Internationalen Hygiene-Ausstellung. 1930

Januar: Die Polizei schießt auf die Teilnehmer einer antifaschistischen Kundgebung im Keglerheim (neun Tote, elf Schwerverletzte). 1933
Ab März: Verfolgung zahlreicher Gegner des Nationalsozialismus, Entlassung des bürgerlich-demokratischen Oberbürgermeisters Wilhelm Külz; Vertreibung nazifeindlicher Künstler und Wissenschaftler, u. a. werden Otto Dix und Victor Klemperer aus dem Lehramt entlassen und Fritz Busch während einer "Rigoletto"-Aufführung vom Dirigentenpult gezerrt.
September: Ausstellung "Spiegelbild des Verfalls in der Kunst", in der Werke progressiver Künstler als 'entartet' verfemt werden.
Mit 642 143 Einwohnern erreicht die Bevölkerungszahl den Höhepunkt in der bisherigen Stadtgeschichte.

Errichtung des Großflughafens in Dresden-Klotzsche. 1935

13. bis 15. Februar: Zerstörung Dresdens durch britische und amerikanische Bomber. Über 30 000 Menschen werden getötet. Unter den Opfern befinden sich viele der zu Zehntausenden vor der vorrückenden Sowjetarmee nach Dresden geflohenen Menschen. Rund 15 km² der Innenstadt fallen in Schutt und Asche, darunter fast alle wichtigen Kulturdenkmäler. 1945
8. Mai: Einmarsch der Roten Armee in Dresden am Tage der Kapitulation der deutschen Wehrmacht.
10. Mai: Die provisorische Stadtverwaltung unter Rudolf Friedrichs (SPD) als Oberbürgermeister nimmt ihre Tätigkeit auf.
Juli: Berufung der Landesverwaltung Sachsen durch die Sowjetische Militäradministration. Eröffnung des Interimstheaters in der Tonhalle mit Lessings "Nathan der Weise". Erste Nachkriegskonzerte der Dresdner Philharmonie und des Kreuzchors.
November: Eine Volkszählung ergibt die Einwohnerzahl von 454 249.

Januar: Der Rat der Stadt legt in einer öffentlichen Sitzung den "Großen Dresdner Aufbauplan" vor. 1946
April: Vereinigungsparteitag der KPD und SPD Sachsens zur SED im Kurhaus Bühlau.
Juni: Durch einen Volksentscheid wird das "Gesetz über die Übergabe von Betrieben von Kriegs- und Naziverbrechern in das Eigentum des Volkes" rechtskräftig.
August: Eröffnung der "Allgemeinen Deutschen Kunstausstellung".
September: Wahlen zur Stadtverordnetenversammlung.

Der Untergang Dresdens

"Wer das Weinen verlernt hat, der lernt es beim Untergang Dresdens wieder."
(Gerhart Hauptmann)

Am Abend des 13. Februar 1945 steigen 771 Lancaster-Bomber der Royal Air Force von ihren Stützpunkten auf und nehmen Kurs auf Dresden. Nachdem die 'Pfadfinder'-Flugzeuge die Zielmarkierungen abgesetzt haben, laden die Bomber insgesamt 2 659 t Bomben ab – Zehntausende von Sprengbomben und danach 650 000 Brandbomben, die einen nie zuvor gesehenen Feuersturm verursachen. Wenige Stunden später, am Morgen des 14. Februar, erscheinen 311 B-17-Bomber der US-Luftwaffe über Dresden und werfen noch einmal 711 t Bomben ab. Das Werk der Zerstörung vollenden am selben Tag weitere 210 B-17, die noch einmal 461 t Bomben über die sterbende Stadt regnen lassen. Während dieser drei Tage werden die alliierten Verbände so gut wie nicht von deutscher Fliegerabwehr behelligt. Keine dreißig Nachtjäger haben sich ihnen entgegengestellt, über Dresden selbst taucht nur ein deutsches Flugzeug auf – ein Kurierflieger. Die Flakkanonen wurden schon Mitte Januar 1945 an die Ostfront verlegt.
Am Ende des Angriffs waren 15 km^2 der Dresdner Innenstadt dem Erdboden gleichgemacht; das berühmte Elbflorenz existierte nicht mehr. Die Zahl der Todesopfer ist bis heute unbekannt geblieben, da die Stadt vollgestopft war mit Flüchtlingen aus Ostpreußen und Schlesien. Identifiziert wurden 35 000 Opfer, Schätzungen reichen bis zu 250 000. Schnell ausgehobene Massengräber reichten nicht aus, die Toten zu beerdigen; um Seuchen zu verhindern, verbrannte man die Leichen auf Stahlrosten aus Straßenbahnschienen auf dem Altmarkt.

Über die Motive für den Luftschlag, den der britische Air Marshal Sir Arthur Harris Premierminister Churchill vorgeschlagen hatte, wird auch heute noch spekuliert – Vergeltung für Coventry, Beweis der Schlagkraft der Royal Air Force, Solidarität mit den anrückenden Sowjettruppen: Letztendlich bleibt es ungeklärt. Tatsache ist, daß weder die Kasernen noch die Materiallager am Rand der Neustadt noch der Flugplatz Klotzsche angegriffen wurden und daß Dresden auch zum Zeitpunkt der deutschen Kapitulation noch nicht von der Roten Armee erreicht worden war.

Eröffnung des Großen Hauses der Staatstheater Dresden. 1948

Oktober: Gründung der DDR. 1949
November: Übergabe der Verwaltungsvollmachten für Dresden durch die Sowjetische Militäradministration an den Rat der Stadt.

Eingemeindung mehrerer Vororte, u.a. Hellerau, Klotzsche und Pillnitz. 1950

Grundsteinlegung an der Grunaer Straße für das erste innerstädtische Wohnungsneubaugebiet. 1951

Juli: Aufhebung der Landesregierung für das Land Sachsen, Bildung der Bezirke Dresden, Chemnitz (Karl-Marx-Stadt) und Leipzig. Dresden wird Bezirksstadt. 1952
September: Aus der Fakultät für Verkehrswissenschaft der TH Dresden geht die Verkehrshochschule hervor.
November: Gründung der Hochschule für Musik.

Mai: Mit der Grundsteinlegung an der Westseite des Altmarkts beginnt der Neuaufbau des Stadtzentrums. 1953
September: Aufnahme des Lehrbetriebs am Pädagogischen Institut, heute Pädagogische Hochschule.

Eröffnung der Medizinischen Akademie "Carl Gustav Carus". 1954

Das Forschungsinstitut "Manfred von Ardenne" nimmt seine Tätigkeit auf. 1955

Anläßlich der 750-Jahr-Feier der Stadt Dresden findet die Wiedereröffnung der Gemäldegalerie im Semperbau mit den von der Sowjetunion 1955 zurückgegebenen Gemälden statt. Im Johanneum wird das Verkehrsmuseum eröffnet. 1956

Rückkehr des Grünen Gewölbes, des Kupferstichkabinetts, des Münzkabinetts, der Porzellansammlung, der Rüstkammer und der Skulpturensammlung aus der Sowjetunion. 1958

Die Technische Hochschule erhält den Status einer Universität. 1961

Im Bereich der Prager Straße beginnen die Aufbauarbeiten. 1965
Oktober: Eröffnung des Kulturpalastes.

Die Dr.-Rudolf-Friedrichs-Brücke (anstelle der zerstörten Carolabrücke) wird dem Verkehr übergeben. 1971

Der Wohnungsneubau, zuvor auf die Innenstadt konzentriert, wird an die Randgebiete der Stadt verlagert, u.a. entstehen die Neubaugebiete Altgruna, Johannstadt, Prohlis und Gorbitz. ab 1976

Grundsteinlegung zum Wiederaufbau der Semperoper. 1977

Die seitdem alljährlich stattfindenden "Dresdner Musikfestspiele" erleben ihre Premiere mit 3400 Künstlern aus 18 Ländern. 1978

Dresden wird Sitz des katholischen Bischofs von Meißen-Dresden. Die Konkathedrale (Hofkirche) wird in den Rang einer Kathedrale erhoben. 1981

Am 13. Februar, dem 40. Jahrestag der Zerstörung Dresdens, findet mit Carl Maria von Webers Oper "Der Freischütz" die feierliche Wiedereröffnung der Semperoper statt. 1985

Zum ersten republikweiten Katholikentag der DDR kommen über 80000 Menschen nach Dresden. 1987

1989	Oktober: Eisenbahnzüge mit den Prager Botschaftsflüchtlingen fahren über Dresden in die Bundesrepublik. Dabei kommt es am Hauptbahnhof zu Auseinandersetzungen zwischen Polizei und Ausreisewilligen. Prager Straße, Hauptbahnhof, Pirnaischer und Fetscherplatz werden in den folgenden Wochen zu Schauplätzen dramatischer, die politische Wende in der DDR einleitenden Ereignisse. Vier Dresdner Kirchen, u. a. die Kreuzkirche und die Hofkirche, sind Schauplatz nichtkirchlicher Zusammenkünfte der Bürger im Aufbegehren gegen die DDR-Staatsführung. Im Staatsschauspiel verlesen die Schauspieler nach Aufführungen Resolutionen und unterrichten ihr Publikum über die Entwicklung in anderen Teilen der DDR. Mit dem Beginn des Dialoges, gewaltigen Demonstrationen und durch Initiative eines ersten, spontan und demokratisch bestimmten Bürgerkomitees ('Gruppe der 20') wird in Dresden das Signal für die friedliche Revolution gegeben. Dezember: Bundeskanzler Kohl und DDR-Ministerpräsident Modrow sprechen am 9. Dezember zur Dresdner Bevölkerung.
1990	Mai: Die CDU gewinnt die ersten freien Kommunalwahlen. Oktober: Wiedererrichtung des Landes Sachsen mit Dresden als Landeshauptstadt (14. Oktober). Bei den Landtagswahlen erringt die CDU die absolute Mehrheit.
1991	Im Oktober ist die Wiedererrichtung des Hausmannsturms des Schlosses vollendet.
1993	Im Januar beginnt mit der Enttrümmerung der Ruine der Wiederaufbau der Frauenkirche.
1994	Im Juni findet der 92. Deutsche Katholikentag in Dresden statt. Im Herbst beginnen als Vorbereitung zum Wiederaufbau des Altmarkts archäologische Grabungen an diesem Platz.
1996	Am 21. August 1996 wird die restaurierte Unterkirche der Frauenkirche offiziell geweiht.
1997	Baubeginn am Altmarkt
1999	Die 1997 begonnenen Eingemeindungen, die vor allem im nordwestlichen Stadtgebiet Zuwachs bringen, sind mit Jahresbeginn abgeschlossen. Im September werden die neuen Messehallen im Ostragehege eingeweiht.
2001/2001	Die 'Gläserne Manufaktur' der Volkswagen AG beginnt mit der Produktion. Die Wahl zum Oberbürgermeister gewinnt im Juni 2001 der FDP-Kandidat Ingolf Roßberg.

Dresden in Zitaten

Die Dresdner haben ein lebhaftes artiges Wesen, das gefällt und rührt, das sich der Sinne bemächtigt und den Witz gebraucht, um desto empfindlicher wollüstig zu sein. Das sächsische Blut ist das schönste in Deutschland, es ist feurig, zärtlich und überaus verbuhlt. Die Wollust macht die Einwohner in diesem Lande sinnreich, angenehm, höflich und schmeichlerisch, aber zugleich auch wankelmütig, weichlich und plauderhaft, schwelgerisch [...] Das sächsische Frauenzimmer übertrifft noch die Engländerinnen an Wuchs und Schönheit. Es hat die Freiheit der Französinnen und das Feuer der Italienerinnen. In dem schmeichelhaften und zärtlichen Wesen aber geht es allen vor. Es hat dem Anscheine nach etwas sehr Sittsames und Unschuldiges, es schlägt aber die Augen insgeheim nur deshalb nieder, um mit einem geschärften Blick desto mehr Unheil anzurichten.

Johann Michael von Loen
Preußischer Regierungspräsident
(12.12.1694 bis 24.7.1775)

Ich habe den Königstein und seine notanda und vodende gesehen und war erfreut aber nicht außer mir. Über die neuen Weltkugeln und Weltsonnen in der Bildergalerie sollst Du noch astronomische Ephemeriden haben.
Ich habe die Antiken gesehen ... ferner das Naturalienkabinett – die fürstliche heilige Familie nebst dem plattgedrückten Hoftroß in der katholischen Kirche an der Himmelfahrtsfeier, wo zugleich das Kind einer Prinzessin hineingetragen wurde, daß die Trompeten taub bliesen gegen künftige Bitten. Ich habe dabei meine demokratischen Zähne geknirscht, am meisten über das gekrümmte Schranzen-Volk von Dresden, das nicht schön, nicht edel, nicht lesbegierig, nicht kunstbegierig ist, sondern nur höflich etc. Ich habe viele Bekanntschaften gemacht, aber keine von Bedeutung.

Jean Paul
(Jean Paul Friedrich Richter;
21.3.1763 bis 14.11.1825)

Dresden hat eine große feierliche Lage, in der Mitte der umgränzenden Elbhöhen, die in einiger Entfernung, als ob sie aus Ehrfurcht nicht näher zu treten wagten, es umlagern. Der Strom verläßt plötzlich sein rechtes Ufer und wendet sich schnell nach Dresden, seinen Liebling zu küssen. Von der Höhe des Zwingers kann man seinen Lauf bis nach Meißen verfolgen. Er wendet sich bald zu dem rechten, bald zu dem linken Ufer, als würde die Wahl ihm schwer, und wankt, wie vor Entzücken und schlängelt sich spielend in tausend Umwegen durch das freundliche Tal, als wollte er nicht in das Meer.

Heinrich von Kleist
(18.10.1777 bis 21.11.1811)

Zu Dresden, in der schönen Stadt der Elbe,
Wo's gibt Tabak- und Stroh- und Versfabriken,
Erhebt sich, um die Köpfe zu berücken,
Ein Liederkränzlein und ein Liedgewölbe.
Ist nun mit Herrn und Frau'n besetzt dasselbe,
So lesen vor, Glut – Mut – Blut in den Blicken,
Herr Kuhn und Fräulein Nostiz – o Entzücken!
Ha! herrlich! Weg, Kritik, du fade, gelbe!
Am anderen Tage steht es in der Zeitung,
Hells Hellheit schwadernt, Kinds Kindheit ist kindisch.
Dazwischen kriecht das kritische Beiblatt hündisch.
Arnoldi sorgt fürs Geld und die Verbreitung,
Zuletzt kommt Böttiger und macht Spektakel,
Die Abendzeitung sei das Weltorakel.

Heinrich Heine
(13.12.1797 bis 17.2.1856)

Endlich eröffnete sich die Dresdner Gegend, in dem reichen Lande der im Morgenlicht glänzende Strom, daran die im Dufte schimmernde Stadt mit ihren Türmen, mit der sich über den Fluß spannenden imposanten Brücke. Mich überkam das vollkommene Fühlen der Schönheit, des Zaubers der Stadt und der Herrlichkeit, die die grauen Häusermassen und Türme bargen.

Ernst Rietschel
Dresdner Bildhauer
(15.12.1804 bis 21.2.1861)

Alfred Lichtwark
Deutscher
Kunsthistoriker
(14.11.1852
bis 13.1.1914)

Die Zustände in Dresden bieten ein sehr klares und in mehr als einer Beziehung eigenartiges Bild des Zusammenwirkens der mannigfachen Faktoren, die das künstlerische Leben in unserer Epoche beeinflussen...
So hat z.B. der moderne Staat mit seinen Bauten, Monumenten und Anlagen noch bei weitem nicht soviel Glück gehabt wie der Fürst der absolutistischen Epoche, und die Ursache ist nicht weit zu suchen: er ist noch kein Bauherr, der seine Sache versteht. Denn was für eine untergeordnete Gattung Mensch ist heute der Durchschnittsbeamte, der in unverantwortlichen Kommissionen über künstlerische Angelegenheiten endgültig zu entscheiden hat, verglichen mit den hochkultivierten Fürsten der Zeit des Absolutismus. Als Ganzes bietet das Dresdner Kunstleben heute das Schauspiel seltener Einmütigkeit der wirkenden Kräfte, und der Erfolg ist nicht ausgeblieben, obwohl erst eine kurze Spanne Zeit nach neuen Zielen gestrebt wird. Und alles, was geschehen ist, geht von Vertretern oder Anhängern der jungen Kunst aus.

Baedekers
"Sachsen" (1928)

Die Führung beginnt in der Französischen Galerie. Von da in den Kleinen und Großen Speisesaal, mit Gobelins aus der kgl. Manufaktur in Paris (1737–91; die im Großen Speisesaal Geschenke Napoleons). Durch den Roten Salon in den Georgenbau, mit den ehem. Wohnzimmern der Königin Carola († 1907); vom Grünen Salon Blick in den Stallhof. Zurück durch den Stucksaal in den Großen Ballsaal, mit Wandgemälden von E. Bendemann (1846–55). Das Turmzimmer, das die Innenausstattung des ehem. Büfettsalons im Japanischen Palais enthält, birgt eine Sammlung alten chinesischen und kostbaren Meißner Porzellans aus dem Japanischen Palais, darunter Arbeiten Kändlers und Herolds. In der anschließenden Galerie gleichfalls Porzellan. Es folgen der Bankettsaal, mit Wandbildern von Bendemann, der Neue Thronsaal, mit einem Bildnis Augusts des Starken von L. de Silvestre, drei Kaffeesalons, mit Wandbespannung in Seidenwirkerei, und das ehem. Wettinzimmer. Das Schlafzimmer, mit dem Paradebett und kostbarer Wandbespannung, und der Thronsaal Augusts des Starken, mit Deckengemälde auf Leinwand von L. de Silvestre, stammen aus dem Anfang des XVIII. Jahrhunderts; im Thronsaal ein silberner Feuerschirm und silberne Tische von dem Augsburger Biller. Durch das Lackkabinett und eine Reihe von Gasträumen in die sog. Reitschule, die in Dresden angefertigte Wandteppiche mit Darstellungen der spanischen Reitschule enthält (1739–41). Weiter zwei Gobelinzimmer und das Canalettozimmer.

Beschreibung des Schlosses in Dresden aus der zweiten Auflage von Baedekers "Sachsen · Nordböhmische Bäder · Prag" (Leipzig 1928).

Gerhart
Hauptmann
(15.11.1862
bis 6.6.1946)

Wer das Weinen verlernt hat, der lernt es wieder beim Untergang Dresdens. Dieser heitere Morgenstern der Jugend hat bisher der Welt geleuchtet. ... Von Dresden aus, von seiner köstlich gleichmäßigen Kunstpflege in Musik und Wort, sind herrliche Ströme durch die Welt geflossen... Ich habe den Untergang Dresdens unter den Sodom- und Gomorrha-Höllen der feindlichen Flugzeuge persönlich erlebt... Ich stehe am Ausgangstor meines Lebens und beneide meine toten Geisteskameraden, denen dieses Erlebnis erspart geblieben ist.

Erich Kästner
Deutscher
Schriftsteller
(23.2.1899
bis 29.7.1974)

Dresden war eine wunderbare Stadt, voller Kunst und Geschichte und trotzdem kein von sechshundertfünfzigtausend Dresdnern zufällig bewohntes Museum. Die Vergangenheit und die Gegenwart lebten miteinander im Einklang. Eigentlich müßte es heißen: im Zweiklang. Und mit der Landschaft zusammen, mit der Elbe, den Brücken, den Hügelhängen, den Wäldern und mit den Gebirgen am Horizont, ergab sich sogar ein Dreiklang. Geschichte, Kunst und Natur schwebten über Stadt und Tal, vom Meißner Dom bis zum Großsedlitzer Schloßpark, wie ein von seiner eigenen Harmonie bezauberter Akkord... Die Stadt Dresden gibt es nicht mehr. Sie ist, bis auf einige Reste, vom Erdboden verschwunden. Der Zweite Weltkrieg hat sie, in einer einzigen Nacht und mit einer einzigen Handbewegung, weggewischt. Jahrhunderte hatten ihre unvergleichliche

Erich Kästner (Fortsetzung)

Schönheit geschaffen. Ein paar Stunden genügten, um sie vom Erdboden fortzuhexen. Das geschah am 13. Februar 1945. ...
Noch heute streiten sich die Regierungen der Großmächte, wer Dresden ermordet hat. Noch heute streitet man sich, ob unter dem Garnichts fünfzigtausend, hunderttausend oder zweihunderttausend Tote liegen. Und niemand will es gewesen sein. Jeder sagt, die anderen seien dran schuld. Ach, was soll der Streit? Damit macht ihr Dresden nicht wieder lebendig! Nicht die Schönheit und nicht die Toten! Bestraft künftig die Regierungen und nicht die Völker!

Ruf aus Dresden

Am 13. Februar 1945 – wenige Wochen vor Ende des bereits entschiedenen Krieges – legten Luftangriffe auch die Dresdner Frauenkirche in Trümmer. Jahrzehntelang war diese Ruine Anklage und Mahnmal für alle friedliebenden Menschen. In der schweren Zeit politischer Bedrückung und weltweiter Hochrüstung haben junge Menschen immer wieder brennende Kerzen auf die Ruine gestellt. In gewaltlosem Protest wollten sie Hoffnungszeichen setzen für eine Zeit des Friedens, der Gerechtigkeit und der Bewahrung des Lebens. ... Doch der weitere Verfall der Ruine ist nicht aufzuhalten. Ihre Sicherung und Erhaltung würde umfangreiche bauliche und finanzielle Anstrengungen erfordern. ... Wir wissen, daß unsere sächsische Landeskirche keine Mittel für einen Wiederaufbau der Frauenkirche zur Verfügung hat. Wir wissen, daß weder unsere Stadt noch unser Land diesen Aufbau finanzieren können. ... Wir wissen, daß Kirchen der Bundesrepublik Deutschland den Aufbau vieler Gotteshäuser in unserem Lande ermöglicht haben.
... Wir wissen auch, daß Neubauten und Erhaltung von Altbauten angesichts des Zerfalls vieler Gebäude notwendiger sind als der Aufbau der Frauenkirche. ... Dennoch: Wir wollen uns nicht damit abfinden, daß dieses einmalige und großartige Bauwerk Ruine bleiben soll oder gar abgetragen wird. ... Wir rufen auf zu einer weltweiten Aktion des Wiederaufbaues der Dresdner Frauenkirche zu einem christlichen Weltfriedenszentrum im neuen Europa. In diesem Gotteshaus soll in Wort und Ton das Evangelium des Friedens verkündet, sollen Bilder des Friedens gezeigt, Friedensforschung und Friedenserziehung ermöglicht werden. ... Damit würde der Weltkultur ein architektonisches Kunstwerk von einzigartiger Bedeutung wiedergeschenkt, das mit dem Namen des genialen Erbauers, George Bähr, aber auch mit den Namen Gottfried Silbermann, Johann Sebastian Bach, Heinrich Schütz und Richard Wagner verbunden ist. ... Damit würde ein steinernes Zeugnis des christlichen Glaubens wieder erstehen; ein Gotteshaus, das sich die evangelische Bürgerschaft auf den Fundamenten der ältesten Kirche Dresdens errichtete. ... Damit würde eines der schönsten Städtebilder im Herzen Europas wieder seine beherrschende Krönung, die “Steinerne Glocke” erhalten, ohne die der Wiederaufbau Dresdens Stückwerk bliebe. ... Wir rufen auf zur Bildung einer internationalen Stiftung für den Wiederaufbau der Dresdner Frauenkirche, die in die Welterbeliste der UNESCO aufgenommen werden soll. Wir wenden uns besonders an die Staaten, die den Zweiten Weltkrieg geführt haben. Es ist uns dabei schmerzlich bewußt, daß Deutschland diesen Krieg entfesselt hat. ... dennoch: Wir wenden uns auch an die Siegermächte und die vielen Menschen guten Willens in den USA, in Großbritannien und in aller Welt: ermöglicht dieses europäische “Haus des Friedens”! ... Wir wenden uns an die Dresdner in der Ferne: Dankt Eurer Heimatstadt durch ein Opfer zur Wiedererrichtung der Frauenkirche. 45 Jahre nach ihrer Zerstörung ist auch für uns die Zeit herangereift, die Frauenkirche als einen verpflichtenden Besitz der europäischen Kultur wiedererstehen zu lassen.
Darum rufen wir aus Dresden zu Hilfe.

Aufruf der Bürgerinitiative für den Wiederaufbau der Frauenkirche Dresden vom 13. Februar 1990

Sehenswürdigkeiten von A bis Z

Stadtbesichtigung

Überblick

Altstadt

Die Altstadt umfaßt das linkselbische Zentrum Dresdens um Schloß, Zwinger und Altmarkt. Um die ehemalige Burg auf dem Taschenberg, auf dem heute das Schloß steht, erstreckte sich mit einem Durchmesser von ca. 500 m die älteste Stadtanlage Dresdens. Der Postplatz bildet heute einen der Knotenpunkte des innerstädtischen Straßenverkehrs. Obwohl sich das Gebiet der Altstadt im Lauf der Jahrhunderte mehr und mehr erweiterte, blieb der Altmarkt immer der eigentliche Mittelpunkt der Stadt. Die gesamte innere Altstadt wird im Westen und Süden vom Eisenbahndamm begrenzt, im Osten von der Lennéstraße, der Güntzstraße und dem Sachsenplatz und im Norden von der Elbe. Der historische Stadtkern umfaßt das Gebiet vom Zwinger über den Postplatz, die Wallstraße, den Dr.-Külz-Ring, die Ringstraße, die Schießgasse und das Terrassenufer. Auf dieser Linie befanden sich die Stadtbefestigungsanlagen.
Es ist im wesentlichen die Altstadt, die Dresdens Ruf als eine der schönsten Städte Europas begründete. Die Mehrzahl ihrer Reichtümer sind hier konzentriert. Bei den Luftangriffen im Februar 1945 zertörten die Bomben die architektonischen Glanzlichter, deren mühevoller Wiederaufbau seitdem noch nicht beendet ist.

Neustadt

Aus der rechtselbischen Siedlung Altendresden ist heute die Neustadt geworden. Sie teilt sich in die innere Neustadt – die als Dreieck von der Albertstraße im Osten, der Elbe im Süden und der Königstraße im Westen zum Albertplatz hinaufreicht – und in die äußere Neustadt, die um diesen Kern im wesentlichen im 19. Jh. entstanden ist. Altendresden war 1685 niedergebrannt und wurde danach planmäßig als 'Neue Stadt bey Dresden' als einheitliche Barockanlage wiederaufgebaut. Daher findet man in der inneren Neustadt noch einige restaurierte barocke Straßenzüge.

Empfehlungen für den Aufenthalt in Dresden

Die nachstehenden Empfehlungen sollen dem Reisenden, der zum erstenmal nach Dresden kommt, als Leitfaden dienen, um den Aufenthalt in der Stadt möglichst eindrucksvoll zu gestalten. Die fettgedruckten Sehenswürdigkeiten, Orte und Plätze beziehen sich auf die Beschreibung der 'Sehenswürdigkeiten von A bis Z' im Hauptteil dieses Reiseführers.

Stippvisite

Wer sich nur einige Stunden in Dresden aufhält, dem sei die Teilnahme an einer organisierten Stadtrundfahrt (→ Praktische Informationen, Stadtbesichtigung) empfohlen oder aber ein Gang auf eigene Faust durch die Altstadt, wobei man das ***Schloß**, die ****Hofkirche**, die ****Brühlsche Terrasse**, den ***Fürstenzug**, den **Neumarkt** mit der **Frauenkirche** und dem ***Johanneum**, den ***Altmarkt** und den ****Zwinger** problemlos in zwei bis drei Stunden kennenlernen kann. Steht eine Stunde mehr zur Verfügung, sollte man noch einen kurzen Gang durch die ****Gemäldegalerie Alte Meister** oder je nach Vorliebe durch das ****Grüne Gewölbe** wagen.

Rundgang an einem Tag

Für einen eintägigen Aufenthalt bietet sich ein Stadtrundgang an, wie er auf dem Stadtplan auf S. 61 eingezeichnet ist. Er beginnt am Postplatz,

◀ *Der Zwinger ist eines der grandiosesten Barockbauwerke der Welt*

Dresden
350 m
©Baedeker
Moritzburg, Radebeul
Flughafen, Militärhistor. Museum
Weißer Hirsch, Loschwitz, Blaues Wunder
Pillnitz
Technische Universität
Pirna, Sächsische Schweiz
Meißen Autobahn
Freiberg
Friedrichstadt Autobahn
Sternplatz
Elbe
Bf. Dresden-Neustadt
NEUSTADT
ANTON-STADT
JOHANN-STADT
ALTSTADT
DRESDEN-MITTE
Eissport-halle
Yenidze
Japanisches Palais
Dreikönigs-kirche
Kügelgen-haus
Staatsarchiv
Martin-Luther-Kirche
Pfund's Molkerei
Diakonissen-kranken-haus
Goldener Reiter
Jägerhof (Mus. f. Volkskunst)
Blockhaus
Finanz-ministerium
Staats-kanzlei
Bogenschütze
Erlwein-speicher
Land-tag
Semper-oper
Zwinger
Schau-spielhaus
Brühlsche Terrasse
Kultur-palast
Frauen-kirche
Landhs.
Kreuzk.
Gewand-haus
Rat-haus
Gericht
Hochsch. f. Bild. Künste
Kunst-biblioth.
Kupfer-stichkabinett
Ing.-hoch-sch.
Techn. Univ.
Staats-ministerium
Rundkino
UFA Palast
Deutsches Hygiene-Museum
Gläserne Manufaktur
Botanischer Garten
Blüher-park
Bürger-wiese
Rudolf-Harbig-Stadion
Großer Garten
Mosaik-brunnen
Zoologischer Garten
Garten-palais
Volkspark
Haupt-bahnhof
Fachhochschule für Technik
Russische Kirche
Poliklinik
Rosen-garten
1 Schloß
2 Kathedrale
3 Ständehaus (ehem. Landtag)
4 Fürstenzug
5 Johanneum (Verkehrsmuseum)
6 Sekundogenitur
7 Akademie
8 Albertinum
9 Coselpalais
10 Taschenbergpalais

Rundgang an einem Tag (Fortsetzung)

von dem aus man schon den **Zwinger** sieht, das berühmteste barocke Bauwerk Dresdens. Auf dem kurzen Weg dorthin liegt rechts das nun zum Luxushotel umgebaute **Taschenbergpalais**. Man betritt den Zwinger durch das Kronentor am Zwingergraben oder durch den Eingang am Glokkenspielpavillon und verläßt ihn nach einem Rundgang wieder durch den Durchgang in der Sempergalerie. Nun befindet man sich auf dem großartigen ****Theaterplatz** und hat freie Sicht auf einige der sehenswertesten Gebäude und Anlagen Dresdens: links die ****Semperoper**, rechts die ****Hofkirche** und das ***Schloß**. Geradeaus blickt man über die **Elbe** und die Augustusbrücke hinweg auf die ***Neustadt**. Ein kleiner Gang durch die Hofkirche sollte ebensowenig ausgelassen werden wie der Aufstieg auf den Hausmannsturm des Schlosses, wo man erst einen richtigen Überblick über die Stadt und auch über die Baumaßnahmen am Schloß bekommt. Wieder auf dem Erdboden, sind es nur wenige Schritte zur herrlichen Freitreppe zur ****Brühlschen Terrasse** am **Ständehaus**. Hier hat man sich eine Pause im Café Vis-a-Vis in der Sekundogenitur verdient, von wo man die Elbe und die Flaneure auf der Terrasse betrachten kann.
Nachdem man die Denkmäler und Skulpturen auf der Brühlschen Terrasse studiert hat, steigt man am Semperdenkmal hinab auf den Georg-Treu-Platz zwischen **Albertinum** und **Kunstakademie** und geht zum **Neumarkt**, den die Baustelle der **Frauenkirche** derartig dominiert, daß man die Reste des **Coselpalais** kaum bemerkt. Am ***Johanneum** und dem **Kulturpalast** vorbei kommt man zur Wilsdruffer Straße, wo der ***Altmarkt** sich öffnet. In dessen Südostecke erhebt sich die ***Kreuzkirche**, deren Turm ebenfalls bestiegen werden kann. Dahinter strebt ein zweiter Turm in die Höhe, der zum **Rathaus** gehört. Wer mag, kann von der Rathausfront an der St. Petersburger Straße einen Abstecher zum ***Deutschen Hygiene-Museum** machen, doch kann man sich dies auch für einen anderen Tag aufsparen. Neben dem Rathaus erstrahlt das frisch renovierte **Gewandhaus**. Geht man an dessen Rückseite am Dinglinger-Brunnen vorbei durch die Gewandhausstraße, findet man sich an der Wilsdruffer Straße gegenüber vom ***Landhaus** mit dem Stadtmuseum wieder. Von hier geht man wieder zum **Neumarkt** und durch die Augustusstraße mit dem ***Fürstenzug** zurück auf den Schloßplatz.
Auf der Augustusbrücke wird nun die Elbe hinüber zur ***Neustadt** überquert. Dort glänzt auf dem ***Neustädter Markt** die Reiterstatue August des Starken, von der man auf der Hauptstraße schnurgerade, vorbei am Kügelgenhaus und der Dreikönigskirche zum Albertplatz mit den Doppelbrunnen "Stürmische Wogen" und "Stille Wasser" marschiert. Bald ist der Rundgang geschafft, denn nun muß man nur noch die barocke Königstraße wieder hinabgehen, einen kurzen Schlenker durch die Rähnitzgasse machen, am ***Japanischen Palais** nach links abbiegen und am Neustädter Markt zufrieden auf eine Parkbank sinken.

Zwei Tage

Stehen zwei Tage für den Aufenthalt in Dresden zur Verfügung, sollte man die Gelegenheit nützen, der ****Gemäldegalerie Alte Meister** und dem **Albertinum** mit der ****Gemäldegalerie Neue Meister**, dem ****Grünen Gewölbe**, dem Münzkabinett und der Skulpturensammlung sowie den im ****Zwinger** zugänglichen Sammlungen Mathematisch-Physikalischer Salon, Porzellansammlung und Staatliches Museum für Tierkunde entsprechende Aufmerksamkeit zu widmen. Besuche der anderen Museen sind ebenso empfehlenswert, wobei an erster Stelle das ***Deutsche Hygiene-Museum** und das Verkehrsmuseum im ***Johanneum** stehen. Selbstverständlich kann man all dies nicht an einem Tag bewältigen; unbedingt besuchen sollte man die ****Gemäldegalerie Alte Meister** und das ****Grüne Gewölbe**, vielleicht noch das ***Deutsche Hygiene-Museum**, einmalig in seiner Art in Europa.
Bleibt noch Zeit, könnte am späten Nachmittag ein Ausflug zur Erholung unternommen werden. Mit den öffentlichen Verkehrsmitteln ist man schnell im Stadtteil ***Loschwitz** mit dem berühmten Blauen Wunder und von dort mit der Schwebebahn auf den ***Weißen Hirsch**. Hier kann man den Abend ausklingen lassen.

Touristische Höhepunkte in Dresden

INNERE ALTSTADT

** Brühlsche Terrasse
** Gemäldegalerie Alte Meister
** Gemäldegalerie Neue Meister
** Hofkirche
** Porzellansammlung
** Rüstkammer
** Schloß
** Semperoper
** Theaterplatz
** Zwinger

* Altmarkt
* Fürstenzug
* Johanneum
* Kreuzkirche
* Landhaus
* Mathematisch-Physikalischer Salon
* Taschenbergpalais

Drei Tage und mehr

Der längere Aufenthalt ermöglicht neben dem Kennenlernen der Sehenswürdigkeiten der Stadt und ihrer engsten Umgebung auch Ausflüge nach ****Meißen**, ***Pirna** oder in die ****Sächsische Schweiz** mit einem Besuch der Festung Königstein oder einem Aufstieg zur Bastei. Während der Saison sollte man mit einem Elbschiff fahren. Eine Fahrt mit einem Schaufelraddampfer nach ****Pillnitz** mit Besuch des Schlosses und einem erholsamen Aufenthalt im Park nimmt etwa einen halben Tag in Anspruch, ebenso ein Ausflug nach ***Großsedlitz** mit der S-Bahn oder nach ****Moritzburg**, wohin man unbedingt mit der Schmalspurbahn 'Lößnitzdackel' von **Radebeul** aus dampfen muß.

Sehenswürdigkeiten von A bis Z

Albertinum **B 3 · L 47**

Lage
Brühlsche Terrasse

Straßenbahn
Hst. Rathenauplatz (Linien 3, 7,9); Hst. Pirnaischer Platz (Linien 1, 2, 3, 4, 5, 7, 9, 12)

Unterhalb des Brühlschen Gartens erhebt sich auf den Grundmauern des ehemaligen Zeughauses der mächtige Bau des Albertinums. Das 1559 bis 1563 von Melchior Trost und Paul Buchner nach Plänen von Caspar Voigt von Wierandt errichtete Zeughaus war ein repräsentativer Vierflügelbau der Renaissance mit im Geviert umlaufender, zweischiffiger Säulenhalle von 75 m Länge. Nach der Auslagerung des Arsenals errichtete Carl Adolf Canzler 1884 bis 1887 das heutige Gebäude als Museums- und Archivbau, das seinen Namen nach dem damals regierenden sächsischen König Albert erhielt. Von dem ehemaligen Zeughaus sind die Kellergewölbe, das Erdgeschoß mit den toskanischen Säulen, die zwei westlichen Portale und ein Teil der Rustikafassade erhalten. Die Bronzereliefs an der Fassade schuf Robert Diez im Jahre 1909.
Der 1945 stark beschädigte und teilweise ausgebrannte Bau wurde zum zentralen Museumsgebäude für die ⟶ Gemäldegalerie Neue Meister, für die Skulpturensammlung und für das Münzkabinett wiederaufgebaut. Bis zur Wiederherstellung der ursprünglichen Ausstellungsgebäude im ⟶ Schloß wird in mehreren Räumen auch ein Teil der Dresdner Schatzkammer ⟶ 'Grünes Gewölbe' gezeigt. Im Erdgeschoß des Albertinums finden Sonderausstellungen statt.

Öffnungszeiten

Alle Ausstellungen im Albertinum haben dieselben Öffnungszeiten: täglich außer Do. 10.00 – 18.00 Uhr.

Münzkabinett

Eintrittsgebühr

Das Dresdner Münzkabinett ist eine der ältesten und größten Sammlungen ihrer Art, von der allerdings nur ein kleiner Teil gezeigt werden kann. Die originalen Kostbarkeiten der Münz- und Medaillenkunst sind aber dennoch als geschlossene Darstellung der Münzsysteme in allen Währungsperioden seit der griechischen und römischen Antike zu betrachten.
Hervorgegangen aus einer Abteilung der kurfürstlichen Kunstkammer, wurde die Sammlung im 18. Jh. durch Ankäufe systematisch ausgebaut und seit 1911 zum Teil als öffentliche Schausammlung gezeigt. Zum Bestand des Münzkabinetts gehören weit über 200 000 Münzen, Medaillen, Banknoten, Stempel, Siegel, Petschaften und Gerätschaften zur Münz- und Geldherstellung, darunter eine lückenlose Sammlung aller sächsischen Münzen und Medaillen (über 20 000 Stücke). Für die numismatische Forschungsarbeit stehen in der Direktion in der Güntzstraße Nr. 34 ein Studiensaal mit Bibliothek und ein Stempelarchiv zur Verfügung.

Skulpturensammlung

Eintrittsgebühr

Die Sammlung ist eine Gründung Augusts des Starken, der zwischen 1717 und 1728 antike Skulpturen erwarb und damit die früheste Antikensammlung außerhalb Italiens anlegte. Durch weitere Ankäufe laufend ergänzt, u. a. von Gipsabgüssen antiker Skulpturen und von antiker Kleinplastik, ermöglicht die Sammlung einen nahezu lückenlosen Nachweis der Ent-

Albertinum Skulpturensammlung (Fortsetzung)

wicklung handwerklicher und künstlerischer Möglichkeiten der Plastik in der Zeit der Antike. Johann Joachim Winckelmann, Begründer der modernen Archäologie und Kunstgeschichte, erarbeitete nach 1748 in der Antikensammlung seine grundlegenden Schriften.

Bestände

Von den rund 1100 Antiken des Bestandes wird im Albertinum eine Auswahl von knapp 500 Stücken gezeigt: griechische Meisterwerke – zumeist römische Kopien – vom 11. Jh. v.Chr. bis zum 1. Jh. n.Chr., römische Kunst vom 7. Jh. v.Chr. bis zum 4. Jh. n.Chr. sowie etruskische Kunst. Herausragende Kostbarkeiten sind die Athena Lemnia nach Phidias, die drei Herkulanerinnen und die tanzende Mänade des Skopas. Vor allem seit der Übersiedlung 1897 ins Albertinum wird die Sammlung durch zeitgenössische Plastik ergänzt. Eine knappe Auswahl von Werken des 19. und 20. Jh.s ist der → Gemäldegalerie Neue Meister zugeordnet. Teile der in der Meißner Albrechtsburg aufbewahrten mittelalterlichen Skulptur können dort seit April 1994 wieder besichtigt werden (→ Meißen).

*Altmarkt — B 2 · L 46

Lage
Zentrum Altstadt

Straßenbahn
Hst. Altmarkt (Linien 1, 2, 4); Hst. Dr.-Külz-Ring (Linien 8, 11, 12)

Der Altmarkt, erstmals 1370 erwähnt, ist das historische Zentrum der Stadt. Der ursprünglich nur 1,3 ha große Platz diente nicht nur als Markt, sondern war bis zum Bau des Zwingers Anfang des 18. Jh.s Schauplatz prunkvoller Feste, Turniere und Tierhatzen; elegante Geschäfte, Kaffeehäuser und Konditoreien wie das 1825 gegründete, wegen seines Baumkuchens geschätzte "Kreutzkamm" (nun wiedereröffnet im Haus Altmarkt 18), vorzügliche Restaurants und bürgerliche Wirtshäuser wie die "Bärenschenke" lockten die Menschen in das Herz Dresdens. Manche Berühmtheit wohnte am Platz: Ludwig Tieck, Anton Graff, Heinrich von Kleist und Carl Maria von Weber hatten zeitweise ihre Wohnung am Altmarkt, Rats-

Die Ostseite des Altmarkts mit dem Haus Altmarkt

Altmarkt, Geschichte (Fortsetzung)

zimmermeister George Bähr lebte in der nach Süden abgehenden Seestraße, und auch Goethe nahm bei seinem Besuch im Jahr 1813 in dieser Straße Quartier. Im Norden des Altmarkts stand das alte Rathaus aus dem 13. Jh., das auf Druck Augusts des Starken 1707 abgerissen werden mußte; erst 1741 bis 1745 wurden nach Plänen Johann Christoph Knöffels mehrere Wohnhäuser in der Nordwestecke zu einem neuen Rathaus umgebaut, das nach Bezug des heutigen → Rathauses am Dr.-Külz-Ring im Jahr 1910 dann zum Alten Rathaus wurde. Den Süden des Platzes nahm die Front des Kaufhauses Renner ein; die Kreuzkirche, die heute frei am Platz steht, war ursprünglich kein Teil des Altmarkts, sondern stand, zurückgedrängt vom Kaufhaus Renner und den Häusern der Ostseite, hinter der Südostecke. Die Mitte des Platzes nahm seit 1880 das 14 m hohe Denkmal der "Germania" ein, deren Kopf heute im Stadtmuseum Dresden (→ Landhaus) zu sehen ist. 1849 war der Altmarkt das Zentrum des Dresdner Maiaufstandes. Danach war die Innenstadt bis in die Weimarer Republik zur sogenannten Bannmeile erklärt, die jede politische Ansammlung verbot. Der Bombenangriff vom Februar 1945 ließ vom Altmarkt nichts mehr übrig; wenige Tage danach wurde hier eines der traurigsten Kapitel der Dresdner Stadtgeschichte beschrieben: Die Toten des Bombenangriffs wurden auf dem Platz zusammengetragen, auf Rosten aus Straßenbahnschienen aufgeschichtet und verbrannt.

Neubebauung und Umgestaltung

Nach der völligen Zerstörung erfolgte die heutige Bebauung der Ost- und Westseite von 1953 bis 1956 nach Entwürfen von Herbert Schneider und Johannes Rascher in traditoneller Ziegelbauweise. Dabei wurde die vom Bombenhagel 'geschaffene' Größe belassen, so daß der Platz trotz der Neubauten recht leer wirkte, zumal er als Parkfläche für Autos ausgewiesen wurde. Die Fassaden der neu errichteten Wohnhäuser mit Geschäften, Cafés und Restaurants in den unteren Geschossen sind durch Gestaltungselemente gegliedert, die sich an Formen des Dresdner Barock anlehnen. Bestimmend für das jetzige Bild des Platzes ist vor allem die lange Arkade der Westseite. An der Nordseite jenseits der Wilsdruffer Straße wurde mit dem 1966 bis 1969 erbauten Kulturpalast der Versuch eines repräsentativen Platzabschlusses unternommen; die Südseite zum Dr.-Külz-Ring und zur → Prager Straße hin wurde unbebaut gelassen.
Die weitestgehende Wiederherstellung der Platzstruktur, wie sie vor der Zerstörung bestanden hat, ist nach der Wende begonnen worden und schon weit fortgeschritten. In seiner Südwestecke sind eher ausdrucksschwache Neubauten entstanden; das Gelände links von ihnen wird noch archäologisch erschlossen, denn die Erdarbeiten haben zahlreiche Fundamente und Mauerreste zutage gefördert. Wird auch dies überbaut, ist die Kreuzkirche wieder aus der Platzstruktur ausgegliedert.

Striezelmarkt

In der Vorweihnachtszeit wird auf dem Altmarkt der traditionelle und berühmte Striezelmarkt abgehalten, der seinen Namen dem 'Striezel' oder Stollen verdankt (Abb. S. 244).

Annenkirche B 1 · L 46

Lage
Annenstraße

Straßenbahn
Hst. Alfred-Althus-Str. (Linie 12)

Die 1578 erbaute erste Annenkirche, die ihren Namen nach der damaligen Kurfürstin Anna erhalten hat, war 1760 durch preußische Truppen völlig zerstört worden. Von 1764 bis 1769 wurde der jetzige Bau nach Plänen von Johann Georg Schmid (1707 – 1774), einem Schüler George Bährs, errichtet. Schmid erbaute die Annenkirche zur selben Zeit, als er an der → Kreuzkirche arbeitete, was die gestalterische Verwandtschaft beider Kirchen erklärt. Die spätbarocke Fassadengestaltung mit gekuppelter Pilastergliederung ist durch ein Mansarddach und leicht geschwungene Vorlagen aufgelockert. Der Turm ist erst 1822 – 1824, als einziger Turmbau Dresdens in rein klassizistischem Stil, nach Plänen von Gottlob Friedrich Thormeyer (1757 – 1842) errichtet worden.

Annenkirche (Fortsetzung)
Innenraum

Der 1907 bis 1909 renovierte Innenraum des nach außen rechteckigen Baus wurde durch zwölf mit Rundbogen verbundene Pfeiler zu einem Oval gestaltet, in das die drei Emporengeschosse balkonartig eingesetzt sind; die Treppenaufgänge sind in die Ecken verlegt. Den Abschluß bildet eine vierte Empore, der sog. 'Himmel'. Auch die Annenkirche erlitt beim verheerenden Bombenangriff im Februar 1945 Schäden an Dachstuhl und Fenstern und wurde von 1948 bis 1950 wiederhergestellt; die Ausmalung entspricht jedoch nicht dem Original. Die Sandsteinskulptur "Ecce homo", wahrscheinlich um 1635 von Zacharias Hegewald geschaffen, stammt aus der → Frauenkirche.

**Brühlsche Terrasse A/B 2/3 · L 46/47

Lage
Altstädter Elbufer (Terrassenufer)

Straßenbahn
Hst. Rathenauplatz (Linien 3, 7, 9 48); Hst. Theaterplatz (Linie 4, 8)

Die Brühlsche Terrasse erstreckt sich über dem Elbufer auf den Resten der Dresdner Festungsanlagen. Sie verdankt ihren Namen Graf Heinrich von Brühl (1700–1763), einem der engsten Vertrauten Friedrich Augusts II. (August III.), ab 1733 Generaldirektor der Kunstsammlungen, seit 1738 Minister des Auswärtigen und nach 1746 Premierminister. Er erhielt das Gelände auf der ehemaligen Festungsmauer zum Geschenk, nachdem sich die Ansicht durchgesetzt hatte, daß gewaltige Festungsanlagen den Schutz einer Stadt nicht garantieren können und somit überflüssig geworden waren. Graf Brühl ließ das Areal in einen privaten Lustgarten umwandeln und mehrere Gebäude darauf errichten, von denen jedoch keines erhalten ist. Lediglich das einst vor dem Brühlschen Palais befindliche Brunnenzierbecken (heute an der Nordflanke des → Ständehauses) und der Delphinbrunnen (s.S. 70) sind geblieben. Unter dem russischen Gouver-

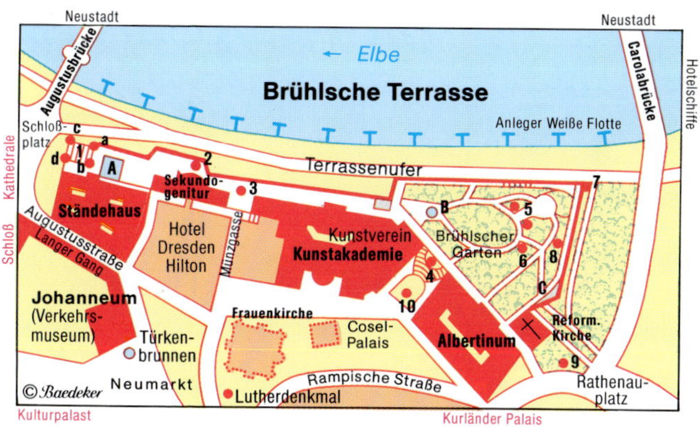

A Brunnenzierbecken (früher vor dem Brühlschen Palais)
B Delphinbrunnen (von P. Coudray, 1747–1749)
C Bärenzwinger (Studentenklub)

DENKMÄLER UND PLASTIKEN IM BEREICH DER BRÜHLSCHEN TERRASSE

1 Freitreppe mit den Figurengruppen "Die vier Tageszeiten" (von J. Schilling, 1863–1869):
a "Der Morgen" b "Der Mittag"
c "Der Abend" d "Die Nacht"
2 Rietscheldenkmal (von J. Schilling, 1892)
3 Sieben-Bastionen-Plastik (von V. Wanitschke, 1990)
4 Semperdenkmal (von J. Schilling, 1872)
5 Sphinxgruppen (vor dem einstigen Belvedere)
6 Metallplastik "Staffelei am Fenster" (für C.D. Friedrich)
7 Moritzmonument
8 Böttgerstele
9 Gedenkstein für die 1938 von den Nazis niedergebrannte Synagoge
10 Plastik "Dresden mahnt"

Geschichte (Fortsetzung)

neur Dresdens, Fürst Repnin-Wolkonski, wurde 1814 die Freigabe des Geländes für die Öffentlichkeit angeordnet. In den Jahren danach, vor allem nach Eröffnung der Kaffeehäuser "Belvedere" und "Café Reale", lockte die Terrasse dank ihres wunderbaren Ausblicks auf die träge dahinfließende Elbe und die Neustadt die Flaneure an und wurde bald 'Balkon Europas' getauft – auch heute noch, vor allem bei einem Spaziergang an einem lauen Sommerabend, wird man verstehen, weshalb.

*Freitreppe

Abb. S. 187

Als Zugang zur Terrasse wurde gleichzeitig mit der Freigabe die vom Schloßplatz am → Ständehaus vorbei heraufführende, großzügige Treppenanlage nach Entwürfen von Gottlob Friedrich Thormeyer erbaut, deren Aufgang zunächst zwei Sandsteinlöwen bewachten. Sie wurden 1863 bis 1868 durch eine Skulpturengruppe von Johannes Schilling ersetzt, deren Figuren die vier Tageszeiten symbolisieren. Ursprünglich aus Sandstein, wurden die Plastiken 1883 vergoldet und 1908 durch Bronzegüsse ersetzt.

Sekundogenitur

Das erste Gebäude auf der Terrasse ist die Sekundogenitur, deren heutiger Bau 1897 anstelle der ehemaligen Bibliothek des Grafen Brühl errichtet wurde. Stilistisch dem Brühlschen Palais angepaßt, entwarf Gustav Fröhlich das Gebäude in neobarocken Formen. Es diente nach dem Neubau als Ausstellungsgebäude und der Unterbringung der königlichen Graphiksammlung. Diese war traditionell dem zweitgeborenen Prinzen übertragen, was den Namen erklärt (Sekundogenitur = zweite Geburt). Zwischen 1931 und 1945 wurde es als Galerie des 19. Jh.s genutzt. Inzwischen gehört es zum Hotel Dresden Hilton und beherbergt ein Café.

Rietscheldenkmal

Abb. S. 23

Vor der Sekundogenitur erinnert ein Denkmal an den Bildhauer Ernst Rietschel (1804–1861), der 1832 als Professor an die Kunstakademie berufen wurde. Mit ihm erlangte die Bildhauerei in Dresden wieder überregionale Bedeutung. In Dresden sind eine Reihe seiner Skulpturen und Reliefs erhalten, u.a. die Figuren Schillers und Goethes an der → Semperoper,

▼ *Blick von der Augustusbrücke auf die Brühlsche Terrasse*

Rietscheldenkmal (Fortsetzung)

die Kinderfiguren an der Nordseite der Sempergalerie, das Weberdenkmal und der Kopf des Lutherdenkmals. Sein frühestes Werk ist das Denkmal König Friedrich Augusts I. vor dem ⟶ Japanischen Palais.
An der Stelle, an der sich auf der Brühlschen Terrasse Rietschels Atelier befand (im einstigen Gartenpavillon des Brühlschen Palais'), errichtete ihm sein Schüler Johannes Schilling (1828 – 1910) im Jahr 1872 sein Denkmal.

Sieben-Bastionen-Plastik

Eine moderne Plastik in Gestalt der aufberstenden Erdkugel und Bodenmarkierungen weisen auf den Erlaß Augusts des Starken aus dem Jahre 1721 hin, die sieben Bastionen der königlichen und kurfürstlichen Residenzstadt Dresden nach der Sonne und sechs ihrer Planeten zu benennen.
So ist zu lesen:
Sol (Sonne): Ich wirke, ohne zu reden.
Luna (Mond): Was kümmert's, wenn mich Hunde anbellen.
Saturn: Die Ernte des Weisen dauert das ganze Jahr.
Merkur: Ein schlechter Handel, wo niemand gewinnt.
Jupiter: Die Götter geben ihre Güter keinem Faulen.
Mars: Krieg verzehrt, was Friede beschert.
Venus: Liebe herrscht ohne Gesetz.

Kunstakademie · Kunstverein

Im Zentrum der Brühlschen Terrasse stehen die Gebäude, die 1891 bis 1894 für die Sächsische Kunstakademie und den Sächsischen Kunstverein im Stil des Historismus nach Entwürfen von Konstantin Lipsius (1890/1891) errichtet wurden (⟶ Kunstakademie).

Semperdenkmal

Auch das Denkmal für Gottfried Semper (⟶ Berühmte Persönlichkeiten) an der Treppe hinab zum Georg-Treu-Platz stammt von Johannes Schilling. Ein Gang vom ⟶ Theaterplatz über die Brühlsche Terrasse bietet die einzigartige Gelegenheit, die Veränderung der Formsprache und Formkraft dieses Bildhauers in der Zeitspanne von 30 Jahren auf engstem Raum zu verfolgen. Mit den vier Figurengruppen zu den "Tageszeiten" an der Frei-

Semperdenkmal

Plastik für Caspar David Friedrich

Semperdenkmal (Fortsetzung)

treppe zur Brühlschen Terrasse hatte er seinen Ruhm begründet, das Rietscheldenkmal (1872) ist die überzeugendste Arbeit; es folgten die über der Exedra der → Semperoper befindliche bronzene Pantherquadriga mit Ariadne und Dionysos sowie das Reiterdenkmal König Johanns auf dem Theaterplatz (1889), das Semperdenkmal (1892) auf der Terrasse und schließlich 1894 der Giebelschmuck am Kunstverein.

Kasematten

Am Fuß der vom Semperdenkmal hinabführenden Treppe liegt der Zugang zu den ehemaligen Dresdner Festungsanlagen, den → Kasematten.

Brühlscher Garten

Delphinbrunnen

Im Osten der Brühlschen Terrasse legte Graf Brühl auf der ehemaligen Venusbastion seinen Garten an. Aus dieser Zeit stammt noch der Delphinbrunnen, 1747 bis 1749 von Pierre Coudray (1730–1770) errichtet.

Sphinxgruppen

Die beiden Sphinxgruppen von Gottfried Knöffler (1715–1779) auf der Basteispitze bezeichnen den einstigen Eingang zum Belvedere, das Johann Christoph Knöffel (1686–1752) als Nachfolger des ersten, im 16. Jh. erbauten Lusthauses errichtet hatte. Das zweite wurde bereits 1759 durch die Preußen zerstört; ihm folgte 1814 ein drittes und diesem 1842 ein viertes, das der ersten Semperoper sehr ähnlich und bis zu seiner Zerstörung 1945 ein beliebtes Restaurant und Konzerthaus war.

Böttgerstele

In den Gewölben unter dem ersten Lusthaus wurde Johann Friedrich Böttger festgehalten, um für August den Starken Gold zu machen. Bekanntermaßen gelang ihm dies nicht, doch erfand er 1708 zunächst das braune Böttger-Steinzeug, aus dem er das erste weiße europäische Hartporzellan entwickelte. Eine Stele aus Sandstein mit einem Medaillon-Porträt J. F. Böttgers aus Meissener Porzellan (1982) markiert diese Stelle.

An der Nordostecke der Terrassenmauer befindet sich das Moritzmonument, das heute älteste Denkmal Dresdens. Kurfürst August ließ das Renaissancedenkmal für seinen 1553 in der Schlacht bei Sievershausen gegen die Truppen des Markgrafen Albrecht Alcibiades von Brandenburg-Kulmbach gefallenen Bruder Moritz errichten: Moritz mit dem Stundenglas überreicht seinem Nachfolger das Kurschwert.

Brühlsche Terrasse (Fortsetzung)
*Moritzmonument

Die Inschrift an der Metallplastik "Staffelei am Fenster, dem Andenken an den Maler Caspar David Friedrich · 1774–1840" lautet: "Der Maler soll nicht bloß malen, was er sieht, sondern was er in sich sieht. Sieht er also nichts in sich, so unterlasse er auch zu malen, was er vor sich sieht · C.D.F."

Plastik für C. D. Friedrich

Die Tonnengewölbe am Ostende der Terrasse waren einst als 'Bärenzwinger' Batteriestände und beherbergen heute einen Studentenklub.

Bärenzwinger

Das schlichte zweigeschossige Gebäude gegenüber dem Haupteingang des → Albertinums, das heute von der Reformierten Kirche genutzt wird und ein Altersheim beherbergt, war zu Zeiten des Grafen Brühl die Hofgärtnerei. Daneben erinnert die Skulptur eines siebenarmigen Leuchters an die im Dritten Reich zerstörte Synagoge von Gottfried Semper (→ S. 190).

Reformierte Kirche · Ehemalige Synagoge

Jenseits der Kreuzung sieht man die Ruine des 1729 für den Minister Wakkerbarth erbauten Kurländer Palais. Im Keller wird im Jazzklub "Tonne" aufgespielt. Das Palais soll ebenfalls wiederaufgebaut werden.

Kurländer Palais

Bürgerwiese

C 3 · M 47

Seit 1469 erwähnt, wurden die Anlagen der Bürgerwiese von 1835 an als öffentlicher Park eingerichtet und nach 1846 in ihrer heutigen Form nach

Wieder da: das Mozartdenkmal auf der Bürgerwiese

Bürgerwiese (Fortsetzung)

Lage
zwischen Rathaus und Großem Garten

Straßenbahn
Hst. Rudolf-Harbig-Stadion (Linien 10, 13);
Hst. Lennéplatz (Linien 9, 11 13)

*Mozartdenkmal

Vorschlägen des Potsdamer Gartenarchitekten Peter Joseph Lenné (1789–1866) gestaltet. Auch heute noch ist die Bürgerwiese eine stadtgestalterisch wie ökologisch wertvolle Verbindung des Stadtzentrums mit dem → Großen Garten. Die ehemals die Bürgerwiese umsäumenden, oftmals prächtigen Villen und Häuserreihen wurden 1945 allerdings völlig zerstört, dagegen blieben die meisten die Anlage schmückenden Plastiken glücklicherweise erhalten (s. Plan S. 110/111): "Zwei Mütter" von Heinrich Epler (1902), "Venus und Amor" von Heinrich Bäumer (1886), der Brunnen mit der ins Bad steigenden Nymphe von Bruno Fischer und Wilhelm Kreis (1908) und die Porträtherme mit dem Bildnis des Dresdner Dichters Otto Ludwig von Arnold Kramer (1911). Die schönste Skulptur ist jedoch das 1907 vom Mozartverein aufgestellte und 1945 schwer beschädigte Mozartdenkmal. Es stammt von dem Berliner Bildhauer Hermann Hosaeus hauer Hermann Hosaeus und zeigt kurioserweise gar nicht Mozart, sondern drei um den Namen "Mozart" tanzende weibliche Gestalten, die Heiterkeit, Ernst und Anmut symbolisieren. Das Denkmal wurde nach der Restaurierung am 200. Todestag Mozarts, am 5. Dezember 1991, wiederaufgestellt und erstrahlt immer noch im Glanz der frischen Vergoldung.

Rudolf-Harbig-Stadion und Georg-Arnhold-Bad

Unmittelbar an die Bürgerwiese grenzen das Rudolf-Harbig-Stadion, in dem der FC Dynamo Dresden antritt, sowie das große Luft- und Schwimmbad im Zentrum, das Georg-Arnhold-Bad mit 100×30 m großem Schwimmbecken, 10-Meter-Sprungturm und Wasserrutsche.

Carl-Maria-von-Weber-Gedenkstätte

→ Hosterwitz

Carolasee

→ Großer Garten

Cholerabrunnen B 2 · L 46

Lage
Sophienstraße

Straßenbahn
Hst. Theaterplatz (Linien 4, 8);
Hst. Postplatz (Linien 1, 2, 4, 8, 11, 12)

Als Dank und Erinnerung an die Errettung der Stadt vor der Cholera, die 1840 bis 1841 in ganz Sachsen wütete, stiftete Freiherr Eugen von Gutschmid die Mittel zum Bau eines Brunnens. Den Auftrag erhielt 1843 Gottfried Semper. Er gab dem Brunnen nach dem Vorbild des 'Schönen Brunnens' in Nürnberg die Form eines 18 m hohen gotischen Turms oder Sakramentshäuschens. Es ist die einzige Arbeit Gottfried Sempers, in der er gotische Stilmittel verwendete. Der Brunnen hatte auf seinem ursprünglichen Standort am Postplatz die Funktion eines Point de Vue. 1925 wurde er aus verkehrstechnischen Gründen an seinen jetzigen Platz an die Zwingerseite des → Taschenbergpalais versetzt.

*Christuskirche O 48

Lage
Dresden-Strehlen

Straßenbahn
Hst. Wasaplatz (Linien 9, 13)

Auf einer Anhöhe gelegen, ist die Christuskirche in Dresden-Strehlen mit ihrer 66 m hohen Doppelturmfront und damit domartigen äußeren Gestalt ein weithin sichtbares Landschaftszeichen. Die Kirche, von Rudolf Schilling (1859 – 1933) und Julius Gräbner (1858 – 1917) in den Jahren 1903 bis 1905 in Sandstein gebaut, war der erste moderne Kirchenbau in Dresden, für den historisierende Baustile keine Anwendung mehr fanden. Die Architekten befolgten damit die bereits 1894 auf dem Eisenacher Kongreß

für protestantischen Kirchenbau beschlossene Aufhebung des 1861 verkündeten Dogmas, alle protestantischen Kirchen in Deutschland nur im romanischen oder gotischen Stil zu erbauen.
Innen als Zentralbau gestaltet, besitzt die Christuskirche keine Emporen, wohl aber noch den Altar, die Kanzel und die Orgel in der Chornische. Die plastische, den Jugendstil betonende Ausgestaltung schufen vor allem Karl Groß und August Hudler, die großartige Deckenmalerei und die farbigen Fenster Otto Gußmann. Von Peter Pöppelmann stammt der bildhauerische Schmuck am Äußeren der Kirche. Der 1945 weitgehend zerstörte Kirchenraum wurde vereinfacht wiederhergestellt; die Fenster jedoch gingen verloren.

Christuskirche (Fortsetzung)

Coselpalais B 3 · L 46

Das prachtvolle, im Zweiten Weltkrieg zerstörte Coselpalais am → Neumarkt wurde von Johann Christoph Knöffel 1744 bis 1746 für sich selbst erbaut. Nach der Zerstörung durch die Preußen 1760 errichtete es Julius Heinrich Schwarze wieder, dieses Mal für den gemeinsamen Sohn der Gräfin Cosel und August des Starken, und fügte die beiden kleinen Flügelbauten hinzu. Allein diese sind bereits zu DDR-Zeiten restauriert worden. Mittlerweile ist im Zuge der Neugestaltung des Neumarkts der komplette Wiederaufbau des Coselpalais mehr oder weniger abgeschlossen. Nach endgültiger Fertigstellung werden hier ein Café-Restaurant sowie Büros und Geschäfte einziehen. Dann kommen auch die zumeist unzerstört gebliebenen Kindergruppen von Gottfried Knöffler auf der Ehrenhofumgrenzung wieder zur Geltung. Nach der dicht dabeistehenden → Frauenkirche erhält der Neumarkt mit dem wiedererstandenen Coselpalais sein markantestes Gebäude wieder.

Lage
Neumarkt

Straßenbahn
Hst. Altmarkt (Linien 1, 2, 4)

*Deutsches Hygiene-Museum C 3 · M 47

Nach der I. Internationalen Hygiene-Ausstellung 1911 in Dresden wurde auf Anregung des Pharmazie-Großindustriellen Karl August Lingner das Deutsche Hygiene-Museum gegründet, das zunächst dem Gedanken der Volksaufklärung und Gesundheitsfürsorge verbunden war. Diesen inhaltlichen Schwerpunkten widmete es sich in Wanderausstellungen sowie in der Produktion von Lehrmitteln und Publikationen über den Menschen und seinen Körper. Nach jahrelangen Planungen konnte 1930 anläßlich der II. Internationalen Hygiene-Ausstellung ein neues eigenes Gebäude bezogen werden.

Das ganz der funktionalen Sachlichkeit verpflichtete Museumsgebäude (Abb. S. 33) entstand nach Entwürfen von Wilhelm Kreis (1873 – 1955) in den Jahren 1928 bis 1930 in der Achse des → Großen Gartens am Rande der → Bürgerwiese. Mit seinem den Klassizismus zitierenden äußeren Monumentalstil und dem lichtoffenen, schlichten Inneren ist es ein herausragendes Beispiel Dresdner Architektur der dreißiger Jahre. Der heutige schlechte Bauzustand des Gebäudes, das 1945 größtenteils zerstört und unmittelbar nach dem Krieg wiederaufgebaut wurde, macht eine grundlegende Sanierung notwendig, wobei weitestgehend die historische Konzeption berücksichtigt werden soll. Möglicherweise wird dabei der glasgedeckte Innenhof, in dem auch die Tänzerin Dore Hoyer (1911 – 1967) auftrat, als Veranstaltungssaal wiederaufgebaut werden. Wegen der länger andauernden Bauarbeiten kann es allerdings zu Einschränkungen im Ausstellungsbetrieb kommen.

Lage
Lingnerplatz 1

Straßenbahn
Hst. Hygiene-Museum (Linien 10, 13)

Öffnungszeiten
Di., Do., Fr. 9.00 – 17.00, Mi. bis 20.30, Sa., So. 10.00 – 17.00

Das Hygiene-Museum versteht sich heute als eine Einrichtung, die über den Gedanken der Gesundheitsaufklärung hinaus den Menschen in seinen

Ausstellungen und Aktivitäten

Im Dienste der Gesundheit

Karl August Lingner (Gemälde von Robert Sterl)

Mit dem Namen von Karl August Lingner verbindet sich für Dresden wesentlich mehr als 'nur' Odol. Der Mundwasserfabrikant war ein Mensch, der über sein Tageswerk hinausblickte und von dem Gedanken beseelt war, seinen Mitmenschen und der Nachwelt mit seinem Lebenswerk von Nutzen gewesen zu sein.

Karl August Lingner wurde am 21. Dezember 1861 in Magdeburg geboren, absolvierte eine Handlungsgehilfenlehre, verlebte einige Zeit in Paris und gründete 1888 zusammen mit Georg Wilhelm Kraft die Firma Lingner & Kraft in Dresden, die von Kraft konstruierte Produkte vertrieb. Der Chemiker Richard Seifert interessierte Lingner für die Probleme der Bakteriologie und überließ ihm eine antibakteriell wirkende Substanz, der Lingner den Namen 'Odol' (= 'Zahnöl') gab. Mit drei Gehilfen nahm Lingner, von dem sich Kraft zuvor einvernehmlich getrennt hatte, die Odol-Produktion in einer Gartenlaube auf, und bald wurde das Mundwasser dank einer unverwechselbaren Werbekampagne und der ebenso charakteristischen Seitenhalsflasche zum bis heute weltbekannten Markenartikel. Aus dem anfänglichen Laboratorium entstand ein florierendes Industrieunternehmen.

Auf dieser wirtschaftlich gesunden Grundlage konnte sich Lingner einem persönlichen Anliegen widmen: durch Vorsorge und Aufklärung die Gesundheit der Bevölkerung zu fördern. 1897 wurde er Mitglied des Vereins 'Kinderpoliklinik mit Säuglingsheim in der Johannstadt' und 1910 dessen Vorsitzender. Hier traf er mit renommierten Wissenschaftlern aus dem Bereich Hygiene und Gesundheitslehre zusammen. Im Jahr 1900 bereits hatte er die Zentralstelle für Zahnhygiene gegründet, in der 1907 eine Schulzahnklinik als erste zahnmedizinisch-wissenschaftliche Einrichtung in Dresden entstand. 1901 rief er die Zentralstelle für Desinfektion ins Leben, zu der bald eine Desinfektorenschule hinzutrat. Ein Jahr später wurde auf seine Initiative die Volksbildungshalle mit Lesesaal eingerichtet, die erste öffentliche Bibliothek Dresdens. Damit nicht genug, zeigte er 1903 die Ausstellung "Volkskrankheiten und ihre Bekämpfung" auf der Deutschen Städteausstellung. Hier war schon vieles an Methodik und Schaustücken wie den Moulagen vorweggenommen, was später die erste Hygiene-Ausstellung und das Hygiene-Museum auszeichneten. 1905 begannen die Vorbereitungen für die erste Internationale Hygiene-Ausstellung, die schließlich 1911 eröffnet wurde und mehr als fünf Millionen Besucher zählte. Dieser überwältigende Erfolg veranlaßte die Stadt Dresden, Lingner die Ehrenbürgerwürde zu verleihen; er selbst war nun bestrebt, die Ausstellung in ein ständiges Museum umzuwandeln. Am 3. März 1913 wurde der 'Verein für das Nationale Hygiene-Museum' gegründet. Es sollten aber noch fast zwanzig Jahre vergehen, bis das Museum in ein eigenes Gebäude einziehen konnte.

Lingner erlebte dies nicht mehr. Er starb am 5. Juni 1916 an den Folgen einer Krebsoperation. Der Großteil seines Vermögens ging an die Lingner-Stiftung über, die damit verschiedene Projekte der öffentlichen Gesundheitspflege finanzierte. Karl August Lingner ist seit 1922 in einem Mausoleum am Fuß der Villa Stockhausen, heute als Lingner-Schloß bekannt, begraben.

Die Lingner-Werke hatten bis 1938 ihren Sitz in Dresden, später in Berlin und nach dem Zweiten Weltkrieg zunächst in Düsseldorf; die Nachfolgefirma Lingner & Fischer ist heute im badischen Bühl ansässig.

Ausstellungen und Aktivitäten

vielfältigen Beziehungen zu Natur, Umwelt und Gesellschaft zeigen will. Gegenwärtig werden in der Dauerausstellung Objekte aus der reichen historischen Museumssammlung – u. a. Moulagen (Wachsabdrücke von Krankheitsbildern), Modelle, Präparate, medizinische Geräte und Instrumente – ausgestellt sowie in verschiedenen Informationsbereichen Themenfelder wie Anatomie und Physiologie des Menschen, Sexualbiologie, AIDS-Prophylaxe, gesunde Lebensführung, Säuglings- und Kleinkinderpflege oder öffentliche Hygiene behandelt. Besonders spannend sind die Abteilungen, in denen man selbst etwas tun kann – etwa seinen Gleichgewichts-, Tast- oder Geruchssinn erforschen oder Gewebeschnitte unter dem Mikroskop anschauen. Daneben präsentiert das Museum ständig sehr beachtenswerte, weil meist originelle Sonderausstellungen.

Gläserner Mensch

Eine der Hauptattraktionen ist der berühmte Gläserne Mensch, in diesem Falle eine Frau, mit der das Museum im Jahr 1930 einen sensationellen Erfolg hatte. Von diesen mit einer transparenten Cellon-Haut überzogenen

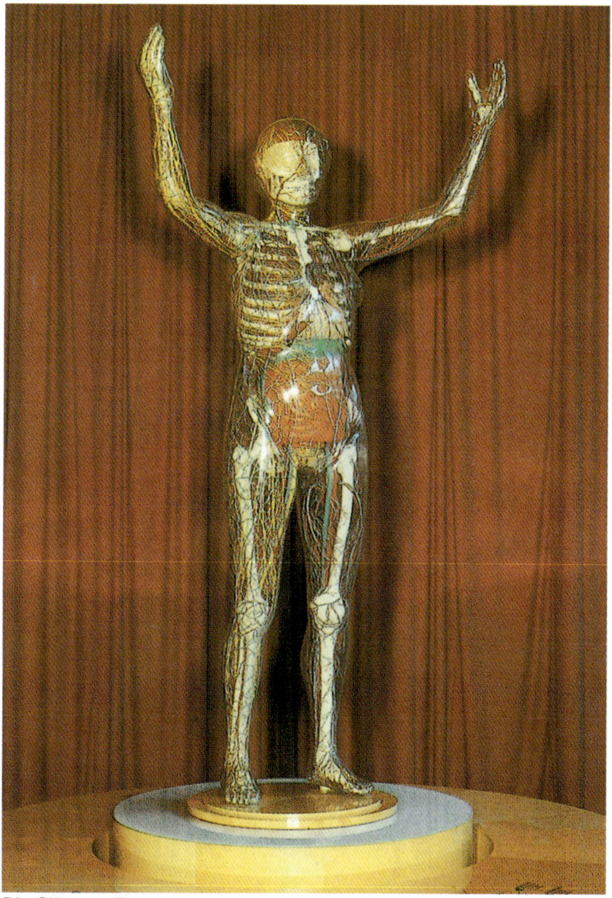

Die Gläserne Frau

Deutsches Hygiene-Museum (Fortsetzung)

lebensgroßen Modellen des menschlichen Organismus wurden vor dem Krieg neun Exemplare hergestellt, die in allen europäischen Großstädten gezeigt wurden und zahllose Besucher anlockten. Neun Monate arbeiteten die Techniker an einem Modell und verwendeten dabei u. a. 13 km farbigen Kupferdraht zur Darstellung des Nerven- und Gefäßsystems. Nur noch drei der ursprünglichen Modelle haben den Krieg überstanden. Nach wie vor werden in den Produktionsstätten des Museums aber Lehr- und Anschauungsmodelle, heute aus modernen Werkstoffen, hergestellt.

Heilpflanzengarten

Der Heilpflanzen- und Küchenkräutergarten an der Südseite gibt Anregungen zum Anbau der oft unbekannten heimatlichen Kräuter und Heilpflanzen.

Dinglinger-Brunnen

→ Gewandhaus

Dreikönigskirche (Haus der Kirche) A 3 · K 47

Lage
Hauptstraße

Die Dreikönigskirche in der → Neustadt hat eine wechselvolle Geschichte. Die erste Dreikönigskirche, einen gotischen Bau von 1404, zerstörten 1429 die Hussiten fast vollständig. Bis 1525 währte ihr Wiederaufbau, der 1685 durch den großen Brand in Altendresden zunichte gemacht wurde. In den Jahren 1686 bis 1691 entstand die zweite Dreikönigskirche. Ihr Turm war noch nicht vollendet, als sie 1731 der städtebaulichen Neuordnung Altendresdens im Weg war und auf Befehl Augusts des Starken abgerissen wurde, um der neu entstehenden Hauptstraße Platz zu machen, die zusammen mit der Elbbrücke (→ Elbbrücken, Augustusbrücke) die Verbindung zwischen Alt- und Neustadt schaffen sollte.

Die Dreikönigskirche von der Hauptstraße gesehen

Die von 1732 bis 1739 unter Leitung und nach Entwürfen von George Bähr und Matthäus Daniel Pöppelmann errichtete dritte Dreikönigskirche, deren 87,5 m hoher im Westen aufragender Turm erst 1857 (nach Plänen von Karl Moritz Haenel und Frommherz Lobegott Marx) vollendet war, brannte im Februar 1945 völlig aus. Erst 1994 waren der etappenweise Wiederaufbau der Kirche und die Umgestaltung des Kircheninneren vollendet. Sie umfaßten auch den Umbau zum vielseitig nutzbaren ökumenischen Tagungs- und Begegnungszentrum 'Haus der Kirche', das mit der konstituierenden Sitzung des neugewählten Sächsischen Landtags im Oktober 1990 eingeweiht wurde. Es blieb Tagungsort bis zur Fertigstellung des neuen Landtagsgebäudes (→ S. 179) im Februar 1994.
Der im Krieg schwer beschädigte barocke Altar von Benjamin Thomae (1738) wurde nach seiner die Schäden bewußt bewahrenden Restaurierung als an den Krieg mahnendes Torso wieder in den Kirchendienst genommen. Unter der Orgelempore sieht man eines der bedeutendsten erhaltenen Renaissancedenkmäler Dresdens, den ursprünglich farbig bemalten und am alten Georgentor des Schlosses angebrachten "Dresdner Totentanz" von Christoph Walther I. Der 12,50 m lange, zwischen 1534 und 1536 geschaffene Fries zeigt die vom Tod angeführten Stände, Symbol der Vergänglichkeit irdischen Lebens. Die letzte Gruppe allerdings war beim Schloßbrand 1701 beschädigt worden und wurde 1840 neu gefertigt.

Dreikönigskirche (Fortsetzung)

Straßenbahn
Hst. Neustädter Markt (Linien 4, 9)
Hst. Albertplatz (Linien 3, 6, 7, 8, 11)

*Totentanz

Mittlerweile kann auch der Turm der Dreikönigskirche bestiegen werden. Von der Aussichtsplattform in 45 m Höhe hat man einen einmaligen Blick auf die barocke Neustadt und die Silhouette der Altstadt (tgl. 10.00 bis 17.30, So. ab 12.00 Uhr).

Turmbesteigung

Dresdner Heide

D–K 47–52

Das über 50 km² große, geschlossene Waldgebiet Dresdner Heide, innerhalb der Stadtgrenzen liegend, ist die größte der 'grünen Lungen' Dresdens und ein sehr beliebtes Naherholungsgebiet. Viele Wasserläufe, deren längster die Prießnitz ist, durchziehen die Laub-, Nadel- und Mischwälder, in denen man beim Spaziergang manch lauschiges Plätzchen entdecken wird. Über die in Jahrhunderten entstandenen unregelmäßigen Wege ließ August der Starke ein Wegesystem in Form eines Spinnennetzes anlegen. 1832/1833 entstand zur besseren Bewirtschaftung das sog. Cottasche Wegesystem, das die Heide in numerierte rechteckige Flächen von etwa 400 × 900 m teilt. Für längere Spaziergänge ist die Mitnahme einer Wanderkarte angezeigt.

Lage
Nordöstlich vom Stadtzentrum

Straßenbahn
Hst. Wilhelminenstr., Schloß Albrechtsberg (Linie 11)

Im Süden der Heide steigt der 211 m hohe Wolfshügel auf, an dessen Fuß 1903 die König-Albert-Säule aufgestellt wurde. Der 'Saugarten' ist das Zentrum der Heide; unweit nordöstlich die Gaststätte "Heidemühle" bei der seit 1558 bekannten Großen Hengstbrücke, auf der die Radeberger Straße die Prießnitz überquert. Nordwestlich davon liegt die Gaststätte "Hofewiese", ein ehemaliger Gutshof, der seit 1877 die Schankkonzession besitzt und ein sehr beliebtes Ausflugslokal ist.

Markante Punkte

Elbbrücken

Insgesamt acht Brücken führen im Dresdner Stadtgebiet über die Elbe, fünf davon überspannen den großen Elbbogen im Stadtzentrum. Die erste und lange Zeit die einzige Brücke war die bereits 1275 erwähnte Elbbrücke, an deren Stelle die heutige Augustusbrücke den Fluß überspannt. Danach entstanden seit 1846 die Marienbrücke, zugleich Eisenbahnbrücke (1846–1852), die Albertbrücke (1875–1877), die Loschwitz/Blasewitzer Brücke (1891–1893; allgemein als das 'Blaue Wunder' be-

Acht Brücken über die Elbe in Dresden

Ein technisches Meisterwerk: Das Blaue Wunder

Acht Brücken (Fortsetzung)

kannt), die Carolabrücke (1892–1895), die Elbe-Eisenbahnbrücke (1898 bis 1901; auch Marienbrücke II), die Flügelwegbrücke (1928–1930) und die Autobahnbrücke in Dresden-Kaditz (1935/1936). Mit Ausnahme des 'Blauen Wunders' wurden beim Heranrücken der Roten Armee 1945 alle Brücken gesprengt. Eine neunte Brücke zwischen Johannstadt und Radeberger Vorstadt, die Waldschlößchenbrücke, ist im Bau.

*Blaues Wunder (Loschwitz/Blasewitzer Brücke) L 50/51

Lage
Blasewitz/
Loschwitz

Straßenbahn
Hst. Schillerplatz
(Linien 1, 6)

Die östlichste und vor allem die berühmteste Brücke Dresdens verbindet als Hängebrücke die beiden Stadtteile Blasewitz und Loschwitz. Die mächtige Eisenkonstruktion mit einer Spannweite von 141,5 m zwischen den Uferpfeilern und einer Gesamtlänge von 226 m wurde nach Plänen von Claus Köpcke (1831–1911) und Hans Manfred Krüger (1853–1926) in den Jahren 1891 bis 1893 als eine der ersten ihrer Art in Europa erbaut. Vor der Freigabe wurde eine Reihe von Belastungsproben (→ Abb. S. 50) durchgeführt. Das insgesamt 3500 t schwere Brückenbauwerk besitzt eine 11 m breite Fahrbahn, die erst 1935 um getrennte Gehwege für Fußgänger erweitert wurde. Da sich der ursprünglich grüne Anstrich rasch zum Blau verfärbte, bürgerte sich bald die durchaus doppelsinnig zu verstehende Bezeichnung 'Blaues Wunder' ein. Im Rahmen der umfassenden Sanierungsmaßnahmen im Jahr 1985 führten die zunehmenden Belastungen durch den Autoverkehr zu dem Entschluß, den Straßenbahnverkehr von der Brücke zu nehmen. Mit dem 'Blauen Wunder' wurde ein Bauwerk zu einem Wahrzeichen der Stadt, das auch durch die Schönheit seiner Konstruktion die Elblandschaft bereichert. Die im Mai 1945 von der SS vorbereitete Sprengung der Brücke konnte durch das Eingreifen zweier Dresdner verhindert werden: Seit 1993 ehrt eine Gedenktafel am Blasewitzer Brückenkopf am Schillerplatz den Klempnermeister Erich Stöckel und den Telegraphenarbeiter Paul Zickler für ihre mutige Tat.

Die Offermann-Plastiken am Altstädter Brückenkopf der Carolabrücke

Albertbrücke L 47

Zur Erschließung der östlichen Vorstädte Dresdens wurde 1875 bis 1877 die 325 m lange Albertbrücke erbaut, eine massive Sandsteingewölbebrücke nach Plänen von Karl Manck. Nach ihrer Sprengung 1945 wurde sie bald als 'Brücke der Einheit' wiederhergestellt. Die Reliefs am ersten Landpfeiler des Neustädter Ufers stammen von Hermann A. Raddatz und zeigen "Leben an der Elbe" (Fischer, Schiffer, Schiffszieher, eine Pferdeschwemme). Obwohl Raddatz' Kunst von den Nazis als 'entartet' klassifiziert worden war, haben die Reliefs das Dritte Reich überstanden.

Carolabrücke A/B 3 · L 47

Elbabwärts folgt die Carolabrücke. Sie verbindet die St. Petersburger Straße auf der Altstädter mit dem Carolaplatz auf der Neustädter Seite. Dort stand bis zur Bombennacht 1945 der Bau des berühmten Circus Sarrasani – der Zirkusprinzipal war Dresdner und hieß eigentlich Hans Stosch. Die heutige Brücke wurde 1967 bis 1971 mit einer Gesamtlänge von 375 m erbaut. Zwei große Plastiken auf dem Altstädter Brückenkopf – "Die Elbe in Ruhe" (stromaufwärts) und "Die Elbe in Bewegung" (stromabwärts) von Friedrich Offermann (1907) – deuten noch auf die Breite der alten Carolabrücke hin. Diese, eine 1892 bis 1895 von Hermann Klette und Karl Manck errichtete Eisenkonstruktion, war 1945 gesprengt worden.

*Augustusbrücke A/ 2 · L 46

Von Dresdens Sandsteinbrücken ist die Augustusbrücke die schönste und gleichzeitig die älteste. Sie ist die Nachfolgerin der ersten Elbbrücke, die wahrscheinlich schon im 12. Jh. als Holzkonstruktion bestanden hat und

Elbbrücken, Augustusbrücke (Fortsetzung)

1275 bereits als Steinbrücke erwähnt. Mit ihren 25 Bögen zählte sie zu den längsten in Deutschland. Unter August dem Starken wurde von 1727 bis 1731 die aus verkehrs- und bautechnischen Gründen nötige Erweiterung der Brücke vorgenommen. Gleichzeitig erteilte er Matthäus Daniel Pöppelmann (→ Berühmte Persönlichkeiten) den Auftrag, sie künstlerisch neu zu gestalten. Dieser führte die Arbeiten gemeinsam mit Johann Gottfried Fehre (1685–1753) so gelungen aus, daß der Brückenbau als Wunderwerk empfunden wurde, obwohl viele Vorhaben gar nicht verwirklicht wurden, darunter die Ausstattung der Brücke mit Statuen ähnlich der Prager Karlsbrücke und die Neugestaltung des Brückenkopfes auf der Altstädter Seite. Mit dem Bau des Blockhauses auf der Neustädter Seite (→ Neustädter Markt) wurde ebenfalls nur ein Teil des Gesamtplans realisiert.
Wiederum aus verkehrstechnischen Gründen – die Durchfahrt war zu schmal für die Schiffahrt geworden – wurde die Augustusbrücke 1907 abgebrochen; drei Jahre später war die von Wilhelm Kreis und Theodor Klette konzipierte jetzige Brücke fertiggestellt. Dieses ebenfalls in Sandstein ausgeführte Bauwerk, nunmehr Friedrich-August-Brücke genannt, nahm mit ihren neun Bögen auf 331 m Länge die Gestalt der Pöppelmannschen Brücke gekonnt wieder auf. Nach ihrer teilweisen Zerstörung kurz vor Kriegsende erfolgte bald die Wiederherstellung und die Umbenennung nach dem bulgarischen Kommunisten Georgij Dimitroff. Heute trägt sie wieder ihren alten Namen. An der stromabwärtsliegenden Seite des Altstädter Brückenpfeilers sieht man drei Hochwassermarken der alten Augustusbrücke und eine Nachbildung des sagenumwobenen 'Brückenmännchens', das wohl den Erbauer der ersten Elbbrücke darstellen soll. Hier wird auch der amtliche Dresdner Elbpegel gemessen.

Marienbrücke **A 2 · K 46**

Auf die Augustusbrücke folgt weiter stromabwärts die Marienbrücke. Sie wurde als zweite Dresdner Elbbrücke 1847 bis 1852 gebaut. Ursprünglich hat die 433 m lange und 20 m breite Sandsteinbrücke von Johann Gottlieb Lohse sowohl den Straßen- als auch den Eisenbahnverkehr aufgenommen; im Zuge der Vereinheitlichung der Dresdner Bahnhofsanlagen entstand dann unmittelbar neben der Marienbrücke 1891 bis 1901 nach Plänen von Hans Manfred Krüger die 461 m lange Eisenbahnbrücke (Marienbrücke II).

Flügelwegbrücke **K 43**

Westlich des Stadtzentrums verbindet die 1928 bis 1930 erbaute ehemalige Kaditzer Trägerbrücke die Ortsteile Cotta und Übigau.

Autobahnbrücke **J 42**

Die westlichste Elbbrücke im Stadtgebiet ist die 1935/1936 als Fachwerkbinderbau errichtete Autobahnbrücke.

Elbe

Stromverlauf

Die insgesamt rund 1160 km lange Elbe (Name germanischen Ursprungs; lateinisch 'Albis', tschechisch 'Labe'), einer der Hauptströme Mitteleuropas, entspringt im 1384 m hoch gelegenen 'Elbbrunnen' auf dem Kamm des Riesengebirges in der Tschechischen Republik, durchfließt in einem weiten Bogen das Böhmische Becken, nimmt nördlich von Prag die Moldau (tschech. Vltava) auf, durchbricht das Böhmische Mittelgebirge und erreicht im Elbsandsteingebirge (→ Sächsische Schweiz) deutsches

Stromverlauf (Fortsetzung)

Gebiet. Wichtige Nebenflüsse der Elbe sind die Schwarze Elster, die Mulde, die Saale und die Havel; als bedeutende Elbstädte seien neben Dresden noch → Meißen, Torgau, die Lutherstadt Wittenberg, Dessau, Magdeburg und Tangermünde genannt. In ihrem weiteren Verlauf passiert die Elbe zunächst Lauenburg und teilt sich im Bundesland Freie und Hansestadt Hamburg in Süderelbe sowie Norderelbe, der von Norden die Bille und die Alster zufließen. Jenseits vom Hamburger Hafen beginnt der 110 km lange Mündungstrichter der Unterelbe, der sich von etwa 500 m Breite in Hamburg bis Cuxhaven auf 15 km weitet und dort in die Nordsee (Deutsche Bucht) übergeht.

Schiffsverkehr

Bereits auf tschechischem Gebiet schiffbar, verbindet die Elbe als sehr wichtige Wasserstraße Deutschland mit der Tschechischen Republik. Dresden besitzt in der Friedrichstadt einen der größten deutschen Binnenhäfen; die Breite des innerhalb Dresdens ausgemauerten Flußbettes beträgt durchschnittlich 113 m, die Tiefe der Fahrrinne bei Mittelwasser 190 cm.

Umweltsituation

Die Belastung der Elbe mit Schadstoffen hat nach wie vor erschreckende Ausmaße. Schon im tschechischen Raum muß sie über ihre Nebenflüsse ungeklärte Abwässer aus Haushalten, Industriebetrieben und aus der industrialisierten Landwirtschaft aufnehmen. Auch zu DDR-Zeiten gelangten die Abwässer der großen Industrieanlagen, u.a. zwischen Pirna und Dresden, ungehindert in den Fluß.
Im Oktober 1990 gründeten die damalige ČSFR, Deutschland und die Europäische Gemeinschaft die 'Internationale Kommission zum Schutz der Elbe' mit Sitz in Magdeburg. Konkrete Maßnahmen zur Verbesserung der Wasserqualität und zur Erhaltung des Lebensraums sind der verstärkte Bau von Kläranlagen in den neuen Bundesländern, was allein jedoch kaum reichen wird: Pläne, die Elbe für eine ganzjäh-

Umweltsituation (Fortsetzung)

rige Schiffbarkeit auszubauen, stehen dem Streben nach einem Ende der fortschreitenden Umweltzerstörung und nach einem ökologischen Gleichgewicht entgegen.

Elbstrom im Stadtgebiet von Dresden

In drei weiten Bögen durchfließt der Elbstrom das Dresdner Stadtgebiet. Seit August dem Starken hatte sich das gesamte Stadtbild auf die Elbe zu beziehen, alle Bauwerke mußten in ihrer Wirkung auch innerhalb der Elbsilhouette konzipiert und errichtet werden. So entstand jene rhythmische Eleganz der Folge von Türmen, Dächern und Durchblicken, die noch heute den Eindruck erweckt, als sei sie in dieser Vollendung mit einem Male gewachsen. Die kurfürstlichen Pläne, Dresden mit Kanälen zu durchziehen und die Elbe von Pillnitz bis Meißen nach venezianischem Vorbild in eine Art 'Canale Grande' zu verwandeln, erfüllten sich zwar nicht, aber der Strom war als architektonische Bezugsgröße auch fortan von wesentlicher Bedeutung. Die abwechslungsreiche Landschaft der Elbhänge ist Teil des wohlbekannten Panoramas von Dresden. Seit 1987 werden Teile der Elbhänge wieder zu Weinbergen umgestaltet. Von landschaftlich und ökologisch einzigartigem Wert sind die großen Elbauen, die unbebauten Grünflächen am Neustädter Ufer. Sie sind nicht nur beliebte Liegewiesen, sondern bieten einen guten Schutz vor Hochwasser.
Dichtbesiedelte Bachtäler führen im Stadtgebiet zur Elbe, so die Täler der Lockwitz, der Prießnitz und der Weißeritz.

Elbtal

Zwischen Pirna und Meißen bildet das Elbtal eine 40 km lange und 4 bis 7 km breite, von Höhenzügen umgebene Erweiterung. Die rechtselbischen Steilhänge werden vom Bruchrand der Lausitzer Granitplatte gebildet, die linkselbischen sanft ansteigenden Flächen gehen unmerklich in die Ausläufer des Osterzgebirges über. Sowohl die Steilhänge als auch die Hoch-

Der Elbbogen an Lilienstein und Königstein

flächen werden aufgrund ihres günstigen Mikroklimas zu intensivem Obst- und Weinanbau genutzt. Im Raum Dresden und Meißen sind zahlreiche, meist bewaldete romantische Bachtäler in die Steilhänge eingeschnitten, die zu beliebten Ausflugszielen wurden. Für Spaziergänge empfehlen sich besonders der Keppgrund, der Helfenberger Grund, der Wachwitzgrund, der Prießnitzgrund und der Lößnitzgrund.

Elbe, Elbtal (Fortsetzung)

Seit der Wende hat der Ausflugsverkehr auf der Elbe stark zugenommen. Als Besucher Dresdens sollte man sich eine Fahrt mit einem der Elbdampfer nicht entgehen lassen. Es bieten sich grundsätzlich zwei Möglichkeiten an: Stromabwärts über Meißen nach Diesbar-Seußlitz, stromaufwärts unter dem 'Blauen Wunder' hindurch und vorbei an Loschwitz, ⟶ Pillnitz und ⟶ Pirna in die ⟶ Sächsische Schweiz mit ihren hübschen Orten wie Kurort Rathen und Bad Schandau oder der Festung Königstein – wegen der landschaftlichen Eindrücke die sicher weitaus lohnendere Fahrt. Wer die Elbe auf einer längeren Reise kennenlernen will, kann auch eine Kreuzfahrt z. B. von Prag nach Hamburg unternehmen (⟶ Praktische Informationen, Elbschifffahrt).

**Elbfahrt

*Elbschlösser — K 50

In einmalig schöner Lage, oberhalb des Elbknies am Loschwitzhang, stehen die drei Elbschlösser Schloß Albrechtsberg, Lingner-Schloß und Schloß Eckberg, allesamt in für die zweite Hälfte des 19. Jh.s typischen historisierenden Stilen ausgeführt.

Straßenbahn
Hst. Schloß Albrechtsberg (Linie 11)

Schloß Albrechtsberg

Schloß Albrechtsberg entstand auf dem ehemaligen Findlaterschen Weinberg. Diesen hatte um 1800 Lord Jacob Findlater, Pair von Schottland, erworben, der sich darauf ein Landhaus errichten ließ. Nach seinem Tode im Jahr 1811 wechselten mehrere Male die Besitzer. 1850 kaufte Baronin Ernestine von Stockhausen, Gattin des Kammerherrn von Prinz Albrecht von Preußen, den Besitz für den Prinzen, der den alten Bau abreißen und von 1851 bis 1854 das jetzige Schloß vom preußischen Landbaumeister Adolph Lohse (1807–1867), einem Schüler Schinkels, bauen ließ. Lohse lehnte sich bei seinem Entwurf an römische Renaissancevillen wie die Villa Medici und die Villa d'Este an und errichtete ein Sandsteingebäude mit quadratischen Seitentürmen, einem großen Erker vor dem Mittelrisalit und geschmückter Balustrade. Die schönsten Räume sind der Kronensaal und das von Karl Diebitsch gestaltete 'Türkische Bad'.
Der von der Elbe in drei Stufen 54 m ansteigende Elbhang und die zur Bautzner Straße hin liegende Fläche wurden vom preußischen Gartenbaudirektor Neide als Park geplant und von Hofgärtner Neumannn angepflanzt. Am Hang unterhalb des Schlosses gestaltete Karl Diebitsch ein großzügiges 'Römisches Bad'.
Schloß Albrechtsberg ging 1925 in den Besitz der Stadt Dresden über. Nach dem Krieg benutzte es die Sowjetische Militäradministration, 1949 wurde es Hotel, und 1951 'Pionierpalast'. Heute ist es Domizil der Jugendkunstschule Dresden; darüber hinaus wird es als Kongreß- und Veranstaltungsstätte benutzt. Im Kronensaal finden sonntags um 16.00 Uhr regelmäßig Kammerkonzerte statt.

Lage
Bautzner Str. 130

Öffnungszeiten
Sa. 13.00–17.00, So. 11.00–14.00; Führungen stündlich

Lingner-Schloß (Villa Stockhausen)

Fast zeitgleich mit Schloß Albrechtsberg (1850–1853) errichtete Adolph Lohse für Baron von Stockhausen die benachbarte spätklassizistische Villa Stockhausen. Die Hauptschauseite des mit Sandstein verkleideten

Lage
Bautzner Str. 132

Majestätisch thronen die Elbschlösser über dem Fluß...

Elbschlösser, Lingner-Schloß (Fortsetzung)

zweigeschossigen Gebäudes liegt zur Elbe und wird von einer Säulenhalle flankiert. An der zur Straße gelegenen Eingangsfront mit den Ecktürmen fällt die repräsentative Treppenanlage auf. Die Villa Stockhausen wurde 1906 von Karl August Lingner (→ *Baedeker Special* S. 74) erworben und bald schon als 'Lingner-Schloß' bezeichnet; nach dessen Tod im Jahr 1916 ging es in den Besitz der Stadt über. Lingner ist in einem kleinen Mausoleum unterhalb des Schlosses am Elbufer begraben. In seinem Testament hatte er verfügt, daß eine Gaststätte "mit bürgerlichen Preisen" in seine Villa einziehen sollte. Nachdem in den fünfziger Jahren der Dresdner Club eine Tagungsstätte eingerichtet hatte, ist nun wieder ein Restaurant mit Veranstaltungsräumen geplant.

Schloß Eckberg

Lage
Bautzner Str. 134

Etwas weiter stromaufwärts entstand 1859 bis 1861 als letztes der drei Elbschlösser und unabhängig von den anderen das im Tudorstil gehaltene Schloß Eckberg. Der auf einem Hangsporn gelegene Bau – daher der Name – wurde vom Semperschüler Christian Friedrich Arnold (1823 bis 1890) für den Großkaufmann John Daniel Souchay geplant. Mit seiner malerischen Gliederung, den Überschneidungen, Sichtbeziehungen und Durchblicken ist das Schloß ein charakteristisches Zeugnis später Dresdner Romantik. Es ist heute ein Hotel.

*Erzgebirge (Osterzgebirge) — Ausflugsziel

Name und Bedeutung

Der Reichtum an Edel- und Buntmetallerzen, seit dem Mittelalter genutzt, gab dem Gebirgszug seinen Namen und war eine wichtige ökonomische Quelle für die Entwicklung Sachsens. Heutzutage liegt die große Bedeu-

... Schloß Albrechtsberg, Lingner-Schloß und Schloß Eckberg

tung des Erzgebirges in seinen vielseitigen Erholungsmöglichkeiten. Unweit südlich von Dresden beginnen die Ausläufer des Osterzgebirges. Das Gebiet um Geising, Altenberg und Zinnwald-Georgenfeld ist ein beliebtes Wintersportgebiet (Riesengrundschanze, Mattenschanze, Skilift). Altenberg ist bekannt für seine Bob- und Rodelbahn, auf der u. a. 1996 die Weltmeisterschaften im Rennrodeln ausgetragen wurden.

Name und Bedeutung (Fortsetzung)

*Müglitztal

Besonders reizvoll ist eine Fahrt über Heidenau durch das landschaftlich schöne Müglitztal bis Zinnwald-Georgenfeld. Hier befinden sich mehrere Schlösser, Burgen und Burgruinen: Dohna, ⟶ Weesenstein, Kuckuckstein (Abstecher), Bärenstein und Lauenstein. Von den Städtchen und den mit der Landschaft verwachsenen Waldhufendörfern in den Tälern der kleinen Wasserläufe ziehen sich auf den sanft ansteigenden Hängen Felder und Weiden hinauf. Es gibt viele Möglichkeiten für Wanderungen.

Glashütte

Etwa auf halbem Wege zwischen Elbe und Erzgebirgskamm liegt im Müglitztal das Städtchen Glashütte, das im Jahre 1506 Berg- und Stadtrecht erhielt. Der hier seit dem 15. Jh. betriebene Silbererzbergbau verfiel im 17./18. Jh.; als Ersatzgewerbe führte Adolph Ferdinand Lange 1845 die Uhrenherstellung ein. Hier besteht die Ingenieurschule für Feinwerktechnik, die aus der 1870 gegründeten ersten deutschen Uhrmacherschule hervorgegangen ist, und selbstverständlich gibt es auch ein Uhrenmuseum (Öffnungszeiten: Di. – Fr. 9.00 – 12.00 und 13.00 – 15.00, Sa. und So. 10.00 bis 14.00 Uhr). Die in der Fa. Lange hergestellten Uhren gehören mittlerweile wieder zu den exklusivsten, die in Deutschland zu bekommen sind.

Lage
ca. 35 km südlich von Dresden

Uhrmacherstadt

Altenberg

Lage
ca. 51 km südlich von Dresden

Am oberen Ende des Müglitztals liegen die Bergstädte Geising und Altenberg mit ihren Schaubergwerksanlagen. An und in der 823 m hohen Basaltkuppe des Geisingberges (Aussichtsturm und Gaststätte), die inmitten der Gneise ein ungewöhnliches geologisches Phänomen darstellt, begann die heute noch betriebene Zinnförderung.

Pinge

Die Pinge ist ein Bergeinsturzgebiet von 12 ha Größe. Gewaltige Bergwerkseinbrüche wirkten sich 1620 bis in etwa 200 m Tiefe aus.

Bergbaumuseum

Das Bergbaumuseum von Altenberg zeigt die Geschichte der über 400jährigen Zinnwäsche. Zu sehen sind u. a. Pochwerke und ein Wasserheberad, ein Spritzkasten und Langstoßherde. Anschließend kann man den neben der Zinnwäsche befindlichen Neubeschert-Glück-Stollen von 1802 begehen (Öffnungszeiten: Mo. – Do. 13.00 – 16.00, Sa. und So. 10.00 – 12.00 und 13.00 – 16.00 Uhr).

Zinnwald-Georgenfeld

Lage
ca. 55 km südlich von Dresden

Direkt auf dem Kamm des Osterzgebirges zieht sich die Streusiedlung Zinnwald-Georgenfeld bis zum Straßengrenzübergang zur Tschechischen Republik. Zu nennen sind hier der mit 904 m ü. d. M. höchste Berg des Osterzgebirges – der Kahleberg – sowie das Blockmoor und das Georgenfelder Hochmoor. Zinnwald-Georgenfeld ist der schneesicherste Ort des Osterzgebirges und daher beliebtes Wintersportgebiet. Im Besucherbergwerk "Vereinigt Zwitterfeld zu Zinnwald" kann man wiederum Bergbaugeschichte studieren (Öffnungszeiten: Di. – Sa. 10.00 – 15.00 Uhr), im Skimuseum die örtliche Wintersportgeschichte (Öffnungszeiten: Mo., Mi. Fr. 10.00 – 12.00, Sa, und So. 13.00 – 16.00 Uhr).

Alte Schmiede im Huthaus in Zinnwald-Georgenfeld

Frauenstein im Erzgebirge

Lage
40 km südlich von Dresden

In westlicher Richtung gelangt man von Zinnwald über die Obere Freiberger Mulde nach Frauenstein, wo auf einem hohen Felskegel die beeindrukkende Ruine einer der ältesten sächsischen Burgen steht. Die Kernburg, aus dem 13. Jh. stammend, ist noch in großen Teilen erhalten geblieben. Unterhalb der Burg liegt das von dem kurfürstlichen Baumeister Hans Irmisch 1585 bis 1588 erbaute Renaissanceschloß, das eine Ausstellung über den im Jahr 1683 in Kleinbobritzsch bei Frauenstein geborenen genialen Orgelbauer Johann Gottfried Silbermann (⟶ Berühmte Persönlichkeiten) präsentiert.

Frauenkirche B 3 · L 46

Lage
Neumarkt

Straßenbahn
Hst. Altmarkt
(Linien 1, 2, 4)

Bis 1727 stand auf dem späteren ⟶ Neumarkt die auf das 11. Jh. zurückgehende erste Kirche 'Zu unseren lieben Frauen'. Dieses gotische Bauwerk genügte zu Beginn des 18. Jh.s nicht mehr den Ansprüchen der wachsenden Kirchengemeinde und war zudem baufällig, so daß 1722 der Rat der Stadt dem Ratszimmermeister George Bähr (⟶ Berühmte Persönlichkeiten) den Auftrag für einen Neubau erteilte, nachdem er sich durch seine Kirchenbauten in Loschwitz, Schmiedeberg und Forchheim bewährt hatte. Nach mehreren Entwürfen – auch unter Übernahme einiger Gedanken des Entwurfs von Johann Christoph Knöffel auf maßgeblichen Einfluß des Leiters des Kurfürstlichen Oberbauamtes und Gouverneurs der Stadt Dresden, Christoph von Wackerbarth – wurde 1727 mit dem Bau begonnen, an dem neben Bähr auch Johann Gottfried Fehre und Johann Georg Schmid entscheidend mitwirkten.
Zweifellos hatte sich George Bähr von den Kuppelbauwerken in Rom und Florenz inspirieren lassen, und so strebte er von Beginn an einen turmartigen Zentralbau auf annähernd quadratischem Grundriß an. Schon in seinen vorangegangenen Kirchenbauten hatte sich sein Bekenntnis zur protestantischen Zentralbauidee angedeutet. Mit einer Höhe von 95 m und einem Kuppeldurchmesser von 23,5 m entstand eines der großartigsten und monumentalsten protestantischen Kirchenbauwerke seiner Zeit, in dem hochbarocke mit frühen Formen des aufkommenden Klassizismus zu einer vollkommenen Synthese verschmolzen worden waren. Die zu erwartenden statischen Probleme aufgrund der Anordnung der mächtigen Steinkuppel über dem Zentralbau nahm Bähr zugunsten der feierlich-sakralen Wirkung des Innenraums und des künstlerischen Ausdrucks des Gesamtbaus in Kauf. Auch die Ausführung der ursprünglich aus Holz und Kupfer gedachten Kuppel in Stein war von Anbeginn Bährs Plan, den er jedoch erst nach Baubeginn und nach Fertigstellung der dazu notwendigen Pfeiler und Fundamente offenbarte. Die ästhetische Wirkung der konkav anlaufenden Kuppel im Verhältnis zum Gesamtbau zeigte die überragende baukünstlerische Leistung George Bährs. In zunehmenden Maße weckte der Bau daher auch das Interesse Augusts des Starken, der die Bauherren immer wieder finanziell unterstützte und in der entstehenden Frauenkirche einen Ausdruck des Geltungsbewußtseins der sächsischen Metropole und seines Königreiches gesehen haben dürfte.

Grundriß

Symbol des Dresdner Bürgerstolzes

Nord-Süd-Schnitt durch die Dresdner Frauenkirche, erstellt von Arno Kiesling und Willi Trede im Jahr 1946

Als am Vormittag des 15. Februar 1945 gegen 10 Uhr die mächtige Steinkuppel der Dresdner Frauenkirche in sich zusammensank, hatte sie zwar einen der schwersten Bombenangriffe, den je eine deutsche Stadt im Zweiten Weltkrieg erlebt hat, ohne wesentliche direkte Treffer überstanden; da aber die Sicherungsvermauerung der Fenster und Turmgaupen bis zum Februar noch nicht abgeschlossen war, drang der das gesamte Stadtzentrum erfassende, ungeheuere Feuersturm schließlich auch in das Innere der Kirche. Er fand in der prachtvollen Ausstattung und vor allem im Kirchengestühl wie auch den Holzemporen reiche Nahrung. Nach über 36 Stunden Brand im Innenraum konnten die zermürbten Pfeiler

die gewaltigen Lasten der Kuppel nicht mehr tragen, und der mächtige Bau brach schließlich in sich zusammen – trauriger Abschluß der Zerstörung der sächsischen Metropole.
Mit ihren alles übertreffenden Proportionen war die Frauenkirche mehr als 200 Jahre lang nicht nur ein Wahrzeichen und städtebaulicher Maßstab für Dresden, sondern auch ein architektonisch einzigartiges, bedeutendes Meisterwerk barokker europäischer Baukunst. Kein anderes Bauwerk verkörperte die Schönheit und das Selbstbewußtsein der Stadt mehr als die 'Steinerne Glocke' der Frauenkirche. Ihre Einzigartigkeit, ihre überragende Symbolkraft für die Vergangenheit und die Zukunft der Stadt und vor allem deren Bürger sind der Schlüssel zum Verständnis für den Beschluß zum Wiederaufbau.

Unmittelbar nach der Zerstörung im Februar 1945 begannen erste Arbeiten zur Sicherung der Ruine und zur Bergung unbeschädigter bzw. noch verwendbarer Teile. Entgegen vielfach verbreiteter Auffassung gab es weder in der unmittelbaren Nachkriegszeit noch zu DDR-Zeiten ernsthafte Zweifel am Willen zum Wiederaufbau der Frauenkirche. Durch die letzte grundlegende Sanierung in den Jahren 1938 bis 1943 war bereits eine sorgfältige Vermessung und Dokumentation des Bauwerks vorhanden, so daß bald nach dem Krieg Untersuchungsarbeiten vorgelegt werden konnten, die eine originalgetreue Rekonstruktion unter Verwendung eines Teils der alten Sandsteine vorschlugen. 1966 jedoch wurde die Ruine auf Beschluß des Rats der Stadt zum 'Mahnmal für den Frieden' erklärt und die Wiederherstellung auf unbestimmte Zeit verschoben.
Zwar fehlte in der DDR letztendlich der notwendige politische Wille zum Wiederaufbau der Kirche, wahrscheinlich aber waren die nicht vorhandenen finanziellen Mittel zum Wiederaufbau vorrangig verantwortlich für das Weiterbestehen der Ruine. Von 1982 an trafen sich an ihr alljährlich zum Jahrestag der Zerstörung Dresdens Mitglieder der Friedensbewegung und damit ein Teil der Opposition der damaligen DDR. In Erinnerung an die sinnlose Zerstörung einer der schönsten Städte Europas manifestierte sich seither an der Ruine immer auch die Forderung nach gesellschaftlichem Wandel und verantwortungsbewußtem menschlichen Handeln.

Am 13. Februar 1990, wenige Monate nach der Öffnung der DDR und unter dem Eindruck des sich abzeichnenden Wandels, trat die Bürgerinitiative 'Wiederaufbau Dresdner Frauenkirche' mit dem "Ruf aus Dresden" (s. S. 57) an die Öffentlichkeit. Namhafte Persönlichkeiten aus Politik und Gesellschaft riefen zu einer weltweiten Aktion auf, den Wiederaufbau der Dresdner Frauenkirche als Symbol der Hoffnung und Zuversicht, der Toleranz und friedlichen Verständigung unter den Völkern zu unterstützen. Aus dieser Initiative entwickelte sich die 'Gesellschaft zur Förderung des Wiederaufbaus der Frauenkirche Dresden e.V.', die mit rasch ansteigender Mitgliederzahl und weiteren engagierten Förderern den Gedanken des Wiederaufbaus propagierte und eine überaus erfolgreiche Sammlungstätigkeit initiierte. Schon Anfang 1993 konnte, nachdem die Stiftung Frauenkirche Dresden e.V. als Bauherrschaft gegründet worden war, mit der archäologischen Enttrümmerung der Ruine begonnen werden.
In den darauffolgenden Monaten räumte und sortierte man mehr als 22000 t Steine und Schutt. Säuberlich in Regalen auf dem Neumarkt aufgereiht, wurde jeder Stein vermessen. Mit allen Angaben konnte eine elektronische Datenbank für die Wiederverwendung des geborgenen Materials aufgebaut werden, die mittlerweile u.a. über 490000 Einzelbilder von Bauteilen umfaßt. Es war von erstaunlicher symbolischer Ausstrahlung, daß unter den letzten Trümmern, die Anfang Mai 1994 geborgen wurden, das Grabmal von George Bähr erschien. Unter großer Anteilnahme der Bevölkerung wurde am 27. Mai 1994 der erste Stein zum Wiederaufbau 'versetzt'. Am 21. August 1996 konnte die Unterkirche geweiht werden.

Symbol des Dresdner Bürgerstolzes

Die heutige 'Stiftung Frauenkirche Dresden' mit der Evangelisch-Lutherischen Landeskirche Sachsen, der Stadt Dresden und dem Freistaat Sachsen als Bauherrin soll bis zum Jahr 2006 mit 250 Mio. DM die Frauenkirche in Zusammenarbeit mit der Fördergesellschaft vollenden.

Die symbolische, künstlerische und städtebauliche Bedeutung der Dresdner Frauenkirche steht außer Frage. Dies allein mag in den Augen vieler Menschen den Wiederaufbau rechtfertigen. Dennoch hat das Vorhaben kontroverse Diskussionen über Notwendigkeit und Finanzierung des Projekts ausgelöst, die mit dem Baubeginn aber ihr Ende gefunden haben. Die Auseinandersetzungen bis zum Beginn der Arbeiten machten aber auch deutlich, daß für viele die Wiederherstellung der Frauenkirche zu einem Symbol der ebenfalls wiederhergestellten deutschen Einheit und des Aufbaus der neuen Bundesländer geworden ist.

Hinter Martin Luther tut sich was – verborgen von Gerüsten und Abdeckplanen wächst die Frauenkirche in die Höhe

Frauenkirche (Fortsetzung)

Die Fertigstellung der Kirche erlebten weder August der Starke noch George Bähr. Der Baumeister starb 1738, fünf Jahre bevor sein Schüler Johann Georg Schmid nach insgesamt siebzehnjähriger Bauzeit die Arbeiten abschließen konnte. Im Siebenjährigen Krieg hielt die Kirche einer dreitägigen Kanonade durch die preußischen Truppen Friedrichs II. stand. Von 1924 bis 1932 und von 1938 bis 1942 wurden umfassende und langwierige Erhaltungsarbeiten durchgeführt. Danach schien die Frauenkirche für alle Zeiten gerettet. Sie überstand den verheerenden Bombenangriff im Zweiten Weltkrieg, aber am 15. Februar 1945 stürzte der ausgebrannte Sandsteinbau in sich zusammen.

Einstiger Kirchenraum

Der einstige, über 3000 Plätze fassende und von vier Emporengeschossen umzogene Kirchenraum entsprach in seiner Anlage den seinerzeit modernen theoretischen Erkenntnissen des protestantischen Kirchenbaues: Die Predigt als Hauptfunktion forderte eine Zusammenfassung der Gemeinde in einem Zentralraum. Altar, Kanzel und Orgel sollten zum Kanzelaltar vereinigt werden, was die Raumakustik jedoch nicht zuließ. Den Altarraum hatten 1733 bis 1739 Johann Christian Feige d. Ä. und Benjamin Thomae mit festlich-barockem Altarwerk ausgestattet, die Kuppelausmalung schuf Johann Baptist Grone. Das meisterliche Orgelwerk stammte von Gottfried Silbermann und wurde von Johann Sebastian Bach 1736 eingeweiht.

Stand des Wiederaufbaus

Führungen tgl. 10.00 – 16.00 zu jeder vollen Stunde

Der bis zum Jahr 2006 geplante Wiederaufbau der Frauenkirche hat nach der archäologischen Enttrümmerung offiziell am 27. Mai 1994 begonnen. Seitdem präsentiert sich der Neumarkt als riesiges Materiallager, in dem die zum Einbau an exakt errechneter Stelle vorbereiteten Steine und Skulpturteile in großen Regalen bereitliegen. Die Baustelle selbst ist hinter einem riesigen Gerüst völlig verschwunden. Fertiggestellt sind bereits die Unterkirche, die Betstubenempore und die erste Empore; auch der großartige Altar ist aus 2000 Trümmerstücken unter Verwendung neu hergestellter Teile rekonstruiert worden; an der Innenkuppel wird gebaut. Detaillierte Informationen über den Wiederaufbau erhält man bei den Führungen, die am Eingang F (Nordseite) beginnen.

101 Pyramidenkunstwerke

Dresdens neueste Dauerausstellung präsentiert sich in unmittelbarer Nachbarschaft der Frauenkirche. Auf 300 m² Fläche werden 101 erzgebirgische Weihnachtspyramiden aus drei Jahrhunderten gezeigt, die ein Privatsammler zusammengetragen hat (Münzgasse 2; Öffnungszeiten: tgl. 10.00 – 19.00 Uhr)

Friedhöfe

Geschichtliches

Die ältesten Dresdner Begräbnisstätten sind nicht mehr erhalten. Der Frauenkirchhof, der Friedhof am Bartholomäushospital, der älteste Neustädter Friedhof an der Dreikönigskirche und der alte Annenkirchhof wurden schon im 18. Jh. säkularisiert, später folgten der Johanniskirchhof vor dem Pirnaischen Tor, der Sophienkirchhof und der neuere Annenfriedhof an der Josephinengasse. Mit der Aufhebung dieser Friedhöfe gingen viele kulturhistorisch wertvolle Grabstätten unwiederbringlich verloren.

Eliasfriedhof L 47

Lage
Güntzplatz

Straßenbahn
Hst. Sachsenallee (Linien 6, 13)

Der Eliasfriedhof, der älteste erhaltene Friedhof der Stadt, wurde 1680 wegen einer Pestepidemie angelegt, der Tausende Dresdner zum Opfer gefallen waren. Zunächst Armenfriedhof, wurde er im 18. Jh. zu einer geachteten Begräbnisstätte. 1724 erfolgte eine Erweiterung nach Plänen von George Bähr. Nach seiner Schließung im Jahre 1876 wurde er bald vergessen und verfiel, so daß viele zum Teil künstlerisch bedeutende Grabmäler bis zur Unkenntlichkeit verwitterten. Seit 1945 ist er nicht mehr

Eliasfriedhof
(Fortsetzung)

öffentlich zugänglich. Auf dem Eliasfriedhof liegen u.a. begraben:
Carl August Böttiger (1760–1835), Archäologe
Johann Christian Clausen Dahl (1788–1857), Maler
Johann Christian Kirchner (1691–1732), Bildhauer
Wilhelm Gotthelf Lohrmann (1796–1840), erster Direktor der Technischen Bildungsanstalt
Justine Renner, geb. Segedin (1763–1856), Senatorswitwe, Schillers 'Gustel von Blasewitz'
Gottlob Friedrich Thormeyer (1775–1842), Architekt

Alter Katholischer Friedhof

A 1 · K 45

Lage
Friedrichstraße

Straßenbahn
Hst. Krankenhaus Friedrichstadt (Linie 10)

Der Alte Katholische Friedhof (auch Innerer Katholischer Friedhof) wurde 1721 in der damaligen Neustadt Ostra gegenüber dem heutigen Friedrichstädter Krankenhaus angelegt. Das Areal, ursprünglich von August dem Starken seiner Schwiegertochter Maria Josepha als Friedhof für die katholischen Mitglieder des Hofstaats überlassen, wurde nach wenigen Jahren erweitert und diente bald als letzte Ruhestätte für viele namhafte Bürger katholischen Glaubens, auch für zahlreiche Italiener (Künstler u.a.m.). Im 19. Jh. wurden hier viele polnische Emigranten bestattet, 1945 auch mehrere im KZ Dachau ermordete oder beim Luftangriff auf Dresden getötete katholische Priester. In einem Anbau der Kapelle wird die von Balthasar Permoser für sein eigenes Grab geschaffene Kreuzigungsgruppe aufbewahrt. Unter den zahlreichen erhaltenen Grabmälern des Barock, Rokoko und Klassizismus ist das von Gottfried Semper entworfene Familiengrab für Carl Maria von Weber und dessen Angehörige hervorzuheben. Auf dem Alten Katholischen Friedhof befinden sich u.a. die Grabmäler von:

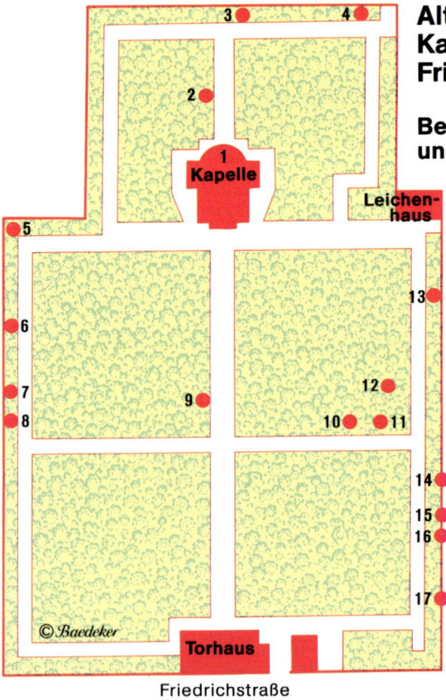

Alter Katholischer Friedhof

Bedeutende Gräber und Grabmäler

1 Balthasar Permoser
2 Bartolomeo Bosco
3 Carl Maria von Weber
4 Auguste Charlotte von Kielmannsegg
5 Rudolf Bockelmann
6 C. W. Friedrich von Schlegel
7 Aloys Josef Tichatschek
8 Johann Anton Dreissig
9 Jósefa Puchalska
10 Franz Seraph Pettrich
11 Giovanni Batista Casanova
12 Franz Gerhard von Kügelgen
13 Familie Krebs
14 Kazimierz Brodziński
15 Johann Georg von Sachsen
16 Johann George Chevalier de Saxe
17 Familie Piatti

Alter Katholischer Friedhof (Fortsetzung)

Rudolf Bockelmann (1892–1958), Wagnersänger
Bartolomeo Bosco (1793–1863), berühmter Zauberkünstler
Kazimierz Brodziński (1791–1835), polnischer Emigrant und Dichter
Giovanni Batista Casanova (1730–1795), Maler und Akademiedirektor, Bruder von Giacomo Casanova
Johann Anton Dreissig (1774–1815), Hoforganist, Gründer der 'Singakademie'
Auguste Charlotte Gräfin von Kielmannsegg (1777–1863), Vertraute Napoleons I.
Familie Krebs: Carl August Miedke gen. Krebs (1804–1880), 'musikalisches Wunderkind' und Hofkapellmeister; Aloyse Krebs-Michalesi (1824–1904), Hofopernsängerin; Mary Krebs-Brenning (1851–1900), Kammervirtuosin
Gerhard von Kügelgen (1772–1820), Maler und Akademieprofessor
Balthasar Permoser (1651–1732), Bildhauer
Franz Seraph Pettrich (1770–1844), Bildhauer (viele Grabmäler auf diesem Friedhof stammen von ihm)
Carl Alexander Marquis Piatti (1766–1837), Minister (Familiengrabmal von Pettrich)
Józefa Puchalska (1782–1849), polnische Emigrantin (Grabrelief von Ernst Rietschel)
Johann Georg von Sachsen (1869–1938), Bruder des letzten sächsischen Königs
Johann George Chevalier de Saxe (1704–1774), Sohn Augusts des Starken und der Gräfin Lubomirska, Generalfeldmarschall und Reformer der sächsischen Armee
Friedrich von Schlegel (1772–1829), Literat, Philosoph, Haupt der romantischen Schule
Joseph Tichatscheck (1807–1886), Wagnertenor
Carl Maria von Weber (1786–1826), Komponist und Hofkapellmeister

Matthäusfriedhof — A 1 · K 45

Lage
Friedrichstraße

Straßenbahn
Hst. Krankenhaus Friedrichstadt (Linie 10)

Hinter der Matthäuskirche, schräg gegenüber dem Alten Katholischen Friedhof, wurde 1725 der Innere Matthäusfriedhof als evangelischer Friedhof der Friedrichstadt angelegt. Der Erbauer der Matthäuskirche, Matthäus Daniel Pöppelmann (⟶ Berühmte Persönlichkeiten), ist in der Gruft der Kirche beigesetzt. Auf dem Matthäusfriedhof liegen u. a. begraben:
Johann Andreas Schubert (1808–1870), Professor an der Technischen Bildungsanstalt, Erbauer der ersten Elbdampfschiffe und der ersten deutschen Lokomotive
Wilhelm Walther (1826–1913), Maler und Akademieprofessor, Schöpfer des ⟶ Fürstenzuges.

Äußerer Matthäusfriedhof · Neuer Katholischer Friedhof

Etwas weiter an der Bremer Straße liegen der Äußere Matthäusfriedhof und der Äußere (Neue) Katholische Friedhof, auf dem Adrian Ludwig Richter (1803–1884), Maler und Akademieprofessor, beigesetzt ist.

Innerer Neustädter Friedhof — J 46/47

Lage
Conradstraße

Straßenbahn
Bischofsplatz (Linie 13)

Als 1731 die alte ⟶ Dreikönigskirche der Neustädter Hauptstraße weichen mußte, wurde als Bauplatz für die neue Kirche der Dreikönigskirchhof ausgesucht, so daß eine Umlagerung der Grabstätten nötig wurde. Es entstand der Innere Neustädter Friedhof, der sich durch schöne barocke und klassizistische Grabstätten auszeichnet. Hier liegen u. a. begraben:
Robert Diez (1844–1922), Bildhauer
Gottfried Knöffler (1715–1779), Bildhauer
Gustav Nieritz (1795–1874), Volksschriftsteller
Elisa von der Recke (1756–1833), Schriftstellerin
Christian August Tiedge (1752–1841), Dichter

Auf dem Trinitatisfriedhof

Trinitatisfriedhof

L 48

Lage
Fiedlerstraße

Straßenbahn
Hst. Blasewitzer/ Fetscherstr. (Linien 6, 12)

Als Folge der Schlacht bei Dresden im Jahre 1813 und wegen eines unter der Bevölkerung grassierenden Nervenfiebers mußte 1815 der 'weite Friedhof' an der Fiedlerstraße angelegt werden, der später den Namen 'Trinitatisfriedhof' erhielt. Nach mehrmaligen Erweiterungen entstanden bis 1872 vier Abteilungen einer einheitlichen, planmäßig gestalteten Anlage von Gottlob Friedrich Thormeyer (1757–1842), der auch den Eingang zur ersten Abteilung gestaltete und 1834 das Grabmal für den russischen General Michel de Habbe, einen mächtigen griechischen Helm, schuf. Das Eingangstor hat Caspar David Friedrich (⟶ Berühmte Persönlichkeiten) auf seinem Gemälde "Friedhofseingang" verewigt, das in der ⟶ Gemäldegalerie Neue Meister zu sehen ist. Rechts des Haupteingangs befindet sich ein 10 m hoher Obelisk für 75 gefallene Revolutionäre des Dresdner Maiaufstandes von 1849. Weitere bedeutende Grabstätten entstanden nach Entwürfen Caspar David Friedrichs und von der Hand des Bildhauers Ernst Rietschel. Auf dem Trinitatisfriedhof liegen u. a. begraben:

Rudolf Sigismund Blochmann (1784–1871), Erbauer der ersten Gaswerke in Deutschland
Carl Gustav Carus (1780–1869), Arzt, Maler und Philosoph
Kurt Arnold Findeisen (1883–1963), Schriftsteller
Caspar David Friedrich (1774–1840), Maler
Friedrich Kind (1768–1843), Textdichter des "Freischütz"
Constantin Lipsius (1832–1894), Architekt
Otto Ludwig (1813–1865), Schriftsteller
Julius Otto (1804–1877), Hoforganist und Kreuzkantor
Ferdinand von Rayski (1806–1852), Schriftsteller
Karl Gottlieb Reißiger (1798–1859), Musiker
Ernst Rietschel (1804–1861), Bildhauer
Julius Scholtz (1825–1893), Maler
Wilhelmine Schröder-Devrient (1804–1860), Schauspielerin und Sängerin

Trinitatisfriedhof (Fortsetzung)

Dr. Friedrich Struve (1781–1840), Erfinder des künstlichen Mineralwassers
Friedrich Wieck (1785–1873), Musiker

Alter Annenfriedhof N 45

Lage
Chemnitzer Straße

Anfahrt
Straßenbahn Linien 3, 8 bis Nürnberger Platz, dann Bus 61 bis Chemnitzer Straße

Der Alte Annenfriedhof im Stadtteil Plauen entstand 1848 durch Verlegung des zweiten Friedhofs der → Annenkirche von der Josephinengasse hierher. Neben einigen Grabmälern ist auch die überlebensgroße Skulptur der Kurfürstin Anna von Robert Henze (1869) neben der Trauerhalle sehenswert. Auf dem Alten Annenfriedhof sind u. a. begraben:
Julius Schnorr von Carolsfeld (1794–1872), Maler
Ludwig Schnorr von Carolsfeld (1836–1865), erster "Tristan" in Wagners "Tristan und Isolde"
Minna Wagner (1809–1866), Richard Wagners erste Frau

Johannisfriedhof M/N 51

Lage
Wehlener Straße

Straßenbahn
Hst. Betriebshof Tolkewitz (Linien 4, 6)

Mit dem Heranwachsen Dresdens zur Großstadt wurden am Ausgang des 19. Jh.s weitere Begräbnisstätten notwendig. 1881 eröffneten die Gemeinden der Frauen-, Kreuz- und Johanniskirche im Tolkewitzer Tännicht den neuen Johannisfriedhof, der später noch beträchtlich erweitert wurde. Hier wurden u.a. die Opfer des Kampfes gegen den Kapp-Putsch im März 1920, die von der Polizei am 25. Januar 1933 erschossenen Teilnehmer einer antifaschistischen Versammlung im Saal des 'Keglerheimes', 396 in den Jahren 1943 bis 1945 in Dresden hingerichtete Widerstandskämpfer sowie zahlreiche verstorbene KZ-Häftlinge beigesetzt. Ein monumentales Denkmal ehrt die vielen vom Naziregime in Dresden ermordeten polnischen und tschechoslowakischen Bürger. Für die Opfer der Luftangriffe im Februar 1945 wurde ein Ehrenhain gestaltet. Auf dem Johannisfriedhof befinden sich Grabstätten vieler Persönlichkeiten Dresdens, u. a. von:
Otto Beutler (1853–1926), Oberbürgermeister
Bernhard Blüher (1864–1938), Oberbürgermeister
Ferdinand Dorsch (1875–1938), Maler und Akademieprofessor
Hubert Georg Ermisch (1883–1951), Architekt und Zwingerrestaurator
Cornelius Gurlitt (1850–1910), Komponist
Friedrich Wilhelm Pfotenhauer (1812–1877), Oberbürgermeister
Eva Plaschke von der Osten (1889–1936), Opernsängerin
Friedrich Preller d. J. (1838–1901), Maler
August Toeplar (1836–1912), Physiker, Professor an der Technischen Hochschule

Urnenhain des Krematoriums

Unmittelbar neben dem Johannisfriedhof ist 1911 das Krematorium, die städtische Feuerbestattungsanstalt, eröffnet worden, ein bedeutender Monumentalbau des deutschen Jugendstils nach einem Entwurf von Fritz Schumacher. Im Urnenhain sind hier u. a. bestattet:
Heinrich Barkhausen (1881–1956), Physiker, Professor an der Technischen Hochschule
Gotthardt Kuehl (1851–1915), Maler und Akademieprofessor
Clara Salbach (1861–1944), Schauspielerin
Karl Scheidemantel (1859–1923), Sänger
Oskar Seyffert (1862–1940), Gründer des Volkskunstmuseums
Karl Woermann (1844–1933), Kunsthistoriker

Städtischer Heidefriedhof F 44/45

Lage
Moritzburger Landstraße

Auf dem Städtischen Heidefriedhof, 1929 bis 1934 als Waldfriedhof im Nordwesten der Stadt angelegt, wurde über dem Gemeinschaftsgrab von über 30000 Opfern der britisch-amerikanischen Luftangriffe auf Dresden

Städtischer Heidefriedhof (Fortsetzung)

Anfahrt
Straßenbahn Linie 3 bis Wilder Mann, dann Bus 80

im Februar 1945 eine eindrucksvolle Gedenkstätte gestaltet. In einem weiteren Ehrenhain mit Urnenstätten und Einzelgräbern von Widerstandskämpfern wird der Opfer der Konzentrationslager Auschwitz, Bergen-Belsen, Buchenwald, Dachau, Ravensbrück, Sachsenhausen und Theresienstadt sowie ferner der im Zweiten Weltkrieg schwer zerstörten europäischen Städte Coventry, Dresden, Leningrad, Lidice, Oradour, Rotterdam und Warschau gedacht.
Auf dem Städtischen Heidefriedhof sind u. a. begraben:
Otto Buchwitz (1879 – 1964), Arbeiterfunktionär und Landtagspräsident
Heinrich Greif (1907 – 1946), Schauspieler
Hans Grundig (1901 – 1958), Maler, Rektor der Hochschule für bildende Künste Dresden
Lea Grundig (1906 – 1977), Malerin und Graphikerin, Professorin an der Hochschule für bildende Künste Dresden
Paul Gruner (1890 – 1947), Gewerkschaftsfunktionär
Max Zimmering (1909 – 1973), Schriftsteller

Jüdische Friedhöfe

Alter Jüdischer Friedhof **K 47**

Der erste Begräbnisplatz der jüdischen Gemeinde in Dresden, die zuvor ihre Toten nach Teplitz bringen mußte, wurde 1751 in der Äußeren Neustadt an der Pulsnitzer Straße angelegt und bis 1868 genutzt. Eine Besichtigungsmöglichkeit besteht über das jüdische Zentrum 'Hatikva' in der Pulsnitzer Straße (Straßenbahn: Hst. Pulsnitzer Straße, Linie 11).

Jüdischer Friedhof Johannstadt **L 49**

Nach der Schließung des Alten Jüdischen Friedhofs erfolgte im selben Jahr die Anlage des Neuen Jüdischen Friedhofes unmittelbar neben dem Trinitatisfriedhof in der Johannstadt. Die Nazis schändeten diesen Friedhof; 1950 wurde die halbzerstörte Friedhofshalle aus staatlichen Mitteln als Nachfolgerin der in der Pogromnacht 1938 in Brand gesteckten und

Das Mahnmal für die Bombenopfer von 1945 auf dem Heidefriedhof

danach abgetragenen Dresdner Synagoge Gottfried Sempers zu einer neuen Synagoge ausgebaut. Viele Grabinschriften künden vom schweren Leid jüdischer Bürger Dresdens in den Jahren des Nationalsozialismus (Straßenbahn: Hst. Blasewitzer/Fetscherstraße; Linien 6, 12).

Friedhöfe, Jüdischer Friedhof Johannstadt (Fortsetzung)

Weitere bedeutende Grabstätten auf Dresdner Friedhöfen

Auch auf den Friedhöfen der später eingemeindeten Vororte Dresdens befinden sich Grabstätten von kulturgeschichtlicher Bedeutung:

Dresden-Leuben
Q 53

Auf dem Friedhof in Dresden-Leuben:
Friederike Caroline Neuber (1697–1760), 'Mutter der deutschen Schauspielkunst'
Christian Gärtner (1705–1782), Zwirner und Laienastronom in Tolkewitz

Dresden-Leubnitz
P 48

Auf dem Friedhof in Dresden-Leubnitz:
Johann Georg Palitzsch (1723–1788), Laienastronom in Prohlis, Entdecker des Halleyschen Kometen, Korrespondierendes Mitglied mehrerer Akademien der Wissenschaften

Friedrichstadt (Stadtteil) A 1 · J–L/43–45

Die Friedrichstadt ist die älteste Dresdner Vorstadt. Sie verdankt ihre Entstehung einem kurfürstlichen Patent von 1670, das die verstärkte Ansiedlung von Handwerksstätten und Manufakturen anordnete, nachdem einige solcher Betriebe und einige Adelspalais schon seit 1610 dort bestanden haben. Unter August dem Starken wurde der weitere planmäßige Ausbau, vor allem die Anlage eines rechtwinkligen Straßensystems, beschlossen,

Straßenbahn
Hst. Krankenhaus Friedrichstadt (Linie 10)

Der Neptunbrunnen im Garten des Marcolinipalais in der Friedrichstadt

Geschichte (Fortsetzung)

und die neue Siedlung wurde 1730 nach August des Starken 'offiziellem' kurfürstlichen Namen Friedrich August I. 'Friedrichstadt' genannt. 1836 erfolgte die Eingemeindung nach Dresden; mit dem Bau der Pferdebahnlinie (1882), des Hafens (1890–1895) und des Verschiebebahnhofs (1895) wurde die Friedrichstadt zum bevorzugten Fabrikstandort.

Friedrichstraße

Die Friedrichstraße war einst die Hauptstraße der Friedrichstadt. Im Gartenhaus Nr. 44 wurde 1803 der Maler Adrian Ludwig Richter (→ Berühmte Persönlichkeiten) geboren; auch Paula Becker, später Modersohn-Becker (1876–1907) kam in der Friedrichstraße zur Welt. Im Haus Nr. 46 wohnte von 1842 bis zu seinem Tod Professor Johann Andreas Schubert (1808–1870), der 1837 das erste Elbdampfschiff und 1839 die erste deutsche Lokomotive "Saxonia" konstruiert hatte.

Marcolinipalais (Krankenhaus Friedrichstadt)

Am mittleren Abschnitt der Friedrichstraße liegt die Eingangsfront des Marcolinipalais. Das erste, etwa 1728 begonnene Palais, entworfen von Johann Christoph Naumann (1664–1742) für die Fürstin von Teschen, Herzogin von Württemberg und Teck, war ein bescheidener Bau. Nachdem diesen 1736 Graf Brühl erworben hatte, ließ er ihn sich als Landsitz ausbauen. Johann Christoph Knöffel (1686–1752) fügte hierzu zuerst die Seitenflügel an und veränderte nach 1743 auch den Mittelbau. 1774 kam das Palais an den Grafen Camillo Marcolini, Kabinettsminister Augusts III. Dieser ließ in den folgenden Jahren durch Johann Daniel Schade (1730 bis 1798) den Ostflügel ausbauen. Nach jahrzehntelanger Verwahrlosung wurde das Palais 1849 schließlich zum Krankenhaus umgebaut und erfuhr seitdem vielerlei Veränderungen und Erweiterungen. Erhalten sind der Eingangsbau mit den vier Löwen von Johann Baptist Dorsch, vier Laternenhermen von Thaddeus Wiskotschill sowie das chinesische und das pompejanische Zimmer, die Napoleon I. im Sommer 1813 bewohnte. Hier fand jene Unterredung zwischen ihm und Metternich statt, die den Anschluß Österreichs an das russisch-preußische Bündnis entschied. Die wertvolle Ausmalung und die Tapeten dieser Zimmer sind noch erhalten. Von 1847 bis 1849 wohnte Richard Wagner im zweiten Stock des Ostflügels, komponierte hier Teile des "Lohengrin" und schrieb die Texte zu "Siegfrieds Tod".

*Neptunbrunnen

Abb. S. 97

An der südlichen Umfassungsmauer des ehemaligen französischen Gartens des Palais steht der Neptunbrunnen, Dresdens großartigste barocke Brunnenanlage. Mit über 40 m Breite, dem dreigeschossigen Aufbau, den Skulpturen und dem reichen Schmuck war er der Blickfang des Gartens. Die zeichnerischen Entwürfe schuf Zacharias Longuelune (1669–1748), die bildhauerischen Arbeiten führte Lorenzo Matielli (1688–1748) aus. 1744 war der in Sandstein ausgeführte Brunnen vollendet. Die drei übereinander angeordneten Brunnenbecken werden von Flußgöttern und Fabelwesen flankiert, ein dreizackschwingender Poseidon mit Amphitrite krönt die Anlage.

Hinweis

Der Brunnen liegt innerhalb des Klinikparks. Man durchquert von der Pforte geradeaus den Park bis zum anderen Ende.

Matthäuskirche

Nach dem Marcolinipalais schließt sich die Matthäuskirche an. Die nach Plänen von Matthäus Daniel Pöppelmann 1728 bis 1730 errichtete schlichte Kirche wurde 1882 im Innern stark verändert. Nach ihrer Zerstörung 1945 wurden Turm und Außenfronten sowie das Dach rekonstruiert, die Innengestaltung jedoch erfolgte nach modernen Gesichtspunkten. Aus Dankbarkeit für seine Leistungen beim Bau des Gotteshauses setzte die Friedrichstädter Gemeinde Pöppelmann in der Gruft der Kirche bei.

Alter Katholischer Friedhof

→ Friedhöfe

Matthäusfriedhof

→ Friedhöfe

Ostragehege

→ dort

Zigarettenfabrik Yenidze

→ Tabakkontor

*Fürstenzug

B 2 · L 46

An der Außenseite des Langen Ganges vom Stallhof des → Schlosses befindet sich der 102 m lange Fürstenzug.
Der Gedanke, die große Wandfläche künstlerisch zu gestalten, war nicht neu, denn schon 1589 war sie mit einem Reiterzug in Kalkfarbenmalerei à la Sgraffito bemalt worden, der jedoch mehr und mehr verblichen war. Anläßlich der 800-Jahr-Feier des Fürstenhauses Wettin brachte Wilhelm Walther (1826 – 1913), Professor an der Akademie, von 1872 bis 1876 sein Bild vom Zug der Wettiner Fürsten ebenfalls in Sgraffitotechnik an der Wand an. Doch schon um 1900 zeigten sich Schäden, so daß man 1906 beschloß, das Gemälde auf Meissener Porzellankacheln zu übertragen. In der Meißner Manufaktur wurden 25000 Porzellanfliesen gebrannt und 1907 fugenlos an der 957 m² großen Fläche angebracht. Es grenzt nahezu an ein Wunder, daß ausgerechnet diese Fliesen die verheerenden Bombenangriffe von 1945 unbeschadet überstanden haben. In den Jahren 1979 und 1980 wurde das Bild gereinigt und restauriert.
Dargestellt sind insgesamt 93 Personen. Den 35 Herrschern des Hauses Wettin – Markgrafen, Herzöge, Kurfürsten und Könige (die beiden letzten sächsischen Könige Georg und Friedrich August III. kamen später hinzu) – folgen die wichtigsten Vertreter der Kunst und der Wissenschaft aus Kreuzschule, der Leipziger Universität und der Technischen Bildungsanstalt in Dresden: Walthers Lehrer Carl Peschel und Julius Hübner, den Entwurf zum Fürstenzug betrachtend, der Maler Adrian Ludwig Richter, die Bildhauer Ernst Julius Hähnel und Johannes Schilling. Wilhelm Walther selbst mit Gehilfen sowie der Direktor der öffentlichen königlichen Bibliothek, Ernst Wilhelm Förstemann, beschließen den Zug.

Lage
Augustusstraße

Straßenbahn
Hst. Theaterplatz (Linien 4, 8);
Hst. Altmarkt (Linien 1, 2, 4)

Detaillierte Abbildung mit Erläuterungen s. S. 44 – 49

Gartenpalais

→ Großer Garten

**Gemäldegalerie Alte Meister

B 2 · L 46

Die Gemäldegalerie Alte Meister ist eine der reichsten Sammlungen von Meisterwerken der europäischen Malerei des 15. bis 18. Jahrhunderts. Sie ging aus der etwa 1560 von Kurfürst August gegründeten Kunstkammer hervor. Ende des 17. Jh.s erfolgte unter August dem Starken eine systematische Erweiterung durch Ankauf von Werken vor allem italienischer und niederländischer Meister. Gesandte, Maler und Kunstkenner wurden zum Ankauf ganzer Sammlungen oder bedeutender Einzelwerke ausgeschickt. Um die Mitte des 18. Jh.s, in der Regierungszeit Augusts III., konnte die Sammlung der Wallensteinschen Galerie in Dux erworben werden, dazu Meisterwerke aus italienischem und französischem Besitz und 69 Bilder aus der kaiserlichen Galerie in Prag. 1745/1746 gelang mit dem Erwerb von 100 der wertvollsten Gemälde aus der Sammlung des Herzogs von Modena der größte und bedeutendste Ankauf. Darunter befanden sich solch einzigartige Meisterwerke der Weltkunst wie der "Zinsgroschen" von Tizian, vier Altartafeln von Corregio, Werke von Veronese, Holbein, Rubens, Velázquez u. a. Schließlich wurde 1754 auf kurfürstlichen Befehl Raffaels "Sixtinische Madonna" von der Klosterkirche San Sisto zu Piacenza erworben. Der Beginn des Siebenjährigen Krieges verhinderte weitere Ankäufe, die erst im 19. Jh. wiederaufgenommen wurden und die Sammlung bedeutend ergänzten. Sie zeichnet sich durch eine z. T. einmalige Geschlossenheit über große Zeiträume hinweg aus, vor allem bei den Werken der flämischen und holländischen Malerei des 15. bis 17. Jh.s, der italienischen Malerei des 14. bis 18. Jh.s und der spanischen und französi-

Lage
Sempergalerie am Zwinger

Straßenbahn
Hst. Postplatz (Linien 1, 2, 4, 8 11, 12);
Hst. Theaterplatz (Linien 4, 8)

Öffnungszeiten
Di. – So. 10.00 – 18.00

Eintrittsgebühr

Behinderte
Eingang durch das Kellergeschoß von der Zwingerseite

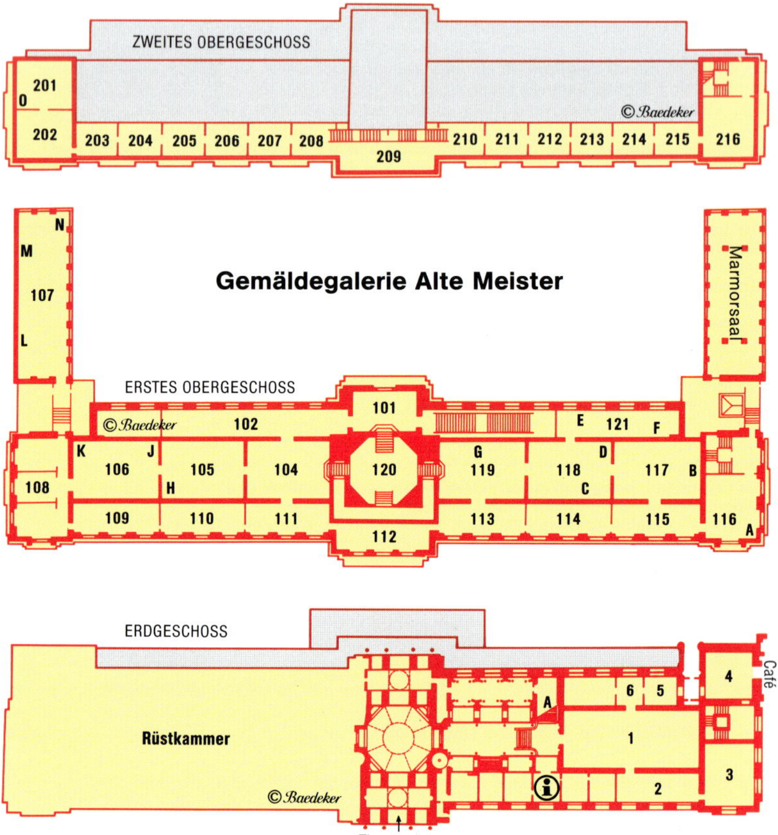

Sammlungen (Fortsetzung)

schen Malerei des 17. Jahrhunderts. Ergänzt wird das Gesamtbild durch Werke böhmischer, österreichischer und Schweizer Meister sowie durch Gobelins, Pastelle und Miniaturen und die bekannten Dresdengemälde von Canaletto (Bernardo Bellotto).

Heimstatt der Gemäldegalerie Alte Meister ist das von Gottfried Semper (→ Berühmte Persönlichkeiten) als Abschluß des → Zwingers zur Elbseite hin in das barocke Ensemble eingefügte Galeriegebäude.

Kriegsschäden

Bereits kurz vor Ausbruch des Zweiten Weltkriegs 1939 wurden die Bestände der Sammlung im Galeriegebäude deponiert. 1942 begann man mit der Auslagerung der Kunstwerke in 45 Orte Sachsens, u.a. in die Elbschlösser Dresdens. Als die Sowjetarmee immer näher an die Grenzen Deutschlands heranrückte, erging der Befehl, alle östlich der Elbe gelagerten Werke in Orte westlich der Elbe zu verbringen, wo sie in teilweise völlig unzureichenden Räumlichkeiten – so in einem stillgelegten Kalkbergwerk und einem Sandsteintunnel – deponiert wurden. Der Bombenangriff vom 13./14. Februar 1945 zerstörte sämtliche Museumsgebäude. 154 Bilder verbrannten, darunter Werke von Lucas Cranach. Durch Kriegseinwirkung gingen insgesamt 206 Gemälde verloren; die 1963 veröffentlichte Verlust-

201 Pastelle
Carriera, La Tour, Liotard

FRANZÖSISCHE MALEREI DES 18. JH.S
202 Rigaud, Silvestre, Watteau

ITALIENISCHE MALEREI DES 18. JH.S
203 Bellotto
204 Canal
205 Piazetta, Tiepolo
206 Solimena, Trevisani
207 Crespi, Magnasco

SPANISCHE MALEREI DES 16. UND 17. JH.S
208 Velázquez, Zurbarán
209 Murillo, Ribera
210 El Greco, Ribera

DEUTSCHE, SCHWEIZER, BÖHMISCHE, ÖSTERREICHISCHE UND NIEDERLÄNDISCHE MALEREI DES 17. UND 18. JH.S
211 Elsheimer, Liss
212 Mignon, Ross
213 Denner, Seyboldt
214 Dietrich, von der Werff
215 Caffé, Mengs
216 Füssli, Graff, Kauffmann

101 Entréesaal: Silvestre, Nattier
102 Bellotto gen. Canaletto

FLÄMISCHE UND HOLLÄNDISCHE MALEREI DES 17. JH.S
104 Rubens, Jordaens, Wildens
105 Rubens, van Dyck
106 Rembrandt, Bol, Gelder
108 Vermeer, Honthorst, Dou, Hobbema, Ruisdael
109 Hals, Wouverman, Heda
110 Berckheyde, Ostade, Teniers
111 Momper, Coninxloo

ALTDEUTSCHE UND ALTNIEDERLÄNDISCHE MALEREI
107 Baldung, Cranach, Dürer, Holbein, van Eyck

FRANZÖSISCHE MALEREI DES 17. JH.S
112 Lorrain, Poussin

ITALIENISCHE MALEREI DES 16. UND 17. JH.S
113 Strozzi
114 Fetti, Guercino, Reni
115 Maratti, Volterra
117 Raffael, Correggio, Andrea del Sarto, Garofalo
118 Giorgione, Tizian, Correggio, Parmigianino
119 Veronese, Tintoretto, Carracci
120 Rotunde: Carracci, Guercino, Reni

ITALIENISCHE MALEREI DES 14. UND 15. JH.S
116 Botticelli, Mantegna, Pinturicchio

VENEZIANISCHE MALEREI DES 15. UND 16. JH.S
121 Antonello, Tizian

1 Gobelinsaal: Bildteppiche nach Kartons von Raffael; Gemälde von Jordaens, Migliori, Rubens

MALEREI IN DRESDEN DER 1. HÄLFTE DES 18. JH.S
2–4 Bellotto gen. Canaletto
5 Thiele
6 Dietrich

EINIGE BEDEUTENDE WERKE

A Pinturicchio: Bildnis eines Knaben
B Raffael: Die Sixtinische Madonna
C Giorgione: Schlummernde Venus
D Correggio: Heilige Nacht
E Tizian: Der Zinsgroschen
F Antonello da Messina: Der heilige Sebastian
G Paolo Veronese: Die Hochzeit zu Kana
H Rubens: Bathseba am Springbrunnen
J Rembrandt: Ganymed in den Fängen des Adlers
K Rembrandt: Selbstbildnis mit Saskia
L Jan van Eyck; Flügelaltar
M Albrecht Dürer: Bildnis des Bernhard von Reesen
N Hans Holbein d.J.: Bildnis des Charles de Solier, Sieur de Moretta
O Jean-Etienne Liotard: Das Schokoladenmädchen

Säle 2–4: Dresden-Ansichten von Canaletto

Kriegsschäden (Fortsetzung)

liste verzeichnet weitere 507 als vermißt geltende Bilder. Die ausgelagerten Kunstwerke wurden durch sowjetische Truppen aufgespürt, in die Sowjetunion geschafft und in Museen in Moskau, Kiew und Leningrad aufbewahrt. Erst 1955 kehrten 1240 Gemälde nach Dresden zurück und konnten 1956 bzw. 1960 in die wiederaufgebaute Sempergalerie einziehen.

Renovierung der Sempergalerie

Die von 1960 an wieder vollständig zugängliche Galerie mußte 1988 aus bautechnischen Gründen geschlossen werden. Nach einer vier Jahre dauernden Renovierung, während derer ein Teil der Gemälde provisorisch im Albertinum gezeigt wurde, wurde die Sammlung Alte Meister am 5. Dezember 1992 an alter Stelle wiedereröffnet. Das Renovierungsprojekt war noch zu DDR-Zeiten begonnen worden, jedoch als direkte Folge der ökonomischen Krise nicht recht in Schwung gekommen. Nach der Wende fiel die Bauhoheit an das wiedererstandene Land Sachsen, und mit Unterstützung namhafter Experten wurden die Renovierungspläne überarbeitet und erweitert. So konnte das Gebäude für Serviceräume unterkellert werden und auch für die Bespannung der Wände der Gemäldesäle mit Stoff, entsprechend dem ursprünglichen Zustand, waren Mittel bereitgestellt. Die Galerie präsentiert sich dem Besucher nun eng angelehnt an die von Sem-

Renovierung (Fortsetzung)

per vorgenommene Ausgestaltung. Im Vestibül empfangen wieder die in den fünfziger Jahren entfernten Grisaillen und Reliefs großer Maler, die ebenso wiederhergestellt wurden wie die Ausschmückung des Treppenhauses und der Gewölbe. Das Entrée vor den Ausstellungssälen beherrschen die großen Reiterporträts der beiden Stifter August III. und August der Starke. Die Hängung der Gemälde in den annähernd wieder auf ihre ursprüngliche Höhe gebrachten Sälen entspricht im wesentlichen den Vorstellungen Sempers, insbesondere die Anordnung in zwei Reihen übereinander und die Stoffbespannung der Wände – Bordeauxrot für die Italiener, Grün für Deutsche und Niederländer, Grau für Spanier und Franzosen. Das Prunkstück der Sammlung, Raffaels "Sixtinische Madonna", erblickt man von der Rotunde in der Gebäudeachse am Ende der Säle mit italienischer Malerei, in der anderen Richtung am Ende der niederländischen Säle Rembrandts Selbstbildnis mit Saskia.

Bedeutende Werke

Im folgenden seien – als Ergänzung zum Plan auf S. 100/101 – weitere bedeutende Werke der Sammlung genannt:

Dresdner Ansichten von Canaletto

Dresden vom rechten Elbufer unterhalb der Augustusbrücke, Der Neumarkt zu Dresden vom Jüdenhof sowie zwölf weitere Dresdner Ansichten.

Italienische Malerei des 14.–16. Jh.s

Botticelli: Vier Szenen aus dem Leben des heiligen Zenobius; Correggio: Die Madonna des heiligen Franziskus; Dossi: Der Erzengel Michael; Garofalo: Athene und Poseidon; Giorgione: Schlummernde Venus; Mantegna: Heilige Familie mit Elisabeth und dem kleinen Johannes; Meloni: Ein Liebespaar; Messina: Der heilige Sebastian; Palma Vecchio: Jakob und Rahel; Parmigianino: La Madonna della Rosa; Pinturicchio: Bildnis eines Knaben; Raffael: Die Sixtinische Madonna; Tintoretto: Der Kampf des Erzengels Michael mit dem Satan in Gestalt eines Drachen, Musizierende Frauen, Die Ehebrecherin vor Christus; Romano: Die Madonna mit der Waschschüssel; del Sarto: Abrahams Opfer; Tizian: Der Zinsgroschen, Bildnis eines Malers mit einer Palme; Veronese: Die Madonna mit der Familie Cuccina, Bildnis des Alessandro Contarini.

Italienische Malerei des 17. und 18. Jh.s

Albani: Diana mit neun Nymphen und dem fliehenden Aktäon; Batoni: Die bildenden Künste; Carracci: Der Genius des Ruhmes, Thronende Madonna mit dem heiligen Matthäus; Carriera: Selbstbildnis; Crespi: Die Beichte; Dolci: Die heilige Cäcilie an der Orgel; Fetti: Das Gleichnis von den Arbeitern im Weinberg; Guercino: Der Evangelist Lukas; Piazzetta: Ein junger Fahnenträger; Reni: Thronende Maria mit drei Heiligen; Ricci: Opfer an Vesta; Strozzi: Eine Gambenspielerin.

Altniederländische und deutsche Malerei des 15.–16. Jh.s

Baldung Grien: Mucius Scaevola; Cranach d. Ä.: Katharinenaltar, Herzog Heinrich der Fromme, Adam und Eva; Dürer: Die Sieben Schmerzen der Maria, Bildnis des Bernhard von Reesen (ehem. Titel: Bildnis eines Jungen Mannes), Der Dresdner Altar; Holbein d. J.: Bildnis des Charles de Solier (Sieur de Morette), Doppelbildnis des Thomas Godsalve und seines Sohnes Sir John.

Flämische und niederländische Malerei des 17. Jh.s

Claesz: Stilleben mit hohem goldenen Pokal; Claesz Heda: Ein Frühstückstisch mit einer Brombeerpastete; van Dyck: Der heilige Hieronymus; Hals: Bildnis eines jungen Mannes in schwarzem Rock; Jordaens: Diogenes auf dem Markt; Mengs: Selbstbildnis im roten Mantel; Rembrandt: Simson, der an der Hochzeitstafel ein Rätsel aufgibt, Ganymed in den Fängen des Adlers, Saskia mit der roten Blume; Rubens: Die Alte mit dem Kohlenbecken, Bathseba am Springbrunnen; Ruisdael: Die Jagd; Vermeer van Delft: Bei der Kupplerin, Brieflesendes Mädchen am Fenster.

Raffael: "Sixtinische Madonna" ▶

Im Saal der Sixtinischen Madonna

Gemäldegalerie Alte Meister (Forts.) Pastelle

Liotard: Das Schokoladenmädchen; De La Tour: Moritz Graf von Sachsen, Marschall von Frankreich.

Französische Malerei des 17. und 18. Jh.s

Boulogne: Die Falschspieler; Lorrain: Küstenlandschaft mit Acis und Galathea; Pesne: Selbstbildnis; Poussin: Das Reich der Flora; Silvestre: Bildnis des Jean de Bodt; Subleyras: Kurprinz Friedrich Christian von Sachsen; Watteau: Das Liebesfest, Gesellige Unterhaltung im Freien.

Deutsche, böhmische, österreichische Malerei des 17.–18. Jh.s

Graff: Selbstbildnis im Alter von 58 Jahren; Heintz: Der Raub der Proserpina; Angelika Kauffmann: Dame als Vestalin; Klengel: Arkadische Landschaft; Mignon: Ein Blumen- und Früchtekranz; Thiele: Blick von den Lößnitzhöhen auf Dresden.

Spanische Malerei des 16.–17. Jh.s

El Greco: Christus heilt den Blinden; Morales: Der Schmerzensmann; Murillo: Der Tod der heiligen Clara; Ribera: Die heilige Agnes im Gefängnis; Velázquez: Bildnis eines Herrn, wahrscheinlich des königlichen Oberjägermeisters Juan Mateos.

**Gemäldegalerie Neue Meister B 3 · L 47

Lage
Albertinum

Straßenbahn
Hst. Rathenauplatz (Linien 3, 7, 9); Hst. Pirnaischer Platz (Linien 1, 2, 3, 4, 7, 9, 12)

Die Sammlung Neue Meister wurde 1931 als selbständiges Museum von der Gemäldegalerie abgetrennt. Vorausgegangen waren unter Galeriedirektor Woermann gegen Ende des 19. Jh.s getätigte systematische Ankäufe deutscher Kunst, die zu Beginn unseres Jahrhunderts durch zahlreiche Werke der europäischen Kunst des 19. und 20. Jh.s ergänzt wurden. Außer Gemälden, darunter eine hervorragende Sammlung von Werken Caspar David Friedrichs (→ Berühmte Persönlichkeiten) und anderer Maler der romantischen Schule, werden auch Skulpturen der jeweiligen Kunstepoche aus dem Besitz der Skulpturensammlung (→ Albertinum)

Öffnungszeiten
tgl. außer Do.
10.00 – 18.00

Eintrittsgebühr

1 Ackermann
2 Stella
3 Strawalde
4 Rodin
5 Morgner
6 Baumeister, Schumacher, Boštík, Weißberg, Graubner, Caro
7 Wols, Oelze, G. Richter, Szymanski, Uhlig, Göschel
8 Baselitz, Penck, Graf, Makolies, Masdorf, T. Richter
9 Canova, Schadow, Rauch, Herrmann
10 C. D. Friedrich
11 Carus, d'Angers Dahl
12 Koch, Overbeck, Schnorr, Olivier
13 Richter, Rietschel
14 Rayski, Waldmüller
15 Menzel, Spitzweg, Gille
16 Meunier, Thoma
17 Leibl, Trübner
18 Marées, Böcklin, Uhde
19 Manet, Monet
20 Rodin
21 Degas, Gauguin
22 Kuehl, Liebermann
23 Corinth
24 Slevogt, Kolbe
25 Klinger, Sterl, Lehmbruck
26 Zwintscher
27 Schmidt-Rottluff, Kirchner, Nolde
28 Feininger, Klee, Glöckner
29 Lohse, Felixmüller, Albiker, Lange
30 Dix, Hoffmann, Grundig, Marcks, Blumenthal Lachnit
31 Hegenbarth, Rosenhauer, Körnig, Wigand, Seitz, Grzimek
32 Mattheuer, Tübke, Wolff, Förster, Tucholke, Antes

Geschichte (Fortsetzung)

gezeigt. Unersetzliche Verluste erlitt die Galerie im Dritten Reich. Von den Nazis als 'Entartete Kunst' diffamiert, wurden die Bilder des Expressionismus – vor allem auch der Dresdner Künstlergmeinschaft "Brücke" – und des Kubismus entfernt und teilweise ins Ausland verkauft. Andere Kunstwerke, so von Schwind, Böcklin, Feuerbach, Maree, Rayski, Puvis de Chavannes, Klinger, Hodler, Thoma, Uhde, Liebermann und Courbet, verbrannten beim Bombenangriff am 13. Februar 1945.

Bedeutende Werke

Nach achtmonatiger Renovierung ist die Gemäldegalerie in neuer Anordnung im Juli 1993 wiedereröffnet worden. Zu den wichtigen ausgestellten Werken gehören:

Klassizisten und Nazarener

Schnorr v. Carolsfeld: Die Familie Johannes' des Täufers bei der Familie Christi; Gérard: Napoleon im Krönungsornat; Koch: Landschaft mit dem Heiligen Martin; v. Olivier: Salzburgische Landschaft, Blick vom Mönchsberg zum Untersberg; v. Vogelstein: Mädchen mit Blumenkorb; Overbeck: Germania und Italia.

Romantiker
C. D. Friedrich

Blechen: Galgenberg bei Gewitterstimmung; Carus: Eichen am Meer; Claussen Dahl: Blick auf Dresden bei Vollmondschein; Friedrich: Hünengrab im Schnee, Zwei Männer in Betrachtung des Mondes, Das Kreuz im Gebirge (Abb. S. 106).

Caspar David Friedrich: "Das Kreuz im Gebirge"

Spätromantiker Adrian Ludwig Richter	Fries: Römische Gebirgslandschaft; Leonhardi: Blick ins Elbtal; Preller d. J.: Blick von Olevano auf Civitella; Richter: Heimkehrender Harfner, Überfahrt über die Elbe am Schreckenstein bei Aussig.
Ferdinand von Rayski	Rayski: Bildnis des Louis von Schönberg; Ermordung des Thomas Becket.
Bürgerliche Realisten	Busch: Weide mit roter Kuh; Gille; Dresdner Heide; Menzel: Nachmittag im Tuileriengarten; Oehme: Steinbruch in der Sächsischen Schweiz; Scholtz: Großmutter und Enkelin; Waldmüller: Nach der Pfändung.
Deutsch-Römer u. a.	Böcklin: Der Sommertag; Feuerbach: Maria mit dem Kinde zwischen musizierenden Engeln; Marées: Frau Schäuffelchen; Thoma: Selbstbildnis.
Französische Malerei	Courbet: Landschaft; Degas: Dame mit Opernglas, Zwei Tänzerinnen; Gauguin: Zwei Frauen von Tahiti; Manet: Dame in Rosa; Monet: Seineböschung bei Lavancourt; Renoir: Bildnis eines Offiziers; Toulouse-Lautrec: Zwei Freundinnen; Van Gogh: Früchtestilleben.
Belgische Malerei u. a.	Ensor: Stilleben mit Rotkohl; Laermans: Das Abendgebet; Meunier: Der Puddler; Paál: Ein sonniges Haus am Waldessaum.
München · Heimatmalerei um 1900	Bantzer: Hessische Bäuerin; Hegenbarth: Kunstreiterin; Leibl: Bauernmädchenkopf, Bildnis Baron Stauffenberg; Schuch: Rhododendronkorb; Trübner: Mädchen mit gefalteten Händen; Uhde: Bayrische Trommler.
Jugendstilmalerei	Hodler: Bildnis Madame de R.; v. Hofmann: Frauen am Wasser; Klimt: Birkenwald; Klinger: Kolosseum in Rom; Stuck: Tanzende Salome; Vogeler: Träume; Zwintscher: Die Gattin des Künstlers, Gold und Perlmutter.

Gemäldegalerie Neue Meister (Fortsetzung) Deutsche Impressionisten und Expressionisten

Beckmann: Bildnis der Gräfin S. v. Hagen; Corinth: Walchensee, Serpentine, Modellpause, Freundinnen; Feininger: Nächtliche Straße; Friesz: Ideale Landschaft; Kokoschka: Mädchen mit Blumen im Haar; Kuehl: Pariser Kai; Liebermann: Bildnis Alfred von Berger; Nolde: Segler im Gelben Meer; Purrmann: Südfranzösische Landschaft; Schmidt-Rottluff: Nach dem Bade, Die Tänzerin Pawlowa, Seeräuber; Sterl: Kalmückenboot auf der Wolga.

Malerei zwischen den Weltkriegen

Dix: Triptychon Der Krieg, Frau mit Kind; Ehmsen: Der Maler und sein Modell; Felixmüller: Bildnis Jutta; Grundig: Das Tausendjährige Reich.

Deutsche Nachkriegskunst

War die Nachkriegskunst zu DDR-Zeiten fast ausschließlich durch die sog. proletarisch-revolutionäre Malerei im Stil des sozialistischen Realismus aus der DDR und anderen sozialistischen Ländern vertreten, hat man nun diese Gemälde weitgehend in das Magazin verbannt und ein Nebeneinander von deutscher Kunst (Ost) und deutscher Kunst (West) versucht – u. a. mit Werken von Morgner, Girke, Baselitz, Mattheuer, Tübke und Wolff.

Plastiken

Unter den den Gemälden beigestellten Plastiken aus der Skulpturensammlung findet man u. a. folgende Künstler:
Rauch, Thorvaldsen, Rietschel, Drake, Volksmann, Hildebrand, Meunier, Kolbe, Daumier, Rodin, Degas, Lehmbruck, Barlach, de Fiori, Albiker, Marcks, Sintenis, Scharf, Seitz, Hoffmann und Cremer.

Gewandhaus B 3 · L 47

Lage
Ringstraße 1

Das Gewandhaus wurde in den Jahren 1768 bis 1770 nach Entwürfen von Johann Friedrich Knöbel (1724 – 1792) für die Gewandschneider errichtet, deren altes Zunfthaus neben der Frauenkirche im Siebenjährigen Krieg von

Das Gewandhaus erstrahlt in neuem Glanz

Gewandhaus (Fortsetzung)

Straßenbahn
Hst. Pirnaischer Platz (Linien 1, 2, 3, 4, 7, 9, 12)

der preußischen Artillerie schwer beschädigt worden war und 1761 abgerissen werden mußte. In seiner Architektur mischen sich spätbarocke und frühklassizistische Elemente, was besonders in der relativen Schmucklosigkeit und der gleichmäßigen Lisenengliederung der Fassade zum Ausdruck kommt. Im Jahr 1925 zog die Stadtbank in das Gebäude ein, das 1945 bis auf die Außenmauern zerstört und in den Jahren 1965/1966 wiederaufgebaut wurde. Damals kamen ein Atrium und ein Anbau an der Nordseite hinzu; nach neuerlichen Renovierungsarbeiten ist es jetzt in ein Luxushotel der Radisson-Gruppe umgewandelt.

*Dinglinger-Brunnen

Aus dem zerstörten Wohnhaus Johann Melchior Dinglingers (⟶ Berühmte Persönlichkeiten), Goldschmied Augusts des Starken, stammt der an der Rückfront des Gewandhauses eingebaute barocke Brunnen mit einem von Delphinen getragenen Muschelbecken, den aus Konsolen wachsenden Putten, dem als Männerkopf ausgebildeten Schlußstein und der doppelt geöffneten Muschel mit Perle. Es handelt sich dabei um den ersten Innenhofbrunnen Dresdens (entstanden nach 1718).

Gänsediebbrunnen

Die Gewandhausstraße und die parallel dazu verlaufende Weiße Gasse sind heute Fußgängerpassagen mit Geschäften. In der Weißen Gasse hat der von Robert Diez (1844 – 1922) 1878 geschaffene Gänsediebbrunnen, der bis 1945 auf dem Ferdinandplatz stand, einen neuen Standort gefunden. Dargestellt ist nach einer Episode aus dem 16. Jh. Thomas Blatter, fahrender Student und Gänsedieb.

Goldener Reiter

⟶ Neustädter Markt

Graupa

Ausflugsziel

Lage
unweit südöstlich von Pillnitz

Anfahrt
Straßenbahn Linien 6, 12 bis Schillerplatz/ Loschwitz, dann Bus 85 via Pillnitz

Kurz hinter der südöstlichen Stadtgrenze bei ⟶ Pillnitz liegt der Richard-Wagner-Ort Graupa. Richard Wagner (⟶ Berühmte Persönlichkeiten), seit 1843 Hofkapellmeister in Dresden, hatte sich im Sommer 1846 auf ein Graupaer Gehöft zurückgezogen, um am "Lohengrin" zu arbeiten. 1907 wurde hier eine kleine Gedenkstätte mit dem Namen 'Lohengrin-Haus' eingerichtet, 1982 erfolgte der Ausbau zum Richard-Wagner-Museum (Richard-Wagner-Straße, Öffnungszeiten: Di. – So. 9.00 – 16.00 Uhr), in dem das Leben, die künstlerische Entwicklung und das Wirken des Musikdramatikers in seiner Dresdner Zeit dargestellt werden. Zudem veranstaltet das Museum in regelmäßigen Abständen Sonderausstellungen und Konzerte.

***Lochmühlenweg**

Dem Museum gegenüber beginnt der Lochmühlenweg, der zu Wagners Lieblingswegen gehörte. Gleich an dessen Anfang steht ein monumentaler Kopf Wagners in Bronze von Richard Guhr (1873 – 1956). In 1½ Stunden Fußweg gelangt man durch das Wesenitztal und den noch immer wildromantischen Liebethaler Grund zur Lochmühle.

Richard-Wagner-Denkmal

Kurz vor dieser, inmitten des Liebethaler Grunds, erhebt sich ein Wagnermonument aus Bronze, 1933 zum 50. Todestag des Musikers als das erste in Sachsen errichtete Wagner-Denkmal eingeweiht. Der Wagner-Interpretation der damaligen Zeit folgend, stellte Richard Guhr – der das Denkmal aus eigener Tasche finanzierte – den Komponisten im mystischer Verklärung als Gralshüter dar.

Lochmühle

Am Ende des Wanderwegs steht die Lochmühle, eine Wassermühle und seit langem Gaststätte. Richard Wagner schätzte diesen Ort als sehr angenehme Verweilstätte und hat hier im Garten ebenfalls an seinem "Lohengrin" gearbeitet.

*Großer Garten M/N 46–48

Von den 21 Dresdner Parks ist der Große Garten der schönste und mit einer Fläche von rund 2 km^2 auch der größte. Die Dresdner schätzen ihn als ein Erholungsgebiet mit vielfältigen Freizeitmöglichkeiten: Hier befinden sich der Zoo, der Botanische Garten, eine Freilichtbühne, das Parktheater am Palaisteich, das Puppentheater Sonnenhäusel und die Parkeisenbahn. Angrenzend liegen die → Bürgerwiese, der Blüher-Park, das → Deutsche Hygiene-Museum, das Georg-Arnhold-Bad und das Rudolf-Harbig-Stadion. In der Nordwestecke entsteht bis Mitte 2000 anstelle der alten Ausstellungshallen die 'Gläserne Manufaktur' der Volkswagen AG.

Lage
südöstlich vom Altstadtzentrum

Straßenbahn
Hst. Straßburger Platz (Linien 1, 2, 4, 10, 12, 13); Hst. Hygienemuseum (Linien 10, 13); Hst. Lennéplatz (Linien 9, 11, 13); Hst. Comeniusplatz (Linien 1, 2), Hst. Zoo oder Querallee (Linien 9, 13)

Der Große Garten ist kulturhistorisch als barockes Gesamtkunstwerk und als bedeutende Anlage der Landschaftsarchitektur von besonderem Wert. Seine Anfänge gehen in das Jahr 1676 zurück, als Kurfürst Johann Georg II. einen ersten, noch kleineren Garten anlegen ließ, in dem zwei Jahre später mit dem Bau des Großen Palais begonnen wurde. August der Starke sorgte für die Erweiterung auf die heutige Größe nach Plänen von Johann Gottfried Karcher (1650–1726), der den Versailler Garten als Vorbild nahm und für die Wegeführung der großen Alleen verantwortlich zeichnete. Zur Ausschmückung des Parks ließ der Kurfürst zahlreiche Plastiken anfertigen oder im Ausland erwerben, von denen heute allerdings nur noch wenige vorhanden sind, insbesondere da die Preußen im Siebenjährigen Krieg viele zerschlugen oder abtransportierten. Ein Befehl des russischen Gouverneurs Fürst Repnin-Wolkonski machte den Großen Garten im Jahr 1814 der Öffentlichkeit zugänglich. Seine Gestalt als englischer Landschaftsgarten erhielt er ab 1873 durch Friedrich Bouché (1850–1933).

Gartenpalais

Mittelpunkt des Großen Gartens ist das Gartenpalais mit dem dahinterliegenden Palaisteich (1715) und den Kavaliershäusern. Das Gartenpalais

"Die Zeit entführt die Schönheit": Skulptur vor dem Gartenpalais

Gartenpalais (Fortsetzung)

wurde 1678 bis 1683 nach Entwürfen von Johann Georg Starcke (1640 bis 1695) auf H-förmigem Grundriß nach dem Vorbild französischer Schlösser errichtet, auch die Tradition italienischer Villen und deutscher Lusthäuser hat Pate gestanden. Es ist der früheste Barockbau in Sachsen und ein bedeutendes Beispiel des frühen deutschen Barock überhaupt. Der reiche plastische Schmuck und die Skulpturen stammen von Jeremias und Konrad Max Süssner, Abraham Conrad Buchau, Markus Conrad Dietze sowie George und Pauls Heermann. Das Palais war nie bewohnt, sondern als reiner Lustbau gedacht, und diente später bis zu seiner Zerstörung 1945 als Altertumsmuseum. Seit 1984 wird an der Rekonstruktion gearbeitet.

Kavaliershäuser

Von den ursprünglich acht Kavaliershäusern, 1684 bis 1690 ebenfalls nach Entwürfen von J. G. Starcke errichtet, haben vier die Zeit überstanden.

Alleen

Die beiden großen Alleen der Längsachse, die Hauptallee und die Herkulesallee, werden am Palais von der Querallee gekreuzt. Von der Hauptallee zweigt die Südallee ab.

*Skulpturen

Hauptallee und Herkulesallee waren im 18. Jh. von zahlreichen Skulpturen gesäumt. Vom Schmuck der Hauptallee blieben am Westeingang zwei Vasen mit Allegorien der vier Elemente bzw. der vier Kontinente, vor dem Gartenpalais die beiden Kentaurengruppen "Eurythos und Hippodamia" und "Nessus und Deianira", vor dem Gartenpalais "Die Zeit entführt die Schönheit" von Pietro Balestra, am Palaisteich die 1722 erworbene 'Üppigkeitsvase' mit der geflügelten Psyche und Szenen aus dem Leben Alex-

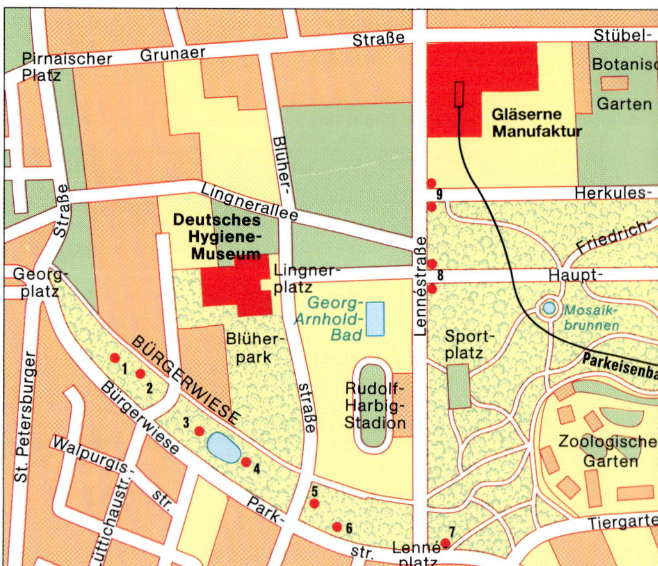

1 Mozartdenkmal (1907, v. Herrmann Hosaeus; 1991 rest.)
2 Henkelvase
3 "Venus und Amor" (1886, v. Heinrich Bäumer)
4 "Zwei Mütter" (1902, v. Heinrich Epler)
5 Nymphenbrunnen (1908, v. Bruno Fischer)
6 Otto-Ludwig-Denkmal (1911, v. Arnold Kramer)
7 Siegfrieds Tod (1936, v. Weschke)
8 Allegorische Vasen (18. Jh., Corradini)
9 "Herkules mit der lernäischen Schlange" und "Ruhender Herkules" (18.Jh., Permoserwerkstatt)

Skulpturen (Fortsetzung)

anders des Großen, allesamt geschaffen von Antonio Corradini († 1752), sowie das Osttor mit der Gruppe "Venus und Adonis" und "Meleager und Atalante" (1719) von Johann Christian Kirchner (1691 – 1732); von den ursprünglich zwölf Herkulesskulpturen aus der Werkstatt Permosers an der Herkulesallee sind am Westeingang "Herkules mit der Lernäischen Schlange" und "Der Ruhende Herkules" sowie am Osteingang "Herkules und Drache im Garten der Hesperiden" und "Herkules mit Busiris" geblieben. Das Südtor der Querallee flankieren zwei Sandsteinlöwen von Gottlob Christian Kühn (1780 – 1828), die bis 1863 die Freitreppe an der → Brühlschen Terrasse bewachten.

Parkeisenbahn

Großen Spaß bereitet eine Fahrt mit der Parkeisenbahn, die auf einer Strecke von 5,6 km Länge den Großen Garten durchquert und in vier Bahnhöfen hält. Ihre Lokomotiven sind Miniaturausgaben von Dampf- und E-Loks. Schaffner, Bahnhofsvorsteher und Kartenkontrolleure sind allesamt Kinder, nur der Lokomotivführer ist ein 'Großer', und man erhält noch 'richtige' Fahrkarten, die selbstverständlich mit der Lochzange geknipst werden. Die Bahn fuhr erstmals 1931 anläßlich der großen Internationalen Hygiene-Ausstellung. Nach dem Krieg wurde sie 1950 mit veränderter Streckenführung wieder in Betrieb genommen (April – Okt. tgl. 10.00 bis 18.00, Sa. 12.00 – 19.00 Uhr).

Parktheater

Das heutige Parktheater am Palaisteich erlebte 1719 im Beisein von August dem Starken als 'Naturtheater' seine erste Aufführung. Drei Skulp-

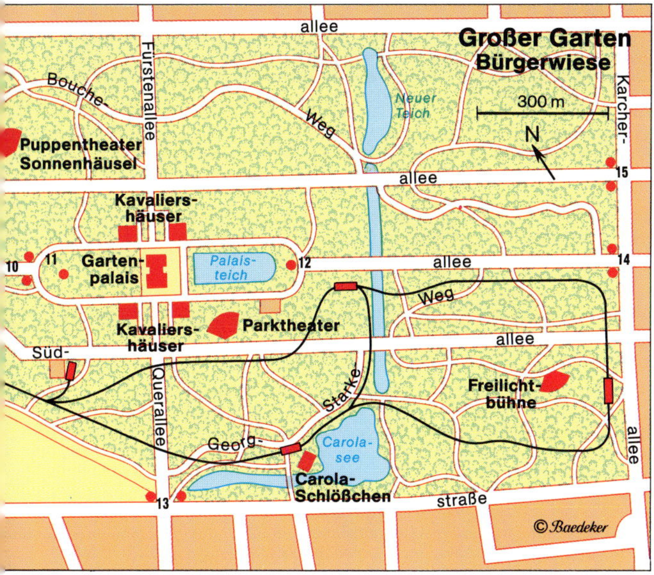

10 Kentaurengruppe: "Eurythos und Hippomia", "Nessus und Deianira" 18. Jh., v. Antonio Corradini)
11 "Die Zeit entführt die Schönheit" (18. Jh., v. Pietro Balestra)
12 Üppigkeitsvase (1722, v. Antonio Corradini)
13 Südeingang mit Sandsteinlöwen
14 Östliches Haupttor: "Meleager und Atalante", "Venus und Adonis" (1719, v. Johann Christian Kirchner)
15 "Herkules und Drache im Garten der Hesperiden" und "Herkules mit Busiris" (18. Jh., Permoserwerkstatt)

Nur der Lokführer ist ein 'Großer' bei der Parkeisenbahn

Parktheater (Fortsetzung)

turengruppen aus der Permoser-Werkstatt stellen Dyonisos, Satyr und Faun, den Festlichkeiten beiwohnend, dar. Im Sommer veranstalten verschiedene Dresdner Theater hier Freilichtaufführungen.

Puppentheater Freilichtbühne

Nördlich der Herkulesallee liegt das Puppentheater Sonnenhäusel, in dem regelmäßig gespielt wird. In der Freilichtbühne im Südosten des Parks finden im Sommer ebenfalls regelmäßig Veranstaltungen statt.

Carolasee

Auf dem 1881 angelegten Carolasee kann man im Sommer rudern und im Winter Schlittschuhlaufen. Die frisch renovierte Gaststätte 'Carolaschlößchen' am Ufer ist ein sehr beliebter Sommertreffpunkt.

Botanischer Garten · Gläserne Manufaktur M 47

Lage
Stübelallee 2

Straßenbahn
Hst. Straßburger Platz (Linien 1, 2, 4, 10, 13, 26, 42)

Der 3,25 ha große Botanische Garten im Nordwesten des Großen Gartens gehört zur ⟶ Technischen Universität. Vordem auf den Resten der alten Befestigungsanlagen, wurde er an seinem heutigen Standort von 1889 bis 1892 durch Prof. Dr. Oskar Drude angelegt. Im Februar 1945 völlig zerstört, konnte er 1950 wiedereröffnet werden. Er beherbergt im Freiland und in den Gewächshäusern geographisch geordnet die Pflanzenwelt der gemäßigten subtropischen und tropischen Zonen der Erde (Öffnungszeiten: April – Sept.: Freiland tgl. 8.00 bis 18.00, Gewächshäuser 10.00 bis 18.00 Uhr; im Winter eingeschränkt).

Gläserne Manufaktur

Auf dem an den Botanischen Garten angrenzenden ehemaligen Gelände der Ausstellungshallen glitzert nun die 'Gläserne Manufaktur' der Volkswagen AG. Diese Autofabrik setzt neue Maßstäbe, denn tatsächlich sieht der Entwurf des Architekten Gunter Henn eine völlig transparente Außenstruktur vor, die das Beobachten des Fertigungsprozesses von der Straße aus ermöglicht. Produziert werden soll hier – in Handarbeit – das zukünftige

Großer Garten, Gläserne Manufaktur (Forts.)

VW-Spitzenmodell 'Concept D', eine Luxuslimousine zum Preis von ca. 150000 DM – dafür darf der Kunde auch die Herstellung seines Wagens persönlich und direkt am Band verfolgen. Wer sich solch ein Auto nicht leisten kann, kann sich wenigstens an Fahrsimulatoren, im Kugelkino, im Restaurant und in einer audiovisuellen Show vergnügen.
Das Kugelkino zitiert das von 1928 bis 1938 im Ausstellungsgelände existierende Dresdner Kugelhaus von Peter Birkenholz (1876–1961), das die Nazis wegen seiner 'undeutschen' Architektur abreißen ließen.

Zoologischer Garten

N 47

Der im südlichen Teil des Großen Gartens gelegene Zoo wurde 1861 gegründet und ist damit einer der ältesten deutschen Tiergärten. Die Anlage wurde 1945 fast vollständig zerstört – nur neun Tiere überlebten die Bombenangriffe – doch in wenigen Jahren konnten neue Tierhäuser errichtet werden. 1999 sind ein neues Afrikahaus und eine neue Tundra-Anlage eröffnet worden.

Öffnungszeiten
Sommer:
8.30–18.30
Winter:
8.30–16.30

Großsedlitz

Ausflugsziel

In Großsedlitz, 16 km südöstlich von Dresden, erstreckt sich auf einem Hügel oberhalb der Elbe bei Heidenau einer der vollkommensten sächsischen Barockgärten. Zunächst war es Graf Wackerbarth (1662–1734), der von 1719 an nach Plänen von Johann Christoph Knöffel das Gelände bebauen und den Park gestalten ließ. Nachdem August der Starke 1723 den Besitz erworben hatte, wurden auch Matthäus Daniel Pöppelmann und Zacharias Longuelune (1669–1748) hinzugezogen, womit die drei damals besten Baumeister Dresdens als die Schöpfer der Anlage gelten

Lage
elbaufwärts
bei Heidenau

S-Bahn
Heidenau (S 1)

Bus
Dresden–Pirna

Im Barockgarten Großsedlitz: Stille Musik, Hufeisenparterre und Untere Orangerie

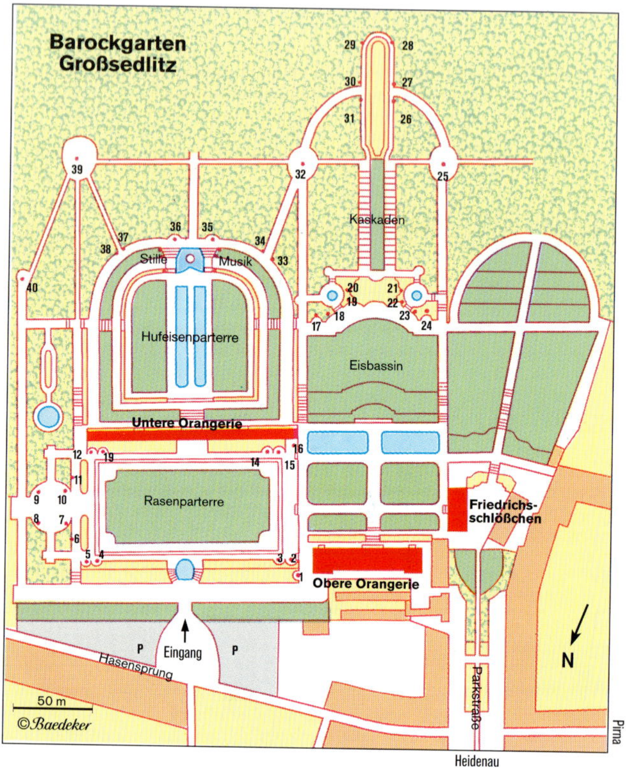

SKULPTUREN

1 Andromeda
2-5, 12-15 Göttin der Früchte (Pomona) und der Blumen (Flora)
6 Venus (Aphrodite)
7 Victoria (Nike)
8 Fischfang
9 Diana (Artemis)
10 Hygieia
11 Diana
16 Melpomene
17 Keyx und Halkyone
18 Meleagros und Atalante
19 Apollo und Daphne
20 Narkissos und Echo
21 Orpheus und Eurydike
22 Pan und Syrinx
23 Amor und Psyche
24 Bacchus und Ariadne
25 Juno (Hera)
26 Amerika
27 Afrika
28 Luft und Erde
29 Feuer und Wasser
30 Asien
31 Europa
32 Rhea (Kybele)
33 Herbst
34 Sommer
35 Juno (Hera)
36 Jupiter (Zeus)
37 Frühling
38 Winter
39 Herkules (Herakles)
40 Merkur (Hermes)

Geschichte (Fortsetzung)

können, Longuelune aber der eigentliche Garten zu verdanken ist. 1732 wurden die Arbeiten wieder eingestellt, so daß nur ein geringer Teil der Pläne verwirklicht werden konnte, doch auch so beeindruckt der Garten durch seine Weite, die durch die sanft geschwungenen Hänge einen besonderen Reiz gewinnt. Die Anlage hat sehr gelitten. Zunächst wüteten 1756 die Preußen, und auch 1813 war der Garten umkämpft. Danach verwahrloste er bis 1846. Die Restaurierung der übriggebliebenen Skulpturen, der Freitreppe und der Orangerie geschah 1861. 1872 bis 1874 wurde das alte Schloß durch das weit kleinere Friedrichsschlößchen ersetzt. Eine umfassende Restaurierung erfolgte nach 1960, dabei wurden das Tor mit Delphinbrunnen (etwa 1780) von der Hofseite des Dresdner → Landhauses hierhergebracht und in den Eingang eingefügt.

Großsedlitz (Fortsetzung) Gebäude

Die Obere Orangerie ist ein Entwurf Knöffels und entstand unter dem Bauherrn Graf Wackerbarth. Das Friedrichsschlößchen wurde anstelle der ehemaligen dreiflügeligen Friedrichsburg erbaut und beherbergt heute ein Restaurant. Die Untere Orangerie ist ein eindrucksvoller Flachbau mit langgestreckter Fenstergalerie, entworfen von Longuelune.

**Barockgarten

Seine eigentliche Schönheit verdankt Großsedlitz aber seinem mit Skulpturen üppig geschmückten Barockgarten. Allerdings sind von den einst 360 Skulpturen nur 52 erhalten geblieben. Zu ihren Schöpfern zählten Johann Christian Kirchner (1691–1732) mit den "Vier Jahreszeiten", Benjamin Thomae (1682–1751) mit den Figurengruppen antiker Liebespaare am Fuß der Kaskade und François Coudray (1678–1727) mit den beiden Sphingen. Besonders harmonisch ist die 'Stille Musik', eine barocke Treppenanlage mit geschwungenen Balustraden und Puttengruppen in lebhaft bewegter Formensprache – daher wohl der Name. Es gilt heute als gesichert, daß sie von Pöppelmann entworfen wurde. Auf dem davor liegenden Hufeisenparterre feierte der Orden vom Weißen Adler seine Feste; das Stück zwischen den beiden Wasserbassins diente als Schießbahn.

Veranstaltungen

In den Sommermonaten finden in der außergewöhnlichen Kulisse des Gartens Konzerte und Freilichtaufführungen statt.

**Grünes Gewölbe B 3 · L 47

Teilausstellung im Albertinum

Straßenbahn Hst. Rathenauplatz (Linien 3, 7, 9) Hst. Pirnaischer Platz (Linien 1, 2, 3, 4, 7, 9, 12,)

Öffnungszeiten tgl. außer Do. 10.00–18.00

Eintrittsgebühr

Die Schatzkammersammlung 'Grünes Gewölbe' zeigt Pretiosen aus dem Besitz der Wettiner. Sie verdankt ihren bis heute gebräuchlichen Namen der kurfürstlichen 'Geheimen Verwahrung', einem Raum mit grün gestrichenen Wänden im Westflügel des Schlosses, in dem Staatsdokumente, Geld und Juwelen verwahrt wurden und der seit dem 16. Jh. wohl schon von den Schloßbewohnern 'Grünes Gewölbe' genannt wurde. Aus diesem Bestand, aus der Kunstkammer und aus der Silberkammer stellte August der Starke eine laufend ergänzte Sammlung zusammen, die in eben jenem Gewölbe 1723/1724 erstmals der Öffentlichkeit präsentiert wurde und von 1730 an in insgesamt acht Räumen zu sehen war. Diese von Matthäus Daniel Pöppelmann gestalteten Räume waren in der Bombennacht des 13. Februar 1945 schwer beschädigt worden; die Sammlung hatte man jedoch 1942 bereits ausgelagert, fiel bei Kriegsende in die Hände sowjetischer Truppen und kehrte 1958 nach Dresden zurück. Derzeit ist etwa die Hälfte der Schätze in vier Räumen im → Albertinum zu sehen. Nach Abschluß der Rekonstruktionsarbeiten am → Schloß soll das 'Grüne Gewölbe' wieder in seine angestammten Räume zurückkehren.
Neben Spitzenleistungen des deutschen, französischen und italienischen Kunsthandwerks enthält die Sammlung auch Skulpturen solcher Meister wie Balthasar Permoser, Giovanni da Bologna und Adriaen de Vries. Fast unglaublich erscheinen die Verschiedenartigkeit der Schmuckgefäße, Trinkgefäße, Schmuckkästen, Spiegel, Uhren, Figürchen, Brillantgarnituren (mit dem größten grünen Brillanten der Welt) u.a. sowie die Phantasie, mit der auch die Auswahl des verwendeten Materials getroffen wurde.

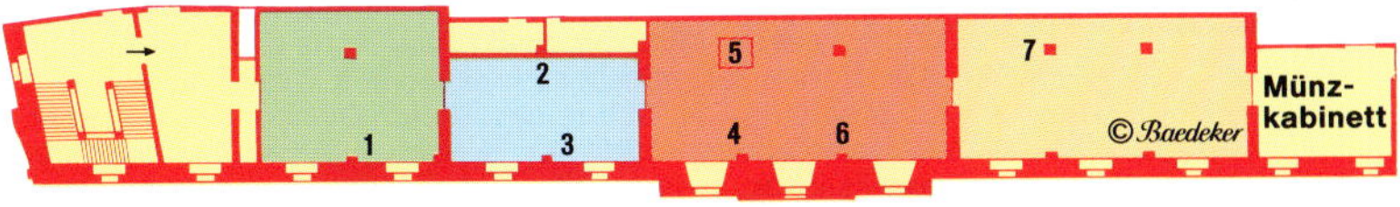

Grünes Gewölbe im Albertinum

1 Silberwand
2 Elfenbeinwand
3 Kaminsims und Florentinische Tischplatte (um 1700)
4 Goldenes Kaffeezeug (Dinglinger, 1701)
5 Zierschale "Bad der Diana" (Dinglinger und Permoser, 1704)
6 "Hofstaat zu Dehli ..." (Dinglinger, 1701–1708)
7 Kirschkern mit 185 geschnitzten Köpfen (um 1589)

Grünes Gewölbe (Fortsetzung)

Dinglinger/ Permoser: Mohr mit Smaragdstufe (1724)

Der Grüne Raum ist vor allem dem Bestand an Silber-, Halbedelstein- und Kristallgefäßen vorbehalten. Besonders beeindrukkend ist die Silberwand.

Im Blauen Raum sind geschnitzte und gedrechselte Elfenbein- und Bernsteinstücke sowie sehr schöne italienische Steinschnittwerke zu sehen.

Der Rote Raum präsentiert Pretiosen und Kabinettstücke aus dem 18. Jahrhundert. Herausragend sind die Werke von Johann Melchior Dinglinger (⟶ Berühmte Persönlichkeiten) und seiner Werkstatt. Dinglinger begründete Ende des 17. Jh.s die berühmte Schule der Dresdner Juwelierkunst. Sein frühestes nachweisbares Werk, "St. Georg im Kampf mit dem Drachen" von 1694, ist aus Goldguß, emailliert und mit Smaragden und Diamanten besetzt. Aus der Vielzahl seiner Arbeiten heben sich weiterhin heraus das "Bad der Diana" (1704), das goldene Kaffeeservice für August den Starken (1701) und das größte Werk, der "Hofstaat von Delhi am Geburtstag des Großmoguls Aureng Zeb" mit 137 goldenen, farbig emaillierten Figuren. 3000 Diamanten, Rubine, Smaragde und Perlen haben Dinglinger, sein Bruder und 14 Gehilfen in sieben Jahren (1701 bis 1708) verarbeitet, und August der Starke mußte dafür 58 485 Taler – 16 485 Taler mehr als für den Rohbau von Schloß ⟶ Moritzburg – aus seiner Schatulle nehmen (Abb. S. 20/21). Sehr originell sind auch die kleinen lustigen Figuren aus unregelmäßigen Perlen, Gold und Edelsteinen.

Im Gelben Raum sind die Juwelengarnituren der sächsisch-polnischen Könige sowie Ketten, Ringe und Anhänger der Kurfürsten zu sehen

Auf den Gelben Raum folgen die Sammlungen des Münzkabinetts (⟶ Albertinum).

Hauptbahnhof

⟶ Prager Straße

*Hellerau B 47/48

Lage
am nördlichen Stadtrand

Straßenbahn
Hst. Hellerau (Linie 8)

Dresden-Hellerau ist die erste deutsche Gartenstadt. Ihre Entstehung verdankt sie einer Initiative des sozialpolitisch engagierten Möbelfabrikanten Karl Schmidt (1873 – 1948) und des liberalen Politikers Wolf Dohrn (1878 bis 1914). Schmidt, der seit 1898 in seinen 'Deutschen Werkstätten für Handwerkskunst' in Dresden-Laubegast als erster preiswerte Einzel- und Serienmöbel in einfachem und sachlichem Stil herstellte und damit bahnbrechend für die moderne Möbelproduktion war, hatte diese 1907 mit den Münchner Werkstätten zusammengeschlossen und in die Gemeinde Hellerau verlegt. Zusammen mit Dohrn, dem ersten Direktor des Deutschen Werkbundes, wollte er das Projekt der Einheit von Arbeit Wohnen, Natur und Kultur verwirklichen, in dem Wohn-, Fabrik-, Kultur- und Versorgungsgebäude in ein harmonisches Gesamtkonzept eingebunden sind.

Richtungsweisende Architektur

Für den Gesamtbebauungsplan war Richard Riemerschmid (1861 – 1957) gewonnen worden. Im Jahr 1910 entstanden die neuen funktionellen Fabrikgebäude im Südosten Helleraus. Für die Mitarbeiter der Werkstätten

Richtungsweisende Architektur (Fortsetzung)

wurden zunächst Einfamilien-Reihenhäuser mit Gärten, insgesamt 340 Wohnungseinheiten, gebaut. Eine eigens gegründete Baugenossenschaft verhinderte jegliche Spekulation. Die gesamte Anlage der Gartenstadt – den Reihenhäusern folgten Häuser in freier Bauweise – paßte sich den natürlichen landschaftlichen Gegebenheiten an und erhielt damit ihre malerische Form. Als weitere führende Architekten der Werkbundbewegung waren neben Riemerschmid Heinrich Tessenow (1876–1950) und Hermann Muthesius (1861–1957) in Hellerau tätig: Von Muthesius stammt die Bebauung 'Am Dorffrieden', von Tessenow diejenige entlang des Heidewegs, von Riemerschmid die Wohnhausgruppe am Markt, wo auch eine Wirtschaft, die Apotheke und die Post stehen. War der Markt der Mittelpunkt des täglichen Lebens in Hellerau, so war das Festspielhaus, 1910 bis 1912 mit dem davorliegenden Festplatz nach Entwürfen von Tessenow errichtet, als geistiger und kultureller Mittelpunkt für die Bewohner gedacht. Vor allem das Festspielhaus ist durch seine monumental-einfache Bauweise in die Architekturgeschichte eingegangen.

Fassadenschmuck am Kaffee Hellerau

Hellerau (Fortsetzung) Reformbewegung

Hellerau war aber nicht nur ein städtebauliches, sondern auch ein gesellschaftliches Ereignis zu Beginn des 20. Jh.s; war es doch zu einem Zentrum der bürgerlichen Reformbewegung geworden. Bis in die zwanziger Jahre zog es linksgerichtete progressive Künstler, Dichter und Verleger an, darunter 1912 den Genfer Musikpädagogen Emile Jaques-Dalcroze (1856 – 1950) mit seiner Tanzschule, an der Mary Wigman (⟶ Berühmte Persönlichkeiten) Schülerin war, weshalb es auch als Wiege des modernen Ausdruckstanzes gilt; im Festspielhaus tanzte auch die Pawlowa, der junge Max Reinhardt machte hier erste Regiearbeiten, Jakob Hegner gab in Hellerau gemeinsam mit Paul Adler die "Neuen Blätter" heraus.

Hellerau heute

Im Jahre 1950 wurde Hellerau nach Dresden eingemeindet, die Tradition der Möbelfabrikation besteht – bescheidener – bis in die Gegenwart fort; ein Möbelmuseum wurde eröffnet (Voranmeldung Tel. 8838202.) Nachdem es zu DDR-Zeiten keine Beschäftigung mit der Gartenstadt-Bewegung gab, lebt der Geist der Hellerau-Bewegung wieder etwas auf. In zwei renovierten Pensionshäusern von Tessenow ist ein Dokumentationszentrum des Deutschen Werkbunds eingerichtet. Auch ein Kulturprogramm wird wieder durchgeführt. Das Festspielhaus, schon von den Nazis zur Kaserne umfunktioniert, war nach dem Zweiten Weltkrieg von der sowjetischen Armee bzw. später von den GUS-Streikräften belegt und bis zu deren Abzug öffentlich nicht zugänglich. Es bedarf einer gründlichen Sanierung, ist aber bereits wieder Veranstaltungsort.

**Hofkirche (Ehem. Katholische Hofkirche) B 2 · L 46

Lage
zwischen Theaterplatz und Schloßplatz

Straßenbahn
Hst. Theaterplatz (Linien 4, 8); Hst. Postplatz (Linien 1, 2, 4, 8 12)

Führungen
Mo. – Do. 14.00, Fr. 13.00 u. 14.00, So. 13.00

Die ehemalige Katholische Hofkirche am ⟶ Theaterplatz hat als letzte große Leistung des römischen Barock in Europa bauhistorische Bedeutung für Sachsen und Italien. Mit 4800 m² Grundfläche ist sie die größte Kirche in Sachsen.
Seit August der Starke 1697 zum Katholizismus übergetreten war, konnten die Kurfürsten inmitten ihres ansonsten protestantischen Landes nur unzureichend ihren Glauben praktizieren, da die alte evangelische Hofkirche, die Sophienkirche, ihnen nun versperrt war. Nach provisorischen Lösungen beschloß man den Bau einer repräsentativen neuen Hofkirche, zugleich Kirche aller Dresdner Katholiken. Dieser begann 1738 unter Friedrich August II., nach dessen Willen der Brückenkopf der Augustusbrücke und damit die den Elbraum beherrschende Position als Standort der neuen Kirche bestimmt wurde. Den Auftrag erhielt der römische Architekt Gaetano Chiaveri (1689 – 1770), der 1743 jedoch Dresden verließ und von Sebastian Wetzel und Johann Christoph Knöffel abgelöst wurde, dem nach seinem Tod wiederum Julius Heinrich Schwarze (1706 – 1775) nachfolgte. Die im Rohbau fertige Kirche erhielt 1751 ihre Weihe; erst 1755 war sie vollendet. An Baukosten waren ca. eine Million Taler ausgegeben worden. Anerkennung als Kirche und damit das Geläute erhielt sie erst 1806 mit der Erhebung Sachsens zum Königreich; die Glocken wurden 1807 von den Brüdern Weinhold gegossen. 1980 wurde die Hofkirche zur Kathedrale Sanctissimae Trinitatis des Bistums Dresden/Meißen erhoben.
Aufgrund der baulichen Einordnung in die Festungswerke verläuft die Längsachse der Kirche nicht in der üblichen Ost-West-Richtung, sondern von Nordosten nach Südwesten, wodurch sie im Stadtensemble einen zusätzlichen Akzent setzt. Die Baumeister schufen eine dreischiffige Sandsteinbasilika mit einem filigranen, teilweise freistehenden Turm, der mit den Türmen von ⟶ Frauenkirche und ⟶ Schloß die Stadtsilhouette hervorragend bereicherte. Er wurde später auf heute 85,50 m erhöht. Das 52,50 m lange Mittelschiff ist mit 32 m deutlich höher als die Seitenschiffe, in deren Ecken jeweils eine Kapelle eingebaut ist. Ihr charakteristisches Aussehen verleihen der Hofkirche neben dem Turm die 78 Heiligenstatuen

Ein filigraner Akzent in der Dresdner Stadtsilhouette: die Hofkirche ▶

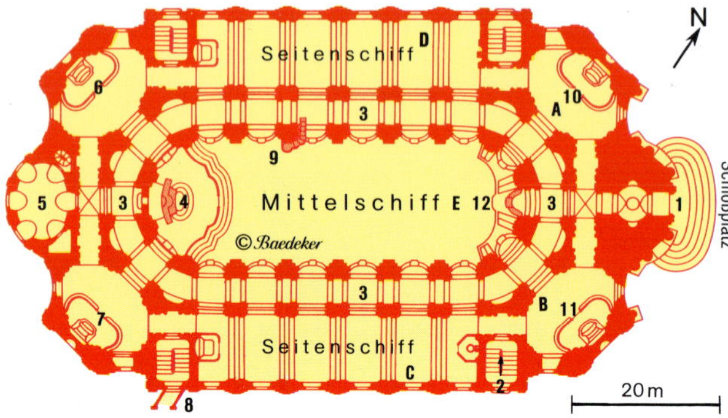

Kathedrale Sanctissimae Trinitatis des Bistums Dresden/Meißen

Ehemalige Katholische Hofkirche

1 Haupteingang (geschlossen)
2 Seiteneingang (Zugang)
3 Zweigeschossiger Prozessionsumgang
4 Hochaltar mit Gemälde "Christi Himmelfahrt" von A. R. Mengs (1751)
5 Sakristei
6 Kreuz-Kapelle
7 Sakraments-Kapelle
8 Verbindungsbrücke zum Schloß
9 Permoser-Kanzel (1722)
10 Gedächtniskapelle (ehem. Nepomuk-Kapelle)
11 Benno-Kapelle
12 Silbermannorgel (urspr. von 1753)

Unterirdische Grufträume
(im Rahmen einer Kirchenführung zugänglich)

A Stiftergruft
B Königsgruft
C Große Gruft
D Neue Gruft
E Gruft des Bistums Dresden-Meißen

Außenansicht (Fortsetzung)

von Lorenzo Matielli (1688–1748), davon 59 auf Balustraden, die in Überlebensgröße den Bau umsäumen, u.a. an der Turmfront die Evangelisten und die Apostel mit den vier Kardinaltugenden. In der Nordwestecke verbindet ein neobarocker, brückenartiger Übergang (von Gustav Frölich, 1858–1933) die Hofkirche mit dem Schloß, der 1897 im Zuge der letzten Schloßerneuerung anstelle eines älteren angebracht wurde.

Innenraum

Die auffällige Besonderheit des Innenraums der Hofkirche ist der zwischen Haupt- und Seitenschiffen eingefügte doppelgeschossige Prozessionsumgang, der notwendig war, da im protestantischen Sachsen katholische Prozessionen außerhalb des Gotteshauses nicht erlaubt waren.
Die von Chiaveri vorgesehene Innenausstattung, insbesondere ein illusionistisches Deckengemälde, kam nicht zur Ausführung. Mindestens 18 Altäre wurden in der Hofkirche aufgestellt. Deutsche, französische und italienische Maler wirkten bis in die siebziger Jahre des 18. Jh.s und faßten mit ihren illusionistischen Malereien zusammen, was von Kunsthandwerkern geschaffen wurde. Bei dem verheerenden Bombardement des Jahres 1945 brannte das Innere gänzlich aus, die Gewölbe stürzten großenteils ein und auch die Umfassungsmauern wurden teilweise stark beschädigt; lediglich der Turm blieb unversehrt. Im Zuge der Restaurierung erfolgte die Wiederherstellung der Kapellen: Die Benno-Kapelle blieb dabei allerdings ohne Kuppelfries; die Kreuz-Kapelle mit den Altargemälden von Charles Hutin war 1970 wiederhergestellt; die Nepomuk-Kapelle, heute mit einer Pietà und einem Altar aus Meissener Porzellan von Friedrich Press (1904 bis 1990), wurde 1973 zu einer Gedächtniskapelle für die Opfer der Dresdner Bombennacht und für die Opfer von Gewaltherrschaft umgewidmet; 1982 schließlich war die Restaurierung der Sakraments-Kapelle mit den Malereien Stefano Torellis vollendet. Prunkstücke der Innenausstattung sind aber das Hochaltargemälde "Die Himmelfahrt Christi" (1751) von Anton Raphael Mengs (1728–1779) und die aus der alten provisorischen

Verspieltes Rokoko: Permosers Kanzel in der Hofkirche

Innenraum der Hofkirche (Fortsetzung)

*Kanzel

Kirche übernommene Kanzel (1722) von Balthasar Permoser (→ Berühmte Persönlichkeiten). Weiterhin beachtenswert die Orgel, eine der letzten Arbeiten von Gottfried Silbermann (→ Berühmte Persönlichkeiten) mit dem rekonstruierten Orgelprospekt von Johann Joseph Hackl († 1785), darunter der hl. Augustin und der hl. Ambrosius von Permoser, das über 4 m hohe Kruzifix auf dem Altar vom Augsburger Silberschmied Ignatz Bauer, das Altargemälde der alten Hofkirche von Antonio Pellegrini (1675–1741) im Prozessionsumgang hinter dem Hauptaltar sowie die Weihwasserbecken (um 1750) der Brüder Aglio.

Gruft

Die nur im Rahmen einer Führung zugängliche Gruft war die Grablege der katholischen Wettiner. In vier Grufträumen sind 47 Angehörige des sächsischen Fürstengeschlechts begraben, darunter: in der Stiftergruft Kurfürst Friedrich August II. († 1763) mit seiner Gemahlin Maria Josepha von Habsburg († 1757), darüber die Kapsel mit dem Herzen Augusts des Starken, der als polnischer König im Krakauer Dom beigesetzt wurde; in der Königsgruft der Dante-Übersetzer König Johann († 1873) in einem prächtigen Bronzesarkophag; in der Neuen Gruft Friedrich August III. († 1932), der letzte sächsische König. Die beiden Christusstatuen von Permoser befanden sich ehemals in der Kapelle des → Taschenbergpalais.

Konzerte

In der Hofkirche werden auch Konzerte gegeben (→ Praktische Informationen, Musik); Orgelvespern Mai–Okt. Mi. 11.45, Sa. 16.00 Uhr.

Hosterwitz (Stadtteil) O/P · 53/54

Lage
am östlichen Stadtrand

Das 1406 erstmals erwähnte Dorf Hosterwitz ist heute ein Stadtteil Dresdens, zeigt aber noch immer ländlichen Charakter. Anziehungspunkte sind hier vor allem die Schifferkirche 'Maria am Wasser' und die Gedenkstätte für Carl Maria von Weber. Man erreicht Hosterwitz mit dem Bus Nr. 85.

Bescheidenes Barock: Schifferkirche Maria am Wasser in Hosterwitz

Schifferkirche Maria am Wasser

Lage
Kirchgasse

Die kleine, durch ihre Einfachheit anmutig wirkende Kirche am Elbufer wurde um 1500 als spätgotische Hallenkirche erbaut und erhielt 1774 über dem Westgiebel den barocken Dachreiter mit Turmzwiebel. Auch das Kircheninnere mit Flachdecke, Empore und Logen über der Sakristei ist schlicht. Auf dem Friedhof sind etliche Grabdenkmale aus dem 18. und 19. Jh. sehenswert. Ihre Bezeichnung als 'Schifferkirche' verdankt die Kirche den Schiffern und Kähneziehern, die hier an der Elbfurt ihre Fracht umladen mußten und die Gelegenheit auch gleich zum Gebet nutzten.

Werkstatt Mattielli

Anschrift
Laubegaster Str. 2

Nahe bei der Schifferkirche kaufte sich der Hofbildhauer Lorenzo Mattielli (1688–1748), seit 1738 in Dresden, im Jahr 1745 das damals größte Gehöft von Hosterwitz und richtete sich hier seine Werkstatt ein. In dieser schuf er viele seiner 78 Heiligenstatuen für die ⟶ Hofkirche. Nach Mattiellis Tod war von 1749 bis 1752 zunächst Graf Brühl Besitzer des Gutes, der hier eine Fabrikation von Schnupf- und Rauchtabak betreiben ließ. In den Jahren 1755 bis 1800 arbeitete eine kurfürstliche Seidenmanufaktur mit eigener Raupenzucht auf dem Anwesen.

Carl-Maria-von-Weber-Museum

Anschrift
Dresdner Str. 44

In diesem typisch sächsischen Winzerhaus, das dem Winzer Gottfried Felsner gehörte, fand der Hofkapellmeister und Direktor der neugegründeten Deutschen Oper Carl Maria von Weber (⟶ Berühmte Persönlichkeiten) vor allem in den Sommermonaten der Jahre 1818/1819 und 1823/1824 die für sein Schaffen notwendige Ruhe. So entstanden hier wesentliche Teile des "Freischütz", die Oper "Euryanthe" und die "Aufforderung zum Tanz". Das Haus, die einzige nach dem Zweiten Weltkrieg erhaltene Dresdner Wohnung Webers, wurde 1930 vom Landesverein Sächsischer Heimatschutz erworben, der die bereits bestehende Gedenkstätte erweiterte; anläßlich des 150. Todestages des Komponisten im Jahre 1975 erfolgte nochmals eine grundlegende Renovierung. Seitdem wird das Haus als Museum und Forschungsstätte sowie als Veranstaltungsort für Konzerte (u.a. im hübschen Garten) und Vorträge genutzt. Ein Besuch führt durch Webers Wohn- und Arbeitsräume, in denen Notenschriften und reichhaltige Bild- und Textdokumente zu Leben und Werk des Künstlers zu sehen sind. Das Denkmal Carl Maria von Webers steht auf dem ⟶ Theaterplatz; begraben ist er auf dem Alten Katholischen Friedhof (⟶ Friedhöfe).

Gedenkstätte Carl Maria von Weber in Hosterwitz (Fortsetzung)

Öffnungszeiten
Mi.–So.
13.00–18.00

Keppmühle

Eine weitere Erinnerungsstätte an den Musiker ist die 1781 erbaute Keppmühle. An der früheren Gaststätte weist eine Gedenktafel darauf hin, daß Weber gern hier weilte. Ein schöner Spaziergang (ca. 20 Minuten) führt vom Weberhaus durch den kühlen bewaldeten Keppgrund zur Mühle.

Lage
Keppgrund

Keppschloß

Auffällig durch seine im Tudorstil gestaltete Fassade (Waldemar Hermann, 1834) ist das Gebäude Dresdner Straße 99. Einst dem Grafen Brühl gehörend, erwarb in den siebziger Jahren des 18. Jh.s Graf Marcolini das Schloß und ließ es in eine Einflügelanlage umbauen.

Anschrift
Dresdner Str. 99

Wasserwerk

Nach der Jahrhundertwende ließ die Stadt Dresden von dem 1905 bis 1914 als Stadtbaurat wirkenden Hans Erlwein (1872–1914) das Wasserwerk in einfachem Jugendstil errichten (1905–1908). Von Erlwein stammen u.a. auch der Reicker Gasbehälter, der große Speicher (⟶ S. 180) sowie das Gaststättengebäude 'Italienisches Dörfchen' (⟶ Theaterplatz).

Lage
Wasserwerkstr.

*Jägerhof (Museum für Volkskunst) A 3 · K/L 47

Der Jägerhof ist eines der wenigen Gebäude aus vorbarocker Zeit, das in Dresden zumindest zum Teil erhalten geblieben ist. Als Kurfürst August 1568 die Jägerei nach Altendresden (heute Dresden-Neustadt) verlegte, fand er in der Wirtschaftsanlage des aufgegebenen Klosters der Augustiner-Eremiten von 1541 geeignete Gebäude vor. Diese wurden 1582 bis 1611 erweitert und 1617 unter Kufürst Johann Georg I., dem man nachsagt, er hätte seine größten Leistungen auf dem Gebiet der Jagd vollbracht, vollendet. Der Chronist Iccander rühmte "das große und trefflich ausmöblierte Jägerhaus" als eines der sieben Wunder Dresdens. Mit dem Bau der Jagdschlösser verlor der Jägerhof an Bedeutung und diente schließlich von 1830 bis 1877 als Kavalleriekaserne. Danach wurden die meisten Gebäude abgerissen, der Rest verfiel.

Lage
Köpckestr. 1

Straßenbahn
Hst. Carolaplatz
(Linien 3, 7,, 8, 9)

Museum für Volkskunst

Der schönste Teil des Jägerhofs, der Westflügel aus dem Jahre 1617 mit dem reichverzierten Renaissancegiebel und den drei Treppentürmen, blieb jedoch verschont, da ihn 1913 Professor Oskar Seyffert (1862–1940) vor dem Abriß rettete und zur Heimstatt der von ihm 1897 begründeten volks-

Öffnungszeiten
Di.–So.
10.00–18.00

Eintrittsgebühr

Jägerhof, Museum für Volkskunst (Fortsetzung)

kundlichen Sammlungen, zum ersten deutschen Volkskundemuseum, ausbauen ließ. 1945 war der Bau ausgebrannt, nach dessen Wiederaufbau öffnete das Museum 1950 mit einem Großteil seiner Bestände, die rechtzeitig ausgelagert werden konnten, wieder seine Pforten.
Die Ausstellungsräume erstrecken sich über zwei Etagen. Exponate sind die mannigfaltigsten und verschiedenartigsten Schöpfungen überwiegend sächsischer Volkskunst. So sieht man im Erdgeschoß bemalte Möbel wie Schränke, Truhen und Betten sowie Hausrat wie Brautschachteln, Leuchter, Kupfer-, Keramik- und Zinngeschirr; im Obergeschoß sind sächsische und sorbische Trachten, Spitzen- und Klöppelarbeiten, erzgebirgische Schnitzereien, Weihnachtsberge und -pyramiden, Spielzeug und bergmännische Volkskunst ausgestellt. Regelmäßige Sonderausstellungen widmen sich einer breiteren und vertiefenden Darstellung einzelner Zweige der sächsischen Volkskunst.

*Japanisches Palais — A 2 · K 46

Lage
Palaisplatz

Straßenbahn
Hst. Palaisplatz
(Linien 4, 9)

Direkt am damaligen Weißen Tor, am Endpunkt der vom Schwarzen Tor kommenden Neuen Königstraße, ließ Graf Flemming 1715 am Neustädter Elbufer von Johann Rudolf Faesch das 'Holländische Palais' erbauen, das seinen Namen nach dem holländischen Gesandten van Cranenberg erhielt, der es zunächst bewohnte. Im Jahr 1717 erwarb August der Starke das Palais, um darin seine Porzellansammlung und andere Spezialsammlungen der Kunstkammer unterbringen zu können. In den nächsten Jahren folgte die üppige Ausstattung mit ostasiatischem Porzellan, was das Palais zu einer der Hauptattraktionen bei den prunkvollen Hochzeitsfeierlichkeiten des sächsischen Kurprinzen mit der Habsburger Kaisertochter im Jahr 1719 machte. Unter der Leitung Pöppelmanns begann man 1728, das Gebäude zu einer Vierflügelanlage zu erweitern. Nach wie vor für die

Gartenfront des Japanischen Palais

Baugeschichte (Fortsetzung)

Aufnahme der Porzellansammlungen bestimmt, sollte dieser Zweck nach dem Umbau auch äußerlich erkennbar sein, was u. a. die chinesischen Hermen (von Johann Christian Kirchner) aus Sandstein zeigen, die den Innenhof umrahmen und das Gebälk an den Seitentreppen der Erdgeschoßhalle tragen. Weitere Formen und Motive wie die der japanischen Architektur entlehnte geschweifte Dachkonstruktion, gaben dem Palais seine charakteristische Gestalt und letztlich den Namen. Der Plan Augusts des Starken, die Innenausstattung vollständig aus Porzellan fertigen zu lassen, scheiterte am Geldmangel, doch erinnert das Relief von Johann Benjamin Thomae (1733) über dem Portikus noch an den Traum vom Porzellanschloß: die sächsischen und ostasiatischen Porzellanhersteller huldigen der Saxonia. Die Fassade des Palais konnte erst 1736, nach dem Tode Augusts des Starken, fertiggestellt werden. Den Innenausbau überließ Friedrich August II. nun seinen Premierministern, den Grafen Sulkowski und Brühl.

Chinesenherme im Innenhof

Im Siebenjährigen Krieg als Heulager mißbraucht – die Sammlungen waren im Untergeschoß sicher verwahrt – erfolgte 1785/1786 eine Sanierung und Umgestaltung durch Gottlob August Hölzer. Zu dieser Zeit war am sächsischen Hof die ‘Chinesenmode’ nicht mehr gefragt, die klassische Antike gewann an Bedeutung, und so hielt das Skulpturenkabinett mit seinen fast 400 Exponaten Einzug im Palais. Damals erhielt das Haus endgültig seine neue Bestimmung, festgehalten in einer Inschrift auf dem Architrav der Vorhalle: “MUSEUM USUI PUBLICO PATENS” (Museum zu öffentlichem Nutzen). Im Zuge der Neugestaltung für die Antikensammlung gestaltete Gottfried Semper neue Schauräume, deren Polychromie antiken Vorlagen nachempfunden war, und schuf damit eine Einheit von Kunsthandwerk und Museumsraum. Die Überführung der Sammlung ins ⟶ Albertinum leitete die Auflösung des Semperschen Werks ein. Erst 1927 bis 1935, bei den Vorarbeiten für den Umbau zur Sächsischen Landesbibliothek, wurden die reizvollen Malereien wieder freigelegt.

Im Zweiten Weltkrieg fiel fast die Hälfte des Buchbestandes den Flammen zum Opfer, das Palais selbst wurde stark beschädigt. Die Ruine konnte 1953 durch das Landesmuseum für Vorgeschichte übernommen und schrittweise wieder nutzbar gemacht werden. Die Rekonstruktion der Innenräume ist bis heute noch nicht völlig abgeschlossen, so daß das Landesmuseum für Vorgeschichte und das Staatliche Museum für Völkerkunde, das sich ebenfalls hier befindet, ihre Objekte nur sehr eingeschränkt präsentieren können. Neben der Nutzung als Museumsgebäude öffnet das Palais seine Pforten auch anderen kulturellen Aktivitäten: die Dresdner Akademie für Alte Musik veranstaltet hier ihre Seminare und konzertiert mit Schülern und Dozenten; im Hof finden u. a. Aufführungen des Theaters der Jungen Generation statt.

Landesamt für Archäologie mit Landesmuseum für Vorgeschichte
(Di. – So. 10.00 – 17.00)

Nach dem neuen sächsischen Denkmalschutzgesetz obliegt dem Landesamt für Archäologie, dem das Landesmuseum für Vorgeschichte angegliedert ist, der Schutz der archäologischen Bodendenkmäler. Diese Aufgabe umschließt die Erfassung, Dokumentierung und – bei Gefährdung – die Bergung des archäologischen Kulturguts. Das Museum zeigt wechselnde Sonderausstellungen zur Archäologie Mitteleuropas und präsentiert die Ergebnisse der archäologischen Denkmalpflege in Sachsen.

Staatliches Museum für Völkerkunde

Das Museum für Völkerkunde entstand aus dem 1875 gegründeten Königlichen Zoologischen und Anthropologisch-Ethnographischen Museum. Grundlage der ethnographischen Sammlung war jedoch die ‘Indianische

Japanisches Palais, Völkerkundemuseum (tgl. außer Fr. 10.00 – 17.00)

Cammer' der 1560 von August I. gegründeten Kurfürstlichen Kunst- und Raritätenkammer. Die umfangreichen Bestände umfassen Stücke aus fast allen wichtigen Kulturregionen der Erde, ein Schwerpunkt aber sind Ozeanien und die malaiische Inselwelt. Hinzu kommt eine anthropologische Sammlung, deren Grundstock von Carl Gustav Carus (⟶ Berühmte Persönlichkeiten) zusammengetragene Schädel und Gipsabgüsse waren. Auch hier gibt es derzeit keine Dauerausstellung; Teile der Bestände werden jedoch in Wechselausstellungen gezeigt (Eintrittsgebühr).

***Parkanlagen**

Der einst reich mit Skulpturen geschmückte französische Garten des Japanischen Palais war eine der wirkungsvollsten barocken Gartenanlagen an der Elbe. Pöppelmann, dem die Leitung des Projekts oblag, nutzte die Elbe als Wasserstraße, um sie gemäß dem Wunsch Augusts des Starken dem Canale Grande Venedigs vergleichbar zu machen. In der Mittelachse des Palais führte eine Freitreppe zum Gondelhafen, der allerdings nie ganz vollendet wurde. Im Nordwestteil des Parks sind noch die Reste einer Wallbastion erhalten, letztes Zeugnis der vormaligen Befestigungsanlagen. Vom Garten des Japanischen Palais genießt man den berühmten 'Canaletto'-Blick auf die Silhouette der Dresdner Altstadt.

Denkmal König Friedrich Augusts I.

Vor dem Palaisgarten steht auf einem Sockel von Gottfried Semper das Denkmal des seit 1806 ersten Königs von Sachsen, Friedrich August I. (als Kurfürst Friedrich August III.), der von 1763 bis 1824 regierte. Es ist das früheste Werk Ernst Rietschels (1843). Dessen bürgerliches Denken ausdrückend, zeigt es den Herrscher mit Buch und Zepter, sinnend den Kopf geneigt, auf dem Thron sitzend, am Sockel die Symbolfiguren der Milde, der Gerechtigkeit, der Frömmigkeit und der Weisheit. Bis 1928 hatte das Denkmal seinen Platz im Zwingerhof.

*Johanneum (Verkehrsmuseum) B 2 · L 46

Lage
Augustusstr. 1

Straßenbahn
Hst. Altmarkt (Linien 1, 2, 4)

Das Johanneum wurde als Stallgebäude unter Kurfürst Christian I. von 1586 bis 1591 im Renaissancestil errichtet, wahrscheinlich nach Plänen von Giovanni Maria Nosseni (1544 – 1620). Durch mehrere Umbauten in den folgenden Jahrhunderten verlor der Bau jedoch weitgehend seinen Renaissancecharakter, insbesondere durch die in zwei Etappen (1722 bis 1729 und 1744 – 1746) durch Georg Maximilian von Fürstenhoff (1686 bis 1753) und Johann Christoph Knöffel vorgenommene Umwandlung zur Gemäldegalerie, deren herausragende Änderungen ein zusätzliches Geschoß und die Reihe großer Fenster der jetzigen Hauptfront wurden. Die doppelläufige Freitreppe wurde bereits 1729 angebaut. Vom ursprünglichen Bauwerk blieben lediglich die zwei seitlichen Portale erhalten.
Von 1722 bis zur Eröffnung der Sempergalerie 1855 beherbergte das Gebäude die kurfürstliche Bildergalerie. In den Jahren 1872 bis 1876 erfolgte durch Karl Moritz Haenel (1809 – 1880) erneut ein Umbau in Formen der Neorenaissance, um nunmehr als 'Johanneum' (nach König Johann) das Historische Museum aufzunehmen. Nach 1945 wurde das Johanneum als einziges Gebäude des völlig zerstörten ⟶ Neumarkts wiederaufgebaut und 1956 als Verkehrsmuseum eröffnet.

*Schöne Pforte

An der Westseite des Johanneums befindet sich die um 1555 für die Schloßkapelle von Giovanni Maria da Padua und Hans Walther II. geschaffene 'Schöne Pforte', von Kunsthistorikern als edelste, schönste und vollkommenste Portalgestaltung der deutschen Renaissance eingeschätzt. Nach Auflassung der Schloßkapelle stand das Sandsteinportal 1738 bis 1864 an der Sophienkirche, seit 1872 am Jüdenhof. Nach seiner Beschädigung 1945 konnte es bisher bis auf die mit reicher Schnitzerei verzierte Eichenholztür und die drei das Portal einst bekrönenden Freiplastiken wiederhergestellt werden. Das Portal wird von je zwei korinthischen Säulen flankiert. In den Nischen stehen links Johannes der Täufer und der Evangelist Johannes, rechts Moses und Petrus. Das Relief im Mittelfeld der Attika

Fassade des Johanneums vom Neumarkt gesehen

Schöne Pforte (Fortsetzung)

stellt die Auferstehungsgeschichte dar, daneben stehen als Nischenfiguren Jesaja und Paulus. Im Zuge des Wiederaufbaus des Residenzschlosses wird das restaurierte Portal wieder seinen Platz an der historischen Schloßkapelle erhalten.

Türkenbrunnen

Der heute vor dem Johanneum stehende Türkenbrunnen war ursprünglich als Friedensbrunnen nach dem Dreißigjährigen Krieg auf dem → Neumarkt aufgestellt worden (1649). Die ihn bekrönende Friedensgöttin Irene wurde 1683 nach der siegreichen Rückkehr von Kurfürst Johann Georg III. aus dem Türkenkrieg gegen die Victoria C. Max Süssners ausgetauscht; der Brunnen erhielt eine neue Inschrift. Mit Errichtung des Denkmals für König Friedrich August II. auf dem Neumarkt wurde der Türkenbrunnen 1866 an seinen jetzigen Standort am ehemaligen Jüdenhof versetzt.

Verkehrsmuseum

Öffnungszeiten
Di. – So.
10.00 – 17.00

Eintrittsgebühr

Das Verkehrsmuseum Dresden – dessen Vorläufer das ehemalige Sächsische Eisenbahnmuseum war – gehört zu den meistbesuchten Museen der Stadt. In seinen ständigen Ausstellungen, aber auch durch wechselnde Sonderausstellungen, dokumentiert es die Geschichte und Entwicklung aller Verkehrszweige wie Eisenbahnwesen, Kraftverkehr, Luftverkehr, Städtischer Nahverkehr sowie Binnen- und Seeschiffahrt anhand von Originalfahrzeugen, einer Dokumentensammlung, Blechspielzeug, Uniformen und Münzen. Darüber hinaus gibt es eine umfangreiche Bibliothek,

Eisenbahnen

Herausragend ist u. a. die Sammlung historischer Eisenbahnfahrzeuge, die einen Überblick über das Eisenbahnwesen von 1835 bis heute bietet. Älteste der im Original gezeigten Dampflokomotiven ist die 1861 in Chemnitz gebaute 'Muldenthal'. Sie war 91 Jahre lang im Zwickauer Kohlebergbau in Betrieb und ist die drittälteste Lok in Deutschland. Weiterhin ist die 1899

Oldtimer im Verkehrsmuseum

Johanneum, Verkehrsmuseum (Fortsetzung)

bei Siemens & Halske konstruierte erste Drehstromversuchslok der Welt zu sehen. Zu den ausgestellten Nahverkehrsmitteln gehören u. a. ein Decksitzer-Pferdebahnwagen der Großen Berliner Pferdeeisenbahn von 1890 und die ältesten erhaltenen sächsischen Straßenbahntriebwagen.

Kraftverkehr

Die Abteilung Kraftverkehr zeigt Oldtimer und moderne Autos. Neugestaltet wurde die Ausstellungsfläche für Lkw und Motorräder, wo es u. a. den ersten verkehrstauglichen Daimler-Lkw und das fünfsitzige Böhmerland-Langtourenmobil von 1927 zu bestaunen gibt.

Luftverkehr

In der Abteilung Luftverkehr wird der Bogen vom Freiballon zum modernen Weltluftverkehr gespannt. Herausragende Exponate sind u. a. der berühmte Eindecker von Hans Grade (1879 – 1946) im Original und ein Nachbau des Lilienthalgleiters von 1894.

Schiffahrt

In der Schiffahrtsabteilung gibt es neben der Vielzahl von Schiffsmodellen auch Informationen zur Kettenschleppschiffahrt auf der Elbe.

Karl-May-Museum

⟶ Radebeul

Kasematten (Festung Dresden) B 2/3 · L 46/47

Eingang
Georg-Treu-Platz

Daß die ⟶ Brühlsche Terrasse von einem weitläufigen Kasemattensystem durchzogen war, war seit langem bekannt. Einige der Gänge nutzte man als Lagerräume, doch ehrenamtliche Forschungsarbeiten in den sechziger

Jahren wurden nach kurzer Zeit untersagt, so daß erst 1990 wieder die genaue, wiederum ehrenamtliche Erkundung beginnen konnte. Seitdem sind die Kasematten auch für die Öffentlichkeit wieder zugänglich.
Die ersten Arbeiten zu einem elbseitigen Befestigungssystem begannen 1519 bis 1529 unter Herzog Georg und wurden von 1547 an unter Herzog Moritz fortgesetzt. 1556 waren das Ziegeltor – als Stadttor unter den Wällen hindurch – und die Kleine Bastion fertiggestellt. Mit dem Bau des hohen Zeughauses allerdings, das die Mauern überragte, waren neue, größere Bastionen erforderlich, die von 1590 an von Paul Buchner erbaut wurden. Bei einem Gang durch das unterirdische System bewegt man sich im wesentlichen in diesen Räumen. Man kommt dabei zum Ziegeltor, vor dem eine Brücke über den Festungsgraben führte, zu den drei zur Elbe liegenden Bastionen von Paul Buchner, zur Kleinen Bastion von 1553 und durch ein kleines Tor mit eingeritzten Hochwassermarken aus drei Jahrhunderten zum Großen Hof. Dieser ist heute mit einer Betondecke verschlossen.

Kasematten (Fortsetzung)

Straßenbahn
Hst. Rathenauplatz (Linien 3, 7, 9); Hst. Pirnaischer Platz (Linien 1, 2, 3, 7, 9, 12)

Eintrittsgebühr

Öffnungszeiten

Führungen von 45 Min. Dauer werden angeboten April – Okt. tgl. 10.00 bis 17.00, Nov. – März tgl. 10.00 – 16.00 Uhr.

Kathedrale

⟶ Hofkirche · Kathedrale

Königstein

⟶ Sächsische Schweiz

Kraszewski-Gedenkstätte J 48

Der polnische Schriftsteller Józef Ignacy Kraszewski (1812 – 1887) spielte eine bedeutende Rolle beim Kampf um die nationale Einheit Polens nicht nur als Literat, sondern auch als aktiver Teilnehmer der Revolution von 1830. Nach dem Aufstand von 1863 mußte er nach Dresden fliehen und wurde 1876 sächsischer Staatsbürger. Kraszewski gilt – was die Zahl der von ihm veröffentlichten Bücher betrifft (über 600) – als der produktivste Autor der Weltliteratur. In seinem Wohnhaus wurde 1960 in Gemeinschaftsarbeit mit dem Adam-Mickiewicz-Literaturmuseum in Warschau eine Gedenkstätte eingerichtet. Sie gibt einen Einblick in die polnische Geschichte und Kultur im 19. Jh. und bewahrt die Erinnerungen an die vielfachen geistig-kulturellen und politischen Beziehungen zwischen Dresden und Polen. In drei Räumen mit zeitgenössischen Möbeln, Kunstwerken, Erstausgaben und Dokumenten werden Leben und Werk des Schriftstellers vorgestellt, vor allem seine Romane, die den Beziehungen zwischen Sachsen und Polen zur Zeit Augusts des Starken und seines Sohnes (Trilogie "Der Siebenjährige Krieg", "Gräfin Cosel" und "Brühl") gewidmet sind. Der vierte Raum widmet sich polnischen Emigranten wie Tadeusz Kosciuzsko und Adam Mickiewicz, die in Dresden Zuflucht fanden.

Lage
Nordstr. 28

Straßenbahn
Hst. Nordstraße (Linie 11)

Öffnungszeiten
Mai – Okt.:
Do. – So.
10.00 – 18.00

*Kreuzkirche B 2 · L 46

Die Kreuzkirche ist die Hauptkirche der Stadt und seit Jahrhunderten Heimstätte des weltberühmten Dresdner Kreuzchors. Der heutige Kirchenbau hatte drei Vorgänger an diesem Standort und ist das einzige historische Gebäude am ⟶ Altmarkt. Um 1200 war die Nikolaikirche, eine

Lage
Ostseite des Altmarkts

Baugeschichte (Fortsetzung)

romanische Basilika, errichtet worden. Diese erhielt die 1319 erstmals genannte Kreuzkapelle angebaut, um einen bereits 1234 gestifteten Splitter vom Kreuze Christi aufzubewahren. Seit dieser Zeit ist nur noch von der 'Kreuzkirche' die Rede. Die zweite Kreuzkirche (1447–1449) brannte bereits 1491 weitgehend nieder. Auf ihren Grundmauern entstand 1492 bis 1499 die dritte Kreuzkirche, die mit der Reformierung Dresdens Pfarrkirche wurde. Dieser Bau, aufgrund seiner hervorragenden Wirkung von Canaletto häufig gemalt, fiel 1760 dem Beschuß preußischer Truppen zum Opfer. Ihr Renaissanceturm stürzte fünf Jahre später ein.

Straßenbahn
Hst. Altmarkt
(Linien 1, 2, 42)

Die vierte Kreuzkirche wurde 1764 bis 1792 nach Plänen von Johann Georg Schmid (1707–1774) und Christian Friedrich Exner (1718–1798) gebaut. Von Gottlob August Hölzer (1744 bis 1814) stammt der Entwurf des 94 m hohen Turms, der sich in einfacherer Form demjenigen der → Hofkirche anpaßt. Nach einem Brand im Jahre 1897 weitgehend zerstört, wurde die Kirche bis 1900 durch Rudolf Schilling und Julius Gräbner neobarock wiederaufgebaut. Im Februar 1945 brannte die Kreuzkirche aus und verlor viele ihrer Ausstattungsgegenstände; das Geläut – das zweitgrößte in Deutschland nach demjenigen des Kölner Doms – allerdings überstand den Brand unbeschadet. Von 1946 bis 1955 erfolgte unter der Leitung von Fritz Steudtner zunächst die interimistische Erneuerung, die äußeren Rekonstruktionsarbeiten dauerten bis 1982. Heute präsentiert sich die Kirche äußerlich in der von Schmid und Exner geprägten Form mit geschlossen wirkender spätbarock-klassizistischer, durch Pilaster und Gebälk gegliederter Fassade und halbrundem Chorraum, der das Gebäude in ganzer Breite nach Osten hin abschließt.

Grundriß

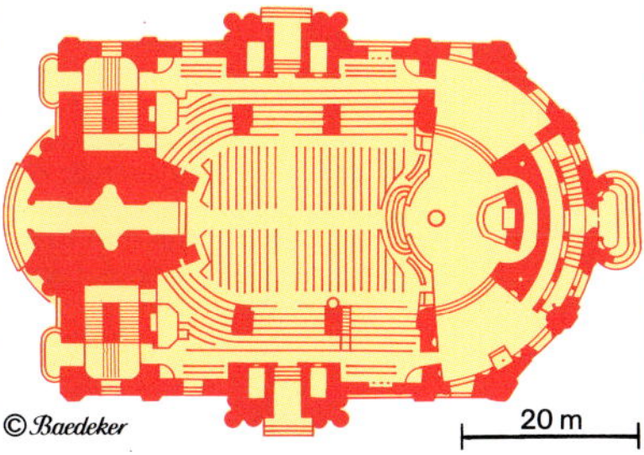

Seit der Weihe der wiedererstandenen Kreuzkirche am 13. Februar 1955 finden in ihr wieder Gottesdienste sowie die Vespern und Konzerte des Kreuzchors statt. Sie war im Herbst 1989 Sammelstätte und Forum für diejenigen Kräfte der Bevölkerung, die für die Umgestaltung der Gesellschaft eintraten. Hier traf man sich und zog los zu den Demonstrationen.

Innenraum

Nach dem Brand von 1897 wurde das Kircheninnere von Schilling und Gräbner im Stil des Neobarock mit starkem Jugendstileinfluß völlig umgestaltet. Um den Anforderungen des Kreuzchors zu entsprechen und die Akustik zu verbessern, erfolgte der Einbau einer steinernen Sängertribüne. Bewegte Stukkaturen wurden angebracht, eine Gipsschicht auf die neuen Stahlsäulen aufgetragen und plastischer Schmuck für Kanzel und Taufe geschaffen. Bis 1982 wurde die Innenarchitektur in ihrer Fassung von 1900 unter Verwendung von Rauhputz sehr vereinfacht rekonstruiert. 1963 erhielt die Kirche eine neue Orgel. Altargemälde und -sockel stammen aus der alten Sophienkirche. Der 1572 von Hans Walther II. für die dritte Kreuzkirche geschaffene Altar wurde nach 1760 in die → Annenkirche gebracht und befindet sich seit 1927 in der Stadtkirche St. Johannis in Bad Schandau (→ Sächsische Schweiz).

Turmbesteigung
Führungen

Vom Turm genießt man einen hervorragenden Rundblick auf die Stadt und weit ins Elbtal hinein (Mo.–Sa. 10.00–17.30, So. 12.00–17.30 Uhr). Führungen durch die Kirche werden Fr. 10.30–11.45 Uhr angeboten.

Kreuzchor

Um 1300 wurde bei der Kirche zum Heiligen Kreuz das Knabengymnasium, die Kreuzschule, gegründet. Hier wurden die Chor- und Meßknaben ausgebildet, aus denen der berühmte Kreuzchor hervorging. Heute zählt der Kreuzchor 80 Mitglieder. Wer ihn hören will, muß sich samstags um 18.00 Uhr in der Kirche einfinden und der Kreuzchorvesper beiwohnen. Bei großen Konzerten begleiten die Dresdner Philharmoniker den Chor. In der Kreuzkirche finden auch Orgelkonzerte und kleinere Ausstellungen statt.

*Kreuzchorvesper

◂ *Die Kreuzkirche überragt den Altmarkt*

Kügelgenhaus

⟶ Neustadt

Kulturpalast B 2 · L 46

Lage
Nordseite des Altmarkts

Straßenbahn
Hst. Altmarkt (Linien 1, 2, 4)

Der von 1966 bis 1969 errichtete Kulturpalast ist der Versuch, die Nordseite des ⟶ Altmarkts architektonisch abzuschließen. Der flache, 103 m lange und 74 m breite Bau wurde nach Plänen von Ludwig Wiel, Wolfgang Hänsch und Hans Löschau in monolithischer Stahlbetonskelettbauweise errichtet und ist ein typisches Beispiel funktionaler öffentlicher Architektur, wie sie in den sechziger Jahren nicht nur im Osten, sondern in ihrer zwiespältigen Ästhetik genauso gelungen oder mißlungen auch im Westen entstanden ist. Er umfaßt den Festsaal mit 2400 Plätzen, ein Studiotheater, Klubräume, Restaurants, Proberäume und einen Orchesterprobensaal. Wie immer man den Kulturpalast heute auch beurteilen mag – vor allem auch in Hinblick auf seine propagandistische Funktion – er dominiert jedenfalls diesen Teil des Altmarkts und der Wilsdruffer Straße. Im Palast tritt die Dresdner Philharmonie auf (⟶ Praktische Informationen, Musik).

Kunstakademie (Hochschule für Bildende Künste) B 2 · L 46

Lage
Brühlsche Terrasse 1

Die Sächsische Kunstakademie wurde im Jahr 1764 gegründet. Bereits 1680 war eine Ausbildungsstätte für bildende Künstler eingerichtet worden – eine der ersten in Deutschland überhaupt –, aus der 1705 die Sächsische Malerakademie hervorging. Die Kunstakademie stand in deren

Nun glänzt sie wieder: die "Fama" auf der 'Zitronenpresse'

Kunstakademie (Fortsetzung)

Nachfolge. Ausbildungseinrichtungen bestanden für Malerei, Bildhauerkunst und Baukunst. Zu den ersten Lehrern gehörten Bernardo Bellotto (Canaletto), Gottfried Knöffler und Friedrich August Krubsacius. Berühmte Künstler, die als Lehrer in den folgenden zwei Jahrhunderten die Entwicklung der Kunstakademie entscheidend prägten, waren u.a. die Maler Anton Graff, Adrian Ludwig Richter, Gotthard Kuehl, Oskar Kokoschka und Otto Dix, die Bildhauer Ernst Rietschel, Robert Diez und Eugen Hoffmann sowie die Architekten Gottfried Semper und Heinrich Tessenow.

Akademiegebäude

Das heutige Akademiegebäude mit dem sich anschließenden Ausstellungsgebäude des Sächsischen Kunstvereins wurde in den Jahren 1891 bis 1894 nach Plänen von Konstantin Lipsius auf der → Brühlschen Terrasse erbaut. Zur Zeit der Entstehung höchst geschmäht, war die Glaskuppel der Akademie mit der seit 1894 über Dresden schauenden Symbolfigur der "Fama" (Göttin des Ruhms) von Robert Henze nach der Zerstörung der → Frauenkirche der herausragende Akzent der Stadtsilhouette und wird von den Dresdnern liebevoll-spöttisch 'Zitronenpresse' genannt.
Der im Krieg schwer beschädigte Gebäudekomplex wird seit 1992 in einem umfassenden, wohl zehn Jahre dauernden Gesamtsanierungsprogramm originalgetreu instandgesetzt. Auch die "Fama" mußte vom Dach genommen werden. Im Jubiläumsjahr 1994 konnte bereits ein Teilbereich des Lehrbetriebs der Hochschule für Bildende Künste wiederaufgenommen werden; mittlerweile ist der größte Teil des Gebäudes saniert – zur Freude der Dresdner ist vor allem auch die "Fama" zurückgekehrt. Den Nordostflügel wird zukünftig der Neue Sächsische Kunstverein als Ausstellungs- und Veranstaltungsort nutzen.

*Kupferstichkabinett (Staatliche Kunstsammlungen Dresden) L 47

Lage
Güntzstr. 34

Das Kupferstichkabinett wurde als eigenständige graphische Sammlung 1720 aus Beständen der noch unter Kurfürst August um 1560 eingerichteten Kunstkammer gegründet und 1728 unter August dem Starken im nordöstlichen Pavillon des → Zwingers untergebracht. Von dort zog es 1856 in

A. L. Richters "Elbtal bei Aussig mit der Ruine Schreckenstein" im Kupferstichkabinett

Kupferstichkabinett (Forts.)

Straßenbahn
Hst. Dürerstr. (Linie 13);
Hst. Sachsenallee (Linien 6, 13)

Öffnungszeiten
Ausstellung:
Mo., Mi., Fr. 9.00–16.00 u.
Di. u. Do. 9.00–18.00

Eintrittsgebühr

die kurz zuvor fertiggestellte Sempergalerie um. Die Bestände waren während des Zweiten Weltkriegs nach Schloß ⟶ Weesenstein ausgelagert und nach Kriegsende in die Sowjetunion gebracht worden. 1958 kehrte die Sammlung in die damalige DDR zurück, allerdings fehlten ca. 15 000 Blätter sowie die gesamte Bibliothek. Das Kupferstichkabinett bezog neue Räume im Komplex der ehemaligen Kunstgewerbeschule (heute Hochschule für Bildende Künste). Diese war 1903 bis 1907 von der renommierten Baufirma Lossow, Viehweger und Kühne erbaut worden und stellt mit ihrer Mischung aus Barock- und Jugendstilelementen eine spezifisch Dresdner Eigenart der Architektur dar.
Das Dresdner Kupferstichkabinett ist eine der ältesten und mit ca. 450 000 Einzelblättern (Stiche, Holzschnitte, Zeichnungen und Aquarelle) auch eine der reichsten graphischen Sammlungen der Welt. Sammlungsschwerpunkte sind frühe Kupferstiche, deutsche und italienische Renaissance, Graphik Englands und Frankreichs des 18. Jh.s, deutsche Romantik und Gegenwartskunst des In- und Auslands. Hinzu kommen die Sondersammlungen asiatischer Blätter, Saxonica, Porträts, angewandte Graphik, Künstlerplakate und das Hegenbarth-Archiv in der Wohnung des Dresdner Malers und Zeichners Josef Hegenbarth (1884–1962) in der Calberlastraße 2. Aus diesen Beständen setzen sich die im Haus Güntzstraße ständig wechselnden Ausstellungen zusammen, zeitweilige Ausstellungen finden im ⟶ Albertinum statt. Für Studienzwecke steht der Studiensaal zur Verfügung (Vorlage auf Anforderung).

Hochschule für Bildende Künste

Im selben Gebäudekomplex haben die Fachrichtungen Malerei, Graphik, Plastik, Restaurierung, Bühnenbild, Theatermaler und -plastiker sowie Kostüm- und Maskenbildner der Hochschule für Bildende Künste ihre Ateliers und Lehrstätten (⟶ Kunstakademie).

Landesbibliothek

⟶ Sächsische Landesbibliothek

Landesmuseum für Vorgeschichte

⟶ Japanisches Palais

*Landhaus (Stadtmuseum Dresden) B 3 · L 46/47

Lage
Wilsdruffer Str. 2

Straßenbahn
Hst. Pirnaischer Platz (Linien 1, 2, 3, 4, 7, 9, 12)

Das einzige an der Wilsdruffer Straße erhalten gebliebene historische Gebäude ist das Landhaus, nach Entwürfen von Friedrich August Krubsacius (1718–1789) anstelle des alten Flemming-Sulkowsky'schen Palais in den Jahren 1770 bis 1775 als Tagungsstätte der sächsischen Landstände erbaut. Bis zum Bezug des ⟶ Ständehauses im Jahr 1907 kamen die Landstände bzw. der Landtag im repräsentativen Gebäude an der Inneren Pirnaischen Straße (heute Landhausstraße) zusammen – die ursprüngliche Hauptfront des Hauses ist nämlich nicht, wie man vermuten könnte, die zur Wilsdruffer Straße gelegene Fassade, sondern sie liegt zur anderen Seite hin und zeigt sich mit sechs dorischen Säulen und Giebelfeld in klassizistischem Gewand. Die heutige Schauseite ist die barock anmutende Gartenfront, deren Mittelrisalit das über drei Geschosse reichende, großartige Treppenhaus, den eigentlichen Repräsentationsraum des Gebäudes umschließt, eine doppelläufig geschwungene Rokoko-Treppenanlage mit schmiedeeisernem Gitter von außergewöhnlicher Schönheit. Das alte Außenportal mit einem Delphinbrunnen von Johann Christian Feige d. J. (1720–1788) hat als Eingang zum Barockgarten ⟶ Großsedlitz

*Treppenhaus

Das Landhaus ist Sitz des Stadtmuseums Dresden

Baugeschichte (Fortsetzung)

eine neue Verwendung gefunden. Nach seiner Zerstörung 1945 wurde das Landhaus 1963 bis 1965 wiederaufgebaut und zur Aufnahme des Stadtmuseums, das bis 1945 im Neuen Rathaus war, hergerichtet.

Stadtmuseum Dresden

Öffnungszeiten
tgl. außer Fr.
10.00 – 18.00

Eintrittsgebühr

Das Museum stellt die Entwicklung Dresdens von der Gründung bis zur Gegenwart dar, u.a. anhand von Stadtmodellen aus den Jahren 1521, 1678, 1930 und 1989. Die Spanne der Exponate schließt Grabfunde aus dem 16. und 17. Jh. aus der ehemaligen Sophienkirche ebenso ein wie Steingut der Firma Villeroy und Boch (Dresden, 19./20. Jh.) oder eine Sammlung von Konsumwaren und Alltagsgütern, die wie die Süßwaren der Firma Elbflorenz zu DDR-Zeiten in Dresden produziert wurden. Herausragende Einzelstücke sind u. a. das älteste Siegel der Stadt von 1309 und vor allem die zehn Holztafelgemälde "Die Zehn Gebote" von Hans dem Maler (1528/1529). Auch die Zerstörung Dresdens im Februar 1945 ist mit bedrückenden Dokumenten und Gegenständen dargestellt; auch Dresden zu DDR-Zeiten wird gebührend gewürdigt, selbstverständlich auch mit einer Dokumentation zu den Aktionen der Bürgerkomitees im Sommer und Herbst 1989. Eine Sonderabteilung zeigt die Geschichte der Feuerwehr von den ersten Handfeuerspritzen bis zu den heutigen modernen Geräten.

Angeschlossene Museen

Dem Stadtmuseum angeschlossen sind die ⟶ Kraszewski-Gedenkstätte, das Museum zur Dresdner Frühromantik an der Hauptstraße (⟶ Neustadt) und das Schillerhäuschen in ⟶ Loschwitz.

Landtag

⟶ Sächsischer Landtag

Langer Gang

→ Schloß

Liebethaler Grund

→ Graupa

*Loschwitz (Stadtteil) K/M 50–53

Lage
elbaufwärts östlich vom Stadtzentrum

Anfahrt
Straßenbahn Linien 6, 12 bis Schillerplatz, dann zu Fuß oder Bus Linien 84, 85

Elbschiff
Anlegestelle Dresden-Blasewitz

Der in seiner Gesamtheit vielleicht schönste Stadtteil Dresdens ist das sich an den Elbhängen hinaufziehende Loschwitz. Hier kommt man nicht her, um spektakuläre Barockbauten oder großartige Kunstwerke zu sehen: In Loschwitz muß man beim Fährhaus an der Elbe spazierengehen, auf jeden Fall mit der Schwebebahn oder der Standseilbahn den Hang hinauffahren und dabei in die versteckten und verträumten Terrassengärten blicken, oben die herrschaftlichen Villen bewundern, zum Blauen Wunder hinabschauen, vielleicht zum Kurort → Weißer Hirsch wandern, wieder hinab mit einer der Bahnen oder noch besser zu Fuß und im Biergarten unterhalb des → Blauen Wunders den Tag ausklingen lassen.
Die Loschwitzer Elbhänge sind bis Ende des 19. Jh.s zum Weinbau genutzt worden. Damals war Loschwitz schon durch seine exponierte Lage und landschaftliche Schönheit bevorzugter Sitz wohlhabender Adliger und Bürger geworden. Ein Reblausbefall im letzten Drittel des 19. Jh.s beendete den Weinbau, und Loschwitz entwickelte sich vollends zum Villenort.

Friedrich-Wieck-Straße

Joseph-Hermann-Denkmal

Friedrich-Wieck-Haus

Fährgut

Zentrum von Loschwitz ist der Körnerplatz. An der von ihm zum Elbufer führenden Friedrich-Wieck-Straße sieht man noch einige Häuser des dörflichen Loschwitz. Gleich am Anfang allerdings fällt das pavillonartige klassizistische Joseph-Hermann-Denkmal auf, gemeinhin als 'Senfbüchse' bekannt. Der Loschwitzer Bildhauer Joseph Hermann hatte es 1869 entworfen und aus eigenen Mitteln zum Gedenken an seinen Vater errichten lassen, der in dramatischer Weise zwei in die stürmische Elbe gefallene Schiffer gerettet hatte, wie auf dem Marmorrelief im Inneren dargestellt ist. Schräg gegenüber wohnte im Haus Nr. 10 bis zu seinem Tode Friedrich Wieck (1785–1873), Musikpädagoge, Vater der Pianistin Clara Wieck und Schwiegervater Robert Schumanns. Die Straße weiter hinab kommt man zum Fährgut (Nr. 45), ein Fachwerkhaus aus dem Jahre 1697, das bis 1839 als Weinpresse und danach bis 1862 als Fährgut diente. Gleich daneben am Uferweg das Fährhaus aus dem 17. Jh. mit Walm- und Mansarddach, eines der ältesten Fachwerkhäuser in Loschwitz. Bei Hochwasser hat es einst das Fährboot aufgenommen.

Körnerhaus

Haus Nr. 6 am Körnerweg, der vom Körnerplatz nach Westen wegführt, war die Sommerwohnung der Eltern des Dichters Theodor Körner (1791 bis 1813) und seit 1785 neben deren Stadtwohnung (1945 zerstört) beliebter Treffpunkt der Freunde des Vaters Christian Gottfried Körner (1736 bis 1813), Oberkonsistorialrat in Dresden. Mozart, Goethe, Kleist, E. M. Arndt, Novalis, die Brüder Humboldt, die Brüder Schlegel u. v. a. gehörten zu den illustren Gästen der Körners.

Schillerhäuschen

Das Gartenhaus des Weingutes der Körners, ein kleines Winzerstübchen, befindet sich an der parallel bergauf laufenden Schillerstraße (Nr. 19). Hier vollendete Friedrich Schiller als Gast der Körners in den Jahren 1785 bis 1787 den "Don Carlos". Schriftstücke und Gemäldereproduktionen geben einen Einblick in die Zeit, in der Schiller in diesem Häuschen arbeitete (Öffnungszeiten: Mai–Okt. Sa. und So. 13.00–17.00 Uhr).

Das Haus von Friedrich Wieck in Loschwitz

Zur Abfahrt an der Talstation bereit: die Loschwitzer Schwebebahn

Schiller-Körner-Brunnen

In die Weinbergmauer gegenüber vom Schillerhäuschen ist ein Denkmalbrunnen von Otto Rassau (1912/1913) eingelassen, der zwei Abschiedsszenen zeigt: Friedrich Schiller verläßt die Familie Körner nach seinem zweiten Besuch im Jahr 1801 (links); Theodor Körner verabschiedet sich im Jahr 1813 von seiner Familie und zieht in den Krieg gegen Napoleon, in dem er fiel (rechts).

*Standseilbahn

Östlich vom Körnerplatz gelangt man zur Standseilbahn, eine der ältesten Bergbahnen Europas, schon 1895 erbaut und zu ihrem hundertsten Geburtstag umfassend renoviert. Mit ihr erreicht man nach 547 m Fahrstrecke in 4 1/2 Minuten den 99 m höher gelegenen Stadtteil ⟶ Weißer Hirsch. Unmittelbar gegenüber der Bergstation bietet die Veranda der Gaststätte Luisenhof, der 'Balkon Dresdens', einen phantastischen Blick auf das Elbtal und Dresden (Fahrtzeiten: tgl. 6.00 – 21.30 Uhr).

*Schwebebahn

Noch ein Stück weiter östlich vom Körnerplatz kommt man zur Talstation der Schwebebahn. Sie wurde 1898 bis 1900 gebaut und ist somit die älteste ihrer Art in der Welt. Angetrieben von einem 80 kW starken Elektromotor und gezogen von einem 410 m langen Seil überwindet sie in 2 1/2 Minuten den Höhenunterschied von 84 m bis zur Aussichtsplattform auf der Loschwitzhöhe (274 m Streckenlänge). Nach umfassenden, sieben Jahre dauernden Rekonstruktionsmaßnahmen ist die Bahn Ende Mai 1991 zur Freude der Dresdner wiedereröffnet worden.
(Fahrtzeiten: tgl. 6.00 – 20.00 Uhr).

Bergschwebebahn Loschwitz

Erste Inbetriebnahme am 6. Mai 1901
Vollständige Rekonstruktion 1984 – 1991
Erneute Inbetriebnahme am 1. März 1991

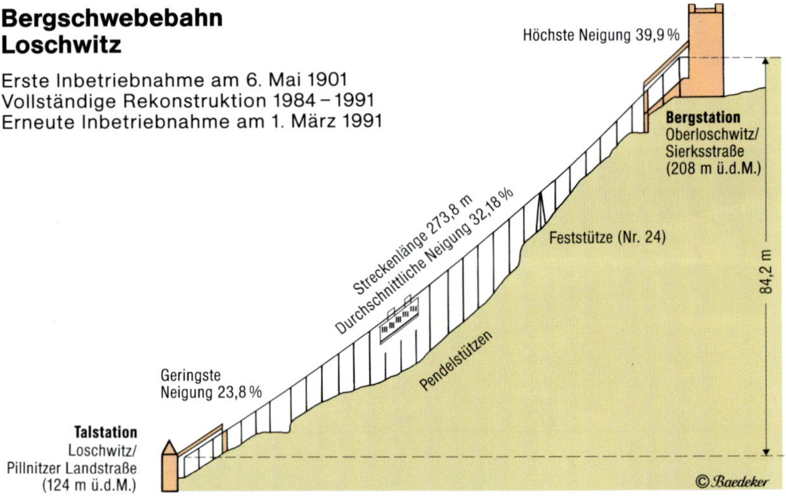

Loschwitzer Kirche

Nahe der Talstation der Schwebeseilbahn sieht man an der Pillnitzer Landstraße die 1705 bis 1708 von George Bähr und Johann Cristian Fehre erbaute Loschwitzer Kirche. Der Wiederaufbau des 1945 ausgebrannten achteckigen barocken Saalbaus mit Eckquaderung, Mansarddach und Dachreiter wurde 1993 abgeschlossen.

Leonhardi-Museum

Vom Körnerplatz, ein Stück die Grundstraße bergan, sieht man bald die ehemalige Mühle 'Rote Amsel', ein sehr schönes Fachwerkanwesen mit einem kleinen, von einem Atlanten getragenen Turm. Hier hatte von 1880 an der Maler Eduard Leonhardi (1828 – 1905) sein Atelier. Es ist heute Erinnerungsmuseum und Galerie; auch ein Café ist eingerichtet (Öffnungszeiten: Di. – Fr. 14.00 – 18.00, Sa. u. So. 10.00 – 18.00 Uhr).

In der Calberlastraße, die Richtung Pillnitz von der Pillnitzer Landstraße abzweigt, findet man in Nr. 2 das Josef-Hegenbarth-Archiv, das sich mit dem Werk des Malers und Graphikers Josef Hegenbarth (1884–1962) befaßt (Öffnungszeiten: nur Do. nach Voranmeldung, Tel. 4914211).

Loschwitz (Forts.)
Josef-Hegenbarth-Archiv

Mathematisch-Physikalischer Salon

⟶ Zwinger

Matthäuskirche

⟶ Friedrichstadt

**Meißen

Ausflugsziel

Meißen liegt 26 km nordwestlich von Dresden an der Mündung von Triebisch und Meisa in die ⟶ Elbe und ist heute kulturelles und industrielles Zentrum im Nordwesten des Ballungsgebietes 'Oberes Elbtal'. Die Stadt gilt als die 'Wiege Sachsens' und bietet einzigartige Sehenswürdigkeiten aus ihrer über 1000jährigen Geschichte. In aller Welt bekannt ist die Meißner Porzellanmanufaktur, in deren Schauräumen dem Besucher heute die Herstellung und Verarbeitung des Weißen Goldes nahegebracht wird. Weit weniger bekannt ist jedoch, daß um Meißen Wein angebaut wird, den man in einer der Weinstuben oder bei der Winzergenossenschaft selbst auch probieren sollte.

Lage
nordwestlich elbabwärts

S-Bahn
Meißen (S 1)

Elbschiff
Meißen

Hoch über der Elbe erheben sich Albrechtsburg und Dom von Meißen

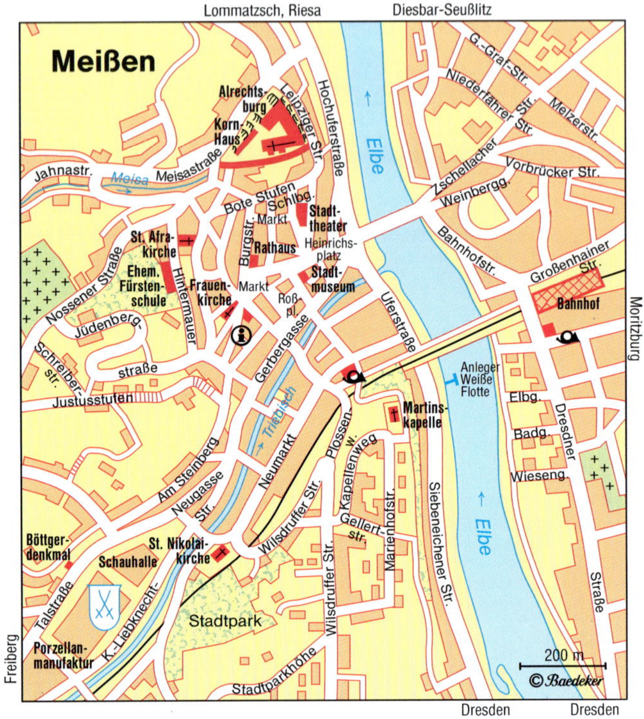

Geschichte

Im Zuge der Unterwerfung der Slawen wurde um 929 unter Heinrich I. die Burg 'Misni' gegründet. 968 wurde Meißen Bischofssitz und entwickelte sich schnell zu einem strategischen Stützpunkt. Die Anlage der ersten Siedlung unterhalb der Burg fällt ins Ende des 10. Jh.s, um das Jahr 1000 erhält sie Marktrecht. Seit 1125 ist die Markgrafschaft Meißen in erblichem Besitz der Wettiner; 1150 erstmals urkundlich als Stadt erwähnt, erreichten wirtschaftlicher Aufstieg und rege Bautätigkeit bald ihren ersten Höhepunkt mit der planmäßigen Anlage der Stadt und dem Bau des gotischen Domes (1260–1410), des Bischofsschlosses und der Albrechtsburg auf dem Burgberg. Durch Arnold von Westfalen, den bedeutenden Baukünstler des ausgehenden Mittelalters, kommt die spätgotische Profanbaukunst in Meißen zu höchster Blüte. Prächtige Hofhaltung und kulturelle Entfaltung prägten den Herrschaftsstil. Dem Minnesang Heinrichs des Erlauchten und Heinrichs von Meißen (genannt Frauenlob) ist in der Heidelberger Liederhandschrift ein Denkmal gesetzt.
Mit der sächsischen Landesteilung, der Verlegung der Residenz nach Dresden sowie der Auflösung des Bistums zur Zeit der Reformation verlor Meißen seine wichtige politische Bedeutung. Wirtschaft und Kultur dagegen gelangten während der Renaissance und der Reformationszeit zu neuen Höhepunkten, wie die Einrichtung der Meißner 'Fürstenschule' im verlassenen Kloster St. Afra 1543 zeigt. Im Dreißigjährigen Krieg wurde Meißen von den Schweden erobert (1637) und durch eine verheerende Feuersbrunst schwer beschädigt. Erst mit der neuen Ratsordnung (1726) durch August den Starken war die Grundlage für eine bessere Entwicklung geschaffen worden. Einen großen Beitrag dazu leistete die 1710 auf der Meißner Albrechtsburg gegründete Königliche Porzellanmanufaktur.

Geschichte (Fortsetzung)

Nach der napoleonischen Besetzung war Meißen Ziel romantischer Dichter wie Friedrich von Hardenberg (Novalis) und Friedrich de la Motte Fouqué sowie von Malern wie Philipp Otto Runge, Carl Blechen, Caspar David Friedrich und vor allem Adrian Ludwig Richter. Mit der Gründung einer Eisenhütte (1834) im Triebischtal und anderer Betriebe setzte die Industrialisierung ein. In diese Zeit fiel auch die Verlegung der Porzellanmanufaktur von der Albrechtsburg in das Triebischtal. Den Zweiten Weltkrieg hat die Stadt zwar ohne schwere Schäden überstanden, doch wurde danach recht wenig für die Erhaltung der historischen Bausubstanz getan. Viele Baugerüste zeigen, daß derzeit im Rahmen einer umfangreichen, vom Bund mitfinanzierten Sanierung versucht wird, die Altstadt vor dem weiteren Verfall zu bewahren.

*Albrechtsburg

Lage
Domplatz 1

Öffnungszeiten
März – Nov.:
tgl. 10.00 – 18.00,
Dez. – Feb.:
tgl. 10.00 – 17.00,
1. – 19. 1.
geschlossen

Eintrittsgebühr

Die 929 gegründete Albrechtsburg, in den Jahren 1710 bis 1863 Sitz der berühmten Meißner Porzellanmanufaktur, wurde in ihrer heutigen Form im wesentlichen durch den Baumeister Arnold von Westfalen von 1471 bis etwa 1500 errichtet und um 1520 weiter ausgebaut. Sie ist einer der schönsten gotischen Profanbauten auf deutschem Boden und nimmt gleichzeitig bereits wesentliche Elemente der Renaissance vorweg. Herausragende Merkmale sind der große Wendelstein, in seiner Zeit als Treppenaufgang eine einzigartige technische Leistung, die sehr unterschiedlich gestalteten, reich verzierten Zellengewölbe und die von Christoph Walther I. 1524 geschaffenen Reliefs im Brüstungsfeld des ersten Obergeschosses ("Wie Wein und Weib die Weisen bethöret"), die zu den sehr gut erhaltenen Werken der frühen Renaissance in Sachsen gehören. Die Ausmalung der meisten Räume allerdings entstand um 1870 in historisierender Auffassung; diese Wandbilder illustrieren die Geschichte der Burg und des Wettiner Fürstenhauses.

Mittelalterliche Skulpturen

In einigen Räumen der Burg sind mittelalterliche Stücke aus der Skulpturensammlung zu Dresden aufgestellt (⟶ Albertinum).

*Dom

Öffnungszeiten
April – Okt.:
tgl. 9.00 – 18.00,
Nov. – März:
tgl. 10.00 – 16.00

Eintrittsgebühr

Der frühgotische Dom wurde um 1260 begonnen und über mehrere Etappen bis 1410 erweitert. Erst von 1903 bis 1908 erhielt er seine heutigen, 81 m hohen Türme nach Entwürfen von Carl Schäfer. 1425 war an der Turmseite des Doms noch eine kurfürstliche Begräbniskapelle angebaut worden, nachdem Friedrich der Streitbare 1423 mit der Kurwürde und dem Herzogtum Sachsen-Wittenberg belehnt und damit zu einem der mächtigsten Fürsten des Reiches aufgestiegen war. In der – zugeschütteten – Gruft befinden sich Grabstätten des Wettiner Fürstengeschlechts. Besonders hervorzuheben sind im Dom die um 1260 geschaffenen Stifterfiguren – Werke der Naumburger Werkstatt, die verwandt sind mit zeitgleichen in und um Mainz – und die reiche Ausstattung mit sakralen Gemälden, darunter einem Altargemälde aus der Werkstatt Lucas Cranachs d. Ä. (1526). Das Kruzifix und die Kandelaber schuf Johann Joachim Kaendler 1760 aus Meissener Porzellan. Täglich um 12.00 Uhr wird die Orgel gespielt.

Domplatz

Kornhaus und Domherrenhöfe

Das Kornhaus und die Domherrenhöfe, vom 15. bis zum 18. Jh. errichtet, bilden die seitliche Begrenzung des Domplatzes. In Haus Nr. 9 befindet sich der Domkeller, die älteste Gaststätte Meißens. In Haus Nr. 10 wohnte der Maler Georg Friedrich Kersting; Haus Nr. 89 war Wohnsitz des Porzellan-Modelleurs Johann Joachim Kändler. Von der mit Kastanienbäumen bestandenen Gartenterrasse des Restaurants Burgkeller hat man einen sehr schönen Blick hinunter auf die Stadt.

Innenstadt

*Kirche St. Afra

Durch Mittel- und Vordertor gelangt man über die Schloßbrücke – vorbei am Burglehen und dem Jahnaischen Freihof mit seinem schönen Sitznischenportal – auf der Afranischen Freiheit zur Kirche St. Afra (um 1300) und zu den ehemaligen Stiftsgebäuden sowie der Afranischen Pfarre mit Renaissance-Eckerker (1535).

Ehemalige Fürstenschule

In der Nähe der St.-Afra-Kirche steht die ehemalige Fürstenschule St. Afra, die 1543 unter Herzog Moritz als Sächsische Landesschule gegründet worden ist und Schüler aus allen Bevölkerungsschichten auf die Universität vorbereitete (u. a. Lessing, Gellert und Rabener). Die humanistische Internatsschule bestand bis 1945, ab Ende 1943 allerdings unter dem Namen 'Deutsche Heimschule'.

***Markt**

Rathaus

Frauenkirche

Den malerischen Marktplatz umstehen schöne Bürgerhäuser der Renaissance und Neorenaissance wie das Bennohaus, das Hirschhaus, die Marktapotheke und natürlich das um 1472 erbaute spätgotische Rathaus mit seinen charakteristischen Blendgiebeln.
Die im 15. Jahrhundert an der Südecke des Marktes errichtete Frauenkirche besitzt das erste Porzellanglockenspiel der Welt (1929, Emil Paul Börner). In ihrer Form ist sie eine spätgotische Hallenkirche. Den gotischen Schnitzaltar (um 1480) schuf ein unbekannter Meister. Vom Turm (Besteigung Mai – Okt. tgl. 10.00 – 12.00 und 13.00 – 16.00 Uhr) hat man einen schönen Blick auf Stadt, Domberg und Elbe.

Historische Weinstube Vincenz Richter

Neben der Frauenkirche wartet in einem Fachwerkhaus aus dem 16. Jh. die Weingaststätte Vincenz Richter auf Gäste. Hier trinkt sich der Meißner Wein besonders gut.

Brauhaus
Tuchmachertor

In der Nähe stehen das alte Brauhaus (1569) mit Renaissancegiebel und das Tuchmachertor, eines der schönsten Denkmale der Renaissance, heute Sitz der Tourist-Information Meißen.

Stadtmuseum

Das in der um 1258 gegründeten Franziskanerkirche eingerichtete Meißner Stadtmuseum ist umfassend neugestaltet worden und zeigt Teile seiner Sammlung im neogotischen Haus. Auch der Kreuzgang ist zugänglich.

Die Frauenkirche am Markt

Innenstadt (Fortsetzung)
Theater

Am Theaterplatz steht das 1851 zum Theater umgebaute vormalige Gewandhaus der Tuchmacher (16. Jh.), einst auch Kaufhaus.

Martinskapelle

Die Martinskapelle auf dem Plossen ist ein romanischer Bau (um 1200), der erhalten blieb; im Inneren findet der Besucher einen sehenswerten spätgotischen Altar.

Nikolaikirche

In der Nikolaikirche am Neumarkt (um 1100; im 13. Jh. umgebaut) sind Reste frühgotischer Wandmalereien erhalten. Die Kirche ist als Gedenkstätte für die Gefallenen des Ersten Weltkrieges mit großen Porzellanplastiken (1921 – 1929) von Emil Paul Börner ausgestattet (Öffnungszeiten: Mai – Sept. Mo. – Do. und So. 14.00 – 16.00 Uhr).

Sächsische Winzergenossenschaft

Die Sächsische Winzergenossenschaft (Bennoweg 9) bietet Führungen durch Keller und Weinberge, Weinproben und eine deftige Winzerplatte an. Vielleicht bekommt man auch einen Meißner 'Schieler' zu verkosten.

**Porzellanmanufaktur

Lage
Talstr. 9 (S-Bahnstation Meißen-Triebischtal)

Die 1710 in Meißen gegründete erste Porzellanmanufaktur Europas zog 1863 bis 1865 von der Albrechtsburg in neue Gebäude im Triebischtal um. Gegenüber dem Eingang steht eine Büste Johann Friedrich Böttgers (1682 – 1719), der die erfolgreichen Versuche von Ehrenfried Walther v. Tschirnhaus (1651 – 1708), dem 1706 erstmals die Herstellung von Porzellan in Europa gelang, fortführte und die Manufaktur aufbaute.

Eintrittsgebühr

Schauhalle (Mai – Okt. tgl. 9.00 – 18.00; Nov. – März bis 17.00)

In der 1916 eröffneten Schauhalle werden Erzeugnisse der Meißner Manufaktur ausgestellt, die modellhaften Charakter für die Produktion haben und als solche auch den Bossierern und Malern zur Vorlage dienen. Im Laufe der über dreihundertjährigen Geschichte der Manufaktur sind

Baedeker Special

"Tu mir zurecht, Böttger...

...sonst laß ich dich hängen!" In jenen Tagen des Jahres 1706 war die Geduld August des Starken zu Ende, als er solcherart seinen Alchimisten Johann Friedrich Böttger zurechtwies, denn zu lange hatte er schon zugesehen, wie dieser vor sich hin werkte, ohne ein zufriedenstellendes Ergebnis hervorzubringen, mit dem sich die leeren Staatsschatullen wieder füllen lassen konnten. Denn nichts weniger als Gold hätte ihm Böttger machen sollen – schließlich hatte dieser vollmundig behauptet, fünf Jahre zuvor beim Apotheker Zorn am Berliner Molkenmarkt auf geheimnisvolle Weise ein goldglänzendes Klümpchen herbeiexperimentiert zu haben.

Nun aber hatte August eine andere Idee – Porzellan, das Weiße Gold der Chinesen und Japaner, sollte es sein! Bereits Marco Polo hatte von den feinen, zerbrechlichen Gefäßen berichtet, doch erst seit dem 17. Jh. importierte die Niederländisch-Ostindische Kompanie in großem Umfang Vasen, Täßchen und Teller aus dem Fernen Osten, die an Fürstenhöfen und in sehr reichen Bürgerhäusern zur heißbegehr-

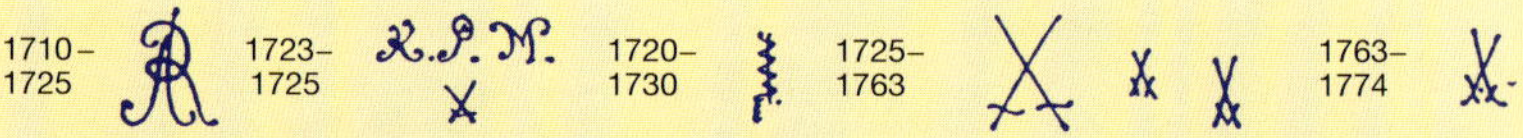

ten Ware wurden. Bald versuchte man, Porzellan selbst herzustellen, doch zunächst kamen nur Ersatzprodukte wie die Delfter Fayencen heraus. Aber August hatte in dem Naturforscher Ehrenfried Walther von Tschirnhaus, dem ersten deutschen Mitglied der Pariser Akademie der Wissenschaften, den richtigen Mann. Ihm war bereits 1694 die Herstellung eines Stückchens Hartporzellan gelungen, und seitdem experimentierte er unermüdlich und lag August mit der Idee einer Manufaktur in den Ohren. Sollte er sie haben! Flugs ließ August in den Kasematten von Dresden ein Labor einrichten und auch Böttger als Gehilfen von Tschirnhaus dorthin verfrachten. Böttger verwaltete – auch die Fayencerie in Neustadt, wo die fälschlicherweise genannte 'Böttger-Steinzeug' Keramik produziert wurde – und Tschirnhaus forschte, bis er im Juli 1708 seinem Fürsten das erste Kännchen aus weißem europäischen Hartporzellan präsentieren konnte. Den Ruhm genoß Tschirnhaus allerdings nicht lange – er starb drei Monate später, und Böttger profitierte nun von seiner Arbeit, indem er Tschirnhaus' Formeln verwendete.

August der Starke erkannte sofort, welch großes Geheimnis ihm seine Alchimisten offenbart hatten und daß es sich hervorragend in klingende Münze verwandeln ließ. Schon am 6. Juni 1710 wurde auf der Albrechtsburg zu Meißen die 'Königlich-polnische und churfürstlich-sächsische Porzellan-Manufaktur Meissen' gegründet. Tag und Nacht experimentierten die dreißig Mitarbeiter – die wie Gefangene gehalten wurden, um das große Geheimnis nicht nach außen dringen zu lassen – mit Porzellanrezepten, Bränden, Farbmischungen und Dekoren, bis ihnen ihr Produkt perfekt erschien. Aber auch Böttger starb bereits 1719. Den weiteren Ruf des Meissener Porzellans begründeten andere: der Maler Johann Gregorius Höroldt (1696–1775), der unzählige Farbkompositionen ausprobierte, die Indischmalerei und die Blumenmalerei einführte, sowie der Bildhauer Johann Joachim Kaendler (1706–1775), ein begnadeter Modelleur, dessen Hände wunderbar phantasievolle Figuren aus dem Porzellan formten, die heute noch unverändert produziert werden und die spielerische Heiterkeit des Rokoko in kongenialer Weise ausdrücken. Seine Schöpfung war auch das 'Schwanenservice' für den Grafen Brühl, mit mehr als tausend Teilen das umfangreichste je geschaffene Tafelservice. War Böttger der

'Macher' und erwiesen sich Höroldt und Kaendler als die kreativen Köpfe, so hatte der Manufaktur-Inspektor Johann Melchior Steinbrück bereits 1722 eine andere zündende Idee: Er schlug vor, die sächsischen Kurschwerter als Markierung zu verwenden, denn "daraus hätten die frembden Nationes gesehen, daß die damit gezeichneten Waren im Churfürstenthumb Sachßen fabriciert wurden" – bis heute sind die kobaltblauen Schwerter unter der Glasur das Zeichen der Meißner Manufaktur, mithin eines der ältesten Markenzeichen der Welt. Sie lösten vorhergehende Marken wie AR (Augustus Rex) oder K. P. M. (Königliche Porzellan Manufaktur) ab.

Heute stellen in Meißen 1230 Mitarbeiter die über 150 000 in der Preisliste verzeichneten Artikel her, darunter auf Wunsch für die, die es sich leisten können, auch das 'Schwanenservice'. Die begehrtesten Dekore für das Gebrauchsporzellan stammen auch heute noch aus den ersten Jahrzehnten der Manufaktur. Am Anfang stand, der Mode entsprechend, die Indischmalerei mit den berühmten roten und grünen Drachen, den 'Bunten chinesischen Schmetterlingen' und den Landschaften der 'Höroldt-Chinoiserien'; seit 1735 dann eine eigenständig europäische Blumenmalerei ('Trockene Blumenmalerei', 'Deutsche Blumen' und 'FF-Blumenmalerei' mit Insekten, Schmetterlingen und Golddekoration), die im Laufe der Zeit erweitert wurde (klassizistische 'Marcolini-Blumenmalerei', 'Meissener Rose' und 'Streublumen' im Biedermeier, naturalistische Blumenmalerei); dazu Jagdszenen, Landschaften und Szenen nach Watteau; schließlich die Klassiker aus Meißen, 'Weinlaub' und vor allem das so beliebte 'Zwiebelmuster'. Dieses Unterglasurdekor wurde schon in der Frühzeit der Manufaktur in Anlehnung an ostasiatische Vorbilder entwickelt und hat über die Jahrhunderte hinweg immer die gleiche Gestalt behalten – allerdings sind beileibe nicht Zwiebeln abgebildet, sondern Granatäpfel, Päonie und Bambusstab. Auch beim figürlichen Porzellan sind die herrlichen Genreszenen des Rokoko nach wie vor die Verkaufsschlager. Erst der Jugendstil hat mit Modellen wie sie etwa Paul Scheurich (1883–1945), Max Esser (1885–1943) oder Emil Paul Börner (1888–1970) schufen, wieder ähnlich Originelles und Individuelles hervorgebracht.

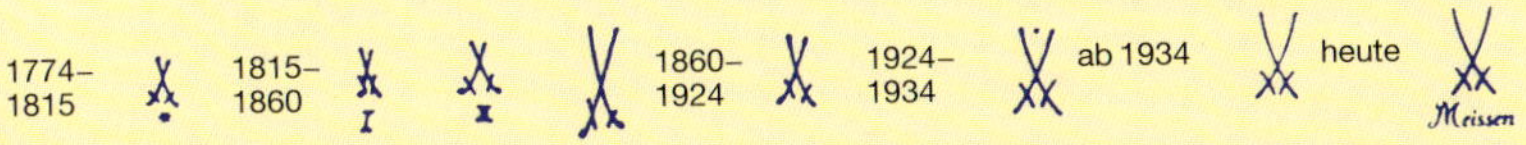

Das Geheimnis der Porzellanherstellung konnte nicht lange gewahrt bleiben. Schon bald leisteten sich auch andere Barockfürsten eigene Manufakturen: Wien, Sèvres, Fürstenberg, KPM Berlin, Nymphenburg, Ludwigsburg... – auch diese Namen lassen die Herzen der Kenner höherschlagen. Kein europäisches Porzellan aber kann mit soviel Berechtigung für sich in Anspruch nehmen, das schönste und wertvollste zu sein wie das Weiße Gold mit den kobaltblauen Schwertern aus Meißen, der Wiege Sachsens.

Meißen, Porzellanmanufaktur (Fortsetzung) Schauhalle

mehr als 20000 Modelle zusammengekommen, von denen ca. 4000 – in Teilen jährlich ausgetauscht – im Schauraum zu sehen sind. Besonders prächtig ist die in der Festhalle im ersten Obergeschoß jedes Jahr anders eingedeckte Tafel für zwölf Personen. Im zweiten Obergeschoß sieht man Porzellan in allen erdenklichen Formen vom Fingerhut bis zum 3,50 m hohen Tafelaufsatz für August III. aus dem Jahr 1749.

Schauwerkstatt tgl. 9.00 – 12.00 u. 13.00 – 16.15

In der angeschlossenen Schauwerkstatt kann man die Enstehung eines Porzellanstücks an den Arbeitsplätzen von Dreher und Former, Bossierer (Zusammenfügen der Figurenteile) und Maler (Unterglasur und Aufglasur) verfolgen.

Meißner Weinbaugebiet

Spaargebirge

Elbaufwärts, rechtsseitig, lädt das kleine Spaargebirge mit seinen romantischen Weinbergen und Weinstuben zu Wanderungen ein.

Diesbar-Seußlitz

Elbabwärts gelangt man nach Diesbar-Seußlitz, einem romantischen Doppeldorf an der Elbe. Es ist der nördlichste Anbauort des sächsischen Weinbaugebietes, das sich von Pillnitz über Meißen bis hierher erstreckt und das man auf der neu geschaffenen Sächsischen Weinstraße kennenlernen kann. Auch Schiffe der Sächischen Dampfschiffahrtsgesellschaft laufen Diesbar-Seußlitz an. Mehrere Weingaststätten bieten hiesige und andere Weine sowie den hier angebauten Spargel an. Sehr bekannt ist auch der traditionelle Heiratsmarkt von Diesbar-Seußlitz.

Barockschloß Seußlitz

Das Barockschloß in Seußlitz wurde 1726 nach Plänen von George Bähr errichtet; es dient heute als Seniorenheim. In der Nähe von Diesbar befinden sich die ausgedehntesten frühgeschichtlichen Befestigungsanlagen Sachsens aus der Bronzezeit (1500 – 400 v. Chr.).

Militärhistorisches Museum H 48

Lage
Olbrichtplatz 3

Straßenbahn
Hst. Stauffenbergallee (Linien 7, 8)

Öffnungszeiten
Di. – So.
9.00 – 17.00

Das Militärhistorische Museum ist im 1873 bis 1876 errichteten Arsenalhauptgebäude untergebracht, das einst zu einem großen Kasernen- und Militärgelände in der Albertstadt im Norden Dresdens gehörte. Im Jahr 1897 wurden hier erstmals Waffen und Geräte der 'Arsenalsammlungen' ausgestellt, die später zum Königlich-Sächsischen Armeemuseum bzw. Heeresmuseum umbenannt wurden. Nach dem Krieg eine bedeutende Dresdner Kulturstätte als Tanz- und Veranstaltungsort, wurde die 'Nordhalle' von 1972 an wieder zum Militärmuseum, diesmal als Armeemuseum der DDR (bis 1990). Im heute von der Bundeswehr verwalteten Haus wird mit einer immensen Fülle von Exponaten deutsche Militärgeschichte von 1500 bis in die Gegenwart präsentiert. In einer völlig neuen Abteilung werden die beiden deutschen Nachkriegsstreitkräfte, also Bundeswehr und Nationale Volksarmee, einander gegenübergestellt. Zu besichtigen gibt es u. a. das Riesengeschütz "Faule Magd" von 1450, das erste deutsche U-Boot "Brandtaucher" (1850/1851) und auf dem Freigelände Großgerät von NVA und Bundeswehr.

Festung Königstein

In den Zeughäusern auf der Festung Königstein (⟶ Sächsische Schweiz) veranstaltet das Museum Wechselausstellungen.

Garnisonskirche

Jenseits der Stauffenbergallee ragt der Turm der Garnisonskirche St. Martin auf, 1896 bis 1900 von Lossow und Viehweger erbaut. Der Turm hat nicht nur die Glocke zu tragen, er verbindet auch als architektonisches Element die dreischiffige evangelische Halle und die kleinere katholische des als Simultankirche erbauten Gotteshauses. Hier ist heute die Phonothek der ⟶ Sächsischen Landesbibliothek untergekommen.

Moritzburg

Ausflugsziel

Lage
14 km nordwestlich von Dresden

Inmitten des Landschaftsschutzgebiets der Moritzburger Teiche liegt das hübsche Dorf Moritzburg, früher Eisenberg, das erst 1934 seinen heutigen Namen nach dem berühmten Jagdschloß der sächsischen Herrscher erhielt. Dieses thront inmitten eines Teiches am Ende einer langen Allee am Nordrand des Dorfes. Schloß Moritzburg ist das meistbesuchte Ausflugsziel der näheren Umgebung Dresdens.

*Anfahrt mit dem Lößnitzdackel

Zwar wird man naheliegenderweise mit dem Bus oder mit dem Auto nach Moritzburg fahren, allemal schöner ist aber die Anfahrt mit der Traditionsbahn 'Lößnitzdackel'. Die kleine Bahn schnauft von Radebeul-Ost u.a. über die Station Weißes Roß (historischer Gasthof) vorbei am Schloß Hoflößnitz, durch den Lößnitzgrund zum Moritzburger Teichgebiet und schließlich auf dem Dippelsdorfer Damm nach Moritzburg (⟶ Praktische Informationen, Museumsbahnen).

**Jagdschloß Moritzburg

Museen und Ausstellungen

Eintrittsgebühr

Das kurfürstliche Jagd- und Lustschloß Moritzburg erstrahlt in den Farben des sächsischen Barock: Ocker und Weiß. Wie in ⟶ Pillnitz entstand unter Einbeziehung der Landschaft ein Gesamtkunstwerk von großartiger Wirkung. Das Schloß beherbergt heute das Schloßmuseum mit Trophäensammlung im ersten Stock, eine Ausstellung zur Baugeschichte des Schlosses und die Käthe-Kollwitz-Gedenkstätte im Erdgeschoß sowie ein Lapidarium auf der Schloßterrasse. Ständig wechselnde Sonderausstellungen etwa zur Teichwirtschaft im Moritzburger Raum oder zur Jagd in der Zeit Augusts des Starken ergänzen die Dauerausstellungen.

Jagdschloß Moritzburg, barocke Perle im Moritzburger Teichgebiet

Öffnungszeiten des Jagdschlosses Moritzburg

April – Okt.: Mo. – So. 10.00 – 17.30 (Rundgänge je nach Publikumsandrang); Nov. – März: Di. – So. Rundgänge um 10.00, 11.00, 13.00, 14.00, 15.00, 16.00 Uhr.

Baugeschichte

Der spätere Kurfürst Herzog Moritz ließ in den Jahren 1542 bis 1546 nach Entwürfen von Hans von Dehn-Rothfelser (1500 – 1561) auf einer Granitkuppe in der Sumpfniederung des Friedewaldes ein erstes Jagdhaus bauen, das in der Folgezeit umgebaut und allmählich zum Jagdschloß erweitert wurde. So baute 1661 bis 1672 Wolf Caspar von Klengel (1630 bis 1691) die Schloßkapelle, bis unter August dem Starken Zacharias Longuelune, Matthäus Daniel Pöppelmann und Jean de Bodt, auch auf früheren Enwürfen basierend, von 1723 bis 1736 das Schloß in seiner heutigen Form errichten konnten. Dabei bezogen sie die alten Bauten in ihre Planung ein, schufen aber nun eine annähernd quadratische symmetrisch-harmonische Anlage, deren Dominanten die vier Ecktürme und der Hauptbau wurden. Diese finden ihre Gegenpole wiederum in den insgesamt acht Kavaliershäuschen an den Stirnseiten der Schloßinsel. So berühmte Bildhauer wie Balthasar Permoser, Johann Christian Kirchner und Benjamin Thomae gestalteten u. a. die heiter-barocken Balustradenstatuen der Auffahrt und der Schloßterrasse. Der Teich um das Schloß wurde erst 1730 angelegt. Die Gestaltung der Innenräume oblag Raymond Leplat (1664 bis 1742), der sich von Hofmaler Louis de Silvestre (1675 – 1760), dem Vergolder H. Hulot und dem Tapetengestalter Pierre Mercier wesentlich unterstützen ließ.

Barockmuseum

Das Barockmuseum versteht sich als die Gesamtheit der in allen Räumen des Schlosses gezeigten Sammlung: auserlesenes Kunsthandwerk des 16. – 18. Jh.s, Sänften, Kutschen, Porzellan, Möbel, Öfen, Gemälde, Tapeten u. a. Das ursprüngliche Mobiliar ist heute nicht mehr vorhanden, es wurde durch Stücke aus der Zeit ersetzt. Einige herausragende Ausstattungsgegenstände allerdings gehörten von Anfang an zu Schloß Moritz-

Barockmuseum (Fortsetzung)

burg. Dazu zählt die Ledertapete von Mercier im zweigeschossigen Audienz- oder Monströsensaal, die Lorenzo Rossi (1690–1731) mit Dianamotiven bemalte (Moritzburg versteht sich als Residenz der Jagdgöttin Diana). Innen über der Eingangstür zu diesem Saal hängt das Geweih des berühmten Moritzburger 66-Enders, der es tatsächlich jedoch nur auf 27 Enden gebracht hat. Andere Ledertapeten sind gepunzt (maurische Tapeten in den beiden Augustzimmern) oder mit Holzmodeln gepreßt; im Erdgeschoß gibt es gar eine Tapete aus buntschillerndern Federn südamerikanischer Vögel. Die Wände des Bankettsaals sind über und über mit Geweihen behängt, darunter ein 24-Ender, von Jagdexperten als das stärkste Rothirschgeweih der Welt bewertet.

Schloßkapelle

Die Decke der Schloßkapelle verziert das Gemälde "Himmelfahrt Christi" von Johann Finck (1628–1675). Ein Werk Balthasar Permosers ist der marmorne Schmerzensmann, dessen Erstfassung sich in der ehemaligen ⟶ Hofkirche in Dresden befindet.

Postdistanzsäulen

Die Allee zum Schloß flankieren zwei Postdistanzsäulen von 1730, wie sie bereits von 1721 an auf Geheiß Augusts des Starken auf der Grundlage der Landvermessung von Adam Friedrich Zürmner (1680–1742) im ganzen Kurfürstentum errichtet wurden.

Käthe-Kollwitz-Gedenkstätten

An ihrem Lebensabend zog die von den Nationalsozialisten mit Berufsverbot belegte und verfolgte Malerin, Grafikerin und Bildhauerin Käthe Kollwitz (1867–1945) nach Moritzburg. Am 22. April 1945 verstarb sie in ihrem Haus, dem Rüdenhof (Meißner Str.). In den unteren Räumen des Schlosses wurde ihr zu Ehren eine Gedenkstätte mit einer kleinen Werksammlung eingerichtet, am Käthe-Kollwitz-Platz ist ein Gedenkstein aufgestellt; ihre Wohnung im Rüdenhof (Meissner Str. 7) ist ebenfalls Gedenkstätte (Öffnungszeiten: April–Okt. Di.–Fr. 11.00–17.00, Sa. u. So. ab 10.00; Nov.–März Di.–Fr. 12.00–16.00, Sa. und ab 11.00 Uhr).

Speisen unter Hirschgeweihen im Jagdschloß Moritzburg

Schloßpark und *Waldpark

An die Nordseite des Schlosse schließt sich der kleine, nach französischem Vorbild gestaltete Schloßpark an. Wesentlich ausgedehnter ist der Waldpark, den man unbedingt auf einem Spaziergang erkunden sollte.

Fasanenschlößchen

Durch den Waldparkpark gelangt man in östlicher Richtung zum Fasanenschlößchen. Dieses zierliche, mit Chinoiserien geschmückte Schlößchen ließ Friedrich August II. von Johann Daniel Schade (1730 – 1798) und Johann Gottlieb Hauptmann (1755 – 1813) in den Jahren 1769 bis 1782 errichten und ausstatten. Zeitweilig nutzte er es als Sommerwohnsitz. Das mit Stuckdecken, Supraporten und Tapeten im Stil des Rokoko ausgestattete Gebäude beherbergt eine Ausstellung über die heimische Vogelwelt.

Leuchtturm und Mole

Leuchtturm und Mole beim Schlößchen ließ ebenfalls Friedrich August II. anlegen, um zum Vergnügen der sächsischen Hofgesellschaft möglichst realistische 'Seeschlachten' nachstellen zu können.

Wildgehege

Das 40 ha große Wildgehege nordwestlich vom Fasanenschlößchen geht auf die Zeit Augusts des Starken zurück, der hier seinen Hirschgarten angelegt hatte. Hier leben in großen Gehegen Rudel von Muffel-, Rot-, Dam- und Schwarzwild, in Kleingehegen befinden sich Marder, Füchse, Fasane und Beizvögel (Öffnungszeiten: März – Okt. tgl. 10.00 – 18.00; Nov. – März Di. – Fr. 12.00 – 16.00, Sa. u. So. 11.00 – 16.00 Uhr).

*Moritzburger Teichgebiet

Landschaftsschutzgebiet

Das Gebiet rund um das Schloß Moritzburg wurde wegen seines Reichtums an seltenen Pflanzen und der vielfältigen Vogelwelt zum Landschaftsschutzgebiet erklärt. Weit über 200 Sumpf-, Wasser-, Greif- und Sing-

Ein Leuchtturm für den Spieltrieb der Moritzburger Hofgesellschaft

vogelarten leben hier auf relativ kleiner Fläche. Sechs Naturbäder sind an den 25 Teichen eingerichtet, einige davon mit Campingmöglichkeiten. Fast alle Moritzburger Teiche wurden künstlich angelegt, die ersten bereits Ende des 15. Jh.s, als man begann, die zahlreich vorhandenen Sümpfe auszubauen, um darin die Delikatesse auf des Fürsten Tafel – Karpfen – zu züchten. Der alljährlich Ende Oktober stattfindende Moritzburger Fischzug mit Schaufischen, Fischverkauf und Markttreiben ist ein Ereignis, das man nicht versäumen sollte, weilt man um diese Zeit in Dresden.

Landschafts-schutzgebiet (Fortsetzung)

*Moritzburger Fischzug

Hengstdepot (Sächsisches Landesgestüt Moritzburg)

Im Jahr 1828 wurde in Moritzburg das Hengstdepot gegründet und erhielt als Hauptgebäude die ehemalige Stallung, 1733 von Johann Christoph Knöffel erbaut. Zuchtziel waren Halb- und Kaltblüter (Zugpferde); heute werden hauptsächlich Halbblüter für den Reitsport gezüchtet. Die Hengstparaden im September ziehen alljährlich eine große Zahl von Besuchern an. Hier sieht man außer edlen Hengsten auch noch einen Sechzehnerzug und Bierkutscherpferde in Aktion.

*Hengstparaden

Münzkabinett

→ Albertinum

Museum für Kunsthandwerk

→ Pillnitz

Museum für Tierkunde

→ Moritzburg, Fasanenschlößchen
→ Zwinger

Museum für Völkerkunde

→ Japanisches Palais, Staatliches Museum für Völkerkunde

Museum für Volkskunst

→ Jägerhof

Museum für Vorgeschichte

→ Japanisches Palais, Landesmuseum für Vorgeschichte

Museum zur Dresdner Frühromantik

→ Neustadt, Kügelgenhaus

Neumarkt B 2/3 · L 46

Lage
Zentrum Altstadt

Straßenbahn
Hst. Altmarkt
(Linien 1, 2, 4)

Der Neumarkt und seine Umgebung liegen auf einer alten slawischen Siedlungsstätte. Erst im 16. Jh. wurde dieser Bereich in den die Stadt umgebenden Mauerring einbezogen. Die Bauten rund um den Neumarkt und an den von hier abgehenden Straßen und Gassen sind 1945 völlig zerstört worden. Viele der Wohnbauten, Hotels und Palais galten mit ihren reich ornamentierten Barock- und Rokokofassaden als architektonische Kostbarkeiten. Das Gesamtensemble, am eindrucksvollsten wohl auf den Gemälden Canalettos festgehalten (Abb. S. 22), stellte eine Glanzleistung europäischer Baukunst dar.

Baustelle

Dem Besucher präsentiert sich der Neumarkt vor allem als riesiges Materiallager für die Steine und Architekturteile, die auf der Baustelle der → Frauenkirche verwendet werden. Der Wiederaufbau dieses zentralen und überragenden Bauwerks hat auch die stadtplanerische Neugestaltung des Platzes wieder in Gang gebracht. Seit längerem wiedererrichtet war das → Johanneum, nun ist in unmittelbarer Nachbarschaft der Frauenkirche bereits der Rohbau des gesamten → Coselpalais fertiggestellt. Daran wird auch deutlich, wie dicht bebaut der Neumarkt einst war. Die Nordwestseite des Platzes füllt das Hotel Dresden Hilton aus.

Lutherdenkmal

Das vor der Baustelle der Frauenkirche stehende Denkmal für den Reformator Martin Luther wurde 1885 aufgestellt. Es stammt von Ernst Rietschel und dessen Schüler Adolf von Donndorf (1835–1916).

Standbild
König Friedrich
Augusts II.

Das im Jahr 1867 errichtete Denkmal König Friedrich Augusts II. von Ernst Julius Hähnel zeigt den sächsischen Monarchen mit derjenigen Verfassung in der Hand, die er im Ergebnis der Volksbewegung der Jahre 1830/1831 gewähren mußte.

Am 1979 bis 1983 entstandenen Erweiterungsbau des zur Schießgasse liegenden Polizeipräsidiums (1895–1900) ist etwa am historischen Ort die Brunnenanlage des Palais Hoym von 1766 eingebaut worden.

Neumarkt (Forts.) Brunnen des Palais Hoym

→ dort

Coselpalais

→ dort

Frauenkirche

→ dort

Johanneum

*Neustadt (Stadtteil) A 2/3 · J–L 46–48

Lage
nördlich der Elbe

Die Dresdner Neustadt, auf der rechten Elbseite der Altstadt gegenüber gelegen, ist über die Augustusbrücke bequem zu Fuß oder aber mit der Straßenbahn (Hst. Neustädter Markt; Linien 4, 5) zu erreichen.
Die rechtselbische Siedlung Altendresden, die diesen Namen seit 1370 führte, erhielt 1403 das Stadtrecht als Landstadt und wurde 1549 mit Dresden vereinigt. Nachdem 1685 dieser Stadtteil niedergebrannt war, wurde er auf der Grundlage eines Plans von Wolf Caspar von Klengel als 'Neue Stadt bey Dresden' (später 'Neustadt') als einheitliche Barockanlage neu aufgebaut. Dieser Teil bildet heute die innere Neustadt, die unter den Bomben des Februar 1945 ebenfalls erheblich gelitten hat. Während → Jägerhof, das Blockhaus am → Neustädter Markt, das → Japanische Palais und die → Dreikönigskirche nach dem Krieg wiederaufgebaut wurden, verwahrlosten viele erhalten gebliebene Bürgerhäuser an Königstraße und Rähnitzgasse und sind erst in den leztzten Jahren restauriert worden.

Innere Neustadt

Hauptstraße

Der Gang durch die Innere Neustadt beginnt am → Neustädter Markt. Von ihm führt die Hauptstraße zum Albertplatz und folgt damit dem Verlauf der alten Neustädter Hauptstraße, die 1687 und 1732 im Zuge der Errichtung der Neustadt angelegt worden war und 1945 bis auf wenige Gebäude zerstört wurde. Die heutige Bebauung ist ein typisches Produkt der Zweckarchitektur der siebziger Jahre, doch bleibt die Hauptstraße dank der erhaltenen doppelten Platanenreihe in ihrer Mitte eine reizvolle Fußgängerstraße. Ihren Beginn markieren zwei gußeiserne Fahnenmasten, die 1893 aufgestellt wurden.

Kügelgenhaus · Museum zur Dresdner Frühromanik

Mi.–So. 10.00–18.00

Links sieht man bald ein Ensemble dreier klassizistischer Häuser, von denen Nr. 13 (1765–1770) durch seine Bewohner besonders bekannt geworden ist. Seit 1808 wohnte in ihm die Familie des Malers Gerhard von Kügelgen (1772–1820), dessen Sohn Wilhelm durch sein autobiographisches Werk "Jugenderinnerungen eines alten Mannes" von sich reden machte. Das Haus war Treffpunkt von Persönlichkeiten der deutschen Romantik, so daß es der passende Ort für das Museum zur Dresdner Frühromantik ist, das in den Räumen des zweiten Obergeschosses eingerichtet wurde. In der ständigen Ausstellung werden Christian Gottfried Körner und sein Freundeskreis, romantisches Denken und Dichten, Caspar David Friedrich, seine Freunde und Schüler, Heinrich v. Kleist in Dresden, Gerhard von Kügelgen u.a. vorgestellt. Der Wohnraum und das Atelier Kügelgens wurden nachgestaltet. Ein Teil der Ausstellung zeigt die historische Entwicklung der inneren Neustadt bis zur Gegenwart.

Societätstheater

Es folgen drei Barockhäuser, von denen das mittlere (Nr. 17) von Benjamin Thomae und Gottfried Knöffler bewohnt wurde. Im Hinterhof von Haus Nr. 19 ist das 1750 gegründete Societätstheater, das älteste bürgerliche Theater Deutschlands, wiederaufgebaut und eröffnet worden. Dank seines kleinen Barockgartens, einem Café und dem ebenfalls wiederaufgebauten hübschen Barockpavillon ist es nicht nur eine neue kulturelle Attraktion, sondern auch ein sehr lauschiges Plätzchen (Führungen: Mi. 11.00, So. 17.00 Uhr).

Treffpunkt der Romantiker: das Kügelgenhaus an der Hauptstraße

Die "Stillen Wasser" plätschern doch recht munter

Innere Neustadt (Fortsetzung)
Albertplatz

Vorbei an der ⟶ Dreikönigskirche – rechts an der Ritterstraße sieht man die Markthalle von 1899 – kommt man schließlich zum Albertplatz, vor dem Krieg das schöne Zentrum der Neustadt, jetzt vor allem ein hektischer Verkehrsknotenpunkt. Gleich links an der Einmündung der Hauptstraße steht das Schillerdenkmal von Selmar Werner (1913). Mittelpunkt des Platzes ist das Rondell mit den beiden stimmungsvollen Brunnen "Stille Wasser" und "Stürmische Wogen" von Robert Diez (1894). Während der erstere seinen Platz nie verlassen hat, wurde letzterer in der DDR durch ein Denkmal für die Rote Armee ersetzt. Heute sind die "Stürmischen Wogen" wieder zurückgekehrt.

*Doppelbrunnen

Villa Eschebach

An der Ostseite des Platzes erstrahlt wieder in alter Pracht und Schönheit die Villa Eschebach mit ihrem Palmenhaus, 1901 für den Möbel- und Küchenfabrikanten Karl Eschebach erbaut und nun von der Volksbank Dresden genutzt. Unter den Gebäuden an der Nordseite fallen das 1929 erbaute erste Dresdner Hochhaus auf, das Denkmal für den Dichter Erich Kästner an der Cafékneipe Kästner's sowie das Brunnenhäuschen des Artesischen Brunnens (1906, von Hans Erlwein).

Artesischer Brunnen

Erich-Kästner-Museum

In der Anton-Str. 1 beschäftigt sich das neue, interaktive Erich-Kästner-Museum mit dem Dichter (Öffnungszeiten: tgl. außer Mo. 10.00 – 18.00, Mi. bis 20.00 Uhr).

***Königstraße**

Rähnitzgasse

Vom Albertplatz wendet man sich auf der Königstraße wieder zurück Richtung Elbe. Diese Straße – zusammen mit der von ihr an der Dreikönigskirche abzweigenden Rähnitzgasse – hat sich dank hervorragender Restaurierungsarbeiten zur schönsten Barockstraße Dresdens entwickelt und ist begehrte Büro- und Geschäftslage mit Edelboutiquen und Designerläden geworden. Besonders schöne Häuser sind Nr. 3, Nr. 5, Nr. 10, Nr. 12 und Nr. 15. Durch die noble Ladenpassage an den Häusern 10 und 12 gelangt man in die Rähnitzgasse, wo u. a. Nr. 7 und Nr. 19 sehr ansprechend renoviert worden sind. In der Rähnitzgasse Nr. 8 zeigt das städtische Kunsthaus Gegenwartskunst.

Weißes Tor

Die Königstraße mündet gegenüber vom ⟶ Japanischen Palais auf den Palaisplatz, wo noch eines der beiden von Gottlob Friedrich Thormeyer entworfenen Torhäuser des Weißen oder Leipziger Tores (1827 – 1829) erhalten ist.

Große Meißner Straße

Über die Große Meißner Straße erreicht man wieder den Neustädter Markt. Man passiert dabei das an der rechten Straßenseite liegende, heute in das Hotel Bellevue integrierte Barockhaus Nr. 15. Es geht auf das Jahr 1693 zurück und erhielt seine jetzige, rekonstruierte Gestalt 1723 bis 1733. Von 1734 an beherbergte es königliche Ämter und wurde daher auch 'Kanzleihaus' genannt.

Äußere Neustadt

Die äußere Neustadt ist im 19. Jh. entstanden. Man kann ihre wichtigsten Gebäude und Sehenswürdigkeiten auf einem Spaziergang im von Königsbrücker Straße, Stauffenbergallee und Bautzner Straße umschlossenen Dreieck kennenlernen.

Szeneviertel

Die äußere Neustadt hat aber auch noch anderes zu bieten. Das Areal zwischen Königsbrücker Straße, Bautzner Straße und Bischofsweg hat sich zur Schaubühne der Dresdner Szene gemausert. Hier reihen sich Kneipen, kleine Geschäfte, Galerien und Szenetreffs aneinander – wer abends etwas erleben will, kommt um die äußere Neustadt nicht herum.

Geburtshaus von Erich Kästner

Die Königsbrücker Straße führt vom Albertplatz nach Norden und ist die Hauptstraße der äußeren Neustadt. Im Haus Nr. 66 wurde der Schriftsteller Erich Kästner (⟶ Berühmte Persönlichkeiten) geboren.

Katharinenstraße

Die schönsten Jugendstilhäuser der äußeren Neustadt sind in der von der Königsbrücker Straße abzweigenden Katharinenstraße zu finden.

Kein gewöhnlicher Milchladen: die Molkerei Pfund

Alaunstraße
*Kunsthof)

Die Katharinenstraße trifft auf die Alaunstraße, die Hauptachse des Szeneviertels. Neu und besonders schön ist der Kunsthof zwischen dem Haus Alaunstr. 70 und der parallel laufenden Görlitzer Straße. In diesem Innenhof, bemalt mit von Joan Mirò inspirierten Motiven, haben sich Galeristen und Künstler zusammengefunden. Die dazugehörige Kneipe El Perro Borracho serviert Spanisches.

Bautzner Straße

*Molkerei Pfund

Nach Osten führt die Bautzner Straße vom Albertplatz weg. Haus Nr. 79, die Molkerei Pfund, sollte man unbedingt besuchen: das Milchgeschäft mit seiner farbenprächtigen, originalen Ladenausstattung von 1892, die die Dresdner Niederlassung der Keramikfirma Villeroy und Boch lieferte – der "schönste Milchladen der Welt" – ist den Weg hier heraus wert. Darüber ist ein Café eingerichtet, das jede Menge Milchgetränke serviert und gleichzeitig auch ein kleines Molkereimuseum darstellt.

Hohe Haine

Gleich nebenan soll ein weiteres Architekturprojekt von Friedensreich Hundertwasser entstehen: Die Hohe Haine wird deutlich die farben- und formenfrohe Handschrift des Meisters aus Wien tragen.

Martin-Luther-Kirche

Über die Pulsnitzer Straße, die kurz vor Pfund's abgeht, kommt man zur neoromanischen Martin-Luther-Kirche (1883 – 1887) am einen geschlossenen, stillen Eindruck hinterlassenden Platz gleichen Namens.

Alter Jüdischer Friedhof

Gegenüber, an der Pulsnitzer Straße, liegt der Alte Jüdische Friedhof (⟶ Friedhöfe).

Preußisches Viertel

Im weiteren Verlauf der Bautzner Straße und in der anschließenden Albertstadt wurden nach 1866 Villen für preußische Offiziere erbaut. Besonders schön: Bautzner Str. Nr. 74 (1880), Nr. 82 (1860), Nr. 86 (Villa Hempel; 1865), Nr. 96 (Marcolinis Vorwerk), Nr. 105, Nr. 125 und Nr. 131. Wer durstig ist, kann in Dresdens ältester Gaststätte, der Drachenschänke (Nr. 72) einkehren oder zum Waldschlößchen, beide mit Biergarten, weitergehen.

Der Neustädter Markt mit Goldenem Reiter und Blockhaus

*Neustädter Markt A 2/3 ·K/L 46/47

Lage
Neustadt

Straßenbahn
Hst. Neustädter Markt (Linien 4, 5)

Das gesamte städtebauliche Ensemble des Neustädter Marktes, auf dem rechten Elbufer zwischen Augustusbrücke und Hauptstraße (→ Neustadt) wurde im Februar 1945 fast vollständig zerstört. So ist heute nichts mehr vom einstigen Dorfplatz von Altendresden zu sehen, und vom Neustädter Rathaus, 1750 bis 1754 von Knöffel an der Nordseite des Platzes gebaut, stammen nur noch die beiden Nymphenbrunnen.
Die Neugestaltung des Marktes erfolgte im wesentlichen 1979/1980. Die den Platz parallel zur Elbe kreuzende Köpckestraße wird durch einen Fußgängertunnel unterquert. In Form eines nach Süden offenen Trapezes umschließen heute Neubauten den Platz und markieren den Beginn der einstigen Neustädter Prachtstraße, der Hauptstraße. In die Platzgestaltung sind historische und zeitgenössische Bildhauerarbeiten und Brunnen einbezogen.

**Goldener Reiter

Den Platz beherrscht das Reiterstandbild Augusts des Starken, der in der Haltung eines Caesaren im römischen Schuppenpanzer auf kurbettierendem Roß posiert. Von Jean Joseph Vinache (1696–1754) entworfen und vom Kanonenschmied Ludwig Wiedemann (1690–1754) in Kupfer getrieben, erhielt es 1736 seinen heutigen Standort, nachdem es zunächst für die Elbbrücke und dann als Bekrönung des Blockhauses gedacht war. Der Sockel wurde erst 1884 von Konstantin Lipsius geschaffen. 1944 in Sicherheit gebracht, wurde es 1956 wieder auf dem Platz aufgestellt und erhielt 1965 eine frische Ölvergoldung (Abb. S. 7).

Blockhaus

Die südliche Begrenzung des Platzes zur Elbe bildet an der elbabwärtsgewandten Seite der Augustusbrücke das Blockhaus. Es ist das einzige erhaltene Gebäude, das nachweislich direkt nach Plänen Zacharias Longuelunes geschaffen wurde, der seit 1722 als Oberlandbaumeister tätig

Neustädter Markt, Blockhaus (Fortsetzung)

war und wesentlichen Anteil an der großartigen städtebaulichen Entwicklung Dresdens hatte. Seine Absichten, das Blockhaus als 'Sockel' für ein Reiterstandbild Augusts des Starken bzw. für einen großen Obelisken, somit als 'point de vue', zu nutzen, wurden nicht realisiert. 1732 begonnen, wurde der Bau 1749 von Johann Christoph Knöffel um das Halbgeschoß erhöht und 1755 als Neustädter Wache vollendet. Nach einem Umbau 1890 diente es als Sitz des sächsischen Kriegsministeriums. Beim Wiederaufbau von 1978 bis 1980 wurde der Zustand aus dem 18. Jh. rekonstruiert. Es dient nun der Landesregierung als Fortbildungsstätte.

Narrenhäusel

An der elbaufwärts gewandten Seite der Brücke stand einst das Wohnhaus des Hofnarren Joseph Fröhlich (1718–1757), der im Dienst Augusts des Starken und Augusts III. stand. Neben dieser an sich schon anstrengenden Tätigkeit übte er auch noch den Beruf des Zahnarztes aus. Sein Haus besaß – wie das Vorbild Schloß → Moritzburg – vier Türme und wurde deshalb auch 'Klein-Moritzburg' genannt. An Joseph Fröhlich erinnert eine von Heinrich Apel in den siebziger Jahren geschaffene Bronzeplastik am Eingang zum Fußgängertunnel.

Brunnen am Neustädter Markt

Zwei moderne Brunnenanlagen von Karl Heinz Adler, mit wechselnden Wasserspielen, flankieren den Platz. Die beiden Nymphenbrunnen von Benjamin Thomae, Allegorien auf Elbe und Weichsel, waren ursprünglich (seit 1742) als Wandbrunnen am verlorengegangenen Neustädter Rathaus angebracht.

Oper

→ Semperoper

Ostragehege J/K 44/45

Lage
Nördlich der Friedrichstadt

Bus
Linie 78, 82

Im Norden der → Friedrichstadt umschließt der Elbbogen das Große Ostragehege (sorb. 'ostro' = Flußinsel). Anfänglich als Jagdgehege genutzt, wie es Caspar David Friedrich auf seinem Gemälde "Das große Ostragehege" (in der → Gemäldegalerie Neue Meister) dargestellt hat, war die noch spärlich bebaute Grünfläche – wie der → Große Garten – dafür vorgesehen, Volksgarten zu werden. Um die Wende vom 18. zum 19. Jh. und mit dem Eisenbahnbau wuchs das Gelände jedoch zu einem bedeutenden Wirtschaftsstandort in Dresden heran.

Schlachthof

Der von Stadtbaumeister Hans Erlwein entworfene Schlachthof besteht aus insgesamt 68 Einzelgebäuden und wurde 1910 eingeweiht. Bis in DDR-Zeiten hinein wurden hier täglich mehrere tausend Stück Schlachtvieh verarbeitet.

Elbhafen

Im Süden des Ostrageheges erstreckt sich das 1100 × 150 m große Becken des Elbhafens, der lange Zeit der bedeutendste Binnenhafen Deutschlands war. Dahinter sieht man die im Jahr 1913 erbaute Bienert-Hafenmühle aufragen.

Messe Dresden

Lange Zeit wußten die Stadtoberen mit dem Ostragehege nichts Rechtes anzufangen. Das Gelände war zum größten Teil versiegelt, verödet und teilweise mit Altlasten belastet. Pläne für eine Umgestaltung zur Internationalen Gartenbauausstellung konnten nicht realisiert werden. Nun aber wird im Ostragehege Dresdens neues Messegelände gebaut. Im September 1999 konnten die ersten Hallen mit einer Ausstellungsfläche von 12 000 m^2 eröffnet werden. Sie sind unter Einbeziehung der denkmalgeschützten Erlweinbauten errichtet worden.

Pillnitz (Stadtteil) P/Q 54

**Schloß Pillnitz

Schloß und Park Pillnitz, bezaubernd durch leichte, elegante Heiterkeit, in ihrer Gesamtheit über einen Zeitraum von etwa 100 Jahren entstanden, waren ein Geschenk Augusts des Starken an seine Mätresse, die Gräfin Cosel. Als Standort wurde das alte Renaissanceschloß Pillnitz gewählt.
Die Schloßanlage von Pillnitz besteht im wesentlichen aus drei Teilen: dem Wasserpalais, dem Bergpalais und dem Neuen Palais mit Küchen- und Kapellenflügel am Ort des Renaissanceschlosses. Entgegen der ursprünglichen Planung sind diese Gebäude heute alle miteinander verbunden. Die Hauptgebäude, das Wasserpalais und das Bergpalais, sind in spiegelbildlicher Anordnung von 1720 bis 1723 nach Plänen von Matthäus Daniel Pöppelmann und Zacharias Longuelune erbaut worden. Die zweigeschossigen Flügelgebäude, von Johann Daniel Schade und Christian Traugott Weinling als Verbindung der beiden Palais mit dem Bergpalais entworfen, kamen in den Jahren 1789 bis 1792 hinzu. 1818 bis 1826 wurde das Neue Palais nach Entwürfen Christian Friedrich Schurichts gebaut, nachdem das alte Schloß abgebrannt war. Die Ausmalung des Festsaales in diesem Teil besorgte Carl Christian Vogel von Vogelstein (1788 – 1868). 1791 tagten in Pillnitz die Monarchen von Österreich, Sachsen und Preußen, um zusammen mit französischen Emigranten über das Vorgehen gegen die sich ausbreitende Französische Revolution zu beraten.

Lage
am südöstlichen Stadtrand

Straßenbahn
Hst. Kleinzschachwitz (Linie 1); von dort Elbfähre

Bus
83 ab Schillerplatz/Blasewitz

Elbschiff
Anlegestelle Pillnitz

Chinesischer Stil

Die Vorliebe August des Starken für Exotisches und die erste Chinoiseriewelle ließen das Schloß von Beginn an in diesem Modestil entstehen. Die chinesischen Motive und Formen des Berg- und Wasserpalais sind indes Phantasieleistungen des späten sächsischen Barock. Die Harmonie von Architektur und Landschaft, die Anmut der Fassadenmalereien kommt

Schloß Pillnitz: Blick vom Wasserpalais auf das Bergpalais

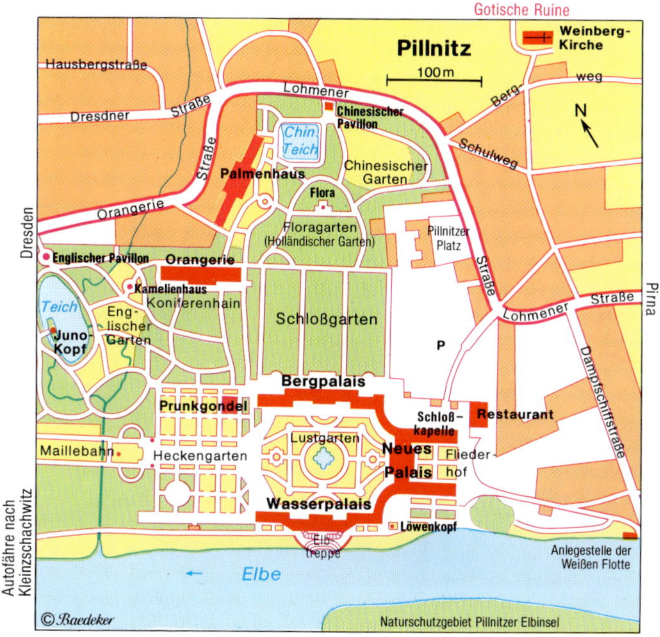

Chinesischer Stil (Fortsetzung)

besonders an der Elbseite des Wasserpalais zum Ausdruck. Dort führt eine von steinernen Sphingen eingefaßte Treppe hinab zur Elbe zur Anlegestelle der kurfürstlichen Gondeln. Die bereits im 19. Jh. gefertigte Nachbildung einer solchen Gondel – die Rote Tritonengondel – ist heute wieder in einem der Heckenquartiere im Schloßpark aufgestellt.

Kunstgewerbemuseum

Bergpalais Di. – So., Wasserpalais Mo., Mi. – So. jeweils Mai – Okt. 10.00 – 18.00

Eintrittsgebühr

Das 1876 gegründete Museum im Berg- und Wasserpalais ist seit 1945 Teil der Staatlichen Kunstsammlung Dresden. Während im Wasserpalais überwiegend Möbel, Glas, Majolika, Leder, Gobelins und Kunstschmiedearbeiten des 17. und 18. Jh.s zu sehen sind, werden im Bergpalais die Zinnsammlung, Steinzeug, Fayencen sowie Kunsthandwerk bis zur Gegenwart gezeigt. Zudem findet man hier einige erhaltene Innenausstattungen des Pillnitzer Schlosses wie den Watteau-Saal (um 1850) und das Weinling-Zimmer (Ende 18. Jh.). Ein weiterer Sammlungsschwerpunkt sind historische Musikinstrumente, auf denen im Rahmen der regelmäßigen Konzertreihe ‘Musik im Wasserpalais’ auch gespielt wird.

**Schloßpark

Lustgarten

Der gesamte Park verdankt seine Schönheit und Vielfalt dem Wirken mehrerer Generationen. Der zwischen Berg- und Wasserpalais gelegene Lustgarten wurde erst im 19. Jh. als Schmuckanlage gestaltet.

Heckenquartiere

An den Lustgarten schließt sich westlich der zu Gräfin Cosels Zeiten entstandene barocke Gartenteil mit den labyrinthischen Heckenquartieren aus Hainbuche (Chamillen) an. Gleich im ersten Geviert nach dem Bergpalais findet man die vorerwähnte Gondel.

◀ *Chinesischer Stil an der Elbseite des Wasserpalais*

Mit der Tritonengondel ließ es sich komfortabel die Elbe hinabschaukeln

Schloßpark (Fortsetzung) Maillebahn

Am Ende der Chamillen beginnt die 500 m lange Maillebahn für das im 18. Jh. beliebte, golfähnliche Maillespiel. Den Abschlag markiert eine große, 1785 von Thaddeus Wiskotchill gefertigte Sandsteinvase. Die Bahn war als bis nach Dresden reichende Kastanienallee angelegt worden.

Englischer Garten

Von 1778 an wurde der Park unter August III. nach den Vorbildern englischer Gärten erweitert. Schmale Wege, locker verteilte Baum- und Strauchgruppen, ein Teich mit Inselchen (darauf ein großer Bronzekopf der Göttin Juno) und der Englische Pavillon von Weinling entstanden. Zum Englischen Garten gehört auch die berühmte, 8,50 m hohe und in der Krone 12 m ausladende japanische Kamelie. Sie ist von insgesamt vier 1770 nach Europa gebrachten Exemplaren das einzig erhaltene gebliebene und lockt mit ihrer roten Blütenpracht im Frühjahr viele Besucher an. Im Winter schützt ein eigens konstruiertes Gewächshaus die Pflanze vor der Kälte, das im Sommer aber beiseite gefahren werden kann.

*Kamelie

Koniferenhain · Chinesischer Garten · Holländischer Garten

Östlich von der Kamelie liegt der 1874 angelegte Koniferenhain, in dem Nadelgehölze aus aller Welt, darunter auch ein Exemplar des erst 1945 in China entdeckten Urwelt-Mammutbaums, gedeihen. Englischer Garten und Koniferenhain bilden zusammen mit dem Chinesischen und dem Holländischen Garten die 'wissenschaftliche Gartenseite', die dem Pillnitzer Botanischen Garten weltweite Berühmtheit verschafft hat. Hier stehen auch die 1730 von Zacharias Longuelune entworfene große Orangerie, die im Sommer für Ausstellungen genutzt wird, sowie das wiederaufgebaute alte Palmenhaus.

Im Ort Pillnitz

Gotische Ruine

Auf einer Anhöhe oberhalb des Friedrichsgrundes wurde 1785 nach Plänen von Johann Daniel Schade diese künstliche Ruine errichtet.

Unmittelbar in der Nähe des Pillnitzer Parks, am Hang des Borsberges, erhebt sich die 1723 bis 1725 von Matthäus Daniel Pöppelmann errichtete Weinbergkirche. Der Altar mit dem Abendmahlrelief ist eine hervorragende Arbeit von Johann Georg Kretzschmar (1648) und wurde aus der abgetragenen Kapelle des alten Dresdner Renaissanceschlosses hier eingebaut. Die Treppe und die Portalplastik sind Arbeiten Benjamin Thomaes. Der besondere Reiz der 1993 vollständig renovierten Kirche besteht jedoch in ihrer wunderbaren Lage inmitten der Weinberge.

Pillnitz (Fortsetzung) Weinbergkirche

Die vom Wasserpalais zu sehende ca. 10 ha große Elbinsel, die letzte von ehemals 18 Elbinseln im oberen Flußlauf, hat eine außerordentlich reiche Tier- und Pflanzenwelt. Um Flora und Fauna zu schützen, darf die Insel seit dem Jahre 1924 nicht betreten werden (Naturschutzgebiet).

Pillnitzer Elbinsel 'Vogelinsel'

Kleinzschachwitz

Putjatin-Haus

In Kleinzschachwitz fällt ein eigenartiges, kartenhausähnliches Gebäude auf. Hier wohnte der russische Fürst Nikolaus Abramowitsch Putjatin (1749–1830), ob seiner exzentrischen Persönlichkeit in ganz Dresden bekannt. So pflegte er außergewöhnliche Freikörperveranstaltungen auf seinem Balkon, kleidete sich höchst sonderbar u.a. in ein talarartiges Gewand mit verglasten Sehschlitzen, und wenn er seinen Freund Dr. Pienitz auf Schloß Sonnenstein in → Pirna besuchte, sauste er den dortigen Schloßberg auf eigens von ihm konstruierten stabilen Hosen hinab, um Zeit zu sparen. 1822 schenkte er sein Haus den Kleinzschachwitzer Kindern als Schulhaus; heute ist es ein kultureller Wohngebietstreff.

*Pirna

Ausflugsziel

Lage
südöstlich elbaufwärts

S-Bahn
Pirna (S 1)

Elbschiff
Pirna

Pirna, das Tor zur Sächsischen Schweiz, liegt ca. 20 km südöstlich von Dresden auf beiden Ufern der Elbe. Der Kern der Stadt, die ihren Namen vom sorbischen 'na pernem' = auf dem Harten Stein hat, war die heutige Altstadt auf dem linken Elbufer. Hier findet der Besucher auch all das, was eine Fahrt nach Pirna lohnenswert macht: den herrlichen Marktplatz und ganze von Mittelalter, Renaissance und Barock geprägte Straßenzüge, die dank zunehmender Restaurierungsbemühungen noch gewonnen haben.

Geschichte

Unterhalb des wohl schon von Slawen besiedelten Burgbergs gründeten fränkische und thüringische Kaufleute an der Elbfurt eine Niederlassung, die 1233 erstmals in einer Urkunde des Bischofs von Meißen erwähnt und 1291 als Stadt bezeichnet wird. Von 1294 bis 1405 gehörte Pirna zu Böhmen. In dieser Zeit und danach bis 1639 entwickelte sich die Stadt zur wichtigsten Ansiedlung im oberelbischen Gebiet und überstand u.a. die Belagerung durch die Hussiten 1429/1430 schadlos. 1639 allerdings begann das 'Pirnsche Elend', als schwedische Truppen die Stadt besetzten. Ihre völlige Zerstörung konnte nur durch den mutigen Einsatz des Apothekers Theophilus Jacobäer verhindert werden. In der Zeit danach wurde Pirna immer wieder vom Krieg heimgesucht: 1706 kamen erneut die Schweden, 1756 die Preußen und 1813 die Franzosen. Mit der Ansiedlung von Industrie, der Eröffnung der Dampfschiffahrt auf der Elbe 1837 und dem Anschluß an den Eisenbahnverkehr 1848 erlebte die Stadt einen neuerlichen Aufschwung. Eines der schwärzesten Kapitel der Stadtgeschichte schrieben die Nazis, als 1940 und 1941 in der Pflegeanstalt Burg Sonnenstein über 13000 Menschen im Zuge des Euthanasieprogramms umgebracht wurden. Noch im April 1945 traf ein US-Bombenangriff die Stadt.

*Marktplatz

Rathaus

Malerischer Mittelpunkt von Pirna ist der auch von Canaletto gemalte Marktplatz, dessen Zentrum das Rathaus einnimmt. Es geht auf das Jahr 1485 zurück, wurde aber 1555 durch Wolf Blechschmidt und nach einem Brand nochmals 1581 umgebaut, so daß es Elemente der Gotik (u.a.

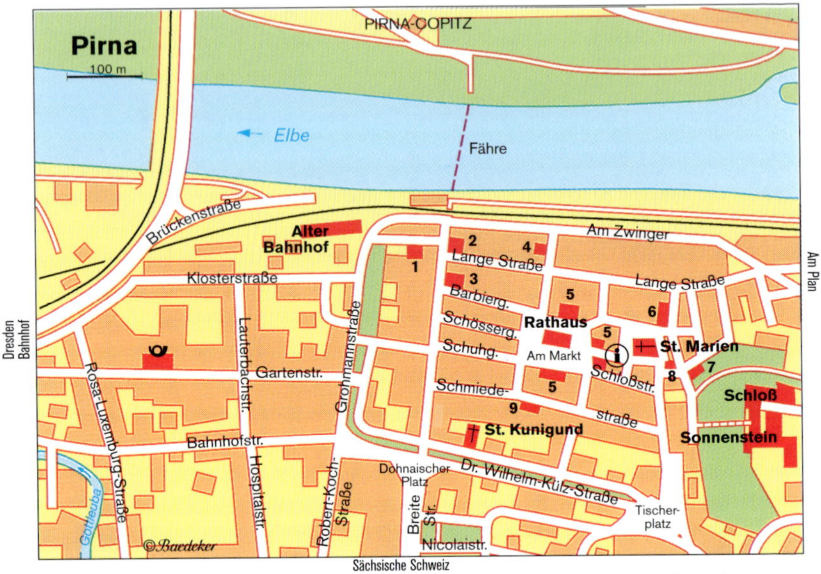

1 Klosterhof (St. Heinrich)
2 Eckkaufhaus (Lange Str. 1)
3 Engelserker-Haus (Barbiergasse 10 L)
5 Bürgerhäuser am Markt
6 Blechschmidthaus (Niedere Burgstr. 1)
4 Haus Lange Str. 10
7 Teufelserker-Haus (Obere Burgstr. 1)
8 Alte Knabenschule mit Erlpeterbrunnen
9 Tetzel-Haus (Schmiedestr. 19)

Marktplatz (Fortsetzung)

Türen im Erdgeschoß) und der Renaissance (erster Stock, Giebel) zeigt. Der Turm wurde erst 1718 aufgeführt. Er trägt eine Uhr mit Stadtwappen, dessen Löwen mit ihren Pranken die Viertelstunden schlagen.

Bürgerhäuser

Um den Marktplatz stehen einige sehr bemerkenswerte Bürgerhäuser aus unterschiedlichen Epochen. An der elbzugewandten Seite steht die Stadtapotheke zum Löwen (Am Markt 17/18) von 1578 mit einem ungewöhnlichen Sitznischenportal und einer Gedenktafel für Theophilus Jacobäer; gleich daneben das ehemalige Wirtshaus Weißer Schwan (Nr. 19), dessen Hauszeichen mit Jahreszahl noch erhalten ist.

Hauszeichen "Weißer Schwan"

An der dem Schloß zugewandten Stirnseite fällt vor allem das hochgiebelige Haus ganz rechts auf (Nr. 7). Es ist um das Jahr 1520 erbaut worden und wird 'Canalettohaus' genannt, da es Bernardo Bellotto, genannt Canaletto, auf einem seiner Bilder von Pirna festgehalten hat.

Die Südseite des Platzes überstrahlen zwei Häuser: das Handelshaus (Nr. 9) mit spätgotischem Kern, Barockfassade und Wappen des Bürgermeisters Volkamer sowie das Stadthaus (Nr. 12), in dem von 1472 bis 1686 die kurfürstlich-sächsische Eisenkammer untergebracht war.

Hinter dem Canalettohaus ragt der Turm von St. Marien auf

St. Marien

Baugeschichte

Hinter dem Canalettohaus erheben sich der Turm und das mächtige Dach der Stadtkirche St. Marien. Das Gotteshaus geht in seiner heutigen Form auf den hauptsächlich von Peter Ulrich von Pirna 1502 begonnenen Bau zurück, der 1546 vollendet war. Auffallend an der dreischiffigen Kirche sind der sehr schwach ausgebildete Chor, der in der Südostecke stehende, nach oben zwölfeckige Turm mit Barockhaube sowie das ungewöhnlich hohe Dach.

*Innenraum

Das eigentlich Sehenswerte an der Kirche ist aber der Innenraum. Hier beeindrucken die Gewölbeverzierungen in Mittelschiff und Seitenschiffen, die wahrscheinlich von Georg von Maulbronn stammen; im südlichen Seitenschiff eine höchst ungewöhnliche Hobelspanrippe in Gestalt einer Schlange. Im Chor sind nur noch zwei von ursprünglich zwölf Baumstammrippen erhalten, an denen 'wilde Männer' emporklettern. Zwischen 1544 und 1546 wurden auf Veranlassung des ersten Superintendenten Antonius Lauterbach die Gewölbe mit Motiven aus dem ersten und zweiten Buch Mose und in der Chorapsis mit den Abbildern vierer Evangelisten ausgemalt, wobei Lukas und Markus die Züge von Martin Luther bzw. Philipp Melanchthon tragen.
Der 10 m hohe manieristische Altar aus Pirnaer Sandstein ist eine Arbeit der Gebrüder Schwenke aus den ersten Jahren des 17. Jh.s, die damit eines der bedeutendsten Werke der Spätrenaissance schufen. Er zeigt im Sockel Geburt, Abendmahl und Kreuzigung, in der Mitte die Sintflut und darüber die Auferstehung, an den Seiten Elias' Himmelfahrt und die Jakobsleiter. Die figurengeschmückte Kanzel entstand 1516 bis 1525. Schon Goethe lobte den wahrscheinlich von Hans Walther II. gefertigten Taufstein wegen seiner hübschen Sockelverzierung (1561): Hier stellen 26 Kinderfiguren den Tagesablauf eines Kindes dar. Bemerkenswert sind auch die Epitaphien sowohl in der Kirche als auch an ihren Außenwänden.

Weitere Sehenswürdigkeiten in Pirna

Blechschmidthaus

Gegenüber der Nordostecke der Marienkirche befindet sich das im 16. Jh. erbaute Blechschmidthaus mit einem auffallenden Sitznischenportal. Wie ein Bildnis und Steinmetzzeichen belegen, wohnte hier von 1544 bis 1563 der Baumeister Wolf Blechschmidt. Zusammen mit den beiden Nachbarhäusern ist es heute vom Hotel Deutsches Haus belegt.

Teufelserker-Haus

Von der Südostecke St. Mariens gelangt man zum Haus Obere Burgstr. 1, dem sog. Teufelserker-Haus (16./17. Jh.), dessen Namen es seinem mit einer Teufelsfratze verzierten Erker mit dem Spruch "Ich wolds so haben, was fragst tu darnach" verdankt. Nach langen Streitigkeiten zwischen Neubesitzern, Stadt und Baufirmen, die die überfällige Sanierung aufhielten, wird es nun endlich renoviert.

Alte Knabenschule

Unweit hiervon die alte Knabenschule von 1583 mit dem seit 1384 bekannten Erlpeterbrunnen.

Schmiedestraße

In der südlich vom Markt verlaufenden Schmiedestraße fallen unter den vielen historischen Häusern Haus Nr. 8, die ehemalige Frohnfeste, und vor allem Nr. 19, das Geburtshaus des Ablaßpredigers und Luther-Widersachers Johannes Tetzel (1465–1519) auf.

Lange Straße

In der Langen Straße nördlich vom Markt sollte man das Haus Nr. 1, das ehemalige Eckkaufhaus mit Sitznischenportal und toskanischer Mittelsäule, sowie Nr. 10 wegen seines Barockportals von 1730 beachten.

Engelserker-Haus

Gleich um die Ecke sieht man das Engelserker-Haus (1624), quasi das Gegenstück zum Teufelserker-Haus, doch hat es mit diesem nichts zu tun.

Klosterhof St. Heinrich

Im Kapitelsaal des ehemaligen Dominikanerklosters St. Heinrich, 1330/1360 erbaut und 1539 aufgelöst, ist das Stadtmuseum untergebracht.

Burg Sonnenstein

Ein steiler Aufstieg führt hinauf zur Burg Sonnenstein, von deren mittelalterlicher Substanz allerdings wenig geblieben ist. Vom Biergarten am Hang hat man einen schönen Blick auf die Dächer Pirnas (Abb. S. 238).
In der Pflegeanstalt Sonnenstein wurden 1940/1941 im Rahmen des Euthanasieprogramms 13720 Menschen als 'lebensunwertes Leben' ermordet. Daran erinnert ein Gedenkstein am Eingang zum Biergarten.

Prager Straße C 2 · M 46

Lage
Zentrum Altstadt

Straßenbahn
Hst. Hauptbahnhof
(Linien 3, 7, 8, 10)

Hst. Dr.-Külz-Ring
(Linien 3, 8, 12)

Die Prager Straße verbindet den Hauptbahnhof mit dem ⟶ Altmarkt. Nach 1851 angelegt, war sie schon wenige Jahrzehnte später mit ihren Geschäften, Cafés und Restaurants bis zur Zerstörung 1945 die eleganteste Promenierstraße Dresdens. Der Neuaufbau als Fußgängermagistrale erfolgte im wesentlichen von 1965 bis 1974 in sozialistischer Großbauweise, wie sie die Hotels Newa, Königstein und Lilienstein sowie der Wohnblock an der Ostseite repräsentieren. Nach der Wende sind nun am oberen Ende Kaufhausneubauten hinzugekommen, wovon das Karstadthaus das bemerkenswerteste ist – allerdings eher von seiner Rückseite her, die zum Ferdinandplatz zeigt. Auch der spektakulärste Neubau versteckt sich etwas: Neben dem alten Rundkino (jetzt Puppentheater) gibt der neue UFA-Palast der Wiener Architektengruppe Coop Himmelb(l)au ein wirklich atemberaubendes Glanzstück moderner Architektur.

*UFA-Palast

Hauptbahnhof

Der Hauptbahnhof, am Ort des Böhmischen Bahnhofs (seit 1850) erbaut, entstand 1892 bis 1895 nach Plänen von Ernst Giese und Paul Weidner. Seine verkehrsttechnische und architektonische Besonderheit besteht darin, daß er zugleich Kopf- und Durchgangsbahnhof ist. An die Kuppelhalle schließt der Kopfbahnhof an (Richtung Görlitz und Chemnitz), während die Durchgangsstrecken (Richtung Berlin, Leipzig, Bad Schandau, Prag u.a.) über die erhöhten Bahnanlagen verlaufen. Den plastischen Schmuck schuf Friedrich Rentsch; die Wände der Kuppelhalle schmücken Wappen sächsischer Städte. Bemerkenswert ist an der Nordseite ein kleiner Rundanbau, der ehemalige Sondereingang auf das königliche Gleis 16. Er wird heute als Programmkino genutzt.

Prager Straße, Hauptbahnhof (Fortsetzung)

Puppentheatersammlung

→ Radebeul, Schloß Hohenhaus

Queckbrunnen L 46

Gegenüber dem Ortsamt und der Stadtbibliothek an der Hertha-Lindner-Straße steht der Queckbrunnen (Lebensbrunnen). 1461 erstmals urkundlich nachgewiesen, ist er die älteste erhaltene Dresdner Brunnenanlage. Der Storch auf dem Dach ist Sinnbild der Fruchtbarkeit.
Hst. Postplatz (Linien 1, 2, 4, 8, 9, 11, 42, 51)

Lage
Hertha-Lindner-Straße

Straßenbahn

Radebeul Ausflugsziel

Die unmittelbar an Dresden angrenzende Stadt Radebeul wurde 1924 durch den Zusammenschluß von zehn Gemeinden gegründet und vergrößerte sich 1934 durch die Vereinigung mit Kötzschenbroda nochmals. Daher gibt es kein eigentliches Stadtzentrum, vielmehr erstreckt sich Radebeul auf 8 km zwischen Dresden und Coswig, im Süden von der Elbe und im Norden von den Weinbergen der Lößnitz eingegrenzt.
Den Bewohnern der Ursprungsgemeinden, im 13. Jh. aus Franken, Hessen und Niedersachsen gekommen, wurde Land zugewiesen, auf denen sie Landwirtschaft, vor allem Weinbau, betrieben. Diese Art der Bodenkultivierung prägte die Entwicklung der Ortschaften. Zunächst standen hier nur Preß- und Winzerhäuser. Ausgelöst durch den katastrophalen Reblausbefall 1885/1886 ging der Weinbau zurück, so daß ab 1870 eine verstärkte Bebauung einsetzte, da viele Orte in der Nieder- und Oberlößnitz dank ihres günstigen Klimas nun wohlhabende Dresdner Beamte und Fabrikanten anlockten, die hier ihre Sommerhäuser oder Alterswohnsitze bauten. Bald sprach man wegen der vielen, von Gärten umgebenen Villen und Kureinrichtungen an den Hängen vom 'Sächsischen Nizza'. Zu Beginn des 19. Jh.s entstanden neben den bereits stark entwickelten Handwerksbetrieben einzelne, noch kleinere Fabriken, die mit den Veränderungen nach 1830 (Beginn der Dampfschiffahrt auf der Elbe und Bau der ersten deutschen Ferneisenbahn Dresden – Leipzig) zunehmend Industrie – v.a. Arzneimittel, Lebensmittel, Druckmaschinen und Metallbetriebe – in die Lößnitzgemeinden brachten.
Die Lößnitzhänge von Radebeul sind heute beliebtes Naherholungsgebiet. Nach der Anpflanzung reblausresistenter Reben ist auch der Weinbau wieder von einiger Bedeutung. Die Stadt ist Sitz der Landesbühnen Sachsen (→ Praktische Informationen, Theater).

Lage
unweit nordwestlich elbabwärts

S-Bahn
Radebeul-Ost (S 1)

Straßenbahn
Hst. Schildenstr./ Karl-May-Museum (Linie 4)

*Karl-May-Museum (Karl-May-Stiftung)

Karl May lebte von 1896 bis zu seinem Tod 1912 in Radebeul. Sein Wohnhaus taufte er stilgerecht 'Villa Shatterhand'. In diesem und in der Blockhütte 'Villa Bärenfett' ist heute das Karl-May-Museum untergebracht.

Lage
Karl-May-Str. 5

Karl-May-Museum (Fortsetzung)

Öffnungszeiten
März–Okt.
tgl. 10.00–18.00;
Nov.–Feb.
bis 17.00

Eintrittsgebühr

Die Ausstellung in der 'Villa Shatterhand' zeigt Leben und Werk des geistigen Vaters von Winnetou, Old Shatterhand, Kara ben Nemsi, Hadschi Halef Omar und all der anderen Gestalten, die Karl Mays Phantasie entsprungen sind. Ausgestellt sind frühe Karl-May-Ausgaben, persönliche Dokumente und Möbel, der 'Old-Shatterhand'-Anzug sowie die berühmten Gewehre 'Silberbüchse', 'Henry-Stutzen' und 'Bärentöter'. Nachdem das Museum im Mai 1994 den Nachlaß Karl Mays vom Karl-May-Verlag in Bamberg erworben hat, ist die die Ausstellung in der 'Villa Shatterhand' verändert worden. So sind u.a. Karl Mays Schreibtisch und seine Bibliothek nach Radebeul zurückgekehrt,
In der 'Villa Bärenfett' ist die Sammlung indianischer Kulturgegenstände des seinerzeit berühmten Artisten Patty Frank (1876–1959) zu sehen, die dieser bei seinen Gastspielen in Nordamerika zusammengetragen hat. In Not geraten, verkaufte er seine Sammlung 1925 an die Witwe Klara May. Laufend ergänzt, umfaßt die Sammlung Exponate von vorkolumbischer Zeit bis in die Gegenwart, darunter Kult- und Gebrauchsgegenstände, Waffen, Schmuck, Kleidung und lebensgroße Figurationen der Ureinwohner Nordamerikas. Ergänzt durch Dioramen, Fotos und Gemälde entsteht ein anschauliches Bild ihrer Lebensweise und ihres Freiheitskampfes. Die 'Villa Bärenfett' gilt als eines der eindrucksvollsten Indianermuseen.

Grab der Familie May

Die letzte Ruhestätte von Karl May und seiner Frau Klara befindet sich in einem Niketempel auf dem Friedhof Radebeul-Ost südlich des Museums.

Karl-May-Tage

Seit 1992 veranstaltet die Stadt Radebeul alljährlich zu Pfingsten die Karl-May-Tage, zu denen Karl-May-Begeisterte aus aller Welt anreisen.

*Lößnitz

Weinbau

Unmittelbar am Stadtrand beginnen die Weinberge der Lößnitz, Teil des nördlichsten Weinbaugebietes in Europa. Es nimmt den wärmsten Abschnitt des Elbtales ein, erstreckt sich über → Meißen bis Diesbar-Seußlitz an den Südhängen der Elbufer und erbringt Qualitätsweine hauptsächlich der Sorten Müller-Thurgau, Traminer und Ruländer. Der Weinbau in der Lößnitz und im Meißner Gebiet geht bis auf das Jahr 919 zurück.

Schloß Hoflößnitz

Straßenbahn
Weißes Roß
(Linie 4)

Weinbaumuseum
(Di.–Fr.
14.00–18.00, Sa.,
So. 10.00–18.00)

Mitten in den Radebeuler Weinbergen, unweit nördlich außerhalb von Radebeul-Ost am Knohllweg 37, liegt Schloß Hoflößnitz, im Auftrag des Kurfürsten Johann Georg I. 1649 von Ezechiel Eckhardt erbaut. Der äußerlich einem Weingut ähnelnde Bau besitzt eine reiche Innenausstattung, darunter vor allem die 80 Deckengemälde von Albert Eyckhout mit brasilianischen Vögeln sowie Malereien von Christan Schiebling u.a. Im Schloß befindet sich heute ein Museum zur Geschichte des Weinbaus in der Lößnitz, das in seiner Schoppenstube auch Weinproben anbietet.

Spitzhaus

Über eine malerische Weinbergtreppe nördlich oberhalb von Schloß Hoflößnitz steigt man hinauf zum 1622 erbauten Spitzhaus, heute eine gute Gaststätte mit reizvoller Aussicht auf Radebeul, Dresden und die gesamte Elbtalweitung.

Bennoschlößchen

Die jahrhundertealte Weinbautradition bezeugt auch das Bennoschlößchen, östlich unterhalb an der Bennostr. 35. Es ist das älteste erhaltene Herrenhaus eines Weingutes in der Lößnitz, gebaut im Jahr 1600, mit Satteldach, zwei Volutengiebeln und Zwerchhäusern.

Haus Sorgenfrei

Ebenfalls ein ehemaliges Weingut war Haus Sorgenfrei am nahen Augustusweg 48. Die dreiflügelige Anlage ist zweigeschossig und hat ein Dachbelvedere im Zopfstil (1786–1789).

Wackerbarths Ruh

Am Westrand des heutigen Radebeul ließ sich Graf August Christoph von Wackerbarth, von 1685 bis 1728 Generalintendant des sächsischen Bauwesens, von Johann Christoph Knöffel 1728/1729 auf seinen hiesigen Weinbergen das zweigeschossige Palais für seinen Lebensabend bauen (Jacobstein 44). Deutlich sind die klare Blockform und der barocke Grundaufbau zu erkennen. Umbauten des 19. Jh.s in historisierendem Stil nach Renaissancevorbildern haben das Gesicht des Baus später so stark verändert, daß seine Rekonstruktion im ursprünglichen Zustand nicht gänzlich möglich war. Die terrassenartige Gartenanlage führt in der Hauptachse des Schlosses über eine Treppe direkt hinauf zu einem kleinen achteckigen Pavillon, dem Belvedere.

Straßenbahn
Wackerbarths Ruh
(Linie 4)

Schloß
Wackerbarth
(Mi. – So.
14.00 – 17.00)

Heute befindet sich hier das Sächsische Staatsweingut Schloß Wackerbarth. Seine Weine – Riesling, Traminer, Ruländer und Weißburgunder – wachsen größtenteils in Terrassenanlagen, die noch von sehr alten Trokkenmauern eingefaßt sind sowie in den Tallagen am Elbufer. Seit 1958 wird auch Sekt produziert.

Sächsisches
Staatsweingut
(Verkauf tgl.
10.00 – 18.00)

Auf den Ebenbergen nordöstlich oberhalb von Wackerbarths Ruh wurde 1968/1969 die Volkssternwarte “Adolph Diesterweg” errichtet. Schüler und sonstige Interessenten können hier selbst Himmelsbeobachtungen durchführen. Im Zeissplanetarium erhält man durch Vorführungen und Vorträge Einblick in Astronomie und Weltraumforschung. Öffentliche Himmelsbeobachtungen finden jeden Samstag um 19.00 Uhr statt.
Vor der Fernrohrkuppel steht die Plastik zweier den Himmel betrachtenden Männer von W. Howard.

Sternwarte
Radebeul

Hohenhaus, ein altehrwürdiges Anwesen, ehemals bischöflich-meißnischer Sommersitz am Bischofsberg, liegt in der Lößnitz zwischen Radebeul und Coswig an der S-Bahnstrecke S 1 (Bahnhof Zitzschewig; Adresse Barkengasse 6).
Das im Stil der Neorenaissance erbaute Schloß Hohenhaus kam 1865 in den Besitz des Wollhändlers Berthold Thienemann. Im Spätherbst des Jahres 1881 reiste der damals 18jährige Gerhart Hauptmann zur Hochzeit

Schloß
Hohenhaus

Beim Belvedere im Schloßpark Wackerbarth

Radebeul, Schloß Hohenhaus (Fortsetzung)

seines Bruders Georg mit Adele Thienemann an; bei seinen fünf Schwägerinnen stand Gerhart Hauptmann dank literarischer Frühversuche bereits im Ansehen eines Poeten. Oft besuchte er die Thienemann-Töchter und wanderte mit ihnen durch die reizvolle Umgebung der Lößnitz mit ihren Weinbergen. Im Jahre 1881 heiratete Gerhart Hauptmann eine der Töchter, Marie Thienemann. Die Erlebnisse in Hohenhaus hat Hauptmann in seinem Jugendwerk "Die Jungfern vom Bischofsweg" festgehalten.

Puppentheatersammlung (Di.–Fr. 9.00–16.00, letzter So. im Monat 10.00–17.00)

Seit 1960 beherbergt Hohenhaus die ursprünglich private Puppentheatersammlung der Staatlichen Kunstsammlungen Dresden (ab 1971 eigenständiges Museum). Mit über 25000 Figuren – darunter alte sächsische Wandermarionetten (18. und 19. Jh.), Fantasiemarionetten (Fantochen), Hand-, Stab- und Stockpuppen des 19. und 20. Jh.s aus verschiedenen Ländern sowie Spielfiguren fernöstlicher Theater – zählt diese Sammlung heute zu den bedeutendsten ihrer Art überhaupt. An Sonntagen finden Aufführungen statt.

Bilzbad

Kulturgeschichte und Erholung läßt sich im Bilzbad am Meiereiweg verbinden. Es trägt den Namen des Naturheilkundlers Friedrich Eduard Bilz, des Gründers des ersten Licht-Luft-Bades in Deutschland. 1911 kaufte er auf der ersten Hygieneausstellung in Dresden das Undosa-Wellenbad und versetzte es nach hier in den Lößnitzgrund in seine Erholungsanlage. Auch heute noch wird im Schwimmbad regelmäßig die erste Wellenmaschine der Welt in Gang gesetzt.

Lößnitzdackel

Ein besonderes Erlebnis ist eine Fahrt mit der 1884 erbauten Schmalspurbahn von Radebeul durch den Lößnitzgrund über → Moritzburg nach Radeburg. Die denkmalgeschützte Museumseisenbahn verkehrt mit historischen Zügen durch die abwechslungsreiche Wald-, Heide- und Teichlandschaft jenseits der Lößnitzer Weinberge (→ Praktische Informationen, Museumsbahnen).

Rathaus — B/C 2/3 · M 46

Anschrift
Dr.-Külz-Ring 19

Straßenbahn
Hst. Dr.-Külz-Ring (Linien 3, 8, 12)

Eines der größten Bauvorhaben in Dresden zu Beginn des 20. Jh.s war der Neubau eines Rathauses. Es entstand zwischen 1904 und 1910 nach Plänen von Karl Roth (1875–1932) und Edmund Bräter (1855–1925) und löste das alte Rathaus am → Altmarkt ab.
Der riesige sandsteinverkleidete Bau umschließt fünf Innenhöfe und vermischt mehrere Baustile, hinterläßt aber dennoch einen harmonischen Eindruck. Die Kriegeszerstörungen 1945 – Hauptfassade im Osten und Südfassade – waren so heftig, daß der in vereinfachter Form vorgenommene Wiederaufbau beinahe zu einem Neubau geriet.

*Turm

Das beherrschende Element des Rathauses und seit seiner Errichtung eine Landmarke im Dresdner Stadtbild ist der genau 100 m hohe Turm, nur noch überragt vom gerade einen Meter höheren, wiederaufgebauten Hausmannsturm des → Schlosses. Der im Osthof aufsteigende Rathausturm trägt reichen Figurenschmuck in Gestalt allegorisierter Tugenden und auf seiner Spitze vor allem den 4,90 m hohen 'Goldenen Mann', eine herkulische Figur mit Füllhorn, die ihre Hand segnend über die Stadt hält. Sie ist ein Werk von Richard Guhr (1873–1956), der sie nach dem Vorbild des Artisten Redam in Kupferblech trieb und vergoldete. Der Rathausmann überstand den Feuersturm von 1945 unbeschadet. Die Aussichtsplattform des Turms bietet aus 86 m Höhe einen wunderbaren Blick auf die Innenstadt (Öffnungszeiten: Mo. Fr. 12.00–18.00, Sa. und So. ab 10.00 Uhr).

Treppenhaus

Während der normalen Dienstzeiten sollte man das im Jugendstil ausgemalte, herrliche Treppenhaus im Untergeschoß des Turms anschauen.

Die Ostfassade des Rathauses mit der 'Trümmerfrau' ▶

Reisen

Rathaus (Fortsetzung) Skulpturen

Vor dem Eingang zum Ratskeller (Gaststätte in historischen Gewölben) steht die Skulptur "Bacchus auf trunkenem Esel" von Georg Wrba (1910). Auf dem Platz vor der Ostfassade des Rathauses erinnert ein Denkmal (1968) von Walther Reinhold an die Leistungen der Trümmerfrauen.

Residenzschloß

⟶ Schloß

Richard-Wagner-Museum

⟶ Graupa

Russisch-orthodoxe Kirche N 46

Lage
Fritz-Löffler-Str. 19

Straßenbahn
Hst. Reichenbachstraße (Linien 3, 5)

Südlich hinter dem Hauptbahnhof wurde 1872 bis 1874 die Russisch-orthodoxe Kirche für die damalige russische Gesandtschaft im Königreich Sachsen gebaut. Die Entwürfe lieferten der russische Staatsrat Harald Julius v. Bosse und der Architekt Karl Weißbach. Es war einer der ersten Bauten in den typischen Formen des an Vorbildern vor allem aus dem 17. Jh. orientierten altrussischen Kirchenstils in Deutschland. Der zentrale Gemeinderaum wird von fünf Kuppeln mit Zwiebeltürmchen gekrönt. Den Innenraum schmücken über 200 Jahre alte Ikonen von J. Marshall.

Sächsische Landesbibliothek J 48

Lage
Marienallee 12

Straßenbahn
Hst. Stauffenbergallee (Linien 7, 8, 48), dann Bus 91

Die Sächsische Landesbibliothek geht zurück auf die 1556 angelegte Privatbibliothek des Kurfürsten August von Sachsen, die nach Ankauf der Bibliotheken der Grafen Brühl und Bünau im 18. Jh. zu den größten deutschen Privatbibliotheken zählte und schon 1788 öffentlich gemacht wurde. Seit 1786 im ⟶ Japanischen Palais untergebracht, verlor sie dieses Domizil 1945 und mit ihm auch 400000 Bände ihres Bestandes durch Zerstörung oder Beschlagnahme. Seither ist die Bibliothek provisorisch in einer ehemaligen Kaserne am nördlichen Stadtrand eingerichtet. 1996 fusionierte sie mit der Bibliothek der TU Dresden zur 'Staats- und Universitätsbibliothek Dresden'.

Öffnungszeiten

Auskunft, Lesesaal, Ausleihe: Mo.–Sa. 9.00–19.00 Uhr
Lesesaal: Mo.–Sa. 9.00–20.00 Uhr
Musikabteilung: Kernzeiten Mo.–Fr. 9.00–16.00, Abt. Neue Drucke auch Sa. 9.00–13.00 Uhr
Kartensammlung: Mo.–Fr. 9.00–16.00 Uhr
Handschriften und Sonderbestände: Mo.–Fr. 9.00–16.00 nach schriftlicher Voranmeldung.

Bestände

Heute beläuft sich der Bibliotheksbestand auf ca. 3,2 Mio. Einheiten, davon 1,5 Mio. Bücher. Zu den Sondersammlungen zählen ein 600000 Bände umfassender Altbestand, die größte stenographische Fachbibliothek überhaupt, Musikalien, Inkunabeln (darunter 700 Wiegendrucke aus dem 15. Jh.), Handschriften, Kinderbücher, Tonträger und Autographen.

*Buchmuseum

Die wertvollsten Stücke der Bibliothek sind u.a. ein Skizzenbuch von Albrecht Dürer, ein Mainzer Psalterium, das Blumenbuch der Sybilla Merian und vor allem das am besten erhaltene Exemplar von nur drei überhaupt existierenden Maya-Handschriften. Diese Schätze werden im Zimelienzimmer des Buchmuseums gezeigt, das im Bibliotheksgebäude untergebracht ist. Es gibt einen Überblick über 1150 Jahre Buchgeschichte (Öffnungszeiten: Mo. – Fr. 9.00 – 16.00; Führungen Sa. 14.00 Uhr).

Sächsische Landesbibliothek, Buchmuseum (Fortsetzung)

Außenstellen

Außenstellen der Sächsischen Landesbibliothek sind die Phonothek, die Deutsche Fotothek und die Stenographische Sammlung.

Phonothek

Die Phonothek besitzt eine Sammlung von über 120 000 Tonträgern und Videos. Sie ist in der ehemaligen Garnisonskirche in der Stauffenbergallee 9 g untergebracht (Öffnungszeiten: Di. 9.00 – 19.00, Do. 13.00 – 19.00 Uhr).

Deutsche Fotothek

Die Deutsche Fotothek befindet sich in der Bautzner Str. 19. Sie ist zentrales Institut für Ausleihe und Vermittlung von Bilddokumenten für Wissenschaft, Forschung und Lehre mit einem Bestand von ca. 1,65 Mio. Bildträgern. Sammlungsschwerpunkt ist die Kunstgeschichte (Öffnungszeiten: Mo. – Mi. 10.00 – 15.00, Do. 10.00 – 18.00, Fr. 10.00 – 13.00 Uhr).

Stenographische Sammlung

Die Stenographische Sammlung, ebenfalls in der Bautzner Str. 19, besitzt Dokumente zur Geschichte der Stenographie (Öffnungszeiten: Mo. – Mi. 10.00 – 15.00, Do. bis 18.00, Fr. bis 13.00 Uhr).

**Sächsische Schweiz

Ausflugsziel

S-Bahn
Bahnhöfe Rathen, Königstein und Bad Schandau (S 1)

Als Sächsische Schweiz wird der rund 360 km² umfassende sächsische Teil des nach Böhmen in die Tschechische Republik hinüberreichenden Elbsandsteingebirges bezeichnet, eines stark zerschnittenen, im Mittel 400 m hohen Tafelberglandes zwischen der Lausitzer Überschiebung im Norden, dem Osterzgebirge im Westen und der deutsch-tschechischen Grenze im Süden.

Die ‘Entdeckung’ der Sächsischen Schweiz und ihrer landschaftlichen Schönheit geht maßgeblich auf den Schweizer Porträtmaler Anton Graff

Sächsische Schweiz: Basteibrücke mit Lilienstein im Hintergrund

Geschichte

und den Kupferstecher Adrian Zingg zurück. Sie waren 1766 an die Dresdner Kunstakademie berufen worden und begannen sehr bald, das 35 km östlich von Dresden gelegene Elbsandsteingebirge mit dem Skizzenbuch zu durchwandern und andere Schweizer ebenfalls dazu zu animieren. So tauchte um 1790 der Name "Sächsische Schweiz" erstmals in der Literatur auf und wurde durch die deutsche Romantik bald zum Allgemeingut.

Elbschiff
Anleger Rathen, Königstein und Bad Schandau

Erschließung des Gebietes als Urlaubsregion

Die eigentliche Erschließung der Sächsischen Schweiz erfolgte durch die Massenverkehrsmittel Dampfschiff und Eisenbahn, die es den Einwohnern und Besuchern Dresdens ermöglichten, billig und schnell 'ihre' Schweiz zu erreichen. Heute ist die Sächsische Schweiz ein Hauptgebiet der Erholung im Südosten des östlichen Teils Deutschlands, das alljährlich Hunderttausende von Besuchern zählt. Die verschiedenartigen Landschaftsbilder, der Wechsel von Ebenheiten und Felsenbergen, von Fluß und Gebirge, von Waldland und offenem Land, von natürlich geformter Landschaft und durch den Menschen gestalteter Umwelt mit Siedlungen und Verkehrswegen machen die Sächsische Schweiz für Touristen besonders attraktiv, insbesondere für Wanderfreunde.

**Landschaftsbild

Das Elbsandsteingebirge ist ein Erosionsgebirge: Mehrere hundert Meter mächtige Ablagerungen reinen, quaderförmig gebankten Quarzsandsteins wurden aus einem kreidezeitlichen Meer gehoben und anschließend durch die Elbe und ihre Nebenflüsse tief zerschnitten und in malerisch bizarre Felslandschaften aufgegliedert.
So sind im Laufe der Zeit die heutigen Landschaftsformen entstanden: das cañonartige Elbtal und die 'Gründe' der kurzen Elbnebenflüsse, die landwirtschaftlich genutzten 'Ebenheiten' mit ihren Schotter- und Lehmdecken (100 bis 120 m über dem Elbtal); die tafelbergartigen 'Steine' wie Lilienstein (415 m ü.d.M.), Pfaffenstein (429 m ü.d.M.), Königstein (361 m ü.d.M.) und Großer Zschirnstein (561 m ü.d.M.), Reste der ehemals zusammenhängenden Sandsteinplatten mit steilen Felswänden; darüber

Elbdampfer vor der Bastei

hinaus die Felsreviere wie die Bastei (305 m ü. d. M.) und die Schrammsteine (386 bis 417 m ü.d.M.) – wahre Felslabyrinthe mit Felstürmen, Felszinnen und -nadeln, Felsschluchten und -klammen. Tertiäre Basalte treten nur an wenigen Stellen auf, z.B. am Großen Winterberg (552 m ü.d.M.).

Landschaftsbild (Fortsetzung)

Nationalpark Sächsische Schweiz

Noch kurz vor dem Beitritt der einstigen Deutschen Demokratischen Republik zur Bundesrepublik Deutschland hat die letzte amtierende Regierung der DDR am 12. September 1990 den 'Nationalpark Sächsische Schweiz' geschaffen und damit die einmalige naturräumliche Eigenart des Elbsandsteingebirges auf einer Fläche von 93 km² unter strengsten Natur- und Landschaftsschutz gestellt. Der Nationalpark wurde am 25. April 1991 in Bad Schandau offiziell eingeweiht. Sein Kernbereich umschließt zwei räumlich getrennte Gebiete: im Westen zwischen Stadt Wehlen und Prossen (mit Bastei und Hohnstein), im Osten zwischen Schrammsteinen und der deutsch-tschechischen Grenze. Auskunft über Pflanzen- und Tierwelt, Wander- und Freizeitmöglichkeiten erhält man in der Informationsstelle Amselfallbaude im Amselgrund zwischen Rathewalde und Kurort Rathen oder bei der

Auskunft

Nationalparkverwaltung, An der Elbe 4
D-01814 Bad Schandau, Tel. (035022) 900-60

*Kurort Rathen

Ausflugsort

Der kleine malerische Kurort Rathen, am Fuße der Bastei (115 m ü.d.M.) gelegen, ist mit seinen Pensionen, kleinen Hotels, Gaststätten und Fachwerkhäusern ein touristisches Zentrum der Sächsischen Schweiz. Aus der im Jahre 1261 erwähnten Burg 'Ratin' entwickelte sich bald ein Dorf der Fischer und Schiffer. Im 18./19. Jh. wurde in der Gegend Sandstein gebrochen. Mit der Eröffnung der Elbe-Dampfschiffahrt 1836 und der Bahnlinie Dresden – Schmilka 1850 begann Rathens Aufstieg zum Kurort.

Nach Niederrathen fährt man am besten mit der Gierseilfähre

Kurort Rathen (Fortsetzung)

Rathen teilt sich in Oberrathen am linkselbischen Ufer und in Niederrathen am rechtselbischen Ufer. Dorthin gelangt man mit einer Gierseilfähre, die sich der Stromkraft der Elbe bedient und daher ohne Motor auskommt. Rathen ist ein guter Ausgangsort für Wanderungen, u. a. zur Bastei und zur Felsenbühne. Sehenswert im Ort selbst ist eine Mühle aus dem Jahr 1567.

**Bastei

Felslabyrinth

Besonderer Anziehungspunkt ist die Bastei, ein Schluchtenlabyrinth bei Niederrathen oberhalb der Elbe, dessen die Flußlandschaft 200 m hoch überragender Felsrücken zu den schönsten natürlichen Aussichtspunkten Europas zählt. Die Wanderwege sind gekennzeichnet und gut gesichert. Auf dem Weg zum Aussichtspunkt überschreitet man die steinerne Basteibrücke; in der Nähe befindet sich die durch Brücken und Stege begehbare Felsenburg Neurathen.

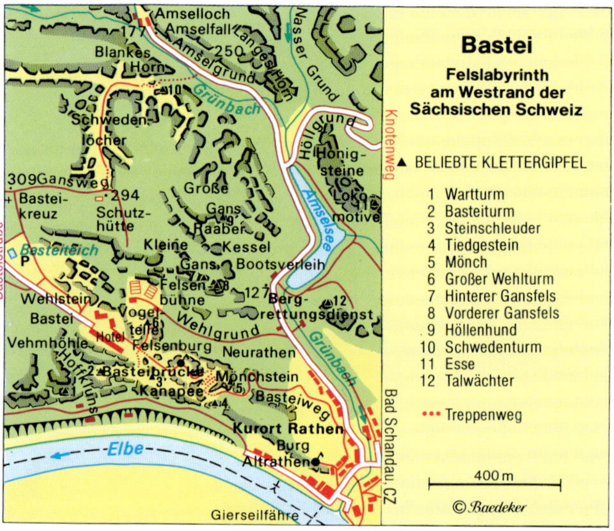

Felsenbühne Rathen

Naturtheater

Durch die sogenannten Schwedenlöcher gelangt man von der Bastei hinunter in den 160 m tiefer gelegenen Amselgrund zum 1934 angelegten Amselsee (Bootsverleih) und zur Felsenbühne Rathen; vom Kurort Rathen wandert man am Grünbach entlang und durch den Wehlgrund. Die Felsenbühne Rathen wurde 1936 erbaut und ist mit ihren 2000 Plätzen die größte Naturbühne Sachsens; sie gilt zudem als eine der schönsten Freilichtbühnen überhaupt. Sie wird im Sommerhalbjahr ausschließlich von den Landesbühnen Sachsen bespielt.
Die Landschaft am Wehlgrund beeindruckte schon den Maler Adrian Ludwig Richter (⟶ Berühmte Persönlichkeiten) und inspirierte Carl Maria von Weber (⟶ Berühmte Persönlichkeiten) zu seiner berühmten Wolfsschlucht-Szene im "Freischütz". So gehört diese Oper zum ständigen Repertoire der Felsenbühne, aber auch Bearbeitungen der klassischen Weltliteratur, Operetten, Kinderstücke und die Karl-May-Spiele mit verschiedenen "Winnetou"-Inszenierungen werden aufgeführt (Abb. S. 243).

Von der Festung Königstein überblickt man die Stadt Königstein und den Elbbogen

Stadt Königstein

Wohl lebt das 1379 erstmals genannte Städtchen Königstein von der Berühmtheit der gleichnamigen Festung, die sich hoch über ihr auf dem Berg Königstein erhebt, aber ein Spaziergang lohnt sich auch hier.
Am Aufgang zum Kirchplatz fallen die Hochwassermarken auf. Die Stadtkirche St. Marien, 1720 bis 1724 nach Plänen George Bährs erbaut und 1822 umgebaut, hat eine klassizistische Innenausstattung. Im Ort steht eine Postmeilensäule von 1727. Das Königsteiner Musikerarchiv erinnert an die in der Stadt geborenen Komponisten Julius Otto und Georg und Camillo Schumann.

Ausflüge

Von Königstein sind Ausflüge zum gegenüberliegenden Lilienstein (Personenfähre) mit Resten einer mittelalterlichen Burganlage und zum südlich gelegenen Pfaffenstein mit markanten Verwitterungsformen (u. a. die bekannte 'Barbarine') möglich. Schöne Felspartien weist auch das nahe Bielatal auf (südwestlich von Königstein).

*Festung Königstein

Öffnungszeiten
Ostern – Sept. tgl. 9.00 – 20.00, Okt. tgl. 9.00 – 18.00, Nov. – April tgl. 9.00 – 17.00

Eintrittsgebühr

Die wahrscheinlich um 1200 angelegte und 1241 erstmals erwähnte böhmische Königsburg kam 1459 zur Mark Meißen. 1589 begann unter Kurfürst Christian I. der sich bis zum Ende des 19. Jh.s hinstreckende Ausbau der Festung, die nie erorbert werden konnte. Das Plateau ist von einer 1700 m langen Festungsmauer umgeben. Neben dem Haupteingang befindet sich die Georgenburg, in der Johann Friedrich Böttger, der Mit-Erfinder des europäischen Porzellans, von 1706 bis 1707 gefangen war, jedoch nicht experimentieren durfte, da die Feuergefahr angesichts der gelagerten Munitionsmengen zu groß war. 1563 bis 1569 wurde der 152,5 m tiefe Brunnen abgeteuft. 1589 wurde das Garnisonhaus (Alte Kaserne), der

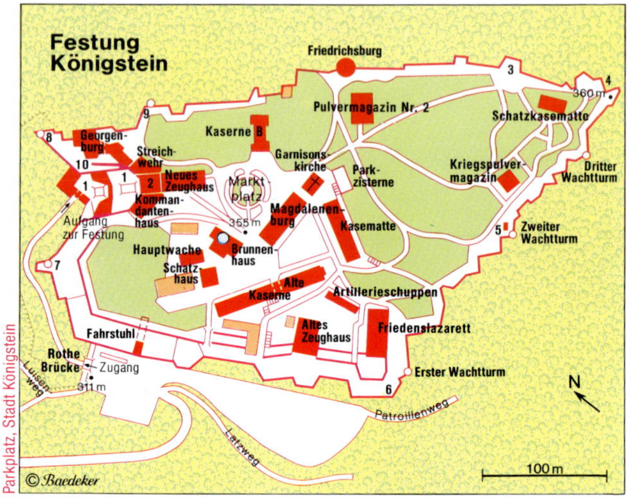

1 Eingang mit Ravelin und Zugbrücke
2 Torhaus
3 Standort der zerstörten Blitzeiche
4 Ostspitze der Festung (Königsnase)
5 Pestkasematte
6 Südspitze der Festung (Zobels Ecke)
7 Das Horn mit Seigerturm
8 Georgenbastion
9 Hungerturm (Rößchen)
10 Abstieg von der Festung

Festung Königstein (Fortsetzung)

wahrscheinlich älteste Kasernenbau Deutschlands, 1594 das Alte Zeughaus mit einer Halle mit Kreuzgratgewölbe im Erdgeschoß fertiggestellt. Der Ausbau der Georgenburg unter Einbeziehung der 'Kayserburg' von 1359 ist 1619 beendet worden. Wesentliche Bauwerke sind weiterhin die Friedrichsburg (1589), das Brunnenhaus (1715 und 1736) mit dem 152,50 m tiefen Brunnen, die Magdalenenburg (1622), der Faßkeller (bis 1819 stand hier das größte je gebaute Weinfaß der Welt mit 250 000 l Fassungsvermögen), das Neue Zeughaus mit Heldensaal (1631), die Georgenbatterie (1679), das Schatzhaus (1855), die Garnisonkirche (17. Jh.) und schließlich die Kasematten (16. – 18.Jh.). Der Königstein hatte viele Funktionen, hauptsächlich diente er dem Dresdner Hof in Krisenzeiten als Zufluchtsstätte und zur Unterbringung der Staatsschätze, Kunstsammlungen etc. Gleichzeitig war er Staatsgefängnis, u. a. für so bekannte Persönlichkeiten der Geschichte wie Kanzler Krell (1591 – 1601), Johann Friedrich Böttger (1706/1707), Michail Alexandrowitsch Bakunin (1849/1850), August Bebel (1874), Frank Wedekind (1899) und Thomas Theodor Heine (1899). Als freiwillige Gäste fanden sich u. a. Zar Peter I. und Napoleon ein.

Museen (tgl. 10.00 – 18.00)

In mehreren der oben erwähnten Gebäude sind Museen eingerichtet. So befinden sich in den beiden Zeughäusern Ausstellungen des → Militärhistorischen Museums Dresden zu Festungsbau und sächsischer Militärgeschichte. Des weiteren gibt es im Torhaus und im Schatzhaus Sonderausstellungen sowie im Georgenbau eine Schau zur Geschichte des Staatsgefängnisses auf der Festung.

*Bad Schandau

Bedeutung

Bad Schandau ist der bedeutendste Kur- und Ferienort in der Sächsischen Schweiz sowie Ausgangspunkt für lohnende Ausflüge in die felsenreiche Umgebung. Der Wald reicht bis dicht an den Ort heran.

Sächsische Schweiz, Bad Schandau (Fortsetzung)

Zur Sicherung der damaligen Verkehrswege entstand bereits im 13. Jh. auf dem Schandauer Schloßberg die Geleitsburg Schomberg. Im 13./14. Jh. besiedelten deutsche Handwerker und Kaufleute das ursprünglich slawische Gebiet. Mitte des 14. Jh.s entstand eine Stadtanlage, die 1430 erstmals genannt und 1445 bereits als Stadt bezeichnet wurde. Die wirtschaftliche Grundlage bildete der Handel mit Holz, Getreide, Wein und Obst, die als 'böhmische Waren' elbabwärts gingen, sowie mit Südfrüchten, Öl, Petroleum, Heringen und Salz, die als 'Hamburger Waren' stromauf kamen. Mit der Entdeckung des 'roten Flößgen', einer eisenhaltigen Quelle, begann nach 1730 der Badebetrieb; im Jahr 1799 entstand im Ort das erste Badehaus. Im 19. Jh. entwickelte sich der Fremdenverkehr, der Elbhandel verlor an Bedeutung. Seit 1920 führt die Stadt offiziell den Namen Bad Schandau.

Sehenswertes

Brauhof

Am Marktplatz (Nr. 12) steht der ehemalige Brauhof, ein Renaissancebau mit schönem Portal (1680) und achteckigem Treppenturm an der Hofseite.

St. Johannis

Die Kirche St. Johannis (spätgotisch, im 17. und 18. Jh. umgebaut) wurde 1876 im Inneren verändert. In der Kirche gibt es eine Sandsteinkanzel, die aus einem Block gehauen ist; der Altar (1572) wurde von Hans Walther II. ursprünglich für die Dresdner ⟶ Kreuzkirche geschaffen.

Heimatmuseum

Das Heimatmuseum im Haus Badallee Nr. 10 vermittelt eine Übersicht über die in der Umgebung herrschenden geologischen Besonderheiten. Ferner wird die Entwicklung der Elbschiffahrt und des Fremdenverkehrs in der Stadt dokumentiert.

Aufzug nach Ostrau

Mit einem 1904 erbauten, 50 m hohen Aufzug, den ein Hotelbesitzer hat anlegen lassen, erreicht man die Stadtteile Ostrau und Postelwitz, wo alte Umgebinde- und Fachwerkhäuser zu sehen sind.

Kirnitzschtal mit *Lichtenhainer Wasserfall

Durch das romantische Tal der Kirnitzsch fährt von Bad Schandau die 1898 erbaute Kirnitzschtalbahn, eine Straßenbahn, deren 8,3 km lange Strecke nach rund halbstündiger Fahrt am künstlich angelegten Lichtenhainer Wasserfall endet. Von hier bietet sich eine Vielzahl von Ausflugsmöglichkeiten an, so zum 'Kuhstall' (Felsentor), zur 'Himmelsleiter' und zum Wildenstein (336 m ü.d.M.), wo es noch Befestigungsreste gibt und man eine großartige Aussicht genießt.

*Schrammsteine

Kletterfelsen

3 km elbauf von Bad Schandau beginnt das ausgedehnte Wander- und Klettergebiet der Schrammsteine, die zu den markantesten Felsmassiven der Sächsischen Schweiz gehören.

Sächsischer Landtag A 2 · L 46

Lage
Holländische Str. 2

Straßenbahn
Hst. Theaterplatz (Linien 4, 8)

Die nach dem Ende der DDR schnell vollzogene Wiedererrichtung des Freistaats Sachsen zeigte bald die Notwendigkeit eines Neubaus für das Landesparlament, da das historische Landtagsgebäude an der Brühlschen Terrasse (⟶ Ständehaus) mit Museen belegt war und als Parlamentsgebäude nicht zur Verfügung stand. Bis 1994 tagte der Landtag daher auch in der provisorisch dafür hergerichteten ⟶ Dreikönigskirche in der Neustadt.
In der erstaunlich kurzen Zeit von weniger als drei Jahren zwischen Ausschreibung des Wettbewerbs und Einweihung entstand am Ende der Elbterassen hinter der Semperoper das erste neue Parlamentsgebäude der neuen Bundesländer. Das von dem aus Dresden stammenden Archtitekten Prof. Peter Kulka entworfene, L-förmige Gebäude hat bereits jetzt

Architektur (Fortsetzung)

internationale Anerkennung gefunden. Die kühle und klare, zur Elbe und zur Stadt hin transparente Architektur des Gebäudes setzt in eindrücklicher Weise das Selbstverständnis des 'neuen' Bundeslandes um. Die Abgeordneten tagen in einem kreisrunden, vollkommen verglasten Plenarsaal, der auch zum Foyer hin nur durch eine paraventartige, geschwungene Holzwand abgetrennt ist. Die runde Anordnung der Abgeordnetentische stellt für viele Bürger den Bezug zu den 'Runden Tischen' der Bürgerbewegung von 1989 her. Eine sehr eigenständige, erfrischend einfache und doch konsequente Architektur hat an dieser hochsensiblen Stelle in unmittelbarer Nähe zu den barocken Monumentalbauten um den Theaterplatz einen starken baulichen Akzent gesetzt, der den im Grunde hohen architektonischen Ansprüchen in der Landeshauptstadt Dresden durchaus gerecht wird.

Erlweinspeicher

Abb. S. 25

Hinter dem neuen Landtagsgebäude sieht man den Erlweinspeicher aufragen. Der mächtige elfgeschossige ehemalige Tabak- und Baumwollspeicher wurde 1912 vom Dresdner Stadtbaurat Hans Erlwein als eine der ersten selbsttragenden Stahlbaukonstruktionen Europas errichtet. Trotz seiner Größe (über 40 m hoch, über 70 m lang) fügt er sich mit seinem abgetreppten Walmdach gut in die Altstadtsilhouette ein.
Im Laufe der Jahre lagerten hier auf über 20000 m² Fläche Rohtabake für die Dresdner Zigarettenindustrie, Chemikalien, Rohstoffe für die Backwarenindustrie, Papier zur Zeitungsherstellung und vieles mehr, auch Schnaps für die Sowjetarmee. Außer den Räumen im Erdgeschoß steht der Speicher heute leer. Das schon in der DDR unter Denkmalschutz gestellte Gebäude bedarf einer dringenden Sanierung, für die allein für die Fassadenrenovierung Millionenbeträge kalkuliert werden. Noch ist nichts geschehen, denn Uneinigkeit zwischen der Stadt Dresden und dem Land Sachsen über die zukünftige Nutzung blockierte lange Zeit das Vorhaben; nun ist aber der Umbau zum Kongreßzentrum zumindest in eine planungsreife Phase getreten.

Die Glasfront am Plenarsaal des Sächsischen Landtags

Schauspielhaus

B 2 · L 46

Die Hauptspielstätte des Staatsschauspiels ist das Schauspielhaus, das einstige Große Haus. Es wurde 1912/1913 von den Architekten William Lossow und Max Hans Kühne auf äußerst knapper Baufläche gekonnt in die städtebauliche Situation eingeordnet. Seine Fassadenseite zum Zwinger erhielt in Anpassung an die Zwingerarchitektur Arkaden und barocke Schmuckelemente. 1945 zerstört, wurde das Gebäude von 1946 bis 1948 wiederaufgebaut, Bühne und Zuschauerraum modernisiert. Die Besonderheit des Schauspielhauses besteht darin, daß die Bühne wesentlich größer als der Zuschauerraum mit seinen drei offenen Rängen ist. Das Haus war der letzte Abnehmer von Dampf aus dem 1993 stillgelegten Fernheizkraftwerk. Durch die notwendig gewordene Umrüstung der Heizungsanlage mußte der gesamte Zuschauerraum abgerissen werden, doch seit September 1995 erstrahlt er nun wieder in seiner Jugendstilpracht.

Lage
Zwingerteich/
Ostra-Allee

Straßenbahn
Hst. Postplatz
(Linien 1, 2, 4, 8, 11, 12)

Schillergedenkstätte

→ Loschwitz

*Schloß (Ehem. Residenzschloß)

B 2 · L 46

Das Dresdner Schloß ist einer der bedeutendsten Renaissancebauten auf deutschem Boden. Fast vierzig Jahre lang lag es nach seiner Zerstörung in der Bombennacht 1945 als ausgebrannte Ruine, doch wird es nach dem Ende des sich noch Jahre hinziehenden Wiederaufbaus wieder in altem Glanz erstrahlen. Der 1991 fertiggestellte Hausmannsturm hat bereits wieder seinen angestammten Platz in der Silhouette Dresdens eingenommen.
Das heutige Schloßareal trug bereits in der ersten Hälfte des 13. Jh.s eine kastellartige Anlage, die 1289 erstmals als 'castrum' bezeichnet wird. Vor allem im 15. und 16. Jh. erfolgte der planmäßige Ausbau: Um 1400 wurden der Hausmannsturm und Teile des Nordflügels errichtet, die 1468 bis 1480 zur ersten Vierflügelanlage um den Großen Schloßhof ergänzt wurden; diese ließ Herzog Georg 1530 bis 1535 um den Georgenbau erweitern, und sein Nachfolger Moritz schließlich ließ nach Plänen von Caspar Vogt von Wierandt Nord-, West- und Südflügel ergänzen (mit Schloßkapelle und 'Geheimer Verwahrung', aus der das Grüne Gewölbe hervorging) sowie den Ostflügel und den Hausmannsturm umbauen. Von 1586 bis 1594 schließlich kamen Stallhof und Kleiner Schloßhof hinzu. Nach kleineren Ergänzungsbauten in der folgenden Zeit zerstörte ein Brand im Jahr 1701

Lage
Schloßplatz

Straßenbahn
Hst. Theaterplatz
(Linien 4, 8)

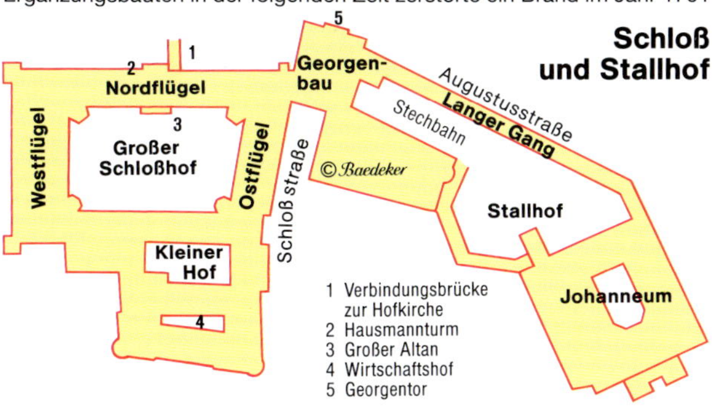

Neben dem Georgentor ragt wieder der Hausmannsturm auf

Geschichte (Fortsetzung)

dann u. a. Georgenbau und Ostflügel, die 1717 bis 1719 wiederaufgebaut und nun barock ausgestaltet wurden. Anläßlich der 800-Jahr-Feier des Hauses Wettin erhielt das Schloß durch einen von Gustav Dunger (1845 bis 1920) und Gustav Fröhlich (1858–1933) geleiteten Umbau eine einheitliche Gestaltung im Stil der Neorenaissance und einen neuen Südflügel. Die Bomben des Zweiten Weltkriegs haben dieses Werk zerstört. Einen Eindruck von der Ausstattung der Innenräume gibt das kurze Zitat aus Baedekers "Sachsen" von 1928 auf S. 56.

Im Zeichen des Wiederaufbaus

Das Dresdner Schloß steht immer noch im Zeichen des Wiederaufbaus. Schon fertiggestellte Gebäudeteile wechseln ab mit gerade in Rekonstruktion befindlichen und noch völlig zertrümmerten Abschnitten. Der Wiederaufbau ist nicht erst seit der Wende beschlossene Sache, vielmehr wurde schon 1978 die Aufbauleitung der → Semperoper mit der Planung der Rekonstruktion des Schlosses beauftragt, so daß ab 1986 u. a. Abbrucharbeiten und Stabilisierungsmaßnahmen in Angriff genommen werden konnten. Erster Höhepunkt war das Richtfest am 2. Oktober 1991 in Verbindung mit der Wiedererrichtung des Hausmannsturms. Fertiggestellt sind Westflügel, Nordflügel, Hausmannsturm, nördlicher Zwischenflügel, Südteil und der Verbindungsbogen zum wiederhergestellten → Taschenbergpalais; der komplette Ostflügel steht noch aus. Bis zum Jahr 2006, wenn Dresden seine 800-Jahr-Feier begeht, sollen die Arbeiten abgeschlossen sein. Schon zuvor werden in einige Räumlichkeiten Museen einziehen: Grünes Gewölbe, Kupferstichkabinett, Rüstkammer, Kunstgewerbemuseum und Münzkabinett.

Im ersten Obergeschoß des Georgenbaus informiert eine Dauerausstellung über Geschichte und Wiederaufbau des Schlosses und zeigt dabei auch kostbare Originale. Besonders interessant ist die Dokumentation über das Grüne Gewölbe.

Wiederaufbau (Fortsetzung)
Ausstellung
Di. – So.
10.00 – 18.00

Der Georgenbau oder Georgentor verbindet das Schloß mit dem Stallhof. In seiner heutigen Gestalt wurde er von Gustav Dunger und Gustav Fröhlich in den Jahren 1898 bis 1901 neu errichtet als Nachfolger eines einfachen Vorgängerbaus, der wiederum das 1701 zerstörte Gebäude, das 1530 – 1535 errichtet worden war, ersetzt hatte. Von diesem ersten Georgentor ist noch der Totentanz erhalten, der nun in der → Dreikönigskirche angebracht ist, sowie an der Westseite des jetzigen Tores das einstige Elbseitenportal. Den plastischen Schmuck, u. a. die Reiterfigur von Herzog Georg dem Bärtigen, fertigte Christian Behrens (1852 – 1905). Die neubarocke Brücke zwischen Schloß und der ehemaligen → Hofkirche schuf ebenfalls Gustav Fröhlich.

*Georgenbau

Über den Georgenbau kann man nun – durch den Riesensaal mit der Englischen Treppe – auf den 101 m hohen Hausmannsturm aufsteigen, der seinen Namen vom in ihm wohnenden Türmer oder Hausmann hat. Nach dem Wiederaufbau zeigt sich der Turm in der ihm von Wolf Caspar von Klengel 1674 bis 1676 verliehenen Form mit Barockhaube und schlanker Spitze; er ist aber in seiner Grundstruktur wesentlich älter. Von der Balustrade hat man einen sehr schönen Blick über ganz Dresden, insbesondere aber auf das Dach der → Hofkirche, auf den → Theaterplatz, das → Taschenbergpalais und den → Zwinger und erhält einen Überblick über die Aufbauarbeiten am Schloß und in der Stadt.

Hausmannsturm

*Turmbesteigung
April – Okt.
Di. – So.
10.00 – 18.00

Der Lange Gang wurde 1586 bis 1588 wahrscheinlich von Giovanni Maria Nosseni (1544 – 1620) erbaut. Er verbindet den Georgenbau mit dem ehemaligen Stallgebäude, dem → Johanneum, und diente ursprünglich als

Langer Gang und *Stallhof

Ort ritterlicher Turniere: der Stallhof mit dem Langen Gang

Schloß, Stallhof und Langer Gang (Fortsetzung)

Ahnengalerie der Wettiner, dann als Gewehrmuseum und ist nun Teil des Verkehrsmuseums. An seiner Außenseite wurde entlang der Augustusstraße der → Fürstenzug angebracht.
Gleichzeitig begrenzt er den Stallhof, dessen Anblick er durch seine 22 geöffneten toskanischen Rundbogenarkaden mit Wappen und Jagdtrophäen bestimmt. Der Stallhof geht ebenfalls auf die Renaissance zurück und war Schauplatz der ritterlichen Spiele und Turniere. Davon zeugt die Ringstechbahn mit den beiden Bronzesäulen von 1601 und einer Pferdeschwemme, die einzige gut erhaltene Turnieranlage in Europa.

Grünes Gewölbe

→ dort

Sekundogenitur

→ Brühlsche Terrasse

Sempergalerie

→ Zwinger

**Semperoper (Staatsoper Dresden) B 2 · L 46

Lage
Theaterplatz

Am 13. Februar 1985, vierzig Jahre nach der Zerstörung ihrer Stadt, feierten die Dresdner die Wiedereröffnung der weltberühmten Semperoper mit einer Aufführung von Webers "Freischütz". Die Rekonstruktion in alter

Die Semperoper vom Hausmannsturm herab gesehen

Schönheit und deren Ausbau zu einer Opernbühne mit höchstem bühnentechnischem Niveau wurde allseits als eine herausragende Leistung gewürdigt. Seitdem ist die Semperoper wieder ein fester Bestandteil des Dresdner Musiklebens und knüpft an ihre große Tradition an (⟶ Musikstadt Dresden S. 26 ff.).

Straßenbahn
Hst. Theaterplatz
(Linien 4, 8)

Baugeschichte

Das rekonstruierte Opernhaus ist der zweite Hoftheaterbau Gottfried Sempers (⟶ Berühmte Persönlichkeiten) am ⟶ Theaterplatz, nachdem sein erster (1838 – 1841) 1869 niedergebrannt war. Die Pläne für den zweiten Bau schuf Semper in Wien. Zwar war er einer der wenigen Beteiligten an der revolutionären Erhebung vom Mai 1849 in Dresden, denen der Hof nicht verzieh, doch setzte die Dresdner Bürgerschaft seine Beauftragung für den neuen Opernbau durch. Semper übertrug die Ausführung und Bauleitung seinem Sohn Manfred, so daß die Oper mit Fug und Recht als das Werk beider bezeichnet werden kann.
Funktionell notwendige Veränderungen am Baukörper wurden bei der Wiederherstellung in gekonnter Weise vorgenommen, so daß der Gesamteindruck erhalten blieb. Einrichtungen für den heutigen Opernbetrieb sind in drei hinzugefügte niedrige Gebäude hinter der Oper verlegt worden.

Außenansicht

Der neue Bau, von 1871 bis 1878 errichtet, unterschied sich innen und außen wesentlich von der ersten Semperoper. Äußerlich verwendete Gottfried Semper Formen der Hochrenaissance. Der zweigeschossige Arkadenbau in Form eines Bogens mit Seitenflügeln wird durch die Exedra mit der bronzenen Pantherquadriga von Johannes Schilling besonders betont. Das dritte Stockwerk ist zurückgesetzt und leitet zu dem schlichten hohen Bühnenhaus über. Mit diesem Theaterbau führte Semper seine Ideen von der Einheit von Form und Zweck zu hoher Blüte. Er entwarf auch die gesamte Innengestaltung und fertigte selbst die Prospekte für die Ausmalung an, die bei der Rekonstruktion noch zur Verfügung standen.

Bildkünstlerischer Schmuck

Den bildhauerischen Schmuck auf dem Dach des Bühnenhauses schuf Emanuel Semper, die bronzene Pantherquadriga mit Dionysos und Ariadne auf dem Mittelteil Johannes Schilling. Die Skulpturen Goethes und Schillers neben dem Eingang, die vom ersten Hoftheater erhalten blieben, stammen von Ernst Rietschel. Die große Nische der Exedra beleben drei Grazien mit Pan und Apollo von Paul Kießling, in den Seitennischen der Fassade befinden sich Skulpturen der Dichter Shakespeare (links unten),

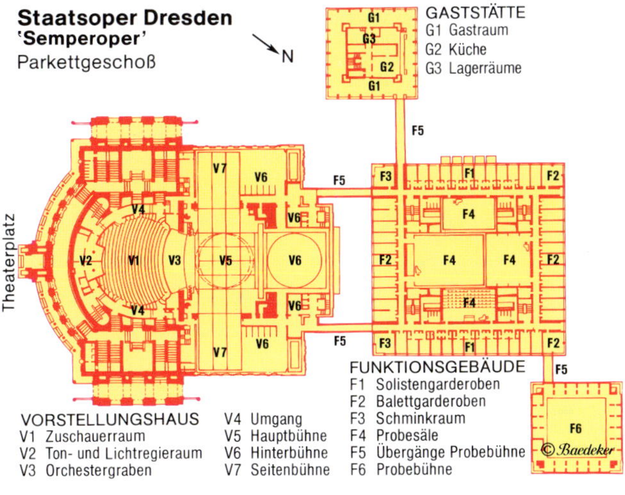

Die Räume der Semperoper sind in alter Pracht wiedererstanden

Bildkünstlerischer Schmuck (Fortsetzung)

Sophokles (links oben), Molière (rechts unten) und Euripides (rechts oben). Auf den Seitenflügeln stehen Skulpturen besonders bekannter Dramen- und Operngestalten.

Innenräume

Der Zuschauerraum, Foyers und Treppenhäuser sind in ihrer festlich-heiteren, prachtvollen Gestaltung wiedererstanden. Im Zuschauerraum mit der Königsloge wurde zugunsten besserer Sichtverhältnisse auf den ursprünglichen fünften Rang verzichtet. Der Schmuckvorhang von Ferdinand Keller mit der auf hohem Throne sitzenden "Phantasie" ist ein künstlerisches Meisterwerk der Nachschöpfung nach dem erhaltenen gebliebenen Entwurf. Viel gerühmt war die Akustik im alten Semperbau, sie ist es wieder im neu erstandenen.

Besichtigung

Führungen durch das Opernhaus finden mehrmals täglich statt und können an der Vorverkaufskasse der Staatsoper in der Schinkelwache am → Theaterplatz gebucht werden.

Besuch einer Aufführung

Wer eine Aufführung in der Semperoper besuchen will, sollte sich rechtzeitig um Karten bemühen (→ Praktische Informationen, Musik).

Skulpturensammlung

→ Albertinum

Stadtmuseum

→ Landhaus

Stallhof

⟶ Schloß

Ständehaus (ehem. Landtagsgebäude) B 2 · L 46

Lage
Schloßplatz

Straßenbahn
Hst. Theaterplatz
(Linien 4, 8)

An der Ostseite des Schloßplatzes, unmittelbar an der Freitreppe zur ⟶ Brühlschen Terrasse, erhebt sich am einstigen Standort des Brühlschen Palais das Ständehaus. Der Architekt des Berliner Reichstages, Paul Wallot (1841–1912), seit 1894 Professor an der ⟶ Kunstakademie, wurde 1896 mit der Planung eines neuen Gebäudes für den sächsischen Landtag in unmittelbarer Nähe des Schlosses betraut. Ursprünglich wollte er das Brühlsche Palais erhalten, doch konnte er sich mit dieser Idee nicht durchsetzen. So entstand von 1901 bis 1903 das jetzige Landtagsgebäude, bekannt auch unter dem Namen Ständehaus, als eine Mischung aus Neobarock und Neorenaissance. Die Hauptfassade mit ihrem Skulpturenschmuck und dem von zweigeschossigen Doppelsäulen gefaßten Mittelrisalit, den ein von Karl Groß geschaffenes sächsisches Wappen abschließt, wendet sich dem Schloßplatz zu. An der Elbseite erhebt sich der an den barocken Türmen der Hof- und der Kreuzkirche orientierte

Das Ständehaus an der Freitreppe zur Brühlschen Terrasse

Ständehaus (Fortsetzung)

Turm, den die Figur der "Saxonia" von Johannes Schilling bekrönt. Obwohl an einem städtebaulich sensiblen Ort errichtet, fügt sich das Ständehaus harmonisch in die Silhouette Dresdens ein, da Paul Wallot den Bau mitsamt seinem Turm bewußt dem Schloß und der Hofkirche unterordnete. Im Ständehaus tagten das Parlament des Königreiches Sachsen sowie des Freistaats Sachsen während der Weimarer Republik. Zu dessen Mitgliedern, die hier ein- und ausgingen, zählten u.a. Herbert Wehner und Walther Ulbricht. Das 1945 ausgebrannte und danach teilrestaurierte Gebäude wird den Landtag des wiedererstandenen Freistaats Sachsen nicht wieder aufnehmen. Nach einer Zwischenperiode in der → Dreikönigskirche hat der Landtag sein neues Gebäude hinter dem → Zwinger bezogen (→ Sächsischer Landtag).

Sternwarte

→ Radebeul

Stolpen

Ausflugsziel

Lage und Geschichte

Bus
Linie 261
von Dresden

Das als Ausflugsziel beliebte Stolpen, überragt von seiner Burg, liegt 20 km östlich von Dresden. Die Burg ist besonders durch das tragische Schicksal der Gräfin Cosel, der Mätresse Augusts des Starken, bekannt. An der Kreuzung bedeutender Fernhandelswege gab es vermutlich schon um 950 eine Befestigung, die jedoch erst 1222 urkundlich erwähnt und danach zur Grenzfestung des Bistums Meißen ausgebaut wurde. Nachdem auf einer Basaltkuppe die Burg errichtet worden war, entstand in deren Schutz bald eine Siedlung. Im Jahre 1320 wurde die Burg Verwaltungsmittelpunkt des Amtes Stolberg und gelangte 1559 in den Besitz der Kurfürsten von Sachsen. Im 18. Jh. diente sie als Gefängnis für sächsische Staatsgefangene.

Ort Stolpen

*Marktplatz

Beeindruckend ist der fast quadratische, leicht ansteigende Marktplatz der Stadt, ein Zeugnis der frühmittelalterlichen Kolonisation in dieser Gegend. Ihn ziert eine sächsische Postmeilensäule, wie sie von 1722 an in allen wichtigen Orten Sachsens aufgestellt wurden. Neben dem Rathaus von 1660 (dessen Jahreszahl 1549 auf die Verleihung des Wappens hindeutet) ist die Löwenapotheke aus dem Jahr 1722 mit ihrem vergoldeten Wappen eines der bemerkenswertesten Gebäude. Das Alte Amtshaus trägt das kursächsische Wappen ebenso wie das Neue Amtshaus (heute die Sparkasse), das zusätzlich die Jahreszahl 1673 aufweist. Nach der Verleihung des Hosenbandordens durch den englischen König an die Kurfürsten Johann Georg II. und

Johann Georg IV. (1660 bzw. 1693) für deren Verdienste in den Türkenkriegen wurde auch das Motto des Ordens dort angebracht ("Honi soit qui mal y pense"). Im Amtsgericht hat im Jahre 1813 Napoleon gewohnt. Heute sind hier Verkehrsamt und Stadtmuseum eingerichtet.

Ort Stolpen (Fortsetzung)

*Burg Stolpen

Öffnungszeiten

Eintrittsgebühr

April – Okt. tgl. 9.00 – 17.00; Nov. – März tgl. 9.00 – 16.00 Uhr; in den übrigen Monaten kann man nur – abhängig von der Witterung – die Burganlage, nicht aber die Innenräume besichtigen. Führungen für Gruppen nach Voranmeldung, Tel. (035973) 23410.

Veranstaltungen

Auf Burg Stolpen werden regelmäßig Konzerte, Feste und Nachtführungen veranstaltet.

Besichtigung

Oberhalb vom Markt erhebt sich die Burg Stolpen. Alle wichtigen Plätze, Gebäude und Räume sind mit Hinweistafeln ausgestattet. In den dreizehn historischen Burgräumen und dem verzweigten Keller- und Verliessystem können Sammlungen und Ausstellungen zur Burg- und Stadtgeschichte sowie zu Sonderthemen besichtigt werden.
Die langgestreckte Burganlage gliedert sich in vier Burghöfe und wird von vier Türmen geprägt. Ihr besonderer Reiz ist der Umstand, daß sie fast ausschließlich aus örtlichem Basalt errichtet wurde. Unter den Bauten sind besonders die Wachstube, der Marstall, die daran angrenzende Folterkammer mit natürlichen Basaltformationen als Wand, der Seigerturm mit einem handgeschmiedeten Uhrwerk von 1562, der Schösserturm mit einer Sammlung von Tür- und Truhenschlössern und der Siebenspitzenturm mit einer Kräuterküche hervorzuheben. Die meisten Besucher allerdings eilen sofort zum Johannisturm, allgemein nur als Coselturm bekannt. In ihm bewohnte Anna Konstanze Reichsgräfin von Cosel (1680 – 1765) – unfrei-

Gräfin Cosel

Im Johannisturm (rechts) wohnte Gräfin Cosel während ihrer 49jährigen Verbannung

Stolpen, Burg (Fortsetzung)

willig – drei Räume mit Küche und Bibliothek. Die Gräfin Cosel lebte über neun Jahre in der Gunst Augusts des Starken, der ihr sogar schriftlich die Ehe versprach und mit dem sie drei Kinder hatte. Nachdem er jedoch König von Polen geworden war und sich als solcher eine polnische Mätresse zugelegt hatte, sank ihr Stern. Sie floh nach Berlin, um ihre Ansprüche von dort zu verfolgen, wurde aber gegen preußische Gefangene ausgetauscht, nach Sachsen zurückgebracht und im Alter von 36 Jahren nach Stolpen verbannt. Sie blieb dort 49 Jahre lang, vom Dresdner Hof isoliert, bis zu ihrem Tod. Ihre Gnadengesuche wurden selbst nach dem Tod Augusts 1733 nicht erhört. Sie ist in der Burgkapelle begraben.

*Brunnen

Der Brunnen im vierten Burghof wurde seit dem Jahre 1608 im bergmännischen 'Feuersetzverfahren' angelegt und 1630 fertggestellt. Er ist mit 82 m der tiefste Basaltbrunnen der Erde; die Wasseroberfläche in 75 m Tiefe ist nur mit einem Spiegel zu sehen.

*Basaltformationen

Die Basaltkuppe, auf der die Burg angelegt wurde, steht als Naturdenkmal unter Schutz. Am schönsten sind die achteckigen Basaltsäulen an der Westseite der Burg ausgebildet; im Burghof selbst sind sie wie Orgelpfeifen angeordnet. Schon Georg Agricola würdigte 1545 den Stolpener Basalt, der 1790 auch von Goethe besichtigt wurde.

Polenztal

Im Frühjahr lohnt eine Wanderung oder Fahrt auf der Straße von Stolpen nach Neustadt bis Polenz, um im Polenztal die blühenden Märzenbecherwiesen und die Narzissen zu sehen.

Synagoge B 3 · L 47

Einstige Synagoge

Im Jahre 1838 bekam Gottfried Semper den Auftrag, eine Synagoge für die jüdische Gemeinde, die bis dahin ihre Gottesdienste in Privathäusern abhielt, zu errichten. Zwei Jahre später wurde sie eingeweiht. Der kubisch geschlossene Bau verkörperte eine Weiterentwicklung der französischen Revolutionsarchitektur durch Semper. Diese Synagoge wurde in der berüchtigten Pogromnacht vom 9. auf den 10. November 1938 von den Nazis niedergebrannt und danach abgebrochen. Nahe ihrem Standort gegenüber dem → Albertinum, unterhalb der → Brühlschen Terrasse, ist eine Stele in Form eines siebenarmigen Leuchters errichtet worden. Genau 50 Jahre nach dem Brand, am 9. November 1998, ist der Grundstein für einen Neubau an dieser Stelle gelegt worden.

Gedenkstele

Heutige Synagoge

Im Jahre 1950 baute die Jüdische Gemeinde Dresdens die erste in der damaligen DDR wiedererstandene Synagoge auf dem Neuen Jüdischen Friedhof (→ Friedhöfe) auf.

*Tabakkontor Yenidze A 1 · K 46

Lage
südöstlicher Brückenkopf der Marienbrücke

Straßenbahn
Hst. Maxstraße (Linien 6, 10)

Das ungewöhnlichste Gebäude Dresdens ist die ehemalige Zigarettenfabrik Yenidze am Ostrand der → Friedrichstadt. Das weithin sichtbare Bauwerk in Gestalt einer Moschee mit Glaskuppel und dem als Minarett ausgeführten Schornstein ließ der Dresdner Tabakkönig Hugo Zietz 1907 bis 1912 von dem Architekten Adolph Hammitzsch erbauen und benannte es nach der türkischen Tabakstadt, aus der er sein Rohmaterial bezog. Hammitzsch orientierte sich in seinem Entwurf an den Kalifengräbern von Kairo. Schon zur Entstehungszeit war die Tabakmoschee heftig umstritten und trug Hammitzsch gar den Ausschluß aus der Reichsarchitektenkammer ein. Nachdem 1952 die Zigarettenproduktion eingestellt worden war, wurde die Moschee nur noch zur Lagerung von Tabak benutzt und verwahrloste. Inzwischen ist sie zu einem Bürokomplex mit einem guten Restaurant umgebaut worden. Besondere Attraktionen sind aber die Märchenlesungen in der Kuppel (→ Praktische Inforrmationen, Theater).

Dresdens ungewöhnlichste Silhouette: Tabakkontor Yenidze

*Taschenbergpalais B 2 · L 46

Im Jahr 1705 erwarb August der Starke das ehemalige Wohnhaus seines Oberhofmarschalls auf dem Taschenberg, um unter Einbeziehung der umliegenden Grundstücke an dessen Stelle eine repräsentative Residenz für seine Mätresse, die Gräfin Cosel, zu erbauen. Den Auftrag erteilte er Christoph Beyer, Johann Friedrich Karcher und Matthäus Daniel Pöppelmann, die in den Jahren 1705 bis 1708 das Hauptgebäude fertigstellten, das fortan zu den Kostbarkeiten der Dresdner Rokokoarchitektur zählte. Im Laufe der Jahrzehnte wurde es um den Westflügel (Julius Heinrich Schwarze) und den Ostflügel (Friedrich Exner) erweitert. Das im Krieg fast völlig zerstörte Gebäude wurde im 1995 nach der äußerlich originalgetreuen Wiederherstellung als Luxushotel eröffnet (→ Abb. S. 221), das dank seiner Restaurants auch Nicht-Hotelgästen einen Einblick gewährt.

Lage
Sophienstraße/
Taschenberg

Straßenbahn
Hst. Postplatz
(Linien 1, 2, 4, 8, 11, 12);
Hst. Theaterplatz
(Linien 4, 8)

Technische Sammlungen M 50

Die 1966 als Technisches Museum gegründeten Technischen Sammlungen sind seit 1994 im für die Dresdner Fotoindustrie traditionsreichen Ernemanngebäude untergebracht. Das Gebäude mit seinem markanten Turm wurde in den Jahren 1923 und 1924 von den Architekten Högg und Müller für die Zeiss-Ikon-Werke erbaut und war nach 1945 Sitz der Kamerawerke Pentacon. Die Technischen Sammlungen umfassen Stücke aus Elektronik, Mikroelektronik, Rechentechnik und Datenverarbeitung, Fotografie, Schreibtechnik, Unterhaltungstechnik, wissenschaftliche Geräte und Feingerätebau sowie auch Spieldosen und Grammophone.
In der Nähe gibt es auch ein Museum für Druckkunst (Bärensteiner Str. 30, Mo.–Fr. 8.00–16.00 Uhr)

Lage
Junghansstr. 1–3

Straßenbahn
Pohlandplatz
(Linien 4, 10)

Öffnungszeiten
Di.–So.
10.00–18.00

Eintrittsgebühr

Technische Universität (Sächsische Landesuniversität) N/O 45/46

Anschrift
Mommsenstr. 13

Straßenbahn
Hst. Nürnberger Platz (Linien 3, 8)

Auf einem leicht ansteigenden Terrain in der Dresdner Südvorstadt erstreckt sich das ausgedehnte Gelände der Technischen Universität Dresden. Ihre Vorläufer waren die 1828 gegründete Technische Bildungsanstalt, aus der 1873 das Polytechnikum hervorging, aus welchem 1890 wiederum die Technische Hochschule Dresden erwuchs. Diese wurde 1961 in den Status einer Universität erhoben und ist inzwischen zur Volluniversität ausgebaut worden.
Um 1900 begann der Bau der Instituts- und Lehrgebäude am heutigen Standort. Viele der meist in Ziegelbauweise errichteten Universitätsbauten sind nach bedeutenden Wissenschaftlern benannt. Zu empfehlen ist auch ein Spaziergang im angrenzenden Villenviertel.

Beyer-Bau

Von 1910 bis 1913 entstand der Beyer-Bau am Fritz-Foerster-Platz, dessen hochaufragendes, silberglänzendes Observatorium das Wahrzeichen des Universitätsareals ist.

Georg-Schumann-Bau

Mahn- und Gedenkstätte

Mi.–Fr. 9.00–16.00

Der heutige Georg-Schumann-Bau am Münchner Platz war bis 1945 Oberlandesgericht, Haftanstalt und Hinrichtungsstätte. Den von 1902 bis 1907 nach Plänen von Oskar Kramer (1871–1946) errichteten Gebäudekomplex zieren Elemente des Jugendstils.
Im ehemaligen Hinrichtungshof und in den sechs Todeszellen dieses Gebäudes wurde 1959 eine Mahn- und Gedenkstätte eingerichtet. Gegenüber der Stelle, wo während der Zeit der nationalsozialistischen Gewaltherrschaft das Fallbeil stand, erinnert die von Arndt Wittig geschaffene Skulpturengruppe "Widerstandskämpfer" (1955–1963) an etwa 1000 hier hingerichtete Widerstandskämpfer aus elf Ländern. Die verhaltene Formsprache der Plastik vermittelt eindringlich Leid, Standhaftigkeit, Mut und Solidarität der Opfer.

Das Observatorium des Beyer-Baus ist das Wahrzeichen der Universität

Tharandter Wald

Ausflugsziel

Lage
22 km südwestlich

S-Bahn
Tharandt (S 3)

Der 6000 ha große, unter Landschaftsschutz stehende Tharandter Wald liegt – unweit südwestlich von Dresden – am nördlichen Rand des unteren Osterzgebirges zwischen Wilder Weißeritz im Osten und Colmnitzbach im Südwesten. Das Gebiet stellt neben der ⟶ Dresdner Heide die zweitgrößte Waldregion in der Umgebung von Dresden dar und ist, da mit Pkw und öffentlichen Verkehrsmitteln schnell erreichbar, ein vielbesuchtes Naherholungsgebiet.

Mannigfache Gesteinsarten

Nicht Berge und Gipfel machen den eigentümlichen Reiz des Tharandter Waldes aus (die Niveauunterschiede betragen kaum mehr als 60 m), sondern die geologische Eigenart der hier auftretenden Gesteine und die Artenzusammenzusetzung des Waldes, der nur in der Grillenburger Lichtung eine Rodungsinsel aufweist.
Auf Grauem Freiberger Gneis, der im Tal der Wilden Weißeritz angeschnitten ist, breiten sich verschiedene Arten von Porphyr aus, die in Steinbrüchen aufgeschlossen sind. Auch von kreidezeitlichen Sandsteinbecken sind ausgedehnte, aber stark aufgelöste Reste vorhanden. Schließlich durchstießen tertiäre Basalte die Gneise, Porphyre und Sandsteine. Sie bilden den Ascherhübel und den Landberg am Nordrand des Tharandter Waldes. So bietet der Tharandter Wald trotz seines im allgemeinen osterzgebirgischen Hochflächencharakters, der nur durch die Quellwannen und Muldentäler der nach Nordwesten gerichteten Triebisch und ihre Quellbäche eine Unterbrechung erfährt, eine interessante geologische Vielfalt.

Artenreichtum

Im Tharandter Wald, einst Forst- und Jagdrevier der Markgrafen von Meißen und Kurfürsten von Sachsen, wachsen von Natur aus überwiegend Nadelbäume, doch hat sich sein Baumbestand seit dem 19. Jh., als er unter die Obhut der Forstlehranstalt kam, verändert. Besonders der Forstbotanische Garten und die Ränder des Waldgebietes weisen als interessante und sehenswerte Bereicherungen des natürlichen Bestandes artenreiche Laubmischwälder mit auffallend vielfältiger Bodenvegetation auf.
Im Tharandter Wald leben auch Waldtiere der verschiedensten Arten und von ungewöhnlicher Vielfalt.

Jagdschloß Grillenburg

Die Tradition des Tharandter Waldes als Jagdrevier lebt in der ehemaligen Schösserei des Jagdschlosses Grillenburg in der jagdkundlichen Ausstellung auf. Die Schösserei ist der Überrest des Schlosses, das sich Kurfürst August Mitte des 16. Jh.s hatte bauen lassen, um sich seine 'Grillen' (= Launen) vertreiben zu können.

Sehenswertes in der Stadt Tharandt

Häufigster Ausgangspunkt für Wanderungen durch den Tharandter Wald ist die Stadt Tharandt (3600 Einw.). Im Jahr 1216 gegründet, erhielt die Siedlung 1609 das Stadt- und Marktrecht. Im 19. Jh. wurde Tharandt durch die im Jahr 1811 von Johann Heinrich Cotta (1763–1844) gegründete Forstlehranstalt, heute Sektion Forstwirtschaft der ⟶ Technischen Universität Dresden, bekannt.

Forstbotanischer Garten

Im Forstbotanischen Garten gedeihen ca. 2000 verschiedene Arten, deren Studium man im 1842 gebauten Schweizerhaus mit der forstbotanischen Sammlung vertiefen kann. Im Park ehrt ein Denkmal von Rietschel (1851) den Gründer Heinrich Cotta.

Burgruine

Die aus dem 13. Jh. stammende Burg ist heute eine malerische Ruine. Auf einem Teil des Burgbergs erhebt sich die Kirche zum Heiligen Kreuz (1628/1629), in der noch ein Gewölbe und ein Portal der alten Burg erhalten sind. Sie birgt eine spätgotische Kreuzigungsgruppe.

**Theaterplatz B 2 · L 46

Lage
am Nordrand der Altstadt

Straßenbahn
Hst. Theaterplatz (Linien 4, 8)

Obwohl das 1836 von Gottfried Semper unterbreitete Forumprojekt – einen gestalteten Platz von der Langgalerie des Zwingers bis zur Elbe zu schaffen – nicht verwirklicht wurde, brachte die schließlich realisierte Lösung trotzdem einen der schönsten Plätze in Deutschland hervor. Der Theaterplatz erhält seinen 'Rahmen' durch so großartige Bauten wie das Galeriegebäude am → Zwinger, die → Hofkirche, das → Schloß, das etwas am Rande liegende → Taschenbergpalais und die → Semperoper. Die Altstädter Wache, das Italienische Dörfchen und das Reiterdenkmal König Johanns ordnen sich harmonisch in das Platzbild ein. Nach Wiederaufbau des Schlosses und des Taschenbergpalais hat der Theaterplatz seine alte Schönheit zurückgewonnen.

Altstädter Wache (Schinkelwache)

Die Entwürfe zur Altstädter Wache wurden von Karl Friedrich Schinkel (1781–1841) geliefert, die Ausführung (1830–1832) leitete Joseph Türmer (1789–1833). Das im Stil des späten Berliner Klassizismus gehaltene Sandsteingebäude, das einzige Werk Schinkels in Dresden, erreicht nur im Mittelteil, dem Giebeldreieck über den sechs ionischen Säulen, das Gestaltungsmaß griechischer Tempel. Die Saxonia im Giebelfeld schuf Joseph Herrmann (1800–1869), den Mars Franz Pettrich (1770–1844). 1945 ausgebrannt, wurde die Wache bis 1956 wiederaufgebaut, innen modernisiert und ist nun Vorverkaufsstelle der Sächsischen Staatsoper.

Italienisches Dörfchen

Die Gaststätte Italienisches Dörfchen, 1912/1913 entstanden, hat ihren Namen nach der an gleicher Stelle gelegenen Siedlung für die beim Hofkirchenbau tätigen italienischen Künstler und Handwerker. Die städtebaulich schwierige Aufgabe, den Theaterplatz architektonisch zur Elbe hin abzuschließen und doch die Sichtbezüge über den Fluß von beiden Seiten offenzuhalten, wurde von dem aus Bamberg nach Dresden berufenen

Vom Hausmannsturm überblickt man den Theaterplatz am besten

Theaterplatz, Italienisches Dörfchen (Fortsetzung)

Hans Erlwein (⟶ Berühmte Persönlichkeiten) souverän gelöst. An den zweigeschossigen Mittelbau schließen sich die ehemalige Bierhalle und der Speisesaal als erhöhter Pavillon an. Die klassizistische Fassade wurde mit ihrem dreiachsigen Vorbau harmonisch in die Gesamtarchitektur des Platzes eingefügt. Den Dreieckgiebel betont figuraler Schmuck von Georg Wrba, der mit seinen Schülern auch die lebhaften bildhauerischen Arbeiten rund um den Bau schuf. Die kostbare, heitere Gestaltung der Decken und Wände durch Dresdner Künstler wie Otto Gußmann, Paul Perks, Paul Rößler, Karl Groß und Georg Wrba wurde 1945 völlig vernichtet, ist nun aber im Zuge der Restaurierung wiederhergestellt worden. Mitte 1994 konnte das Italienische Dörfchen mit Café im Erdgeschoß und Restaurant im Obergeschoß wiedereröffnet werden.
Der reizvolle Terrassengarten, die breite Treppe zum Elbufer und das kleine Restaurant Basteischlößchen, 1913 von Karl Hirschmann geschaffen, ergänzen den nördlichen Abschluß des Theaterplatzes.

Reiterstandbild König Johanns

Das 1889 aufgestellte Reiterstandbild König Johanns (reg. 1854 – 1873) im Zentrum des Platzes ist 1883 von Johannes Schilling geschaffen worden. König Johann war Wissenschaftler und geschätzter Danteforscher, übersetzte als solcher die “Göttliche Komödie” Dantes und publizierte unter dem Pseudonym “Philalethes”.

Carl-Maria-von-Weber-Denkmal

Etwas in die Ostecke des Platzes zurückgedrängt, zwischen Zwingerwall und Gemäldegalerie, steht das von Ernst Rietschel geschaffene Denkmal für Carl Maria von Weber, der sich leicht auf ein Notenpult stützend dargestellt ist. Es ist eine herausragende Leistung der Denkmalkunst des 19. Jh.s und das beste Denkmal von Rietschels Hand in Dresden.

Verkehrsmuseum

⟶ Johanneum

Völkerkundemuseum

⟶ Japanisches Palais, Staatliches Museum für Völkerkunde

Volkskunstmuseum

⟶ Jägerhof, Museum für Volkskunst

Weesenstein

Ausflugsziel

Lage
15 km südöstlich im Müglitztal

Nur wenige Kilometer südlich der Dresdner Stadtgrenze liegt Weesenstein. Der Ort entstand um eine 1318 erstmals genannte Grenzburg, die auf einem Felssporn über dem Tal der Müglitz um 1200 gegründet wurde.

*Schloß

Geschichte

Die unregelmäßige Anlage mit dem um 1300 errichteten Rundturm ist z. T. in den Burgfelsen gehauen und erstreckt sich – von außen nicht sichtbar – über acht Etagen, so daß man im Inneren leicht die Orientierung verlieren kann. Die Burg ist seit dem 15. Jh. von den Grafen Bünau zur Wohnburg ausgebaut worden; im 16. Jh. entstand unter Einbeziehung des mittelalter-

Schloß Weesenstein (Fortsetzung)

lichen Kerns das repräsentative Schloß. Das Renaissanceportal stammt aus dem Jahr 1575. An die Stelle der alten Schloßkapelle aus dem Jahr 1504 trat 1738 bis 1741 die heutige Kapelle im sechsten Stock, deren Entwürfe Johann Georg Schmidt lieferte. Arkaden über sechs schlanken Holzpfeilern mit geschnitzten Kapitellen formen den Innenraum entsprechend der von George Bähr entwickelten Gestaltungskonzeption zu einem Oval. Herausragend ist der Altar mit Figuren von Benjamin Thomae.
Später wurden die Schloßgebäude dem Kirchenbau in den Proportionen, Traufhöhen u.a. angeglichen. Im 18. Jh. erhielt die Fassade eine einheitliche illusionistische Bemalung (Lisenen, Spiegel und Fenster).

Burgrundgang Sommer: Di.–So. 9.00–18.00, Winter bis 17.00

Auf dem Burgrundgang wird die Baugeschichte der Anlage erläuert. In den unteren Stockwerken widmet sich eine Ausstellung dem Leben und Wirken König Johanns ("Philaletes"), der gerne auf Weesenstein weilte. Neben Mobiliar des 19. Jh.s sieht man hier auch die außergewöhnlich vielfältigen Tapeten aus Leder, Stoff und Papier, Bildtapeten und bemalten Wandbespannungen, für die Schloß Weesenstein bekannt ist. Die aus gleich großen Häuten zusammengenähte Ledertapete des Festsaales – geprägt, versilbert, vergoldet, bedruckt, bemalt und mit Goldglanz überzogen – wurde um 1700 in Frankreich hergestellt. Das Vogeltapetenzimmer schmückt eine 1725 hergestellte Tapete aus Bambus und Papyrus, die in China produziert und bemalt wurde. Äußerst wertvoll sind die sepiafarbige Bildtapete des Teezimmers mit chinesischen Genreszenen, die 1820 in der Pariser Werkstatt Dufour hergestellten Tapeten "Olympische Feste" und "Amor und Psyche" sowie die von J. Zuber in Rixheim (Elsaß) stammende Bildtapete mit griechischen Kampfszenen. Der Eichenholzaufzug zum 18 m tiefer gelegenen Bierlabyrinth ist 250 Jahre alt.

Park

Nach 1772 wurde der klassizistische zweigeschossige Gartenflügel mit Freitreppe angebaut. Um 1780 entstand der französische Park entlang der Müglitz, der in reizvollem Kontrast zur natürlichen Bewaldung der Ausläufer des Osterzgebirges steht.

Veranstaltungen

Auf Schloß Wesenstein finden regelmäßig Lesungen, Konzerte und nächtliche Führungen statt. Es gibt außerdem ein Café und ein Restaurant, in dem das berühmte Weißensteiner Pils serviert wird.

*Weißer Hirsch (Stadtteil) K/L 52/53

Lage
Nordosten

Straßenbahn
Hst. Plattleite (Linie 11)

Standseilbahn
ab Loschwitz

Eine Fahrt mit der Standseilbahn von → Loschwitz aus ist die schönste Art und Weise, in den Stadtteil Weißer Hirsch zu kommen. Hier oben gibt es keine spektakulären Sehenswürdigkeiten, hier sollte man einfach spazieren gehen, sich die schönen Villen anschauen und vom Gasthof Luisenhof aus, dem 'Balkon Dresdens', das Panorama von Dresden genießen.
Der 1688 ca. 9 km nordöstlich vom Dresdner Stadtzentrum erbaute Gasthof Weißer Hirsch gab dem Stadtteil seinen Namen. Nach 1874 entstand hier eine Villenkolonie mit Kurhaus, die die Bezeichnung 'Klimatischer Kurort – Weißer Hirsch' erhielt. Mit der Gründung des besonders eleganten Sanatoriums von Dr. Lahmann im Jahr 1888 stieg der Ort zum Kurbad auf. 1921 kam die Gemeinde zu Dresden; 1931 erhielt sie den Zusatz 'Bad'. Sie blieb bevorzugter Wohnsitz wohlhabender Bürger, und auch nach 1945 wohnte die Dresdner Prominenz aus Staat, Partei, Wissenschaft und Kunst gerne auf dem Weißen Hirsch.

Einstige Kureinrichtungen

Von den einst den Ruf des Bades Weißer Hirsch festigenden Anlagen und Gebäuden zeugen u.a. das vom Fabrikanten Max Ludwig Küntzelmann errichtete Kurhaus mit Konzertplatz im Waldpark Weißer Hirsch und das 1914 erbaute Parkhotel.

◄ *Der Festsaal mit der Ledertapete auf Schloß Weesenstein*

Weißer Hirsch (Fortsetzung) Ehemaliges Lahmann'sches Sanatorium

An einer Biegung oberhalb der Bautzner Landstraße liegt das ausgedehnte ehemalige Lahmann'sche Sanatorium. Dr. Heinrich Lahmann (1860 bis 1905) erwarb das Anwesen 1888, baute damit seine seit 1883 bestehende Anstalt wesentlich aus und begründete eigentlich erst den Ruf des Bades Weißer Hirsch. Das Sanatorium wurde von der sowjetischen bzw. GUS-Armee, die es seit Kriegsende als Lazarett benutzt hatte, in einem geradezu verwüsteten Zustand hinterlassen und harrt der Renovierung.

Forschungsinstitut Manfred von Ardenne

Nicht weit vom Luisenhof kommt man zu dem sich über mehrere Gebäude verteilenden Forschungsinstitut 'Manfred von Ardenne'. Seit seiner Eröffnung im Jahre 1955 hat es auf dem Gebiet der Elektronik, der Elektronenoptik, des Plasmaschmelzens, der Medizin, der Krebsforschung u.a. international anerkannte Leistungen erzielt.

Yenidze

→ Tabakkontor Yenidze

**Zwinger B 2 · L 46

Lage
zwischen Theaterplatz und Ostra-Allee

Straßenbahn
Hst. Postplatz (Linien 1, 2, 4, 8, 11, 12);
Hst. Theaterplatz (Linien 4, 8)

Der Zwinger, von 1709 bis 1732 nach und nach entstanden, ist ein in der Welt einzigartiges Meisterwerk, ein Höhepunkt des Barock und eines der bekanntesten und originellsten architektonischen Kunstwerke überhaupt. Zwei geniale Künstler, der Architekt Matthäus Daniel Pöppelmann und der Bildhauer Balthasar Permoser (→ Berühmte Persönlichkeiten), haben hier die architektonische Formenparade ihrer Zeit in einem Gesamtkunstwerk zusammengefaßt. In ihm verschmelzen Klarheit und Maß des Baukörpers mit der bezaubernden Fülle und dem verspielten Übermut barokker Bildhauerkunst. Aber auch mit dem Namen seines Bauherrn, mit August dem Starken, ist der Zwinger untrennbar verbunden.

Konzerte · Museen

Obwohl nicht dafür geplant, ist der Zwingerhof ein wunderbarer Ort für die regelmäßig stattfindenden Freiluftkonzerte, deren Besuch man sich nicht entgehen lassen sollte. Die meisten Räum des Zwingers sind – z.T. schon seit dem 18. Jh. – mit Museen belegt.

Baugeschichte

Der Name Zwinger ergab sich aus der Lage des Bauwerks an der Stadtbefestigung. Dieser Bereich wurde 1709 zunächst mit Holzgalerien umbaut, um einen Festplatz abzugrenzen. August der Starke beauftragte dann 1710 Pöppelmann, ihm eine Orangerie für seine Sammlung exotischer Pflanzen zu bauen. So entstanden zunächst die Galerien und Pavillons an der Wallseite in Sandstein. Bis 1719 kamen die Langgalerie mit dem Kronentor und die Eckpavillons auf der Schloßseite hinzu. Für die Heirat des Kurprinzen Friedrich August mit Maria Josepha von Habsburg im Jahr 1719 mußte Pöppelmann die dem Schloß zugewandte Freifläche ebenfalls schließen. Zunächst stellte er nur Holzprovisorien auf, die die Bogengalerien mit den beiden Eckpavillons und den Pavillon an der Stadtseite, den jetzigen Glockenspielpavillon, vorwegnahmen und bis 1728 ebenfalls in Stein ausgeführt wurden. 1732 wurden die Arbeiten eingestellt. Bis 1847 war die Elbseite des Bauwerks durch eine hohe Mauer abgeschlossen; erst danach trat an ihre Stelle nach Plänen und unter Leitung Gottfried Sempers die heutige Gemäldegalerie. Am 13./14. Februar 1945 wurde der Zwinger so schwer getroffen, daß er unwiederbringlich verloren schien. Aber noch im gleichen Jahr begannen die Wiederaufbauarbeiten. Sie konnten 1963 abgeschlossen werden, doch immer noch leidet der Bau unter der Luftverschmutzung, so daß Teile des Figurenschmucks derzeit restauriert werden müssen. Ursprünglich war der Zwinger weiß und die Dächer blau gestrichen.

Architektonische Formen

Dem Gedanken Augusts des Starken und der Genialität derer, die den Zwinger ins Werk setzten, entspringt die vielfältige Formenpracht: die majestätische, 36 Achsen zählende Langgalerie an der Südseite, die vier sich spiegelbildlich ergänzenden Pavillons an der West- und Ostseite, der zur Stadt hin gelegene Glockenspielpavillon, der Wallpavillon im Scheitel der gegen Westen auswärts schwingenden Bogengalerie, in seiner musikalischen Leichtigkeit das Kleinod des Zwingers, und das Nymphenbad mit den verspielten Wasserkünsten und den mythologischen Frauengestalten aus der Werkstatt Balthasar Permosers, einer der größten Bildhauer des Barock, der Pöppelmann während der Arbeiten zur Seite stand.

Kronentor und Langgalerien

Das der Ostra-Allee zugewandte, prächtig restaurierte Kronentor ist der eigentliche Hauptzugang zum Zwingerhof. Das untere Stockwerk des Kronentors wird durch gekröpftes Gebälk und gesprengte Giebel abgeschlossen, das zurückgesetzte erste Geschoß ist filigran durchbrochen und trägt eine Attika mit reichstem figuralem Schmuck. Über der Attika erhebt sich die zwiebelförmige Kuppel, auf der vier getriebene und vergoldete polnische Adler die Königskrone tragen; möglicherweise sind es aber auch deutsche Kaiseradler, da sich August kurzfristig auf den Kaiserthron Hoffnungen machte. Die Langgalerien fügen sich beiderseits an das Kronentor an und verbinden es mit den Eckpavillons und Bogengalerien.

Mathematischer Salon und Französischer Salon

Die beiden Eckbauten an der Wallseite stehen sich wie zwei Spiegelbilder gegenüber. Ihre Obergeschosse wachsen aus den auf Arkaden stehenden Untergeschossen heraus. Hier und am ganzen Zwingerbau, von großer Bedeutung für den Gesamteindruck, befinden sich meisterhaft gestaltete Treppenanlagen.
Neben dem Mathematischen Salon stand einst das Observatorium von Wilhelm Gotthelf Lohrmann (1796–1840), der die Mittagslinie über Dresden von Rippien im Süden über den Zwinger hinweg nach Rähnitz vermaß, wo noch eine Meridiansäule erhalten ist.

Kronentor, Langgalerie, Mathematischer Salon und Wallpavillon

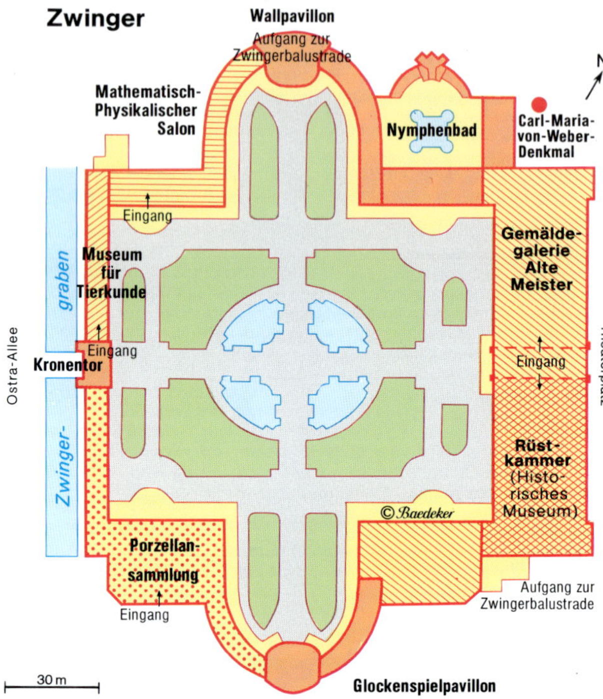

Nymphenbad

Hinter dem Französischen Salon liegt das Nymphenbad, ein in sich geschlossener, intimer Ort innerhalb der Zwingeranlage. Seine Mitte bildet ein gegliedertes rechteckiges Wasserbecken, in das von der Höhe des Zwingerwalls von Becken zu Becken und über Kaskaden das Wasser herabstürzt. Der tropfsteinartige Schmuck, das Grottenwerk, wasserspeiende Delphine und Tritonen beleben die phantasievolle Gestaltung, in die sich die Nymphen in den Nischen harmonisch einfügen. Die Nymphenfiguren an der Südwestseite sind überwiegend Kopien aus den zwanziger Jahren unseres Jahrhunderts (u. a. von Georg Wrba), diejenigen an der Nordwestseite stammen in der Mehrheit aus dem 18. Jh. von Permoser, Kirchner, Thomae und Egell. Die Nymphe mit der Muschel, die zum Bade gehende und die vom Bade kommende (alle auf der linken Seite zur Kaskade hin) sind eigenhändige Arbeiten Balthasar Permosers.

Wallpavillon

Der Wallpavillon ist der wohl vollkommenste Teil des Zwingers. In unübertrefflicher Beherrschung der Gesetze der Architektur und Bildhauerkunst löst sich hier das Bauwerk gleichsam auf in eine lebendige Plastik. Obenauf trägt Permosers Herkules Saxonicus anstelle des Atlas die Weltkugel. Die Satyrhermen schuf Permoser mit 65 Jahren, frei aus dem Stein heraus. Im Hofgiebel ist das sächsisch-polnische Wappen von posaunenden Genien umgeben. Seitlich wendet sich der jugendliche August der Starke als Paris, mit der Königskrone statt des Apfels in der Hand, Aphrodite zu, während auf der anderen Seite die 'verschmähten' Göttinnen stehen. Die vier Winde verkünden der Welt den Ruhm des Kurfürsten und Königs.

Der Wallpavillon, vollkommenster Teil des Zwingers ▶

Blick über den Zwingerhof zur Sempergalerie

Glockenspielpavillon

Der später errichtete Glockenspielpavillon gegenüber ließ im Angesicht des Wallpavillons keine Steigerung mehr zu. Er erhielt 1924 bis 1936 nachträglich durch den Einbau eines Glockenspiels aus Meissener Porzellan das schon Pöppelmann vorgesehen hatte, seine Besonderheit.

Sempergalerie

Es bedurfte eines genialen Architekten wie Gottfried Semper, um einen Bau hervorzubringen, der sich einerseits in das Gesamtensemble einfügt und doch ein eigenes Gesicht trägt. Das Gebäude im Stil der Neorenaissance entstand von 1847 bis 1855 und nimmt mit seinem dreiteiligen Portikus die Achse des Kronentors auf, schafft zugleich aber einen wohlabgewogenen Kontrast. Die Fassadengestaltung der Zwingerseite unterscheidet sich von der am → Theaterplatz entsprechend der Umgebung. Die Skulpturen am Galeriegebäude schufen Ernst Rietschel, Ernst Julius Hähnel und Johannes Schilling (→ Gemäldegalerie Alte Meister).

Staatliches Museum für Tierkunde

Eingang
Kronentor

Öffnungszeiten
tgl. außer Di.
9.00 – 16.00

Eintrittsgebühr

Das Staatliche Museum für Tierkunde ging aus der kurfürstlichen Kunst- und Naturalienkammer hervor. Im Jahr 1720 wurde die selbständige Naturalienkammer im Zwinger gegründet; seit 1875 war die Sammlung Teil des Zoologischen und Anthropologisch-Ethnographischen Museums und wurde 1921 in Museum für Tierkunde und Völkerkunde umbenannt. Seit 1945 ist das Museum für Tierkunde eine eigene Einrichtung und Forschungsstelle. Das Museum im Zwinger zeigt eine Auswahl der besten Stücke sowie die ständige Ausstellung 'Das Tier in der Kulturgeschichte'. Bemerkenswert sind u. a. Teile der 15 000 Exemplare umfassenden Käfersammlung und ausgestorbene Tiere wie der Kalifornische Kondor, ein Riesenalk mit Skelett und Ei oder das Skelett der vor 300 Jahren ausgestorbenen Stellerschen Seekuh. Eine Zweigstelle des Museums mit einer Vogelsammlung befindet sich im Fasanenschlößchen in → Moritzburg.

**Porzellansammlung (Staatliche Kunstsammlungen Dresden)

Die Porzellansammlung wurde 1717 von August dem Starken angelegt und wird im südwestlichen Pavillon und der Bogengalerie gezeigt. Augusts Sammelleidenschaft erstreckte sich auf die Produktion der eigenen Manufaktur ebenso wie auf ältere kostbare Stücke aus Ostasien. So entstand jene Kollektion, mit der sich nur diejenige des Serail in Istanbul vergleichen kann. Ursprünglich gab das ⟶ Japanische Palais der Sammlung Unterkunft; seit 1962 befindet sie sich im Zwinger. Sammelgebiete sind chinesische Frühkeramik und chinesisches Porzellan vom 15. bis 18. Jh., Böttger-Steinzeug, Böttger-Porzellane und Meissener Porzellane aus dem 18. Jahrhundert. Nach Abschluß der Rekonstruktion der Bogengalerie wird auch das ostasiatische Porzellan Augusts des Starken wieder gezeigt.
Am Eingang stehen zwei der berühmt-berüchtigten Dragonervasen, die August bei Friedrich Wilhelm I. von Preußen gegen 600 sächsische Dragoner eingetauscht hatte – etwa 43 Dragoner für eine. Gezeigt werden chinesische Keramik vom 3. Jh. v. Chr. bis zur Mingdynastie (17. Jh.), Grabbeigaben der Tang-Zeit und frühe chinesische Porzellane der Sung- und Mingdynastie, frühe japanische und koreanische Keramik vom 16. bis zum 18. Jh. sowie japanisches Imari-Porzellan um 1700. Das Museum besitzt die reichhaltigste und kostbarste Sammlung von Böttger-Steinzeug und Böttger-Porzellan von 1710 bis 1720, Meissener Porzellane der Blütezeit der Großfiguren von Johann Joachim Kändler, Johann Christian Kirchner u. a. sowie Stücke von 1730 bis 1760 und aus der Marcolini-Zeit.

Eingang
Postplatz

Öffnungszeiten
tgl. außer Do.
10.00 – 18.00
(bis Sommer 2002 geschlossen)

Eintrittsgebühr

*Mathematisch-Physikalischer Salon

Die Sammlungen im Mathematischen Salon sind aus einem speziellen Teil der Schätze der Kunst- und Naturalienkammer hervorgegangen, der 1730 als Grundstock des Mathematisch-Physikalischen Salons zusammen-

Eingang
Nordwestlicher Pavillon

Kändler-Figur (1738)

Universalmeßinstrument (1633)

Mathematisch-physikalischer Salon (Forts.)

Öffnungszeiten
tgl. außer Do.
10.00 – 18.00

Eintrittsgebühr

gestellt wurde. Es ist eine der ältesten und bedeutendsten Sammlungen wissenschaftlich-technischer Geräte sowie die größte deutsche Sammlung von Erd- und Himmelsgloben. Vertreten sind Instrumente, Apparate und Werkzeuge der Mathematik, Physik, Astronomie, Chronometrie, Geodäsie, Globographie, Metrologie, Meteorologie und Rechentechnik, darunter die älteste Rechenmaschine der Welt (1642) von Blaise Pascal, ferner Weltkarten und Atlanten. Zu den größten Kostbarkeiten gehören der arabische Himmelsglobus von 1279, die Globusuhr von 1586 und die Uhrensammlung mit einer Reihe von technisch und künstlerisch einzigartigen Stücken.

**Rüstkammer (Historisches Museum)

Eingang
Sempergalerie
Ostflügel

Die sächsischen Kurfürsten sammelten vom 16. bis zum 18. Jh. Prunkwaffen, Harnische, Jagd- und Reitzeug in ihrer Rüst- und Harnischkammer und trugen so eine der größten und wertvollsten Prunkwaffensammlungen überhaupt zusammen. Die schönsten Stücke können in der Rüstkammer im Ostflügel der Sempergalerie besichtigt werden, wobei man einen Über-

Glanzstück der Rüstkammer: Prunkharnisch von Erik XIV.

Rüstkammer
(Fortsetzung)

blick über die Kunstfertigkeit der Waffenschmiede und Kunsthandwerker vergangener Jahrhunderte erhält. Gezeigt werden ausgewählte Prunkwaffen und Harnische, Jagdwaffen und -geräte, Degen und Dolche, Turnierwaffen, Kombinationswaffen, orientalische Waffen sowie Prunkgewänder sächsischer Fürsten vom 16. bis 18. Jahrhundert. Die Prachtstücke sind der für den schwedischen König Erik XIV. für Roß und Reiter (1562/1564) angefertigte, dann vom sächsischen Hof gekaufte Prunkharnisch, Kinderharnische der sächsischen Kurprinzen, das Scharfrennzeug (Turnierausrüstung) des Kurfürsten August (1550/1560), das Kurschwert des Moritz von Sachsen (1547) und Klingen spanischer Meisterschmiede, sowie Phantasiehelme und -schilde für barocke Hoffeste.

Öffnungszeiten
Di.–So.
10.00–18.00

Eintrittsgebühr

Praktische Informationen von A bis Z

Praktische Informationen von A bis Z

Anreise

Mit dem Auto

Von Süden: Nürnberg – Hermsdorfer Kreuz – Chemnitz – Dresden (E 51/A 9 und E 40/A 4); alternativ über E 441/A 72 vom Autobahndreieck Bayerisches Vogtland über Plauen und Zwickau zum Autobahndreieck Chemnitz (Anschluß an E 40/A 4).

Von Westen und Nordwesten: Kirchheimer Dreieck – Eisenach – Erfurt – Hermsdorfer Kreuz – Chemnitz – Dresden (E 40/A 4)

Von Norden: Berlin – Lübbenau – Dresden (A 13/A 4/E 40)

Von Osten: Görlitz – Bautzen (A 4/E 40)

Mit dem Bus

Linienbusse verkehren regelmäßig von vielen deutschen Städten zum Busbahnhof Hauptbahnhof/Bayrische Straße nach Dresden. Viele Reiseveranstalter bieten günstige Busreisen mit Pauschalarrangements an.

Mit der Eisenbahn

Dresden ist an das EC//ICE/IC- und IR-Netz der Deutschen Bahn AG angeschlossen und von allen großen deutschen und vielen europäischen Städten mit der Eisenbahn zu erreichen (→ Bahnhöfe).

Mit dem Flugzeug

Die Deutsche Lufthansa fliegt von Düsseldorf, Frankfurt/M., Hamburg, Köln, München und Stuttgart direkt nach Dresden; verschiedene Regionalfluggesellschaften bieten Verbindungen von Augsburg, Bremen, Dortmund, Friedrichshafen, Hannover, Münster/Osnabrück, Leipzig und Saarbrücken an; von Basel und Zürich fliegt Crossair, von Salzburg Cirrus Airways und von Wien Tyrolean (→ Flugverkehr).

Mit dem Schiff

→ Elbschiffahrt

Apotheken

Bereitschaftsdienst

Information: Ansagedienst Tel. 01 15 00 und Aushänge in den Apotheken

Apotheken im Stadtzentrum

Löwenapotheke, Wilsdruffer Str. 5, Tel. 497 17-0
Sertürner-Apotheke, Sternplatz 15, Tel. 490 64 96
Apotheke Prager Straße, Prager Straße 3, Tel. 490 30 14

Ärztliche Hilfe

Wichtige Rufnummern

Rettungsdienst: Tel. 112
Krankentransport: Tel. 1 92 22
Ärztebereitschaft: Tel. 01 15 00
Kassenärztlicher Notfalldienst (nächtliche Hausbesuche): Tel. 1 92 92

◀ *Ein festlicher Rahmen für große Aufführungen: die Semperoper*

Alle Dresdner Krankenhäuser versehen nächtlichen Bereitschaftsdienst.
Augen/HNO: Krankenhaus Friedrichstadt, Friedrichstr. 41, Tel. 480-0
Kindernotfälle: Klinik für Kinderheilkunde, Tel. 4582267

Ärztliche Hilfe (Fortsetzung) Notfallkliniken

Ausflüge

Die landschaftlich schöne Umgebung Dresdens mit ihren kulturhistorischen Sehenswürdigkeiten und vielfältigen Möglichkeiten zu erholsamen Spaziergängen oder auch ausgedehnten Wanderungen reizt zu Ausflügen in den näheren und ferneren Umkreis der Stadt. Die meistbesuchten Ausflugsziele sind im Kapitel 'Sehenswürdigkeiten von A bis Z' beschrieben: → Dresdner Heide, → Erzgebirge, → Graupa, → Großsedlitz, → Hosterwitz, → Meißen, → Moritzburg, → Pillnitz, → Pirna, → Radebeul, → Sächsische Schweiz, → Stolpen, → Tharandter Wald, Schloß → Weesenstein.

Die möglichen Touren sind damit noch längst nicht erschöpft. Der Rabenauer und der Uttewalder Grund liegen fast vor der Haustür; sich die Sächsische Schweiz auch in südlicher Richtung von Pirna zu erschließen, ist ebenfalls lohnend, und schließlich sind die Städte Freiberg, Bautzen und Görlitz mit ihren historischen Stadtkernen mit dem Auto oder mit der Eisenbahn in wenigen Stunden erreichbar.

Schiffsausflüge

Auf Schiffsausflügen, elbauf- und elbabwärts, vielleicht noch mit einem der alten Schaufelraddampfer, erlebt man die Landschaft auf besondere Weise. Sie sind von März bis November mit Schiffen der Sächsischen Dampfschiffahrtsgesellschaft möglich und lassen sich aufgrund des variantenreichen Angebots individuell gestalten, beispielsweise mit Wanderungen, Stadtbesichtigungen u. a. verknüpfen (→ Elbschiffahrt).

Museumsbahnen

Im Großraum Dresden verkehren noch drei Schmalspurbahnen, inzwischen zu technischen Denkmälern geworden. Sie verbinden vornehmlich Kur- und Erholungsorte miteinander. Die beschauliche Fahrt erinnert an das Reisen in alten Zeiten (→ Museumsbahnen).

Organisierte Fahrten

Die Dresden Werbung und Tourismus GmbH (→ Auskunft) organisiert für Gruppen Ausflüge mit unterschiedlichsten Zielen und Themen. Speziell für die Umgebung Dresdens bieten sich u. a. folgende Standardprogramme an (Auswahl):
Meissener Porzellan, Auf den Spuren des Meißner Weins, Auf der Malerstraße durch die Sächsische Schweiz, Ein Tag in der Sächsischen Schweiz, Zum Osterreiten in die Lausitz, Kirchen und Klöster in der Lausitz, Gräfin Cosel – Mätresse und Staatsgefangene, Ausflüge nach Moritzburg, Königstein, in die Bastei und zur Felsenburg Neurathen.
Auch verschiedene private Veranstalter haben Ausflüge in die Umgebung in ihren Programmen. Hierüber informiert ebenfalls die Dresden Werbung und Tourismus GmbH.

Auskunft

Fremdenverkehrsbüros

Tourist-Information Dresden
Prager Straße 2a, D-01069 Dresden
Tel. (0351) 49192-0, Telefax 3105247
Geöffnet: Mo. – Fr. 10.00 – 18.00, Sa. und So. 10.00 – 14.00 Uhr

Tourist-Information Dresden
Schinkelwache am Theaterplatz
Geöffnet: Mo. – Fr. 10.00 – 18.00, Sa. 10.00 – 14.00 Uhr

Auskunft, Tourist-Information Dresden (Forts.)	Die Dresden Werbung und Tourismus GmbH bietet Auskünfte, Beratung, Zimmervermittlung, Stadtrundfahrten, Ausflüge, Kartenservice, Dolmetscher, Gästeführervermittlung, Bilder, Pläne, Dias, Souvenirs und den monatlich erscheinenden Veranstaltungskalender "Theater Konzert Kunst".
Dresden-Cards	14,00 Euro pro Person kostet die Dresden-City-Card, die 48 Stunden lang gültig ist und freie Fahrt mit den öffentlichen Verkehrsmitteln sowie freien Eintritt in die Museen der Staatlichen Kunstsammlungen gewährt. Den Großraum Dresden kann man – bei ähnlichen Leistungen – mit der Dresden-Regio-Card für DM 23,00 Euro erkunden.
Adresse	Dresden-Werbung und Tourismus GmbH Ostra-Allee 11, D-01067 Dresden Tel. 49192-0, Telefax 49192116, Internet: www.dresden-tourist.de
Verkehrs-auskunft	Nahverkehr: Tel. 011537 Bahnverkehr: Hauptbahnhof Dresden und Bahnhof Dresden-Neustadt Tel. 19419 Flugverkehr: Flughafen Dresden-Klotzsche, Tel. 8813360
Veranstaltungen und Kino	Tel. 011517
Meißen	Tourist-Information Meißen, Markt 3 D-01662 Meißen, Tel. (03521) 4194-0, Telefax 458240
Moritzburg	Tourist-Information Moritzburg, Schloßallee 3b D-01468 Moritzburg, Tel. (035207) 854-0, Telefax 85420
Pirna	Tourist-Service Pirna, Am Markt 7 D-01796 Pirna, Tel. und Telefax (03501) 528497
Radebeul	Tourist-Information Radebeul, Pestalozzistr. 6a D-01445 Radebeul, Tel. (0351) 8311905, Telefax 8311902
Sächsische Schweiz	Tourismusverband Sächsische Schweiz, Am Bahnhof 6 D-01814 Bad Schandau, Tel. (035022) 495-0, Telefax 49533
Stolpen	Tourist-Information Stolpen, Schloßstr. 14a D-01833 Stolpen, Tel. (035973) 27313, Telefax 24438

Autohilfe

Automobilklubs	Allgemeiner Deutscher Automobilclub (ADAC) Striesener Str. 37, Tel. 4433-0 Automobilclub von Deutschland (AvD) Bautzner Str.4, Tel. 8014918
Pannenhilfe	ADAC-Straßenwacht: Tel. 01802222222 Private Pannenhilfs- und Abschleppdienste findet man auf den Gelben Seiten des Telefonbuchs.

Bahnhöfe

Zwei wichtige Bahnhöfe	Dresden besitzt zwei wichtige Bahnhöfe, den Hauptbahnhof und den Bahnhof Dresden-Neustadt. Nicht alle Fernzüge allerdings verkehren über beide Bahnhöfe!

Bahnhöfe (Forts.)

Hauptbahnhof

Der Hauptbahnhof liegt unmittelbar am südlichen Ende der Prager Straße und ist der wichtigste Bahnhof Dresdens sowohl für den nationalen und internationalen Fernverkehr als auch für den Nahverkehr im Vorortbereich.

Zugauskunft: Tel. 19419 (tgl. 6.15–21.00 Uhr)
Straßenbahn: Hst. Hauptbahnhof (Linien 3, 5, 7, 9, 10, 11, 26)

Bahnhof Dresden-Neustadt

Der Bahnhof Dresden-Neustadt liegt im Nordwesten der Neustadt am Schlesischen Platz. Er wurde in den Jahren 1898 bis 1901 nahe dem alten Leipziger Bahnhof errichtet, von dem 1839 aus die erste Ferneisenbahnstrecke in Deutschland in Betrieb genommen wurde.

Zugauskunft: Tel. 4710600
Straßenbahn: Hst. Bahnhof Neustadt (Linien 3, 6, 11, 26)

Banken

→ Geld

Behindertenhilfe

Auskunft und Beratung

Städtische Behindertenhilfe
Riesaer Str. 7, Tel. 4884970
Bei der Dresden Werbung und Tourismus GmbH (→ Auskunft) ist die Broschüre "Ratgeber für geschädigte Bürger in der Stadt Dresden" mit Hinweisen für Behinderte erhältlich. Das Stadtplanungsamt Dresden hat einen Stadtführer für Behinderte herausgebracht.

Behindertentaxi

Vorbestellung möglich beim Deutschen Roten Kreuz, Tel. 85002-0 (tgl. 6.00–21.00 Uhr).

Behindertenunterkunft

Verschiedene der neueren → Hotels in Dresden verfügen auch über behindertengerechte Zimmer.

Stadtbesichtigung und Ausflüge

Die Dresden-Werbung und Tourismus GmbH (→ Auskunft) bietet Stadtrundfahrten und Ausflüge im behindertengerechten Bus an.

Bibliotheken und Archive (Auswahl)

Sächsische Landesbibliothek → Sehenswürdigkeiten von A bis Z

Josef-Hegenbarth-Archiv → Sehenswürdigkeiten von A bis Z, Loschwitz

Städtische Bibliotheken
Haupt- und Musikbibliothek im World Trade Center, Freiberger Str. 33
Straßenbahn: Hst. Ammon-/Freiberger Str. (Linien 7, 10, 14)
Geöffnet: Mo.–Fr. 10.00–19.00, Sa. 10.00–14.00 Uhr

Bibliothek der Technischen Universität, Mommsenstraße 7 und 11
Straßenbahn: Hst. Nürnberger Platz (Linien 3, 5)
Geöffnet: Mo.–Do. 9.30–19.00, Fr. 9.30–16.00, Sa. 8.00–12.00 Uhr
Zentrale Fachbibliothek für Grundlagendisziplinen der Technik, für Elektronik und Elektrotechnik
Nebenstelle: Polytechnische Patentbibliothek, Hochschulstraße 45
Geöffnet: Mo.–Mi. u. Fr. 9.30–16.00, Do. 8.00–18.00 Uhr; am letzten Arbeitstag eines Monats geschlossen.
2250000 Patentschriften, 325000 Standards und 60000 Firmenschriften.

Bibliotheken und Archive (Forts.)

Zentrale Kunstbibliothek der Staatlichen Kunstsammlungen, Güntzstr. 34
Straßenbahn: Hst. Dürerstr. (Linie 13) o. Sachsensallee (Linien 6, 26)
Geöffnet: Mi., Fr. 10.00 – 16.00, Di., Do. 10.00 – 18.00 Uhr
Fast 50000 Bände und zahlreiche Reproduktionen liegen zur Ausleihe bereit. Lesesaal und Ausleihe außer Haus.

Medizinische Fachbibliothek, Lingnerplatz
Straßenbahn: Hst. Hygiene-Museum (Linien 10, 13, 26)
Geöffnet: Mo., Di., Do. 9.00 – 16.00, Mi. 9.00 – 18.00 Uhr
Die Bibliothek ist dem Hygiene-Museum zugehörig und verfügt über Literatur zur gesunden Lebensführung und Gesundheitserziehung.

Sächisches Staatsarchiv, Archivstraße 14
Straßenbahn: Hst. Carolaplatz (Linien 3, 5, 8, 48, 51)
Geöffnet: Mo., Do., Fr. 8.00 – 16.00, Di., Mi. 8.00 – 18.00 Uhr
Hervorgegangen aus dem ehemaligen Landeshauptarchiv Sachsen. Eines der hundert bedeutendsten Archive der Welt. Das verwahrte Archivgut umfaßt Urkunden, Akten, Karten und Pläne, die für mehrere Perioden der deutschen Geschichte von zentraler Bedeutung sind. Das älteste Stück stammt aus dem Jahr 948.

Stadtarchiv Dresden, Gohliser Str. 1
Straßenbahn: Hst. Pennricher Str. (Linien 2, 14, 51)
Geöffnet: Di 9.00 – 18.00, Mi., Do. 9.00 – 16.00, Fr. 9.00 – 14.00 Uhr
Verwahrt das Archivgut der Stadtverwaltung, darunter 15000 Pläne und Grundrisse. Studiensaal.

Buchhandlungen und Antiquariate (Auswahl)

Reine Antiquariate

Reine Antiquariate gibt es bislang wenig, aber in viele Buchhandlungen ist ein ‘Modernes Antiquariat’ integriert.

Dresdner Antiquariat, Wilsdruffer Str. 14 (Geistes- und Sozialwissenschaften, DDR-Reprints)
Historica, Helgolandstr. 17

Buchhandlungen

Buch und Kunst am Altmarkt und in der Prager Str.7
Buchhandlung Böhlau, Antonstr. 21
Buchhandlung Wort und Werk, Hauptstr. 21
Buchhaus Loschwitz, Friedrich-Wieck-Str. 6
C. L. Ungelenk Nachf., Kreuzstr. 7
Engel & Co., Pfotenhauserstr. 77 (Kunst, auch Galerie)
Goethe-Buchhandlung, Wettiner Platz 9
Haus des Buches, Wilsdruffer Str. 29
Heinrich Sauermann, Radebeul, Meißner Str. 264 (Buchhandlung und Antiquariat; Gartenbau- und Landwirtschaftsliteratur)

Cafés und Konditoreien (Auswahl)

In der Altstadt

Aha, Kreuzstr. 7, Tel. 4960671 (Café und Restaurant mit Vollwertkost im ‘Eine Welt Laden’)
Café im Italienischen Dörfchen, Theaterplatz, Tel. 498160 (wieder restauriertes Traditionscafé, wunderbare Innenräume, schöner Blick auf die Elbe; Elbterrasse, dort allerdings braust direkt unterhalb der Verkehr über Kopfsteinpflaster)
Café in der Schinkelwache, Theaterplatz Tel. 4903909 (lauschiges Café an historischem Ort; die Plätze außen Terrasse auf dem Theaterplatz eignen sich bestens zum Beobachten der in die Semperoper strömenden Gäste)

Cafés in der Altstadt (Fortsetzung)

Café Kreutzkamm, Altmarkt 18, Tel. 4954172
Die Dresdner Traditionsbäckerei Kreutzkamm ist hier am Altmarkt im Jahr 1825 gegründet worden und war bald die erste Adresse Dresdens, wenn es um Stollen, Osterbrot und vor allem um Baumkuchen, die wahre Hausspezialität, ging. Nach der Zerstörung 1945 machte der Urenkel des Gründers einen Neuanfang in München; Bäckerei und Café sind nun wieder an ihren angestammten Platz zurückgekehrt.

Café Sphinx, Altmarkt 16/17, Tel. 4951179 (ein guter Platz, um das Treiben auf dem Altmarkt zu verfolgen).

Café Vis-à-Vis im Hotel Dresden Hilton, An der Frauenkirche 5, Tel. 4841796 (hier sitzt man in heller, freundlicher Umgebung und blickt auf die Elbe; im Sommer an Tischen auf der Brühlschen Terrasse)

Espresso Reale, An der Frauenkirche 5, Tel. 4841794 (idealer Platz zur Beobachtung des Aufbaus der Frauenkirche)

Villa Vasa, Wasaplatz 1, Tel. 4786120 (mit Restaurant; Spezialität: am Tisch gebrauter schwedischer Kaffee)

In der Neustadt

Café Büchel, Hauptstr. 5b, (kleines Tagescafé zu den Öffnungszeiten der dort ansässigen Jugendbibliothek; auch Lesungen)

*Café Donnersberg, Rähnitzgasse 7, Tel. 8022911 (gemütliches, sehr persönlich geführtes Café im barock gebliebenen Teil der Neustadt, Untermalung mit klassischer Musik; außerdem bietet Besitzer Uwe Lohse ein anspruchsvolles Kulturprogramm an)

*Pfund's Molkerei, Bautzner Str. 79, Tel. 80808-0 (Café über dem renovierten Milchgeschäft der Molkerei Pfund, dem "schönsten Milchladen der Welt"; Spezialitäten: allerlei Milchgetränke; gleichzeitig kleines Molkereimuseum)

Cafés in Blasewitz

*Café Toscana, Schillerplatz 7, Tel. 3100744 (im ehemaligen Gründerzeitcafé, – benannt nach Prinzessin Luise von Toscana – direkt am Blauen Wunder, gibt es eine große Auswahl an Kuchen und Torten; vom Wintergarten hat man die beste Sicht auf die Brücke)

In Meißen

Café am Roßplatz, Roßmarkt 6, Tel. 452688

Café Zieger, Rote Stufen 5, Tel. 453147 (ein guter Platz, um Meißner Fummel zu probieren!)

In Moritzburg

*Schloßcafé, Schloß Moritzburg, Tel. (035207) 81482 (wunderbares Café im ehemaligen kurfürstlichen Jagdhaus)

In Pillnitz

Café Hausberg, Hoher Steig 4, Tel. 2618200 (schöner Elbblick)

Parkcafé Pillnitz, Johann-Scheer-Str. 26, Tel. 2618233

Camping

In Dresden

Campingplatz am Freibad Mockritz
Boderitzer Str. 8, D-01217 Dresden
Tel. 4715250; ganzjährig geöffnet

Campingplatz Wostra
Trieskestraße 100, D-01259 Dresden
Tel. 2013254; geöffnet April–Oktober

Am westlichen Stadtrand von Dresden

Campingplatz Altfranken
Lücknerscher Schloßpark, D-01462 Altfranken
Tel. 4102400; geöffnet Februar–November

Im Moritzburger Teichgebiet

Campingplatz Mittelteichbad
Am Mittelteichbad, D-01468 Moritzburg
Tel. (035207) 81423; geöffnet März–Oktober

Camping im Moritzburger Teichgebiet (Fortsetzung)	Campingplatz Boxdorf Am Oberen Waldteich, D-01468 Boxdorf Tel. (035207) 81429; geöffnet April – Oktober
	Camping Bad Sonnenland Dresdner Str. 115, D-01468 Reichenberg Tel. 4727788, Telefax 4727787; geöffnet April – Oktober
In der Sächsischen Schweiz	Campingplatz Bad Schandau Ostrauer Mühle, D-01814 Bad Schandau Tel. (035022) 42742; geöffnet Ostern – Oktober
	Campingplatz Königstein D-01814 Königstein Tel. (035021) 68224; geöffnet April – Oktober
Im Osterzgebirge	Camping- und Ferienparadies Bahratal Birkenallee 1, D-01816 Bahratal Tel. (035023) 62458

Einkäufe und Souvenirs

Shopping

Die Zeiten, als Prager Straße und Altmarkt eine einzige Einkaufsmeile waren, sind schon lange vorbei, und sie sind noch nicht – zumindest in dem Maße wie vor dem Krieg – wiedergekommen. Dresden als Konsumparadies entwickelt sich aber kräftig weiter. Möglichkeiten zum Einkauf bieten vor allem der Bereich Prager Straße mit den neuen Kaufhäusern und den Ladenpassagen, die Geschäfte am Altmarkt und an der Wilsdruffer Straße sowie entlang der Hauptstraße. Die Neustadt hat auch auf dem Einkaufssektor mächtig aufgeholt und bietet Edles vor allem entlang der Königstraße und Ausgefallenes in den Straßen der 'Bunten Republik' jenseits des Albertplatzes: Wer sucht, der findet hier auch. Originelles und typisch Sächsisches (will man nicht nur Radeberger Bier und Bautzner Senf aus dem Kaufhaus haben) gibt es aber nicht an jeder Ecke.

Souvenirs

Als Mitbringsel aus Dresden sehr geschätzt werden Porzellan (aus Dresden und vor allem aus Meißen), erzgebirgische Holzschnitzereien und Dresdner Weihnachsstollen (vor allem in der Vorweihnachtszeit), Kunstgewerbe, Keramik sowie Farbdrucke und Bildbände der Staatlichen Kunstsammlungen Dresden.

Meissener Porzellan	Meissener Porzellan am Fürstenzug, Hotel Dresden Hilton, An der Frauenkirche 5 Meissener Porzellan in der Schauhalle der Porzellanmanufaktur in Meißen, Talstr. 9 Meissener Porzellan am Markt in Meißen, Markt 8 – 9 Antiquitäten am Goldenen Reiter, Hauptstr. 17/19 (altes Meissener Porzellan)
Stollen	Bäckerei Hinkel, Loschwitzer Str. 56 (Blasewitz) Bäckerei Kreutzkamm, Altmarkt 18 (eigentliche Spezialität ist aber der Baumkuchen) Bäckerei Matzker, Pirnaer Landstr. 235
Keramik	Töpferwerkstatt Alaunstraße, Alaunstr. 100 Töpferei Baumheier, Hauptstr. 15
Sächsische Volkskunst	Drechslerei Scholz, Kretschmerstr./Ecke Tolkewitzer Str. Kunstgewerbe Etzold, Hauptstr. 19 Sächsische Werk-Kunst-Stube, Wallstr. 1

Sächsisches Staatsweingut Schloß Wackerbarth, Radebeul
Sächsische Winzergenossenschaft Meißen, Bennoweg 9 und "Küfertheke", Am Markt 9

Souvenirs (Forts.) Sächsischer Wein

Elbschiffahrt

Sächsische Dampfschifffahrtsgesellschaft

Die Flotte der Sächsischen Dampfschiffahrtsgesellschaft besteht aus der ältesten Raddampferflotte der Welt – neun als technische Denkmale geschützte Raddampfer – sowie zwei großen und zwei kleineren modernen Motorschiffen. Allein sieben der neun Raddampfer sind im 19. Jh. vom Stapel gelaufen: "Stadt Wehlen" (1879), "Diesbar" (1884), Meissen (1885), "Pillnitz" (1886), "Krippen" (1892), "Kurort Rathen" (1896) und "Pirna" (1898). Sie alle präsentieren sich jedes Jahr am 1. Mai zur Dampferparade.

Dampferparade

Folgende Fahrten werden von Ende März bis Ende November angeboten:

Linie 1: 'Große Elbtal-Linie' Dresden – Bad Schandau und zurück (tgl.)
Linie 2: 'Sächsische Weinstraße' Dresden – Seußlitz und zurück (nur Sa. u. So. ab Ende April; Ende Juli – Ende Aug. auch Mo. und Di.)
Linie 3: 'Dampferfahrt Sächsische Schweiz' Pillnitz/Pirna – Bad Schandau und zurück (tgl. ab Ende April)
Linie 4: 'Böhmische Schweiz' Bad Schandau – Děčin und zurück (nur Mo. – Di. ab Ende April)
Linie 5: 'Wanderexpreß' Kurort Rathen/Königstein – Schmilka und zurück (tgl. ab Ende April)
Große Dampferrundfahrt/Schlösserrundfahrt (tgl. ab Ende April)
Kleine Dampferrundfahrt/Stadtrundfahrt zu Wasser (tgl. ab Ende April)
Sommernachtsfahrt mit Tanz (jeden Sa. ab Juni)
Jazz- und Dixielandfahrten (jeden Fr. ab Mai); von Juli an auch ab Pirna bzw. Bad Schandau.

Raddampfer "Dresden" bei Kurort Rathen

Elbschiffahrt (Fortsetzung)

Die Hauptanlegestelle mit Fahrkartenverkauf befindet sich am Terrassenufer unterhalb der Brühlschen Terrasse. Selbstverständlich kann man auf Linienfahrten an jeder Anlegestelle aus- und zusteigen. Die Schiffe können auch gechartert werden.

Auskunft

Sächsische Dampfschiffahrts GmbH & Co. Conti Elbschiffahrts KG
Postfach 100976, D-01097 Dresden
Tel. 866090, Telefax 8660988

MS "Krippen"

Der 1892 gebaute Dampfer "Krippen" legt in Meißen zu Rundfahrten elbabwärts nach Diesbar und elbaufwärts in die Sächsische Schweiz ab. Charterfahrten sind auch nach Hamburg, Berlin und Prag möglich.

Auskunft

Historische Dampfschiffs-Reederei Meißen GmbH
Siebeneichener Str. 29a, D-01662 Meißen
Tel. und Telefax (03521) 454710

Elbe-Kreuzfahrten

Eine sehr außergewöhnliche Art, in die sächsische Landeshauptstadt zu reisen, ist die mehrtägige Anreise mit einem Kreuzfahrtschiff von Hamburg bzw. Lauenburg nach Dresden mit einem der folgenden drei modern ausgestatteten Hotelschiffe:

MS "Clara Schumann"
MS "Theodor Fontane"
Veranstalter: Köln-Düsseldorfer Deutsche Rheinschiffahrt AG
Frankenwerft 15, D-50667 Köln
Tel. (0221) 2080

MS "Dresden"
MS "Königstein"
Veranstalter: Peter Deilmann Reederei
Am Hafensteig 17–19, D-23730 Neuenstadt in Holstein
Tel. (04561) 396-0

Elbfähren

→ Verkehrsmittel

Essen und Trinken

Allgemeines

Die traditionelle sächsische Küche hat sich ihren Ruf erworben durch das Zusammengehen italienischer und französischer Einflüsse der höfischen Speisezettel mit den herzhaften Gerichten der Waldarbeiter, Bergleute, Elbschiffer und Bauern.

Speisen

Grundlagen

In der Dresdner Küche dürfen Majoran, Thymian, Kerbel, Muskat, Kümmel, Lorbeerblatt und Wurzelwerk nicht fehlen. Gemüse, in zahlreichen Varianten zubereitet, gehört unbedingt dazu.

Dresdner Sauerbraten

Der Dresdner Sauerbraten ist ein sehr beliebtes Sonntagsgericht. Es wird zubereitet aus gespicktem Rindfleisch, das vier bis sechs Tage lang in eine Marinade aus Braunbier, Brühe, Lorbeer, Nelken, Piment, Wurzelgemüse, Pfefferkörnern und Rosinen eingelegt und anschließend geschmort wird.

Sächsische Kartoffelsuppe

In Knochenbrühe gekochte und pürierte Kartoffeln mit Gemüse und Rauchfleisch gegart, gut gewürzt, mit Majoran abgeschmeckt und mit goldbraunen Speckwürfeln und Zwiebeln übergossen – fertig ist die Sächsische Kartoffelsuppe. Dazu wird zumeist Bockwurst gereicht, manchmal wird Leberwurst bzw. Blutwurst mitgekocht.

Nur echt mit dem Siegel

Alljährlich zur Weihnachtszeit, wenn der Striezelmarkt das Fest ankündigt, gibt es in Dresden keine Frage, was auf die Weihnachtstafel kommt – ein Dresdner Christstollen natürlich. Von Herbst an wird dieses herrliche Gebäck – "mehr schweres Marzipan als Kuchen", wie es im Neuen Dresdner Koch-, Back- und Wirtschaftsbuch von 1805 heißt – in Dresden gemischt, geknetet, gewickelt und in den Ofen geschoben, denn es gilt nicht nur, die Nachfrage in Dresden, sondern auch in ganz Sachsen und selbst in Übersee zu befriedigen.
Der Stollen, von dem allgemein angenommen wird, daß die gerollte Form das in Windeln gewickelte und in der Krippe liegende Christkind symbolisieren soll, findet als 'Strozel' erstmals im Jahr 1486 Erwähnung in den Urkunden des Dresdner Stadtarchivs. Backstubenhistoriker allerdings vermuten seine Ursprünge schon um 1400. In einer anderen Urkunde von 1530 ist dann vom 'Christstollen' die Rede, und allein dieser Umstand beweist, wie beliebt der Kuchen schon vor Hunderten von Jahren als Weihnachtsgebäck gewesen sein muß. August der Starke erhielt 1727 von der Dresdner Bäckerinnung erstmals seine (sicherlich große) Portion Christstollen überreicht und genoß ihn – den Türken sei Dank – zum Kaffee, denn damit schmeckt er erst richtig. Ende des 19. Jh.s schaffte der Stollen den Sprung über den Atlantik, und zwar in handverlöteten, verzinnten Blechschachteln, um auf den Weihnachtstischen in Nord- und Südamerika zu landen, wo er nach wie vor äußerst beliebt ist. Auch die Knappheit an edlen Zutaten in der DDR konnte dem Stollen wenig anhaben. Findige Bäcker, die statt 'Kantinat T' (= Extrakt von grünen Tomaten) doch lieber Zitronat und Orangeat verwenden wollten, sputeten sich schon kurz nach Weihnachten wieder, um die Rohstoffe für die Produktion des kommenden Jahres zu organisieren. Hausfrauen mit Westverwandten ließen sie sich im 'Päckchen nach drüben' schicken.

Genug der Theorie. Wie wird nun eigentlich ein Dresdner Christstollen gebacken? Hoffnungsfroh schreibt der *Baedeker*-Redakteur an die Bäckerinnung Dresden, und prompt erhält er die Antwort mit einem Rezept (für sechs Vierpfundstollen!):

4000 g Weizenauszugsmehl
1600 g Butter
500 g Butterschmalz
600 g Kristallzucker
750 g geriebene süße Mandeln
250 g geriebene bittere Mandeln
600 g Zitronat
3000 g Sultaninen
1000 g Milch
250 g Hefe
50 g Salz
100 g Zitronenschale
10 g Macis
300 g Rum
1 g Vanilleschote

Hier endet leider der Brief der Bäckerinnung, und ratlos steht der Hobbybäcker vor der Frage, wie all das zu verarbeiten, vor allem wie lange es zu backen ist und welche Kniffe es gibt. Das wird das Geheimnis der erfahrenen Dresdner Bäcker bleiben, und auch ein Stollenseminar, wie man es bei der Bäckerei Matzker in der Pirnaer Landstr. 235 absolvieren kann, wird nicht alles preisgeben. Damit aber niemand Etikettenschwindel betreibt, haben sich die Dresdner Bäcker zum 'Schutzverband Dresdner Stollen' vereint und versehen seither ihr Gebäck mit einem Siegel – nur ein solcher Stollen darf sich "Dresdner Christstollen" nennen.

Essen und Trinken (Forts.) Gurkensuppe

Für die Gurkensuppe wird Brühe mit heller Mehlschwitze gekocht, dazu geschälte angebratene Gurkenstreifen, das Ganze mit Eigelb und Sahne verquirlt und mit gerösteten Semmelwürfeln und Kräutern bestreut.

Kartoffelsalat

Wird in Sachsen mit besonders vielen Zutaten (Gemüse, Wurst, Fleisch oder Fisch, Äpfel, Südfrüchte, Rosinen) in sehr verschiedenen Geschmacksrichtungen bereitet.

Kartoffelstückchen

Kartoffelstücke werden mit herben Äpfeln gekocht, süßsauer abgeschmeckt und zuletzt mit goldbraunen Speckwürfeln übergossen.

Dresdner Stollen

Die bekannteste Spezialität der Dresdner Backkunst ist der Christstollen. (⟶ *Baedeker Special* S. 217).

Eierschecke

Diesem käsekuchenähnlichen Backwerk aus Eierteig sagt man nach, daß es in Dresden besonders gekonnt hergestellt wird.

Meißner Fummel

'Nichts mit süßem Teig drumherum' ist keine schlechte Beschreibung des Meißner Fummels, eines luftigen Gebäcks, das August der Starke angeblich den Fuhrleuten mit dem Meissener Porzellan mitgeben ließ – allerdings nicht zur Brotzeit: War der Fummel heilgeblieben, war auch dem Porzellan nichts passiert.

Kirschpfanne

Die Kirschpfanne ist ein Auflauf aus Weißbrot, Fett, Milch, Eiern und natürlich Kirschen.

Fleckekuchen

Fleckekuchen sind mit Sauerkirschen, Quark und Mohn gefüllt.

Weitere Spezialitäten

Mit etwas Glück bekommt man auch Dresdner Kümmelfleisch, Meißner Kohlsuppe mit weißen Bohnen oder Sächsisches Zwiebelfleisch serviert.

Getränke

Bier

Biertrinker kommen in Dresden unbedingt auf ihre Kosten, wird doch im nahen Radeberg eines der besten deutschen Biere gebraut. In Dresden selbst braut man in der Brauerei Dresdner Felsenkeller, im Brauhaus am Waldschlößchen und im Brauhaus Watzke.

Wein

Die gefragtesten Weine kommen aus Meißen (Kapitelberg, Domprobstberg, Rosengründchen), aber auch die Kreszenzen aus dem nahen Weinbaugebiet um Radebeul (Schloß Wackerbarth) sind gute Tropfen. Sie zeichnen sich durch einen besonders feinen Bukettstoff mit relativ hoher Säure bei niedrigem Alkoholgehalt aus. Die wichtigsten Rebsorten sind Gutedel, Müller-Thurgau, Riesling und Traminer. Eine Spezialität ist der Meißner Schieler, aus roten und weißen Trauben gemischt.

Feiertage

Arbeitsfreie Feiertage

Feiertage in Sachsen sind: Neujahr (1. Januar), Karfreitag, Ostersonntag, Ostermontag, Tag der Arbeit (1. Mai), Christi Himmelfahrt, Pfingstsonntag, Pfingstmontag, Tag der Deutschen Einheit (3. Oktober), Reformationstag (31. Oktober), Buß- und Bettag, 1. und 2. Weihnachtsfeiertag.

Flugverkehr

Flughafen

Die sächsische Landeshauptstadt ist durch den Flughafen Dresden-Klotzsche, rund 10 km nördlich vom Stadtzentrum gelegen, an das internationale Luftliniennetz angeschlossen. Verbindungen bestehen mit allen wichtigen Flughäfen in Deutschland und einigen europäischen Städten, darunter Zürich, Paris, Budapest und Wien. Im März 2001 ist das neue, wesentlich größere Terminal eröffnet worden.

Flugverkehr, Flughafen (Fortsetzung)

Zubringer

Mit dem neuen Terminal ist auch eine S-Bahn-Verbindung in Betrieb genommen worden, die in 20 Minuten zum Dresdener Hauptbahnhof fährt (Zwischenstops: Bhf.Dresden-Neustadt, Dresden-Mitte).
Vor dem Terminal fährt der Linienbus 77 ab, von dem man an der Haltestelle Karl–Marx-Straße in die Straßenbahnlinie 7 Richtung Gorbitz umsteigen muß. Sie fährt derzeit bis zum Pirnaischen Platz.

Flughafenauskunft

Tel. 881-0

Fluggesellschaften

Crossair
Flughafen Dresden-Klotzsche, Tel. 8814232

eurowings
Flughafen Dresden-Klotzsche, Tel. 8814231

Deutsche Lufthansa
Wilsdruffer Str. 25–29, Tel. 49988-0, Telefax 4998849
Flughafen Dresden-Klotzsche, Tel. 8814055

Fraueninformation

Anlaufstellen

Beratungs- und Informationsstelle für Frauen, Dornblüthstr. 18
D-01309 Dresden, Tel. 3105275

Frauenreferat der Stadt Dresden, Dr.-Külz-Ring 19
D-01067 Dresden, Tel. 4882267

Frauen für Frauen e.V., Angelikastr. 1
D-01099 Dresden, Tel. 8011470

Frauenförderwerk Dresden, An der Dreikönigskirche 5
Tel. 5022761

Frauen- und Kinderschutzhaus: Tel. 0712/3554259

Fundbüros

Fundbüro der Stadt Dresden
Hamburger Str. 19, Tel. 4884280
Geöffnet: Di. und Do. 8.00–12.00 und 14.00–18.00, Fr. nur 8.00–12.00 Uhr

Fundbüro der Deutschen Bahn AG
Lohrmannstr. 4, Tel. 4614630
Im Hauptbahnhof, Tel. 4613285; im Bahnhof Neustadt, Tel. 4613737

Fundsachen in Taxis: Tel. 4353244

Garten- und Ausflugslokale

⟶ Restaurants

Geld

Banken

Im Zentrum von Dresden zwischen Neustädter Markt und Hauptbahnhof findet man Filialen aller großen deutschen Geldinstitute, oft mit Bankautomaten. Die Banken haben wochentags in der Regel von 8.30 – 12.00 und von 14.00 – 16.00 bzw. 17.00 Uhr geöffnet.

Geldwechsel

Geldwechsel kann bei Banken während der Öffnungszeiten und in größeren Hotels vorgenommen werden. Die Wechselstube der ReiseBank AG im Hauptbahnhof am südlichen Ende der Prager Straße hat auch samstags und sonntagvormittags geöffnet.

Verlust von Eurocheques und Scheckkarten

Bei Verlust von Eurocheques und/oder Scheckkarten alarmiere man zur sofortigen Sperrung unverzüglich den rund um die Uhr erreichbaren Zentralen Annahmedienst für Verlustmeldungen von Eurocheque-Karten in Frankfurt am Main: Tel. (01805) 021021.

Kreditkarten

Die gängigen Kreditkarten werden in den meisten Hotels, Restaurants, Kaufhäusern und Tankstellen akzeptiert.

Geschäftszeiten

Warenhäuser und Geschäfte

In den meisten größeren Geschäften und den Kaufhäusern der Innenstadt sind die abendlichen und samstäglichen Geschäftszeiten auf 20.00 bzw. 16.00 Uhr (18.00 Uhr am langen Samstag) gelegt. In kleineren Geschäften sowie in den Außenbezirken werden eher noch die alten Zeiten eingehalten: Öffnung in der Regel zwischen 8.00 und 9.00 Uhr morgens und Schließung zwischen 18.00 und 18.30 Uhr am Abend.

Banken → Geld
Museen → dort
Post → dort

Hotels und Pensionen

Allgemeines

Die Hotellandschaft in Dresden hat sich gewandelt. Viele neue Häuser sind entstanden, vor allem auch im Bereich der preisgünstigeren Pensionen, und auch in der privaten Zimmervermietung hat sich einiges getan. So wird man kaum mehr Probleme haben, ein Hotelbett zu bekommen. Rechtzeitige Reservierung ist dennoch angeraten!

Hotelreservierung

Hotelresevierungen übernimmt die Dresden Werbung und Tourismus GmbH, Tel. 49192215, Telefax 4951276.

Hotelliste (Auswahl)

Preise

Die nachstehend aufgeführten Preise sind Durchschnittspreise für ein Doppelzimmer mit Frühstück und können nach oben und unten abweichen. Sie sind nur bedingt Anhaltspunkt für eine Kategorisierung. Bei vielen Hotels lohnt sich die Nachfrage nach den z. T. sehr günstigen Gruppen- und Wochenendarrangements.

*****	über 230 Euro
****	150 – 230 Euro
***	100 – 150 Euro
**	50 – 100 Euro

Hotels im Zentrum (Altstadt und Neustadt)

*Dresden Hilton, An der Frauenkirche 5, D-01067 Dresden, Tel. 86420, Telefax 8642725; 522 B., behindertengerechte Zimmer, 'Congress Center', Salons, mehrere Restaurants (darunter "Rossini"), Cafés, Swimmingpool, Sauna, Whirlpool, Solarium, Garage, Parkplatz. Spitzenhotel inmitten der Dresdner Altstadt. *****

*Kempinski Hotel Taschenbergpalais Dresden, Am Taschenberg, D-01067 Dresden, Tel. 49120, Telefax 4912812; 188 Z., 25 Suiten, Restaurant "Intermezzo", Bar, behindertengerechte Zimmer, Sauna, Solarium, Fitneßraum. Wohnen in adliger Atmosphäre im restaurierten Taschenbergpalais, das für sich schon eine Sehenswürdigkeit ist. Praktisch mit dem Tag der Eröffnung zum Hotel Nr. 1 der Stadt geworden.

*Bülow Residenz Dresden, Rähnitzgasse 19, D-01097 Dresden, Tel. 80030, Telefax 8003100; 63 B., Top-Restaurant "Caroussel", Konferenzraum, Parkplatz. Eines der schönsten Hotels der Stadt in einem umfassend sanierten Barockhaus in der Neustadt. Harte Konkurrenz für die ganz großen Spitzenhotels, da um einiges heimeliger und intimer; außerdem liegt es in der quirligen Neustadt. ****

The Radisson SAS Gewandhaus Hotel Dresden, Ringstr. 1, D-01067 Dresden, Tel. 49490, Telefax 4949490; 194 B., Konferenzräume, Schwimmbad, behindertengerechte Zimmer, Restaurant. Ein weiteres Luxushotel hinter historischer Fassade: im 1770 vollendeten Zunfthaus der Gewandschneider.

Alpha-Hotel, Fritz-Reuter-Str. 21, D-01097 Dresden, Tel. 5022441, Telefax 571390; 160 B., behindertengerechte Zimmer, Restaurant, Konferenzraum, Sauna, Garage, Parkplatz. ***

Wohnen in Adelsatmosphäre im Kempinski Hotel Taschenbergpalais

Hotels im Zentrum (Fortsetzung)

art'otel Dresden, Ostra-Allee 33, D-01067 Dresden, Tel. 49220, Telefax 4922777; 174 Z., Restaurant, Bar, Konferenzräume, Fitneßraum Sauna, Solarium. Etwas ganz besonderes für Kunst- und Designliebhaber: Der Neubau ist mit vielen Werken von A. R. Penck ausgestattet.

Dorint Hotel Dresden, Grunaer Str. 14, D-01069 Dresden, Tel. 49150, Telefax 4915100; 475 B., behindertengerechte Zimmer, Restaurant, Konferenzraum, Sauna, Fitneßraum, Garage.

Elbflorenz, Rosenstr. 36, D-01067 Dresden, Tel. 86400, Telefax 8640100; 227 Z., behindertengerechte Zimmer, Restaurant, Konferenzraum, Parkplatz. Modernes Haus im World Trade Center.

*Martha Hospiz, Nieritzstr. 11, D-01097 Dresden, Tel. 81760, Telefax 8172222; 85 B., behindertengerechte Zimmer, Restaurant, Konferenzraum. Preisgünstige, freundliche Alternative zu den Luxushotels, mit deftiger Kost im Restaurant "Zum Kartoffelkeller".

*The Westin Bellevue, Große Meißner Str. 15, D-01097 Dresden, Tel. 8050, Telefax 8051609; 550 B., behindertengerechte Zimmer, Konferenzräume und Salons, mehrere Restaurants (darunter "Canaletto"), Cafés, Weinkeller, Hotel-Club, Hallen- und Nachtbar, Spielcasino, Fitness-Club mit spezieller Kneipp-Kur-Abteilung, Hallenbad, Sauna, Garage, Parkplatz. Das alteingesessene Hotel der Spitzenklasse in Dresden. Zimmer mit 'Canaletto-Blick'!

**

Ibis Hotel Bastei, Tel. 48566661, Telefax 4954076; 426 B.
Ibis Hotel Königstein, Tel. 48566662, Telefax 4954054; 495 B.
Ibis Hotel Lilienstein, Tel. 48566663, Telefax 4952506; 495 B.
Drei preisgünstige Großhotels im Zentrum der Stadt an der Prager Straße, alle mit Restaurant.

Mercure Newa Dresden, St. Petersburger Str. 34, D-01069 Dresden, Tel. 4814109, Telefax 4955137; 378 B., Restaurant, Konferenzraum, Sauna, Garage, Parkplatz.

Rothenburger Hof, Rothenburger Str. 15, D-01099 Dresden, Tel. 81260 bzw. -70, Telefax 8126222; 40 B., Restaurant, Parkplatz.

Hotels im weiteren Stadtgebiet

*****

*Schloß Eckberg, Bautzner Str. 134, D-01099 Dresden, Tel. 80990, Telefax 8099199; 37 B., Restaurant, Konferenzraum, Sauna, Parkplatz. Übernachten in einem der Elbschlösser (→ Sehenswürdigkeiten, Elbschlösser), wunderbar gelegen über der Elbe. Achtung: Es gibt Zimmer sowohl im Schloß als auch im weniger schönen Kavaliershaus!

****

*Villa Emma, Stechgrundstr. 2, D-01324 Dresden, Tel. 264810, Telefax 2648118; 35 B., hervorragendes Restaurant, Konferenzraum, Sauna, Parkplatz. Es geht kaum schöner: Wohnen in einer herrlichen Jugendstilvilla im Kurort Weißer Hirsch.

***

Ambiente garni, Meusegaster Str. 23, D-01259 Dresden, Tel. 207880, Telefax 2078836; 40 B., Parkplatz.

Am Blauen Wunder, Loschwitzer Str. 48, D-01309 Dresden, Tel. 33660, Telefax 3366299; ; 157 B., Restaurant, Konferenzraum, Sauna, Parkplatz.

Best Western Airport Hotel, Karl-Marx-Str. 25, D-01109 Dresden, Tel. 88330, Telefax 8833333; 160 B., behindertengerechte Zimmer, Restaurant, Konferenzraum, Sauna, Garage, Parkplatz.

Hotels im weiteren Stadtgebiet (Fortsetzung)

Coventry Cottage & Gardens, Hülßestr. 1, D-01237 Dresden, Tel. 28260, Telefax 2816310; 100 B., behindertengerechte Zimmer, Restaurant, Konferenzraum, Garage, Parkplatz.

Novalis garni, Bärnsdorfer Str., D-01127 Dresden, Tel. 8213150, Telefax 8213180; 104 B., Parkplatz.

Prinz Eugen, Gustav-Hartmann-Str. 4, D-01279 Dresden, Tel. 2515998, Telefax 2515986; 102 B., Konferenzraum, Parkplatz, Fahrradverleih.

**

An der Rennbahn, Winterbergstr. 96, D-01237 Dresden, Tel. 212500, Telefax 2125050; 40 B., Restaurant, Konferenzraum, Parkplatz. Ruhiges, schönes Haus mit gutem Restaurant nahe der Galopprennbahn.

Pesterwitzer Siegel, Dresdner Str. 23, D-01705 Dresden (Pesterwitz), Tel. 6506367, Telefax 6506369; 52 B., Restaurant, Konferenzraum, Sauna, P.

Ringhotel Residenz Alt Dresden, Mobschatzer Str. 29, D-01147 Dresden, Tel. 42810, Telefax 4281988; 300 B., behindertengerechte Zimmer, Restaurant, Konferenzraum, Sauna, Garage, Parkplatz.

Hotels in der Umgebung von Dresden

Meißen

(**) Feder, Siebeneichener Str. 44, D-01662 Meißen, Tel. (03521) 47050, Telefax 470510; 18 Z., Parkplatz.

(***) Parkhotel Pannonia, Hafenstr. 27–31, D-01662 Meißen, Tel. (03251) 72250; 97 B., Restaurant, Parkplatz.

Moritzburg

(**) Eisenberger Hof, Kötzschenbrodaer Str. 8, D-01468 Moritzburg, Tel. (035207) 81673, Telefax 81684; 20 Z., Restaurant, Sauna, Solarium, Parkplatz.

(**) Landhaus, Schloßallee 37, D-01468 Moritzburg, Tel. (035207) 81603, Telefax 81604; 16 Z., Restaurant, Parkplatz.

Radebeul und Umgebung

(****) Flamberg Parkhotel Hoflößnitz, Nizzastr. 55, D-01445 Radebeul, Tel. 83210, Telefax 8321445; 202 B. im Hotel und 216 B. in neun Villen, behindertengerechte Zimmer, Restaurants, Konferenzraum, Türkisches Bad, Schwimmbad, Computer-Golfanlage, Garage, Parkplatz. Moderne Kunst im Foyer und auf den Gängen (Baselitz, Bach, Adamski).

*(***) Waldhotel Weinböhla, Forststr., D-01689 Weinböhla, Tel. (035243) 410, Telefax (035243) 32840; 114 Z., behindertengerechte Zimmer, sehr gelobtes Restaurant, Konferenzraum, Sauna, Kegelbahnen, Tennisplätze, Parkplatz. Neues Haus im Weinort Weinböhla; Verkostung Meißner Weine.

Sächsische Schweiz

Bad Schandau

(**) Lindenhof, Rudolf-Sendig-Str. 11, D-01814 Bad Schandau, Tel. (035022) 4890; 76 B.

(**) Mittelndorfer Mühle, Kirnitzschtalstr. 4, D-01814 Bad Schandau, Tel. (035022) 42197; 52 B., behindertengerechte Zimmer, Parkplatz. Ruhig gelegen im Kirnitzschtal.

Königstein

(**) Lindenhof, Gohrischer Str. 2, D-01824 Königstein, Tel. und Telefax (035021) 68243; 65 B., Restaurant, Garage, Parkplatz.

Pirna

(**) Deutsches Haus, Niedere Burgstr. 1, D-01796 Pirna, Tel. (03501) 443440, Telefax 528104; 78 B., Restaurant mit Terrasse, Konferenzraum, Parkplatz. In der Altstadt Pirnas in einem herrlichen Renaissance-Bürgerhaus, sehr gute Küche.

Hotels in der Umgebung (Forts.)

(**) Pirna'scher Hof, Am Markt 4, D-01796 Pirna, Tel. (03501) 44380; 33 B., Restaurants, Konferenzraum, Parkplatz.

Rathen

*(**) Erbgericht, Elbufer 5, D-01824 Rathen, Tel. (035024) 70444, Telefax 70427; 65 B., Restaurant, Hallenbad, Sauna, Solarium, Parkplatz. Schön gelegen direkt über der Elbe; lobenswerte Küche.

Stadt Wehlen

(***) Strandhotel, Markt 9, D-01829 Stadt Wehlen, Tel. (035024) 70424, Telefax 70610; 45 B., Restaurant, Parkplatz.

Pensionen und Privatzimmer

Preise

Die Preise der nachfolgend aufgeführten Pensionen bewegen sich in der Regel zwischen 80 DM und 150 DM für das Doppelzimmer mit Frühstück

Am Berg, Berggasse 9, D-01109 Dresden, Tel. 8848634, Telefax 4609194, 25 B.

Am Birkenhain (Hotelpension), Barbarastr. 76, D-01129 Dresden, Tel. 85140, Telefax 8514100; 70 B.

Deckwer, Rädestr. 26, D-01169 Dresden, Tel. 4116833, Telefax 4124069; 9 B.

Im Grünen an der Elbe, Pillnitzer Landstr. 174, D-01326 Dresden, Tel. 21500421, Telefax 21500422; 10 B.

Lorenz, Lindenplatz 1, D-01157 Dresden, Tel. 4212047; 8 B.

Loschwitz, Grundstr. 40, D-01326 Dresden, Tel. 2687785, Telefax 2688785, 16 B.

Ogon, Burgwartstr. 10, D-01159 Dresden, Tel. 4116705, Telefax 4116757, 7 B.

Ulrich, Kauschaer Str. 37, D-01239 Dresden, Tel. 4706146, Telefax 4706183; 12 B. (nur für Nichtraucher)

Villa Daheim, Berthold-Haupt-Str. 141, D-01259 Dresden, Tel. und Telefax 2013513; 10 B.

Wölfnitz (Hotelpension), Altwölfnitz 5, D-01169 Dresden Tel. 411911, Telefax 4119912; 25 B.

Zum alten Fährhaus, Fährstr. 20, D-01279 Dresden, Tel. 2571842, Telefax 2523621; 12 B. (preiswerte Küche, schöner Innenhof; → *Baedeker Special* S. 234/235).

Privatzimmer Mitwohnzentrale

Privatzimmer vermitteln die Dresden Werbung und Tourismus GmbH (→ Auskunft) oder die Mitwohnzentrale in der Antonstr. 41, D-01097 Dresden, Tel. 19430

Jugendunterkünfte

Jugendherbergen Auskunft

Deutsches Jugendherbergswerk, Bismarckstr. 8
D-32756 Detmold, Tel. (05231) 7401-0

Deutsches Jugendherbergswerk, Landesverband Sachsen, Popowstr. 7
D-09116 Chemnitz, Tel. (0371) 61785

Jugendunterkünfte (Fortsetzung)

Jugendherberge "Rudi Arndt", Hübnerstr. 11
D-01069 Dresden, Tel. 4710667, Telefax 4728959

Jugendherbergsschiff "Pöppelmann", Alter Neustädter Winterhafen
Der ausgemusterte Raddampfer wird vom städtischen Jugendamt unterhalten. Auskunft:
Jugendamt Dresden, Riesaer Str. 7, D-01129 Dresden, Tel. 4884653

in Radebeul

Jugendherberge Radebeul, Weintraubenstr. 12
D-01445 Radebeul, Tel. und Telefax 8305207

Hostel

"Die Boofe", Louisenstr. 20, D-01099 Dresden
Tel. 8013361, Telefax 8013362
Die wirklich preisgünstige "Boofe", mitten in der lebendigen Äußeren Neustadt gelegen, will die Lücke zwischen Jugendherberge und Hotel schließen. Sie bietet u.a. auch Stadtführungen der etwas anderen Art an.

Kabarett

→ Theater

Kino

Allgemeines

Das Dresdener Kino-Angebot unterscheidet sich mittlerweile kaum mehr von demjenigen anderer deutscher Städte. Auch an der Elbe hat manch kleines Kino die Konkurrenz der aus dem Boden gestampften Multiplexkinos, in denen die gängigen Kassenknüller laufen, nicht überstanden.
Programmkino macht die
Filminitiative Dresden, Alaunstr. 62, Tel. 829470, im "Kino im Dach".

Programmhinweise

In der Tagespresse oder unter Tel. 011517.

Casablanca, Friedensstr. 23, Tel. 8042924
Kino im Dach, Film- und Kulturzentrum Pentacon, Schandauer Str. 64, Tel. 3107373
Nickelodeon-Kinos (Programmansage Tel. 8025829):
Filmtheater am Hauptbahnhof, Wiener Platz, Tel. 4710532
Programmkino Ost, Schandauer Str. 72, Tel. 3103782
Schauburg, Königsbrücker Str. 55, Tel. 8032185 (drei schön renovierte Kinosäle, mit Kinocafé)
UFA-Palast Prager Straße, Tel. 48250
Selbst wenn gerade kein Film läuft, den man sich anschauen will – dieses supermoderne Kino muß man gesehen haben, sieht es doch aus wie ein gestrandetes Ufo.

Konzertstätten

→ Musik

Kunstgalerien

Allgemeines

Neben den international bedeutenden Dresdner Kunstsammlungen (→ Sehenswürdigkeiten von A bis Z) weisen zahlreiche andere Galerien mit Ausstellungen zeitgenössischer Künstler die Stadt als ein Zentrum der

Kunstgalerien (Fortsetzung)

bildenden und angewandten Kunst aus. Informationen über Ausstellungen liefern die Tagespresse und die vom Kulturamt der Stadt herausgegebene Broschüre "Kunstangebot". Individuelle Beratung und Betreuung für Galeriebesuche bietet

Kunstpädagogischer Dienst der Stadt Dresden 'Facette',
Galerie Rähnitzgasse, Rähnitzgasse 8, Tel. 8041456

Auswahl

Dresdner Kunsthalle im Seidler art'otel, Ostra-Allee 33 Tel. 4922-0 (moderne Kunst im Rahmen des vom aus Dresden stammenden A.R. Penck ausgestatteten Hotels)
Dresdner Sezession 89, Leipziger Str. 54/56, Tel. 8026710 (ein Schwerpunkt: junge und alte Dresdner Kunst)
Galerie Adlergasse/Kulturverein Riesa efau, Adlergasse 14, Tel. 8660211
Galerie Am Blauen Wunder, Pillnitzer Landstr. 2, Tel. 2684020 (Dresdner und sächsische Kunst)
Galerie Hieronymus, Malerstr. 21, Tel. 2678756 (zeitgenössische Malerei, Grafik und Kleinplastik)
Galerie Hübner & Thiel, Pulsnitzer Str. 10 Tel. 8020156 (unbekannt gebliebene Dresdner Künstler, klassische Moderne)
Galerie Kunst der Zeit, Wilsdruffer Str. 7, Tel. 4952408 (seit 1953 renommierte Galerie der Künstlergenossenschaft)
Galerie Gebr. Lehmann, Institutsgasse 4, Tel. 8011783
Galerie Mitte, Fetscherplatz 78, Tel. 4590052 (vielerlei Richtungen in schönem Bürgerhaus)
Galerie Rähnitzgasse, Rähnitzgasse 8, Tel. 8041456 (städtische Galerie zeitgenössischer Kunst in Sachsen in schönem Haus)
Galerie Schott im Hotel Kempinski Taschenbergpalais, Taschenberg 3, Tel. 4901471 (romantische Malerei, Bronzeskulpturen)
Galerie Sillack, Königsbrücker Landstr. 63, Tel. 8804001
Galerie im Taschenbergpalais, Kempinski Hotel Taschenberg, Taschenberg 3, Tel. 49120 (Wechselausstellungen)
Kunstverein Alte Feuerwache, Fidelio-F.-Finke-Str. 4, Tel. 26741072
Leonhardi-Museum ⟶ Sehenswürdigkeiten von A bis Z, Loschwitz

Mietwagen

Alamo

Bertolt-Brecht-Allee 22–24 und Flughafen Dresden-Klotzsche
Reservierung in Deutschland Tel. (0130) 824422

Avis

Flughafen Dresden-Klotzsche, Tel. 8814600
Friedrichstr. 24, Tel. 866800
Reservierung in ganz Deutschland: Tel. (0180) 55577

Europcar

Am Hauptbahnhof 4, Tel. 877320
Liebstädter Str. 5, Tel. 254640
Schlesischer Platz 1, Tel. 828240
Flughafen Dresden-Klotzsche, Tel. 8814590
Reservierung in ganz Deutschland: Tel. (0180) 5221122

Hertz

Große Meißner Str. 15 (Hotel Bellevue), Tel. 8023890
Tiergartenstr. 94, Tel. 2500690
Flughafen Dresden-Klotzsche, Tel. 8814580
Reservierung in ganz Deutschland: Tel. (0180) 5333535

Sixt

An der Frauenkirche 5 (Hotel Dresden Hilton), Tel. 4841696
Pieschener Allee 14, Tel. 4954105
Flughafen Dresden-Klotzsche, Tel. 262525
Reservierung in ganz Deutschland: Tel. (0180) 5232222

Weitere Autovermieter findet man auf den Gelben Seiten des Telefonbuches unter den einschlägigen Stichworten.

Weitere Autovermieter

Mitfahrzentralen

Mitfahrzentrale, Antonstr. 41, Tel. 19430

Bundesweite Mitfahrinformationszentrale: Tel. (0190) 339539 (für Fahrer) bzw. 339540 (für Mitfahrer)

Museen und Ausstellungen

Führungen durch die Museen der Staatlichen Kunstsammlungen vermitteln die Abteilung Öffentlichkeitsarbeit im Zwinger (Tel. 4914619) sowie die Servicebüros im Albertinum, im Schloß und in Pillnitz.

Führungen durch die Staatlichen Kunstsammlungen

Museumsliste

Albrechtsburg → Meißen
Barockmuseum → Moritzburg
Brauereimuseum im Feldschlößchen Stammhaus
Budapester Str. 32; Buslinie 82 ab Postplatz
Öffnungszeiten: tgl. 11.00 – 1.00 Uhr, Eintritt frei
Das Museum im alten Turm der Feldschlößchenbrauerei zeigt die Geschichte dieser Dresdner Brauerei.
Buchmuseum → Sächsische Landesbibliothek
Burgmuseum Stolpen → Stolpen
Deutsche Fotothek → Ständehaus
Deutsches Hygiene-Museum → Deutsches Hygiene-Museum
Erich-Kästner-Museum → Neustadt, Äußere Neustadt
Fasanenschlößchen Moritzburg → Moritzburg
Festung Dresden → Kasematten
Festung Königstein → Sächsische Schweiz, Festung Königstein
Gedenkmuseum Carl-Maria-von-Weber → Hosterwitz
Gemäldegalerie Alte Meister → Gemäldegalerie Alte Meister
Gemäldegalerie Neue Meister → Gemäldegalerie Neue Meister
Grünes Gewölbe → Grünes Gewölbe
Heimat- und Palitzschmuseum Prohlis → S. 38
Josef-Hegenbarth-Archiv → Loschwitz
Kasematten → Kasematten
Käthe-Kollwitz-Museum → Moritzburg
Karl-May-Museum → Radebeul
König-Johann-Ausstellung → Schloß Weesenstein
Kraszewski-Gedenkstätte → Kraszewski-Gedenkstätte
Kunstgewerbemuseum → Pillnitz
Kunsthaus Dresden → Neustadt
Kupferstichkabinett → Kupferstichkabinett
Landesmuseum für Vorgeschichte → Japanisches Palais
Leonhardi-Museum → Loschwitz
Mahn- und Gedenkstätte an der TU → Technische Universität
Mathematisch-Physikalischer Salon → Zwinger
Militärhistorisches Museum → Militärhistorisches Museum und → Sächsische Schweiz, Festung Königstein
Möbelmuseum der Deutschen Werkstätten → Hellerau
Münzkabinett → Albertinum
Museum Haus Hoflößnitz → Radebeul, Schloß Hoflößnitz
Museum für Volkskunst → Jägerhof
Museum zur Dresdner Frühromantik → Neustadt, Kügelgenhaus
Porzellansammlung → Zwinger
Puppentheatersammlung → Radebeul

Museen und Ausstellungen (Fortsetzung)

Richard-Wagner-Museum → Graupa
Rüstkammer → Zwinger
Schauhalle der Porzellanmanufaktur → Meißen
Schillerhäuschen → Loschwitz
Schloß Albrechtsberg → Elbschlösser
Skulpturensammlung → Albertinum
Staatliches Museum für Tierkunde → Zwinger
Staatliches Museum für Völkerkunde → Japanisches Palais
Stadtmuseum Dresden → Landhaus
Stadtmuseum Meißen → Meißen
Technisches Museum → Technische Sammlungen
Technisches Museum Druckkunst → Technische Sammlungen
Technische Sammlungen → Technische Sammlungen
Verkehrsmuseum → Johanneum

Museumsbahnen

Historische Feldbahn Dresden

Sammlung musealer Lokomotiven und Waggons in Dresden-Klotzsche mit Fahrbetrieb an wenigen Tagen im Jahr.
Auskunft: Historische Feldbahn Dresden e.V., Stralsunder Str. 5, D-01309 Dresden, Tel. 8804063

Kirnitzschtalbahn

Bad Schandau – Lichtenhainer Wasserfall
Streckenlänge: 8,3 km, Spurweite: 1000 mm
Straßenbahn Baujahr 1899, die ihre Energie aber heutzutage aus Solarzellen auf dem Dach des Depots in Bad Schandau bezieht.
Betriebszeit: ganzjährig

Landkreis Sächsische Schweiz

Im Landkreis Sächsische Schweiz fahren an wenigen Tagen im Jahr von Dampfloks gezogene Züge der Spurweite 1435 mm:
Bad Schandau – Neustadt in Sachsen (letztes September- und letztes Novemberwochenende)
Pirna – Kamenz (erstes Aprilwochenende)
Auskunft: Landkreis Sächsische Schweiz, Postfach 85, D-01782 Pirna, Tel. (03501) 515171

Lößnitzdackel

Lößnitztalbahn Radebeul-Ost – Moritzburg – Radeburg
Streckenlänge: 16,5 km, Spurweite: 750 mm; Dampflokomotiven, z.T. Baujahr 1884; Betriebszeit: ganzjährig (regelmäßiger DB-Verkehr); Sonderfahrten mit historisch uniformiertem Personal im Sommer.
Auskunft: Traditionsbahn Radebeul e.V., PF 100201, D-01436 Radebeul, Tel. 46148001

Rabenauer Bügeleisen

Osterzgebirgsbahn Freital-Hainsberg – Kurort Kipsdorf
Streckenlänge: 26,3 km; Spurweite 750 mm; Damplokomotiven z.T. Baujahr 1882; Betriebszeit: ganzjährig (regelmäßiger DB-Verkehr)

Windbergbahn/ Sächsische Semmeringbahn

Dresden-Hauptbahnhof – Gittersee
Streckenlänge: 11,4 km, Spurweite 1435 mm; Diesellokmotiven Baureihe 345/346; älteste Gebirgsbahn Deutschlands (Streckenbau 1857); wunderbare Aussichten auf Dresden; Museum in Gittersee; Betriebszeit: wenige Tage im Mai, August und September
Auskunft: Sächsischer Museumseisenbahn-Verein Windbergbahn e.V., Hermann-Michel-Str. 5, D-01189 Dresden, Tel. 4013463

Zittauer Bimmelbahn

Zittau – Bertsdorf – Kurort Oybin/Kurort Jonsdorf
Streckenlänge: 12,2/12,7 km, Spurweite: 750 mm; Dampflokomotiven, z.T. Baujahr 1890; Betriebszeit: ganzjährig
Auskunft: Sächsisch-Oberlausitzer Eisenbahngesellschaft mbH, Bahnhofstr. 39, D-02763 Zittau, Tel. (03583) 64456-57

Der 'Lößnitzdackel' schnauft nach Moritzburg

Musik

Tradition

In der Kunstpflege Dresdens hat die Musik die längsten Traditionen. Geprägt wird das Dresdner Musikleben auch heute weitgehend von drei hervorragenden Klangkörpern, der fast viereinhalb Jahrhunderte bestehenden Staatskapelle Dresden und der Dresdner Philharmonie sowie dem weltberühmten Kreuzchor. Seit Heinrich Schütz' erster deutscher Oper ("Daphne") wird das Opernspiel gepflegt.

Festivals

Ein jährlicher Höhepunkt sind die Dresdner Musikfestspiele; das ebenfalls alljährlich stattfindende Internationale Dixielandfestival macht Dresden auch zu einem Zentrum des Jazz (⟶ Veranstaltungskalender).

Eintrittskarten

Wenn nicht anders vermerkt, findet der Kartenvorverkauf im jeweiligen Haus statt. Die Abendkassen öffnen eine Stunde vor Aufführungsbeginn (s.a. ⟶ Vorverkaufsstellen).

Oper · Operette

Sächsische Staatsoper Dresden
Theaterplatz 2 (⟶ Sehenswürdigkeiten, Semperoper)
Weitere Spielstätten:
Kleine Szene der Sächsischen Staatsoper
Bautzner Str. 107
Programmansage: Tel. 4911731; Kartenbestellungen: Tel. 4911705; Vorverkauf in der Schinkelwache.

Staatsoperette Dresden
Pirnaer Landstr. 131; Kartenbestellungen: Tel. 2079929

Landesbühnen Sachsen
Meißnerstr. 152, Kartenbestellungen: Tel. 8954214

Musik

Orchester · Kammerkonzerte · Chöre

Dresdner Philharmonie
Spielort: Kulturpalast, Altmarkt/Wilsdruffer Straße
Kartenbestellungen: Tel. 4866-0

Dresdner Zentrum für zeitgenössische Musik
Spielort: Haus Schevenstr. 17, Tel. 26462-0

Hochschule für Musik "Carl Maria von Weber"
Hauptspielort: Aula Blochmannstr. 2/4, Tel. 4923654
Karten für Kammerkonzerte an der Abendkasse, für Operninszenierungen zwei Wochen vorher bei der Musikhochschule, Wettiner Platz 13. Fast täglich finden Podien und Musizierstunden in der Aula Blochmannstraße statt, zu denen der Eintritt frei ist.

Kreuzchor
Spielort: Kreuzkirche, Altmarkt, Tel. 4965807
Vorverkauf in der Kreuzkirche; Kreuzchorvesper Sa. 18.00 Uhr
In der Kreuzkirche werden auch Orgelkonzerte gegeben.

Chor und Orchester der Landesbühnen Sachsen
verschiedene Spielorte; s.o.

Sächsische Staatskapelle Dresden
Spielort: Semperoper, Theaterplatz
Vorverkauf: Schinkelwache

Singakademie Dresden e.V.
Spielort: Lukaskirche, Lukasplatz; Kartenbestellung: Tel. 3161715

Universitätsorchester Dresden
Spielort: Kongreßsaal im Deutschen Hygiene-Museum

... und abends in die Semperoper

Weitere Konzertstätten in Dresden sind u.a. Schloß Albrechtsberg, die Hofkirche (Orgelkonzerte Mi. 11.45 und Sa. 16.00 Uhr), die Martin-Luther-Kirche, das Yenidze-Kulturzentrum, die Weinbergkirche in Pillnitz und das Marcolinipalais. Gastspiele von Orchestern, Gruppen und Sängern finden häufig im Kulturpalast und im Kongreßsaal des Hygiene-Museums statt. — Musik (Fortsetzung) **Weitere Konzertstätten**

Im Sommer wird im Freien musiziert, u.a. im Großen Garten, im Zwingerhof, im Pillnitzer Schloßpark und im Großsedlitzer Barockgarten. — Freiluftkonzerte

→ Nachtleben — Jazz · Rock · Musikkneipen

Die Dresdner Musikfestspiele, bei denen auch der internationale Carl-Maria-von-Weber-Wettbewerb abgehalten wird, finden im Mai und Juni eines jeden Jahres statt. Informationen erhält man bei Dresdner Musikfestspiele, Tiergartenstr. 36, D-01219 Dresden, Tel. 47856-0 — Dresdner Musikfestspiele

Nachtleben

War es in den Jahren kurz nach der Wende eingermaßen schwierig, sich des Abends zu vergnügen (sieht man von Institutionen wie der Bar Linie 6, dem Jazzklub Tonne und dem Bärenzwinger einmal ab), so hat sich zwischenzeitlich viel getan, damit man den Abend nicht im Hotelzimmer verbringen muß. Natürlich ist das Dresdner Nachtleben im Vergleich zu Großststädten wie Berlin oder Hamburg noch immer eher beschaulich. Richtiges Leben herrscht vor allem in den Szenekneipen der Neustadt, auch wenn dort nicht alles unbedingt Sache des kunstliebenden Bildungsreisenden sein mag. — Es hat sich viel getan

Nachtbars

Allegro Bar im Kempinski Hotel Taschenbergpalais, Am Taschenberg 3, Tel. 49120
Bistro im Haus Altmarkt, Wilsdruffer Str. 19–21, Tel. 4951212
Frank's Bar, Alaunstr. 80, Tel. 8039835 (Frank Ulbricht mixt 200 Drinks)
Jupiterbar, Maritim Hotel Bellevue, Große Meißner Str. 15, Tel. 81200
Piano-Bar, Herkuleskeule, Sternplatz 1, Tel. 4951446
Piano Bar Night-Club Alibi, Hotel Dresden Hilton, An der Frauenkirche 5, Tel. 86420
Szenario, World Trade Center, Rosenstr. 36, Tel. 86407070

Spielkasino

Spielbank Dresden, Maritim Hotel Bellevue, Große Meißner Str. 15, Tel. 8120850 (Roulette u.a.)

Bierlokale

Am Thor, Hauptstr. 15, Tel. 8041372
Ball- und Brauhaus Watzke, Kötzschenbroder Str. 1, Tel. 85292-0
Brauhaus am Waldschlößchen, Am Brauhaus 8a, Tel. 811990
Glabbsmihl Bierbörse im Dresdner Felsenkeller, Am Eiswurmlager 1, Tel. 4184259
Steigerstube im Feldschlößchen-Stammhaus, Budapester Str. 32, Tel. 4718855

Erlebnisgastronomie

Festival No. 1, Kesselsdorfer Str. 2–6, Tel. 432370 (900 Plätze in sechs "Erlebnisbereichen")

Tanz

Amadeus, Haus Altmarkt, Wilsdruffer Str. 19–21, Tel. 4706836
Café Griessbach, Neunimptscher Str. 28, Tel. 4116868 (Fr. und Sa.)
Café Prag – Luxor Palace, Altmarkt 16/17 (mit Varieté), Tel. 4955095
Höhencafé Kästner, Hoher Rand 1, Tel. 4936386
Tanzhaus Knacke, Zschiedgestr. 1 (Freital), Tel. 645997
Zum Obstgarten, Nickerner Weg 8, Tel. 2808294

Diskotheken

Fun Factory, Enderstr. 59, Tel. 2513450 (in Dresden-Seidnitz; Diskothek Fun, Tanzcafé Lollipop im rustikalen Landhausstil und Rockdisco Mäx)

Nachtleben, Diskotheken (Fortsetzung)	Dance Factory, Bautzner Str. 118, Tel. 8020066 (sinnigerweise im ehemaligen Stasi-Quartier: zwei Restaurants, Spielothek, Elbblick, große Cocktailauswahl in der Bar Warehouse) M 5, Hotel Dresden Hilton, An der Frauenkirche 5, Tel. 8642960 Yenidze – Die Diskothek, Weißeritzstr. 3, Tel. 4940064 (Abtanzen im orientalischen Ambiente)
Szene-, Musik- und andere Kneipen, Bistros	Bärenzwinger, Brühlscher Garten, Tel. 4851409 B.liebig, Liebigstr. 24, Tel. 4718759 Blumenau, Louisenstr. 67, Tel. 8026502 (dort muß hin, wer gesehen werden will – die Guck-Adresse Nr. 1) Café Topinambur, Schützengasse 18, Tel. 4962075 (Vegetarisches) Die 100, Alaunstr. 100, Tel. 8013957 (hervorragend bestückter Weinkeller) Dr. Schlüter, Schlüterstr. 13, Tel. 3400092 (nostalgische Szenekneipe unter einem Tonnengewölbe) Down Town, Katharinenstr. 11–13, Tel. 8011859 (Disko und Kneipe) El Perro Borracho, Alaunstr. 70, Tel. 8036723 (der 'tollwütige Hund' gibt sich spanisch im tollen Kunsthof – eine Adresse mit Zukunft) Elypso, Gutschmidstr. 7, Tel. 4410258 (Mexikanisches) Factory im art'otel, Ostra-Allee 33 (Restaurant, Bar, donnerstags Jazz) Gare de la Lune, Pillnitzer Landstr. 148, Tel. 2678554 (Gartenlokal, Restaurant und Ballsaal: Dienstagnacht ist Tangonacht) Linie 6, Schaufußstr. 24, Tel. 3100268 (Essen, Trinken, Kleinkunst in Straßenbahnatmosphäre) Markthalle, Weißeritz-/Ecke Jahnstr., Tel. 4955167 (das Szenepublikum freut sich am Stil der zwanziger Jahre, 9.00–3.00 Uhr) Marrakech, Rothenburger Str. 18, Tel. 8045566 (maurisch inspiriert) Maximus, Maxstr. 5, Tel. 4905996 (zentrumsnaher Szenetreff von 9.00–3.00 Uhr) Miguel's, Louisenstr. 11, Tel. 8046072 (Crêpes und Kunst) Oma, Cossebauder Str. 15, Tel. 4222066 (Treff der Handy-Wessis auf Omas Sofa) Paul Rackwitz Schankwirtschaft, Plauenscher Ring 33, Tel. 4720826 Pinta – American Bar, Louisenstr. 49, Tel. 8026612 (winzige Espresso-Bar mit tollen Cocktails) Planwirtschaft, Louisenstr. 20, Tel. 8013187 (Szeneklassiker) Red Rooster, Rähnitzgasse 10, Tel. 8296645 (Irisch-englischer Pub in der Neustadt mit über 100 schottischen Single Malts) Riesa efau (Stadt Riesa), Adlergasse 14, Tel. 86602422 Sonderbar, Würzburger Str. 40, Tel. 4719595 (prima Cocktails) Tir Na Nog, Bischofsweg 34 (jede Menge Whisky; Blues, Folk Rock)
Jazzklub	Tonne, Tzschirnerplatz 3, Tel. 4951354
Musik- und andere Veranstaltungen	Kulturzentrum Pentacon, Schandauer Str. 64, Tel. 3179218 Kulturzentrum Scheune, Alaunstr. 36–40, Tel. 8045532 (mit indischer Küche im Szene-Café) Star-Club, Altbriesnitz 2a, Tel. 436693
Varieté	Orpheum, Kamenzer Str. 19, Tel. 899 1133
Kabarett	⟶ Theater

Notdienste

Polizei: Tel. 110
Feuerwehr: Tel. 112
Rettungsdienst: Tel. 112
Ärzte- und Apothekenbereitschaft: Tel. 011500
Kassenärztlicher Notfalldienst: Tel. 19292

Öffentlicher Nahverkehr

⟶ Verkehrsmittel

Öffnungszeiten

⟶ Geschäftszeiten

Oper, Operette

⟶ Musik

Pannenhilfe

⟶ Autohilfe

Post · Telefon

Postämter im Stadtzentrum

Postamt 1, Königsbrücker Str. 21–29
Geöffnet: Mo.–Fr. 8.00–19.00, Sa. 8.00–13.00 Uhr
Postamt 12, Annenstraße
Geöffnet: Mo.–Fr. 8.00–18.00, Sa. 9.00–12.00 Uhr
Postamt 72, St. Petersburger Str. 26 (Eingang Prager Str.)
Geöffnet: Mo.–Fr. 9.00–18.00, Sa. 9.00–12.00, So. 10.00-11.00 Uhr

Telefon

Vorwahlnummern

von deutschen Ortsnetzen: 0351
von Österreich: 0049351
von der Schweiz: 0049351

Telefondienste

Auskunft national: 11833
Auskunft international: 11834
Fernamt: 0010

Restaurants (Auswahl)

Allgemeines

Restaurants neueren Zuschnitts konzentrieren sich vor allem in der Münzgasse, am Neumarkt, um den Altmarkt und um den Theaterplatz. In der Neustadt findet man an Hauptstraße, Königstraße und Rähnitzgasse ein Gemisch alteingesessener und neuer Betriebe. Keinesfalls außer Acht lassen sollte man, was die Vororte an z. T. sehr guten Restaurants zu bieten haben, die den Weg lohnen.

Restaurants mit deutscher resp. sächsischer Küche

Applaus, Hotel Dresden Hilton, An der Frauenkirche 5, Tel. 8642820
(Aus dem anfänglich gelobten Aufsteiger ist mittlerweile eine solide Adresse geworden)
Artushof, Fetscherstr. 30, Tel. 4416392 (⟶ *Baedeker Special*)
Bei Muttern, Schönfelder Str. 2, Tel. 8028537 (der Name sagt alles; ganz normal und familiär)

Rossini und das Alte Fährhaus

Die Restaurantszenerie in der sächsischen Hauptstadt hat sich in den vergangenen Jahren mächtig verändert und vor allem vergrößert. Die Zeit der ständigen Neueröffnungen und baldigen Schließungen mangels Zuspruch ist, so scheint es, zu Ende gegangen – die Spreu hat sich vom Weizen getrennt, sodaß man verläßliche Tips geben kann.

Für manchen Kritiker war das **Ristorante Rossini** im Hotel Dresden Hilton (Tel. 86420) lange Zeit das einzig wirklich vorzeigbare Gourmet-Restaurant in Dresden. Das hat sich geändert. Harte Konkurrenz machen vor allem **4 Cani della Citta** im Hotel Elbflorenz im neuen World Trade Center (Tel. 4900449), das es zu einer der begehrtesten Adressen der Stadt gebracht hat, und das Restaurantschiff **Kahnaletto** (Tel. 4953037), wo der erste Rossini-Koch Peter Glöckner vor Anker gegangen ist. In allen drei wird Italienisches auf hohem Niveau geboten.

Letzteres läßt sich mit höchster Berechtigung auch vom Restaurant **Pattis** (Tel. 42550) behaupten, wo Mario Pattis sächsische Klassiker auf überraschend phantasievolle Weise modernisiert, wie er es bereits in der "Erholung" getan und damit die professionellen Küchenkritiker überzeugt hat.

In allerhöchsten Tönen singt man das Lob für die Küchencrew des **Caroussel** im Hotel Bülow Residenz (Tel. 80030) in der Neustadt. Dort wird Allerfeinstes der klassischen Moderne mit mediterranem Einschlag serviert – so fein und gekonnt, daß es mittlerweile als Dresdens erste Adresse gilt. Das herrliche barocke Ambiente hat daran auch seinen Anteil.

Eine ebenfalls sehr gute Adresse, sowohl was die Küche als auch das Ambiente betrifft, ist der **Artushof** (Tel. 4416392). Hier kann man auch einfach nur im hübschen Biergarten sitzen.

Das Gourmetrestaurant im **Schloß Eckberg** (Tel. 80990) hat mächtig aufgeholt. Und selbst wenn manchmal etwas nicht ganz perfekt daherkommt – der herrliche Blick auf das Elbtal und Dresden läßt Unpäßlichkeiten der international angehauchten Küche als läßliche Sünde erscheinen.

Weitere sehr gute Adressen sind der **König Albert** (Tel. 8044883), wo man das Lamm probieren sollte, die **Villa Herzog**, Tel. 269880 (feine sächsische Küche), und **Erlwein** im Italienischen Dörfchen (Tel. 498160), das aber eher durch seine herrliche Innenausstattung, die sich auch auf die Preise auswirkt, von sich reden macht.

Zwar ist die Elbe kein ausgesprochen guter Fanggrund, doch auf Fischgerichte muß in Dresden niemand verzichten: Die **Fischgalerie** (Tel. 4903506) bietet Bestes aus Meer und Fluß, und das zu annehmbaren Preisen.

Und noch einige Adressen für die Freunde fremder Küchen: Favorit ist die **Villa Marie** (Tel. 3111186) – wegen ihrer Lage direkt am Blauen Wunder, wegen ihrer hübschen Einrichtung mit Sgraffitto-Putz, der südländische Atmosphäre zaubert, und natürlich wegen ihrer unprätentiösen, toskanisch inspirierten Küche. Schon zu DDR-Zeiten war ein Platz im **Szeged** (Tel. 4951371) begehrt, um authentische ungarische Gerichte, begleitet vom Stehgeiger, genießen zu können. Der anerkannt beste Inder ist das **Maharadscha** (Tel. 8030407), der auch sehr viel Vegetarisches auf der Speisenkarte aufführt. Außer Sächsischem serviert man auch Böhmisches im **Restaurant im Schauspielhaus** (Tel. 4956131) – dazu noch in nostalgischer Ballsaalatmosphäre.

Wo schon Friedrich Schiller mit Wirtstochter Auguste ("Gustel aus Blasewitz" in "Wallensteins Lager") plauschte, kann man Sächsisches mit Blick auf die Elbhänge genießen: Der **Schillergarten** (Tel. 3183020) ist eines der schönsten Gartenrestaurants Dresdens.

Fast ein Muß in Meißen ist die historische Weinstube **Vincenz Richter** (Tel. 03521/453285), seit 1513 Garant für gute sächsische Küche und Weine.

Nicht ganz so alt, nämlich von 1673, aber genauso schön und genauso gut ist **Adams Gasthof** in Moritzburg (Tel. 035207/8570), der auch noch einen lauschigen Biergarten hat.

Zum guten Schluß das Kontrastprogramm: Eine der preisgünstigsten und dennoch guten Gaststätten, zudem in schöner Lage, ist das **Alte Fährhaus** (Tel. 2571842) in Laubegast, wo man im Sommer im Innenhof am Denkmal der Caroline Neuber sitzt, auf die Elbhänge gegenüber blickt und sich freut, daß das teuerste Gericht keine zwanzig DM kostet. Wem der Sinn nach echter Biergartenkost steht, dem sei zur **Zschoner Mühle** (Tel. 4210252) geraten. Hier im Zschoner Grund, in Dresdens schönstem Biergarten, labt man sich am leckeren Bier und der deftig-sächsischen Küche; wem das nicht genug ist, kann auch den Mühlenbetrieb besichtigen.

Eine gute Adresse: Villa Marie in Blasewitz

Restaurants mit deutscher resp. sächsischer Küche (Fortsetzung)

Brasserie, Ringstr. 1, Tel. 49490 (einer der neuesten Sprosse der Dresdner Hotelrestaurants; im historischen Gewandhaus)
Chiaveri im Sächsischen Landtag, Holländische Str. 2, Tel. 4960399 (mit deutsch-sächsisch-italienischer Kost; am Sommerabend unbedingt auf die Terrasse über der Elbe)
Das Caroussel, Rähnitzgasse 19, Tel. 80030 (→ *Baedeker Special*)
Erlwein im Italienischen Dörfchen, Theaterplatz, Tel. 498160 (→ *Baedeker Special*)
Hubertusgarten, Bautzner Landstr. 89, Tel. 4604700 (gute Wildgerichte zu annehmbaren Preisen in Jagdzimmeratmosphäre)
Intermezzo, Am Taschenberg 3, Tel. 49120 (das Gourmetrestaurant im Taschenbergpalais hat sich die Anerkennung der Kritiker erkämpft)
Kö 5, Königstr. 5 Tel. 8024088 (mit barockem Innenhof und schöner Kellerbar; für die Innenstadt zivile Preise)
König Albert, Albertplatz, Tel. 8044883 (→ *Baedeker Special*)
Kügelgenhaus, Hauptstr. 13, Tel. 8042791 (alteingesessenes, gutbürgerliches Speiserestaurant im Museum zur Dresdner Frühromantik)
Narrenhäusel Restaurant Sieben Schwaben, Große Meißner Str. 3, Tel. 8045502 (Sächsisch und Schwäbisch)
Opernrestaurant, Semperoper, Theaterplatz 2, Tel. 4911521 (kleine, überwiegend sächsische Karte)
Pattis, Merbitzer Str. 53, Tel. 42550 (→ *Baedeker Special*)
Schloß Eckberg, Bautzner Str. 134, Tel. 80990 (→ *Baedeker Special*)
Silberstolln, Hauptstr. 1a, Tel. 808220 ('Erlebnisgastronomie' nach erzgebirglerischer Bergmannsart)
Sophienkeller, Taschenbergpalais 3, Tel. 497260 ('Erlebnisgastronomie' wie bei August dem Starken in den Katakomben des Taschenbergpalais: u.a. Alchimistenkeller, Einsiedlersches Haus, Zunftgewölbe)
Trompeter, Bautzner Landstr. 83, Tel. 2686123 (alteingesessenes Haus, historisch-rustikale Atmosphäre)
Villa Herzog, Bautzner Landstr. 41, Tel. 269880 (→ *Baedeker Special*)
Zum Alten Fährhaus, Fährstr. 20, Tel. 2571842 (→ *Baedeker Special*)
Zum Rankeschlößchen, Leuckarstr. 2, Tel. 8499238 (mit Biergarten)

Vollwertküche

Café Topinambur, Schützengasse 18 (im Dresdner Umweltzentrum), Tel. 494330

Fischgerichte

Fischgalerie, Maxstr. 2, Tel. 4903506 (→ *Baedeker Special*)

Weinlokale

Bacchus, Clara-Zetkin-Str.15, Tel. 4214069
Wackerbarths Weinkeller, Maritim Hotel Bellevue, Große Meißner Str. 15, Tel. 81200
Weinbergschänke Pillnitz, Am Rathaus 2, Tel. 2618805 (Pillnitzer Weine und deftige Hausmannskost)
Weinstube Rebstock, Niederwaldstr. 10, Tel. 3105350 (DDR-Nostalgie)

Garten- und Ausflugslokale

Carolaschlößchen, Großer Garten, Tel. 258 1156 (am Carolasee)
Drachenschänke, Bautzner Str. 72, Tel. 8041188 (Dresdens älteste Gaststätte, Biergarten mit schönem Blick auf das Altstädter Ufer)
Körnergarten, Friedrich-Wieck-Str. 26, Tel. 2683620 (aus den Dresdner "Tatorten" bekannter Biergarten am Blauen Wunder)
Kümmelschänke, Kümmelschänkenweg 2, Tel. 4216144 (beliebt bei Familien, weil auch mit Tieren und Töpferei)
Schillergarten, Schillerplatz 9, Tel. 3183020 (→ *Baedeker Special*)
Waldschlößchen, Am Brauhaus 8b, Tel. 811990 (herrlicher Brauereibiergarten am Rand der Neustadt)
Zschoner Mühle, Zschoner Grund 2, Podemus, Tel. 4210252 (→ *Baedeker Special*)

Restaurants mit ausländischer Küche

Restaurant im Schauspielhaus, Am Zwingerteich (Ostra-Allee 3), Tel. 4956131 (→ *Baedeker Special*)	Böhmisch
China-Palast im Haus Altmarkt, Wilsdruffer Str. 19–21, Tel. 4968188	Chinesisch
Canaletto, Maritim Hotel Bellevue, Große Meißner Str. 15, Tel. 8043645 (Manche Restaurantkritiker halten es für eines der besten Häuser am Platze, manche für einen Flop; die Preise jedenfalls sind Oberklasse) Le Gourmet, Hotel Dresden Hilton, An der Frauenkirche 5, Tel. 86420 (Canalettos Gegenstück in der Altstadt)	Französisch
Hellas, Rehefelder Str. 63, Tel. 8489825 Poseidon, Hamburger Str. 74, Tel. 4215513	Griechisch
Maharadscha, Kamenzer Str. 62, Tel. 8030407 (→ *Baedeker Special*)	Indisch
Bella Donna, Altmarkt 16/17, Tel. 4951135 Die Leiter im Café Prag, Altmarkt 16/17, Tel. 4951157 (Bistro) Kahnaletto, Terrassenufer, Tel. 4953037 (→ *Baedeker Special*) 4 Cani della Città, Rosenstr. 36, Tel. 4900449 (→ *Baedeker Special*) La Scala, Rähnitzgasse 24, Tel. 5022376 Pizzeria Florenz, Erlenstr. 15, Tel. 817060 (Pizza aus dem Steinbackofen) Ristorante Rossini, Hotel Dresden Hilton, An der Frauenkirche 5, Tel. 86420 (→ *Baedeker Special*) Villa Marie, Fährgäßchen 1 am Blauen Wunder (Blasewitz), Tel. 441 11 89 (→ *Baedeker Special*)	Italienisch
Villa Vasa, Wasaplatz 1, Tel. 4786120 (nicht nur russische, auch jüdisch-koschere Küche)	Russisch
Tapas Tapas, Königstr. 3, Tel. 8047108 (riesengroße Auswahl an leckeren Tapas, aber auch handfeste spanische Gerichte; direkt an der Dreikönigskirche gelegen)	Spanisch
Szeged, Wilsdruffer Str. 6, Tel. 4951371 (→ *Baedeker Special*)	Ungarisch

Restaurants und Lokale in der Umgebung

Lindenhof, Rudolf-Sendig-Str. 11, Tel. (035022) 2324 Zum Roten Haus, Markstr. 10, Tel. (035022) 2324	Bad Schandau
Zum Schwarzbachtal Tel. (035975) 80375 (etwas abseits, aber den Abstecher wert: ländlich-sächsisch)	Hohnstein/ Lohsdorf
Bauernhäusel, Oberspaarer Str. 8, Niederspaar, Tel. (03521) 733317 (Gartenlokal) Domherrenhof, Freiheit 10, Tel. (03521) 460940 Vincenz Richter, An der Frauenkirche 12, Tel. (03521) 453285 (→ *Baedeker Special*)	Meißen
Adams Gasthof, Tel. (035207) 8570 (→ *Baedeker Special*) Waldschänke, Tel. (035207) 8600 (im Wildgehege, Biergarten)	Moritzburg
Biergarten auf Schloß Sonnenstein (sehr schöne Terrasse über der Stadt, weniger zum Essen denn zum Sitzen geeignet; Abb. S. 238) Deutsches Haus, Niedere Burgstr. 1, Tel. (03501) 528030 (Weinstube und Gartenlokal in herrlichem Renaissancehaus)	Pirna

Noch ist es leer im Biergarten Sonnenstein in Pirna

Restaurants (Fortsetzung) Radebeul

Goldene Weintraube, Meißner Str, 152, Tel. 8387088 (gute Adresse im Stammhaus der Landesbühnen Sachsen mit sächsischer und italienischer Küche)

Rathen

Zum Erbgericht, Elbufer 5, Tel. (035024) 70454 (gehobene Küche, sehr schöne, baumbestandene Terrasse mit Elbblick)

Schiffsausflüge

→ Elbschiffahrt

Sport

Stadien

Ostra-Sportpark, Pieschener Allee
Größte Sportanlage Dresdens mit dem Helmut-Schön-Stadion, einer Eissporthalle, Eiskunsthalle u. a.
Bus: Hst. Eissporthalle bzw. Sportplätze (Linie 82)

Rudolf-Harbig-Stadion, Lennéstr.
Fußballstadion mit dem Georg-Arnhold-Bad in unmittelbarer Nähe.
Straßenbahn: Hst. Hygiene-Museum (Linien 10, 13, 26)

Radstadion

Radstadion Bärnsdorfer Straße
Straßenbahn: Hst. Bischofsplatz (Linie 13)

Pferderennbahn

Pferderennbahn Dresden-Seidnitz, Oskar-Röder-Straße 1
S-Bahn: Bhf. Reick (S 1)

Sport- und Freizeitzentren

U 1 Sport- und Freizeitzentrum am Kurhaus Bühlau, Ullersdorfer Platz 1
Straßenbahn: Hst. Bühlau (Linien 11, 51), Tel. 2641222

XXL Freizeit in Dresden, Breitscheidstr. 40
S-Bahn: Bhf. Dobritz (S 1), Tel. 25458-0

Bäder
Freibäder

In Dresden und Umgebung gibt es mehrere Naturbäder, zum Teil mit FKK-Strand. Die (unbeheizten) Freibäder haben in der Regel von Mitte Mai bis Mitte September zwischen 8.00 und 19.00/20.00 Uhr geöffnet.

Bilz-Freibad, Radebeul, Meiereiweg (mit Wellenbad)
Freibad Bühlau, Bachmannstr. 6
Freibad Cotta, Hebbelstr. 33
Freibad Dölzschen, Luftbadstr. 31
Freibad Mockritz, Münzteichweg (Naturbad)
Freibad Prohlis, Dohnaer Str. 135
Freibad Wostra und Strandbad Wostra mit FKK-Strand, Trieskestr. 22 (gegenüber der Pillnitzer Elbinsel auf dem Zschierener Elbufer)
Georg-Arnhold-Bad, Lennéstr. 10 (am Großen Garten)
Stauseebad Cossebaude, Meißner Straße
Waldbad Klotzsche, Nesselgrundweg 80 (idyllisch im Prießnitzgrund)

Im Moritzburger Teichgebiet (→ Sehenswürdigkeiten, Moritzburg) liegen das Erholungszentrum Friedewald und das Erholungszentrum Sonnenland mit mehreren Naturbädern.

Hallenbäder

Dresdens Hallenbäder haben im Sommer in der Regel geschlossen.

Erlebnisbad Elbamare, Wölfnitzer Ring 65
Hallenschwimmbad Klotzsche, Königsbrücker Landstr. 159
Hallenschwimmbad Prohlis, Senftenberger Str. 135
Hallenschwimmbad Steinstraße, Steinstr. 2
Sachsenbad, Wurzener Straße 18 (mit Freizeitzentrum)
Schwimmhalle Freiberger Str, Freiberger Str./Freiberger Platz

Sportveranstaltungen und sportliche Aktivitäten

Bowling

Bowlingcenter Strike, Zwickauer Str. 79, Tel. 8764711
Issings Bowlingbahn, Dürerstr. 102, Tel. 4591567
U.S. Play, Peschelstr. 39, Elbepark, Tel. 851160

Eislaufen

Eislaufen ist möglich auf der Kunsteisbahn und in der Eissporthalle im Ostra-Sportpark an der Pieschener Allee.
Kunsteisbahn: im Winterhalbjahr Mo., Di., Do. 10.00–13.00 u. 19.00–21.00; Mi., Fr. 19.00–21.00; Sa. 14.00–16.00 u. 16.30–18.30; So. 10.00–13.00 u. 14.00–16.00 Uhr.
Eissporthalle: im Winterhalbjahr Fr. 20.20–22.00, Sa. 17.15–18.45, So. 12.15–13.45 Uhr

Fußball

"Bebbeln" hat in Dresden eine große Tradition, feierte hier doch schon Helmut Schön mit dem SC Dresden Erfolge, der im nach dem Erfolgstrainer benannten Stadion an der Pieschener Allee antritt. Bekannter ist heute der FC Dynamo, der mittlerweile allerdings in die Regionalliga abgestiegen ist. Gespielt wird im Rudolf-Harbig-Stadion.

Golf

Golfplatz Dresden Ullersdorf e.V., Am Golfplatz 1, D-01454 Ullersdorf, Tel. (03528) 48060 (18-Loch)
Golfpark Elbflorenz, Ferdinand-von-Schill-Str. 2, D-01728 Possendorf, Tel. (035206) 21376 (18-Loch)

Klettern

Das Elbsandsteingebirge ist ein sehr beliebtes Kletterrevier. Auskunft erteilt der Sächsische Bergsteigerbund, Tel. 4941416.

Laufen

Schöne Laufstrecken gibt es am Elbufer auf der Neustädter Seite, im Großen Garten und in der Dresdner Heide.

Sport (Forts.) Minigolf, Tischtennis — Minigolfplatz und Tischtennisplatten im Freizeitzentrum im Großen Garten am Bahnhof Zoo der Parkeisenbahn.

Pferdesport und Reiten — Galopp- und Hindernisrennen finden an Wochendenden, manchmal auch mittwochs, auf der Pferderennbahn in Dresden-Seidnitz statt. Konkrete Informationen liefert der wöchentlich erscheinende Rennkurier.
Selbst ausreiten kann man u. a. in Pillnitz bei

'Pferdesport für Jung und Alt', Sabine Schmidt, Dampfschiffstr. 2

Radsport — Radsportveranstaltungen finden auf der Radrennbahn an der Bärnsdorfer Straße statt.

Rollschuhsport — Rollschuhbahn im Sportforum an der Pieschener Allee.

Rudern, Kanu Motorboot — Die Mannschaft des Dresdner Sportclubs gehört zu den deutschen Spitzenvereinen. Zahlreiche Rudervereine und Betriebssportgemeinschaften nutzen die Elbe für den Wettkampf- und Erholungssport. Ruder- und Kanuregatten sowie Motorbootrennen finden auf der Elbe zwischen Blasewitz und Loschwitz statt. Das Leistungszentrum Rudern befindet sich im Bootshaus Cotta an der Hamburger Straße.

Segelflug — Segelflugsport wird auf den Elbwiesen in Pirna-Copitz getrieben.

Tennis — Im Stadtgebiet gibt es zahlreiche Tennisplätze. Die wichtigsten befinden sich im Waldpark Blasewitz, im Stadtteil Weißer Hirsch (Kurparkstraße), an der Pieschener Allee, an der Wiener Straße, an der Burgenlandstraße und in der Südvorstadt nahe der Technischen Universität.

Wandern — Die herrliche Umgebung Dresdens lockt zum Spazierengehen und Wandern an, sei es in der Dresdner Heide, im Moritzburger Teichgebiet oder in der Sächsischen Schweiz.

Stadtbesichtigung

Stadtrundgänge — Stadtrundgänge vermittelt die Tourist-Information Dresden (⟶ Auskunft). Sie dauern ca. 90 Minuten und beginnen vor dem Hauptbüro in der Prager Straße bzw. auf Wunsch auch von anderen Treffpunkten im Stadtzentrum (*Baedekers* Vorschlag für einen Rundgang auf eigene Faust s. S. 58).

igeltour — igeltour Dresden führt sehr interessante thematische Stadtrundgänge auch etwas abseits der touristischen Highlights durch, u. a. 'Jüdisches Leben in Dresden', 'Jugendstil', 'Die Parks der Elbsschlösser'. Buchung und Auskunft über weitere Themen bei

igeltour Dresden, Pulsnitzer Str. 10, D-01099 Dresden, Tel. 8044545, Telefax 8044548

Weitere Veranstalter — Sigrid Markstein, Bergmannstr. 6, D-01309 Dresden, Tel. und Telefax 3102484

Touristischer Extra Service, Michelangelostr. 9, D-01217 Dresden, Tel. und Telefax 4762304

Stadtrundfahrten — Die nachfolgend aufgeführten Unternehmen bieten Stadtrundfahrten verschiedener Dauer und mit verschiedenen Themen an. Neben üblichen Fahrten zu den wichtigsten Sehenswürdigkeiten werden auch Abendfahrten und zusätzlich Führungen etwa durch die Semperoper, die Gemäldegalerie Alte Meister oder über die Baustelle der Frauenkirche durchgeführt. Die genauen Programme sind bei den Veranstaltern erhältlich.

Die Tourist-Information Dresden vermittelt für Gruppen mit eigenem Bus Führer für eine Stadtrundfahrt.

Stadtbesichtigung, Gruppen mit eigenem Bus

Stadtrundfahrt Dresden, Altmarkt 17a, D-01067 Dresden, Tel. 4940038, Telefax 4940013
Abfahrt am Dr.-Külz-Ring und an der Augustusbrücke.

Veranstalter von Stadtrundfahrten

Hamburger Hummelbahn Dresden, Münzgasse 10, D-01067 Dresden, Tel. 4989519, Telefax 4989520
Neben Busrundfahrten auch Fahrten mit der sog. Hamburger Hummelbahn ab Postplatz/Zwinger.

Sachsen Show Dresden, Hermann-Michel-Str. 3e, D-01189 Dresden, Tel. 4034477, Telefax 4034479

Angebot der Dresdner Verkehrsbetriebe

Die Dresdner Verkehrsbetriebe führen neben Busrundfahrten ab Dr.-Külz-Ring auch tägliche Fahrten mit der Straßenbahn ab Postplatz sowie Rundfahrten mit historischen Fahrzeugen durch. Auskunft und Buchung bei:

Dresdner Verkehrsbetriebe AG, Trachenberger Str. 40, D-01129 Dresden, Tel. 857-0, Telefax 8571010

Rundfahrten mi historischen Fahrzeugen

Ausflug in die sächsische Verkehrsgeschichte
Fahrt mit dem Straßenbahntriebwagen "309" (Baujahr 1902), Besuch des Verkehrsmuseums, weiter mit Büssing-Bus (Baujahr 1938) nach Johannstadt, von dort mit Elbfähre "Johanna" nach Blasewitz/Schillerplatz; Fahrt mit Loschwitzer Schwebebahn; Rückfahrt mit dem Triebwagen "Großer Hecht" (Baujahr 1931); nur mit Vorausbuchung.

Stadtrundfahrt Spezial
Mit Straßenbahnwagen Baujahr 1902 durch das Zentrum, mit Straßenbahnwagen "Union" (Baujahr 1927) durch die Vorstädte, mit dem "Großen Hecht" (Baujahr 1931) auf Dresdens Höhen; nur mit Vorausbuchung.

Individuelle Fahrten
Wer einmal selbst den Büssing-Bus oder eine Oldtimer-Straßenbahn steuern will, kann dies ebenfallls tun (Vorausbuchung).

Mit dem Dampfer

Die Sächsische Dampfschiffahrts GmbH (Adresse ⟶ Elbschiffahrt S. 215) bietet auch Dampferrundfahrten kombiniert mit Stadtrundfahrten an.

Taxi

Taxiruf

Funktaxi: Tel. 211211
(Taxigenossenschaft)

Theater

Spielpläne

Die Spielpläne sind an den Anschlagsäulen angebracht und im Monats-Informationsheft der Tourist-Information Dresden abgedruckt. Aktuelle Informationen erhält man durch die Tageszeitungen sowie im Telefonansagedienst Tel. 011517 bzw. 4911740 für das Programm der Sächsischen Staatsoper.

Eintrittskarten

Wenn nicht anders vermerkt, findet der Kartenvorverkauf im jeweiligen Haus statt (s.a. ⟶ Vorverkaufsstellen). Die Abendkassen der einzelnen Theater öffnen in der Regel spätestens eine Stunde vor Aufführungsbeginn.

Theater

Große Häuser	Staatsschauspiel Dresden Schauspielhaus, Am Zwingerteich (Ostra-Allee), Tel. 4913555 Kleines Haus, Glacisstr. 28, Tel. 4913555 (derzeit wg. Umbau des Stammhauses im Schlosstheater) TIF – Theater in der Fabrik, Tharandter Str. 33, Tel. 4214505
	Landesbühnen Sachsen Stammhaus Radebeul, Meißner Str. 152 Probebühne 100 im Stammhaus Radebeul; Felsenbühne Rathen Kartenbestellungen: Tel. 8954214 (Radebeul) bzw. (035024) 70496 (Rathen)
Weitere Theater und Kleinbühnen	Festspielhaus Hellerau Karl-Liebknecht-Str. 56, Tel. 8833830
	Kleine Szene der Sächsischen Staatsoper Bautzner Str. 107, Tel. 4911730
	Kleines Königliches Hoftheater Königstr. 6, Tel. 8995655
	Kleines Theater Ost Schandauer Str. 64 (Kulturzentrum Pentacon)
	Komödie Dresden World Trade Center, Freiberger Str. 39, Tel. 866410
	Parktheater Am Palaisteich im Großen Garten, Tel. 4456860
	Podium Hauptstr. 11, Tel. 8043266
	Projekttheater Louisenstr. 47, Tel. 8043041
	Societätstheater An der Dreikönigskirche 1a, Tel. 8036810
	Theater 50 Fechnerstr. 2a, Tel. 8590995
	Theater Junge Generation, Meißner Landstr. 4, Tel. 4214567
	Theater Meißen Schloßberg 8, Tel. (03521) 452878
	Theaterkahn Dresdner Brettl Terrassenufer/Augustusbrücke, Tel. 4965450
	1001 Märchen in der Kuppel der Yenidze Weißeritzstr. 3, Tel. 4951001
Puppentheater	Puppenbühne Zobel Leonhard-Frank-Str. 47, Tel. 4719843
	Puppentheater der Stadt Dresden Saal 2, Rundkino, Prager Str., Tel. 4965370
	Puppentheater im Großen Garten Tel. 4456870

Die Felsenbühne Rathen, die Jagdgründe des sächsischen Winnetou

Theater (Forts.) Kabarett und Kleinkunst

bebe – Kabarett-Theater Olaf Böhme
Clara-Zetkin-Str. 44, Tel. 4121375

Breschke & Schuch Kabarett
Wettiner Platz 10, Tel. 4904009

Die Herkuleskeule
Sternplatz 1, Tel. 4925555

Kleines Theater im Schillergarten
Schillerplatz 9, Tel. 3183020

Freilichtbühnen

Freilichtbühne im Großen Garten, Tel. 2591012
Weitere Bühnen und Aufführungsorte für Freilichtvorstellungen: Zwingerhof, Schloßhof Pillnitz, Barockgarten Großsedlitz und die Felsenbühne Rathen (nur Landesbühne Sachsen).

Veranstaltungskalender

Veranstaltungsprogramm

Der monatlich erscheinende "Kulturkalender" informiert über die Angebote aller Dresdner Veranstalter. Dresden-Werbung und Tourismus GmbH unterhält zusätzlich ein Informationstelefon (Tel. 4919 2162) und ist mit einem Veranstaltungskalender auch im Internet präsent (→ Auskunft) Die Stadtmagazine bieten darüber hinaus noch Informationen zu Kinoprogrammen, Vorträgen und Einzelveranstaltungen, wobei die 'Szene' und Stadtteilkultur besonders berücksichtigt werden.

Februar

Sonderkonzerte in Kreuzkirche und Semperoper anläßlich der Zerstörung Dresdens am 13./14. Februar 1945

Veranstaltungskalender

April	Frühlingsfest auf den Elbwiesen von Dresden-Johannstadt Dresdner Opernfestspiel (Richard Strauss)
Ostern	Passionsmusiken und Osterkonzerte in Kreuzkirche und Kathedrale Richard Wagners "Parsifal" in der Semperoper
Pfingsten	Karl-May-Tage in Radebeul
Mai	Internationales Dixielandfestival Dresdner Dampflokfest
Mai/Juni	Dresdner Musikfestspiele
Juni	Internationales Tanzfestival; Filmfest; Elbhangfest Sächsisch-Böhmisches Musikfestival (in den Juli hinein)
Juli	Vogelwiese – Jahrmarkt auf den Elbwiesen von Dresden-Johannstadt
Juli/August	Filmnächte am Elbufer vor dem Finanzministerium Dresdner Sommer mit Freiluftkonzerten (Zwinger, Großer Garten, Pillnitz) MDR-Musiksommer (in ganz Sachsen) Freilichttheater auf der Felsenbühne Rathen
August	Ope(r)n Air auf Schloß Pillnitz
August/ September	Hengstparaden in Moritzburg
Oktober	Dresdner Tage der zeitgenössischen Musik Volksfest mit Schaufischen in Moritzburg
Dezember	Striezelmarkt auf dem Altmarkt mit Adventsmusik in der Kreuzkirche

Vorweihnachtliche Freude auf dem Striezelmarkt

Verkehrsmittel (Öffentlicher Nahverkehr)

Allgemeines

Der Öffentliche Nahverkehr wird in Dresden mit 13 Straßenbahnlinien und 24 innerstädtischen Buslinien von den Dresdner Verkehrsbetrieben (DVB) unterhalten, während die S-Bahn von der Deutschen Bahn AG betrieben wird. Hinzu kommen die Standseilbahn und die Schwebebahn in Loschwitz sowie die Elbfähren, die ebenfalls den DVB unterstehen. Sie sind im Verkehrsverbund Oberelbe zusammengeschlossen.

Verkehrsnetzplan → S. 246/247

Umsteigepunkte

Wichtige Umsteigepunkte zwischen den drei genannten Verkehrsmitteln sind in der Altstadt Hauptbahnhof, Pirnaischer Platz, Postplatz und Straßburger Platz, in der Neustadt Albertplatz und Bahnhof Neustadt.

Auskunft

Aktuelle Hinweise zum Liniennetz der DVB: Tel. 011537
DVB-Kundentelefon: Tel. 8571011
Direkte Auskunft am zentralen DVB-Kiosk am Hauptbahnhof

Fahrausweise

Fahrausweise für Busse, Straßenbahnen, Bergbahnen und Elbfähren erhält man an Verkaufsautomaten, an den Kiosken der DVB, an Zeitungskiosken und in den Bussen und Bahnen selbst. Es empfiehlt sich der Erwerb einer Mehrfahrten- oder Zeitkarte. Zur Wahl stehen Streifenkarte, 24-Stundenkarte, Familientageskarte, Wochenkarte und Monatskarte. S-Bahn-Fahrausweise werden an den Bahnhöfen verkauft.

Straßenbahn und Bus

Straßenbahnen und Busse verkehren im Takt zwischen 7 und 15 Minuten. Die Straßenbahnlinien 2, 3, 4, 6, 7, 8, 11, 13 und 14 sowie die Buslinien E 61 und 94 sind die ganze Nacht über in Betrieb und halten zwischen 23.00 und 4.00 Uhr zweimal in der Stunde an der zentralen Umsteigehaltestelle Postplatz.

S-Bahn

Mit der S-Bahn erreicht man Radebeul, die Sächsische Schweiz, den Tharandter Wald, die Dresdner Heide und das Meißner Weinbaugebiet.
S 1: Meißen-Triebischtal – Radebeul – Dresden-Neustadt – Dresden-Hauptbahnhof – Heidenau – Pirna – Rathen – Königstein – Schöna
S 2: Dresden-Grenzstraße – Langebrück – Radeberg – Arnsdorf
S 3: Dresden-Hauptbahnhof – Freital – Tharandt

Bergbahnen

→ Sehenswürdigkeiten, Loschwitz

Elbfähren im Stadtgebiet (Personenbeförderung)

Kleinzschachwitz – Pillnitz (Mo.–Fr. 4.30–0.30; Sa., So., Fei. 5.30–0.30 Uhr, Personen- und Autofähre)
Tolkewitz – Niederpoyritz (Mo.–Fr. 5.00–20.00; Sa., So., Fei. im Sommer 8.00–20.00, im Winter 10.30–18.00 Uhr)
Johannstadt – Neustadt (April–Okt. Mo.–Fr. 6.00–20.00; Sa., So., Fei. 8.30–20.00 Uhr)

Elbfähren in der Umgebung

Cossebaude-Gohlis – Radebeul-Serkowitz, Heidenau – Birkwitz, Pirna – Copitz, Stadt Wehlen, Kurort Rathen, Königstein, Bad Schandau, Krippen – Postelwitz, Schmilka

Elbschiffe

→ Elbschiffahrt

Vorverkaufsstellen

Zentraler Kartenservice
Schinkelwache am Theaterplatz, Tel. 49192233, Telefax 4951276
Geöffnet: Mo.–Fr. 10.00–18.00, Sa. 10.00–13.00 Uhr
Hier sind Vorbestellungen für Karten für alle Veranstaltungen in Dresden für die vierte folgende Woche möglich. Achtung: Vorverkaufsgebühren!

Wilder Mann
Keulenb
Saßnitzer
Waldteichstr.
Hellerau
Kiefernweg
Heide (Festspielhaus)
Greifswalder Str.
Altklotzsche
Am Hellerrand
Klotzsche
Infineon
D.-Erxleben-Str.
Elsterweg
Am Olter
Hellerberge
Hellerhofstraße
M.-Gorki-Str.
Lauterbacher Str.
St. Pauli-Friedhof
Oberauer Str.
H.-Tessenow-Weg
Hellerau Werkstätten
Post Hellerau
Hellerau Markt
Abzweig nach Hellerau
Moritzburger Weg
Hellersiedlung
Industriegelände
Ch.-Bühler-Str. (Stadtarchiv)
Stauffenbergallee
Marienallee
Krankenhaus Neustadt
Wilder-Mann-Str.
Boxdorfer Str.
Hubertuspl.
Markusfriedhof
Bärwalder Str.
Buchenstr.
Schanzenstr.
Industriegelände
Trachauer Bahnhof
Rankestr.
Alttrachau
Btf. Trachenberge
Eschebachstr.
Liststraße
Hp. Pieschen
Trachenberger Pl.
Zeithainer Str.
Wurzener Str.
Friedensstr.
R.-Leonhard-Str.
Bischofspl.
Tannenstr. (Goethe-Institut)
Bischofsweg
Alaunpl.
Mickten
Trachauer Str.
An der Flutrinne
Altpieschen
Rehefelder Str.
Rathaus Pieschen
Oschatzer Str.
Bürgerstr.
A.-Puschkin-Pl.
Großenhainer Pl.
Lößnitzstr.
Neustadt
Eisenbahnstr.
Hafenstr.
Bahnhof Neustadt
Albertplatz
Louisenstr.
Görlitzer Str. (Nordbad)
Bautzner-Pl.
Anton-/Leipziger Str.
Palaispl.
Neustädter Markt
Carolapl.
Augustusbrücke
Sportplätze
Ostragehege
Neue Messe
Eissporthalle
Krankenhaus Friedrichstadt
Weißeritzstr.
Friedrichstadt
Haus der Presse
Am Zwingerteich
Theaterpl.
Rathenaupl. (Synagoge)
Gerichtsstr.
St.-Benno-Gymnas.
Btf. Walther-str.
Bf. Mitte
Maxstr.
Jahnstr.
Postplatz
Altmarkt
Pirnaischer Platz
Zirkusstr.
Könneritzstr.
Rathaus Dresden-Friedrichstadt
Waltherstr.
Manitiusstr.
Berliner Str.
A.-Althus-Str.
Ammon-/Freiberger Str.
Webergasse
Dr.-Külz-Ring
Walpurgisstr.
H.-Dankner-Str.
Hbf. Nord
G.-Palucca-Str.
Semmelweisstr.
Cottaer Str.
Josephinenstr.
Hauptbahnhof
Wernerstr.
Rosenstr.
Budapester Str.
Saxoniastr.
Oederaner Str.
Tharandter Straße
Löbtau
Zwickauer Str.
Chemnitzer Str.
Hahnebergstr.
Südvorstadt
Reichenbachstr. (Studentenwerk)
Uhlandstr.
F.-Foerster-Pl.
Räcknitzer Mark
3
97
70
81
9
82
78
10
94
89
61
90
8
77

Tarifzone Dresden 10
Heidemühle
Waldschlößchenstr.
Heideparkstr.
Waldschlößchen
91
Böhmertstr.
Nordstr.
Angelikastr.
Wilhelminenstr.
Schloß Albrechtsberg
Mordgrundbrücke
Plattleite
Diakonissenweg
← Elbe
75
74
Johannstadt
Neubertstr.
Pfotenhauerstr.
Universitäts-klinikum
Gutenbergstr.
Königsheimpl.
L.-Glatzer-Str.
Prellerstr.
Schiller-platz
Bönischpl.
Permoserstr.
Trinitatispl.
Gerokstr.
Gabelsbergerstr.
Blasewitzer-/Fetscherstr.
Augsburger Str. (Universitätsklinikum)
Wägnerstr.
Wittenberger Str.
Hüblerpl.
Niederwaldstr.
Berg-gartenstr.
Jacobistr.
Dornblüthstr.
Bergmann-str.
Mosenstr.
Fetscher-platz
Gottleubaer Str.
Pohlandpl.
Spenerstr.
Wintergartenstr.
Lipsiusstr.
Mansfelder Str.
Schrammsteinstr.
Zwinglistr.
Altenberger Str.
74
83
Comeniusplatz
Karcherallee
Gruna
61
Altenberger Platz
Liebstädter Str.
Hepkestr.
Einkaufszentrum Seidnitz
Tiergartenstr. (Palucca-Schule)
Grunaer Weg
Btf. Gruna
89
Rauensteinstr.
Rennplatzstr.
Hp. Strehlen
Queralle
J.-Otto-Str.
Wasa-platz
Mockritzer Str.
H.-Bürkner-Str.
Cäcilienstr.
E.-Bracht-Str.
O.-Dix-Ring
Bf. Reick
Winterbergstr.
Marienberger Str.
Bergfelder weg
Wieckestr.
E.-Heidebroek-Str.
73
Reick
K.-Beyer-Str.
C.-D.-Friedrich-Str.
Corinthstr.
Spitzwegstr.
Dohnaer Str.
Leibstr.
Lohmannstr.

Vorverkaufsstellen (Fortsetzung)

Auch in den beiden Büros von Tourist-Information Dresden (⟶ Auskunft) sind Karten für Veranstaltungen erhältlich.

Zeitungen

Tageszeitungen

Dresdner Morgenpost
Dresdener Neueste Nachrichten
Sächsische Zeitung

Stadtmagazine

Dresdner
Sax

Register

Verzeichnis der Karten und graphischen Darstellungen

Bildnachweis

Baedeker-Archiv: S. 1, 28, 44/45, 46/47, 48/49, 75, 145, 217; Bohnacker: S. 139; Rainer Eisenschmid: S. 3, 6 (2×), 6/7, 7 (3×), 25 (oben), 62, 70 (re.), 79, 82, 94, 96, 121, 122, 128, 135, 137 (oben), 148/149, 150 (unten), 154 (oben), 157, 159, 160, 162, 164, 165, 171, 174, 175, 177, 182, 183, 184, 187, 192, 194, 206, 215, 235, 238; Historia Bilderdienst: S. 35 (links), 39 (Mitte); Jürgen Karpinski: S. 20/21, 116, 150, 186, 203 (2×), 204, 206/207; König: S. 143; Landesamt für Archäologie: S. 124, 125; Gabriele Maier: S. 11, 33, 65, 68/69, 70 (li.), 90, 97, 107, 109, 119, 132, 154 (unten), 188; Christoph Münch: S. 230; Udo Pellmann: S. 8/9, 27, 58/59, 76, 78, 86, 104, 113, 127, 156, 173, 196, 191, 199, 201, 229, 244; Hans Rösner: S. 12, 15, 25 (unten), 30, 71, 84/85, 112, 130, 137 (unten), 169, 180, 202; Sächsische Landesbibliothek, Abteilung Deutsche Fotothek: S. 35 (Mitte u. rechts), 39 (links, Höhne/Paul; rechts), 41 (3×), 50 (Kotzsch/Würker), 52, 74 (Möbius); Staatliche Kunstsammlungen Dresden: S. 22, 103, 106, 133, Vetter: S. 189; Ellie Wolf: S. 243

Titelbild: Udo Pellmann – Altstädter Elbufer
Hintere Umschlagseite: Rainer Eisenschmid – Kuppel der Kunstakademie (‘Zitronenpresse’)

Impressum

Ausstattung:
125 Abbildungen (Bildnachweis s. oben)
38 Karten und graphische Darstellungen, 1 großer Stadtplan (Kartenverzeichnis s. zuvor)

Textbeiträge: Dr. E.-G. Bauer, Rainer Eisenschmid, Dr. Manfred Heirler, Dorothee Kaltenbacher, Helmut Linde, Christoph Münch, Hans Rösner

Bearbeitung: Baedeker-Redaktion (Rainer Eisenschmid)

Kartographie: Franz Huber, München; Franz Kaiser, Sindelfingen;
Falk Verlag, Ostfildern (Cityplan)

Chefredaktion: Rainer Eisenschmid, Baedeker Ostfildern

8. Auflage 2002

Urheberschaft: Karl Baedeker GmbH, Ostfildern
Nutzungsrecht: Mairs Geographischer Verlag GmbH & Co., Ostfildern

Druck: Mairs Graphische Betriebe GmbH & Co. KG., Ostfildern
Printed in Germany
ISBN 3-87504-193-3

Gedruckt auf 100 % chlorfreiem Papier

Verlagsprogramm

Städte in aller Welt

Amsterdam
Athen
Bangkok
Barcelona
Berlin
Brüssel
Budapest
Dresden
Florenz
Frankfurt/M.
Hamburg
Hongkong
Istanbul
Köln
Kopenhagen
Lissabon
London
Madrid
Moskau
München
New York
Paris
Prag
Rom
San Francisco
St. Petersburg
Singapur
Stuttgart
Venedig
Weimar
Wien

Reiseländer · Großräume

Ägypten
Australien
Baltikum
Belgien
Brasilien
China
Dänemark
Deutschland
Dominikanische Republik
Finnland
Frankreich
Griechenland
Großbritannien
Indien
Irland
Israel
Italien
Japan
Jordanien
Kanada
Karibik
Kenia
Kuba
Luxemburg
Malaysia
Marokko
Mexiko
Namibia
Nepal
Neuseeland
Niederlande
Norwegen
Österreich
Polen
Portugal
Schweden
Schweiz
Skandinavien
Spanien
Sri Lanka
Südafrika
Syrien
Thailand
Tschechien
Tunesien
Türkei
Ungarn
USA
Vietnam

Regionen · Inseln · Flüsse

Algarve
Andalusien
Bali
Bodensee
Bretagne
Burgund
Chicago · Große Seen
Costa Blanca
Costa Brava
Elba
Elsaß · Vogesen
Florida
Franken
Franz. Atlantikküste
Fuerteventura
Gardasee
Gomera
Gran Canaria
Griechische Inseln
Harz
Hawaii
Ibiza · Formentera
Italien · Norden
Ischia · Capri · Procida
Istrien · Dalmat. Küste
Italienische Riviera
Kalifornien
Kanada · Osten
Kanada · Westen
Kanalinseln
Korfu · Ionische Inseln
Korsika
Kreta
Kykladen
La Palma
Lanzarote
Loire
Lombardei · Mailand · Oberital. Seen
Madeira
Malediven
Mallorca · Menorca
Malta
Mecklenburg-Vorpommern
Oberbayern
Provence · Côte d'Azur
Rhodos
Rügen
Sachsen
Salzburger Land
Sardinien
Schleswig-Holstein
Schottland
Schwäbische Alb
Schwarzwald
Seychellen
Sizilien
Südengland
Südtirol
Sylt
Teneriffa
Tessin
Toskana
Türkische Küsten
Umbrien
USA · Nordosten
USA · Südstaaten
USA · Südwesten
Zypern

Kleine Städteführer Deutschland und Schweiz

Augsburg
Bamberg
Basel
Berlin
Bonn
Bremen
Freiburg
Hannover
Konstanz
Leipzig
Lübeck
Mainz
Nürnberg
Regensburg
Trier
Wiesbaden